KB002725

23인의 전문가가
들려주는 바다이야기

바다
저자와의대화

김인현 외 22인 공저　　III

法 文 社

서 문

드디어 『바다, 저자와의 대화』 제3권이 출간된다. 이 책은 "바다 저자전문가와의 대화" 모임에서 발표한 내용을 책으로 펴낸 것이다.

제3권에서는 해운물류산업에서 6편, 조선선박금융업에서 5편, 선원해양관광환경에서 5편, 그리고 해양문화 인문학에서 6편을 담았다. 22편의 저자 모두 훌륭하신 분들이다. 유창근 사장님은 현대상선 사장으로 재직 중 리더십을 발휘하여 오늘의 HMM이 재건되도록 한 정기선 분야의 대부이시다. 이성철 부장판사님은 해상변호사를 포함하여 판사로 20년 이상을 재직하면서 바다 관련 훌륭한 판결을 내려왔다. 오창봉 본부장은 대선조선의 현황을 알기 쉽게 소개해주어서 초보자들에게 조선업 이해에 큰 도움이 되게 하였다. 하동현 선장은 『양망일기』를 통하여 원양어선 선원들의 애환을 잘 말해주었다. 박기태 교수와 이신형 교수는 해기사 양성 및 조선해양공학과 교과과정을 소개하면서 바다 관련 인력이 어떻게 교육받고 성장해나가는지 보여주었다. 이부경 이사장님이 가슴 뭉클한 이순신 장군 이야기를 다시 들려주신다.

23분의 필자 모두가 그 분야에서 20년 가까이 종사하여 전문성을 가지신 분들이다. 자신이 체험한 내용을 오늘을 살아가는 동료들에게 바다 산업의 다른 분야 전문가들에게 도움이 되도록 시간과 정열을 보태주셨다. 모두 재능기부형식이다. 이러한 바다 공부모임 회원들의 노력은 바다산업이 우리나라 산업의 중심적인 위치를 차지하고 바다가 국정의 중심이 되는 데에 크게 기여할 것이다.

필자 중 한 분인 김종길 고문께서 작고하셨다. 유고로 남은 「대한민국 해운의 대부는 누굴까?」라는 제목의 발표가 고문께서 생전에 연구한 결과를 발표하신 마지막이 되셨다. 그래서 제3권에 남긴 유고가 더 고귀하고 소중하다. 신성모 선장(전 국무총리서리)을 한국해운의 국부라고 결론을 내리셨다. 해운항만청 국장을 지내신 김종길 고문께서는 한국해운에 기여한 선각자의 삶을 추적하는 일을 장기간 해오셨다. 누군가는 해야 할 일을 해주신 김 고문님은 또 다른 한 분의 한국해운의 선각자라고 할 수 있을 것이다.

제3권 편찬에 힘써주신 김연빈 회원과 법문사 관계자분들께 감사드린다. 제1권과 제2권이 이미 업계와 학계에서 좋은 평가를 받았다. 본서도 독자들의 사랑 받기를 바란다.

2023. 4. 20.
바다 저자전문가와의 대화 운영대표 겸
고려대학교 해상법연구센터 소장 김인현

축　사

　　오래 이어 온 전대미문의 코로나19 사태에 의연하게 대처하며 우리에게 새로운 일상이 되어 버린 비대면 공부방에서는 '바다'가 화두로 던져졌습니다. 아직도 '바다'하면 생경감이 앞서고 남의 일처럼 멀리 느껴지는 현상을 부인할 수는 없습니다만 지난 3년간 격주로 진한 바다 냄새를 맡고, 그들의 숨소리를 들으며, 바다 사랑을 키워 온 우리에게는 가슴 벅찬 감동의 시간이었습니다. 온 국민이 마스크 뒤에서 조바심치고 있을 때, 우리는 그저 주저앉지 않고 새로운 생명을 잉태하고 무럭무럭 키워나가 이처럼 훌륭한 옥동자를 만들어 냈습니다. 대면생활에 묶여 살던 우리 생활의 단면을 뒤집어 비대면으로도 지식 함양의 값진 대화를 이어가고 나누던 공부 자료를 책으로 엮어 내니 가장 효율적으로 팬데믹 시대를 보낸 선두주자의 힘찬 외침이라 여깁니다.

　　바다공부의 나이테가 또 하나의 궤적을 그리며 더해짐을 진심으로 축하합니다. 적은 물이 모여 내를 이루고 그 내가 합쳐져서 강을 이루며 그 강이 흘러들어 바다를 이루면 그 바다는 온갖 이상과 지식들을 아우르고 헤아리며 또 다른 파도가 되어 우리에게 돌아오듯이 우리들 온라인 줌방 공부도 틀만 같지 향기도, 빛도, 그리고 그 여운도 달라졌습니다. 더구나 그 깊이와 폭이 깊어지고 넓혀진, 지식 공유의 노력은 어느 분야에서도 보고 듣지 못하던 새로운 바람이 되어 힘차게 다가오고 있습니다. 제3권에서는 23분의 바다 관련 산업 지도자, 학자, 어르신들이 오랫동안 쌓인 내공을 속살까지 아낌없이 드러내시니 동트는 새벽하늘처럼 동편이 밝아 오는 느낌입니다.

우리가 바다라는 공동의 광장에서 어깨동무하고 한 방향으로 길을 잡고 나갈 수 있는 것은 바다에 관한 한 모든 것을 포용하고 거친 파도를 헤치고 방향을 잡아가는 넬슨 제독 같은 용감한 선장이 있기 때문이라 여깁니다. 대영제국의 기틀을 잡았던 넬슨 제독은 항상 올바른 길을 찾으려 애썼고 한번 들어선 길에서는 엄청 신중한 태도를 취하여 목표를 이루도록 혼신의 힘을 다했습니다. 우리 바다 모임도 김인현 선장 교수의 선도에 따라 순항을 거듭하고 있으며 앞으로의 항해도 잘 이뤄질 것이라 내다봅니다. 또한 다양한 분야에서 축적한 지식과 경험을 바다라는 식탁에 올려놓고 벌이는 축제의 향이 널리 퍼져 새로운 학문 분야로 숙성해지기를 바랍니다.

바다라는 주제는 이제 전문가, 관심 있는 일부 집단만의 잔치가 아니라 온 국민이 풍덩 빠져들어 같이 느끼고 생활하면서 미래로 가는 길목이 되어야 한다고 여깁니다. 바다를 알고 이겨내는 자가 바로 미래를 그리고 새로운 우리의 역사를 만들어 갈 것이라는 확신 아래 그 버팀목이 될 『바다, 저자와의 대화』 제3권 발간을 축하드립니다.

2023. 4. 25.

한국종합물류연구원장 정필수

차 례

제1부 해운 · 물류 1

컨테이너 산업의 역사와 포스트 코로나 과제 / 유창근 3

컨테이너 터미널의 과거, 현재 그리고 미래 / 장재환 21

일본 물류의 특징과 코로나 극복방안 / 공강귀 35

뉴노멀시대 물류기업은 사라질까 / 이상근 53

해운기업의 디지털화 / 남영수 73

대한민국 해운의 대부는 누굴까? / 김종길 90

제2부 조선 · 선박금융 · 해사분쟁 **101**

대선조선과 한국 중형조선소 발전 / 오창봉 103

해양금융종합센터와 한국수출입은행의 해양금융 / 김형준 123

일본의 해사클러스터 정책과 시사점 / 한종길 145

대한조선학회 조선해양공학교육백서 / 이동건 · 이신형 160

해상 사건의 다양한 분쟁 해결 방안 / 이성철 183

제3부 선원 · 해양관광 · 해양환경 **199**

오션폴리텍의 해기사 양성 과정 / 박기태 201

해운인력 양성과 인천해사고의 교육제도 / 김상환 222

크루즈산업에 대한 이해 / 김영승 238

바다로 들어간 플라스틱, 그 후 / 홍선욱 253

인천해저도시로 가자 / 임현택 271

제4부 해양문화 · 해양인문학 **279**

명량대첩에서 배우는 위기극복의 리더십 / 이부경 281

역사 속의 해양 리더들 / 나송진 304

해양산문집 『양망일기』 / 하동현 326

범선 코리아나호 항해 이야기 / 궁인창 ································ 344

베트남, 인도와 협상하기 / 김형준 ································· 366

해운산업 깊이읽기 Ⅱ / 김인현 ····································· 390

◆ 집필자 약력과 후기 ··· 405

제 **1** 부

해운 · 물류

컨테이너 산업의 역사와 포스트 코로나 과제 _ 유창근
컨테이너 터미널의 과거, 현재 그리고 미래 _ 장재환
일본 물류의 특징과 코로나 극복방안 _ 공강귀
뉴노멀시대 물류기업은 사라질까 _ 이상근
해운기업의 디지털화 _ 남영수
대한민국 해운의 대부는 누굴까? _ 김종길

컨테이너 산업의 역사와
포스트 코로나 과제

유창근(전 현대상선 사장, 전 인천항만공사 사장)

1. 서 론

　2019년 시작된 코로나19 사태로 인하여 많은 산업이 부정적 영향을 받았으나 컨테이너 산업은 예상외로 역사상 최고의 호황을 누렸고 코로나가 진정 단계에 들면서 우크라이나 전쟁이라는 새로운 변수에 의해 해운 불황에 진입했다고 할 수 있다. 코로나19 사태 초기에는 경기침체에 따른 수송 물량의 감소 전망으로 컨테이너 산업의 고전이 예상되었으나 오히려 반전이 일어났다. 수요 측면에서 재택으로 인하여 가구, 전자제품, 홈 트레이닝 상품 등 신규 수요가 창출되고 결정적으로 수에즈 운하 좌초사고, 미주지역 하역 노동자, 육상 운송종사자들의 코로나 감염 등으로 인한 항만 정체, 중국지역 항만의 lockdown 등으로 세계 전역에서 공급망 차질이 물류대란이라 불릴 만한 사태를 몰고 왔다. 이러한 수요와 공급 양면에서의 예상하지 않은 상황 전개로 글로벌 컨테이너 선사들은 60여 년 컨테이너 역사상 미증유의 호황을 맞고 있다. 비록 최근 운임 지수의 급락으로 코로나 이전 수준이 되었지만 2010년대와 같은 경쟁력차이에 의한 장기적 고통의 재연은 없을 것이다. 그 사이 선사 간 경쟁력이 평준화되었기 때문이다.

코로나19 사태로 인하여 한진 사태 이후 치열한 글로벌 경쟁 무대에서 홀로 생존을 위해 사투를 벌여왔던 HMM(구 현대상선)을 비롯해서 국내선사 모두 상당한 수익을 내고 있다. 특히 HMM은 2020년부터 투입하기 시작한 20척의 초대형선의 지속된 만선, 폭발적인 운임상승에 힘입어 2022년 영업 실적이 과거 글로벌 선사의 자격조건의 하나인 매출 10조 원의 벽을 훌쩍 뛰어넘어 18조 6천억 원, 영업이익은 10조 원에 가까운 성적을 거두어 결과적으로 영업 이익률이 초유의 53%를 기록하여 초호황이라 불릴 만하다. 현대상선의 현금 보유액이 15조 원 이상이라 할 정도로 과거와는 판이한 회사로 거듭나 있다. 그러나 금년 들어 시황은 우크라이나 전쟁 등의 여파로 원자재 부족으로 인한 인플레이션, 고금리로 인한 세계적인 수요 감소 그리고 신조 선복 공급이 맞물려 운임이 코로나19 이전 수준으로 회귀한 상태이다.

이 시점에서 자연스러운 질문은 컨테이너 산업의 미래는 어떻게 될 것인가? 그러면 이제부터 어떻게 해야 할까라는 것이다. 이 글에서는 컨테이너 산업의 과거 역사를 뒤돌아보고 시기마다 강한 경쟁력을 보였던 선사들의 경쟁력의 요소가 어디에 있었는가를 살펴보고 이를 바탕으로 포스트 코로나 시대에 컨테이너 산업은 어떻게 변할까를 예측함과 동시에 대비책을 제시하고자 한다.

2. 컨테이너 산업의 역사

컨테이너 산업의 60여 년의 역사는 크게 1) 1956년~1975년 컨테이너 산업의 태동 및 글로벌 컨테이너 선사의 등장 시기, 2) 1976년~2000년 글로벌 경쟁과 미국 선사의 쇠퇴, 3) 2001년~2007년 글로벌 선사의 1차 재편, 4) 2008년~2018년 규제와 고유가로 인한 2차 재편, 5) 2019년~현재의 환경규제와 준과점화와 코로나의 장기화가 화두인 시대로 나눌 수 있다.

컨테이너의 태동기(1956년~1975년)

1) 미국의 주도

미국 South Carolina주 출신 Malcom McLean은 1930년대 재래식 트럭 1대로 Trucking 사업을 시작하여 제2차 세계대전 이후 군용트럭을 값싸게 불하받은 것을 계기로 빠르게 성장하였으나 얼마 지나지 않아 공급과잉으로 Trucking 업계는 과당경쟁상태에 내몰리게 되었다.

McLean은 그의 사업의 주 수송 루트였던 미국의 남북루트, 즉 뉴욕-휴스턴 루트에서 갈수록 수익력이 하락하는 재래식 육상 운송 대신 해상 운송에서 그 해결의 열쇠를 찾으려 한 결과 표준화된 컨테이너 용기를 채택하고, 또 그 당시 불하된 값싼 군용선박을 이용함으로써, 경제성·생산성·안정성·정시성 등 재래식 수송이 안고 있던 문제를 일거에 해결할 수 있다고 생각했다.

1956년 최초로 컨테이너를 운송하는 'Ideal X'호. 33피트 컨테이너 56박스를 선적하였다.
출처: https://www.modelshipmaster.com/products/ocean_liners/IDEAL-X.htm

그는 이러한 생각을 실천에 옮겨 1956년 4월 군용 tanker 선박을 개조한 'Ideal X'호에 컨테이너 56unit, Trailer 2unit을 싣고 Newark, NJ에서 Houston, Texas로 수송함으로써 컨테이너 운송의 역사가 시작되었다.

화주들에 대한 꾸준한 설득의 결과 컨테이너 서비스의 장점이 화주들에게 받아들여지게 되어 미국 내 정기 동서안 항로, 알래스카, 하와이 항로 등이 개설되었다.

1960년 중반까지 국내 컨테이너 운송사업의 성공에 힘입어 McLean의 Sea-Land와 또 다른 미국 선사 US Lines 등이 일반 화물선을 개조, 대서양 서비스를 시작하게 됨에 따라 1817년부터 일반 화물선으로 New York과 Liverpool 간의 정기선 영업을 해오던 Black Bell Line 등과 같은 전통 일반 화물 정기선 선사들은 서서히 주도권을 신생 컨테이너 선사에 넘겨주게 되었다.

초기 미국적 선사의 주 선적 물량은 군수 물자였으나 컨테이너 운송이 보편화되면서 일반 화물을 넘어 새로운 시장으로 확장되었다. Tanker Container, 냉동 컨테이너 등의 개발로 맥주 등 액체 화물과 육류, 채소, 과일 등 Perishable Goods가 안전하고 빠르게 수송하는 것이 가능하게 되어 Containerization의 가속화가 진행되었다.

2) 유럽 및 세계 각국들의 대응

미국 선사들의 움직임에 대응하여 유럽계 선사들은 공동으로 컨소시엄을 형성, 대응하였다. Transatlantic, Holland-America, Swedish-American Line, 프랑스계 CGT(Compagnie Generale Transatrantique), 영국계 Cunard 등 유럽계 선사들이 합작회사 ACL (Atlantic Container Line)을 설립하여 Ro-Ro선과 Semi-container선 등으로 서비스를 전환하는 한편 미국계 선사들을 운임동맹(Conference)

에 가입시켰다.

1965년 컨테이너 Box의 규격이 표준화되고 컨테이너 운송이 해상 운송의 대세로 자리 잡아가며, 1960년대 후반부터 1970년대 초 세계 각국에서 저마다의 이유로 국가를 대표하는 컨테이너 선사가 탄생하게 되었다. 이때는 이미 미국적 선사들이 월남전에 필요한 군수 물자 수송을 위해 태평양 시장에 진입해 있을 무렵이었다.

1968년부터 일본을 대표하는 NYK, K-Line, MOL 등 5개사가 태평양 항로, 호주 항로 및 미 동안 그리고 유럽, 지중해 항로에 진출하게 되었고, 대표적 유럽의 강호 Maersk Line은 1975년에 본격적으로 컨테이너 사업에 뛰어들었으며, 같은 해 대만의 Evergreen, 1977년 한국의 한진해운이 컨테이너 사업을 시작하여 경쟁 대열에 합류하였다. 지금 세계 선복보유 1위가 된 MSC는 1985년에, 8위인 현대상선은 1983년에 뒤늦게 이 대열에 합류하였다.

1976년~2000년 글로벌 경쟁과 미국 선사의 쇠퇴

1) 글로벌 경쟁

저유가 시대에 있어 선사의 경쟁력을 결정짓는 중요한 요소는 Transit Time, Punctuality였다. 중국이 세계의 생산 공장으로 부상함에 따라 태평양 시대가 열렸으며 선사들은 앞다투어 23~25Knot의 고속 컨테이너선을 태평양 노선에 투입하였다.

마침 홍콩 등 major 항만의 생산성이 급상승함에 따라 선사들은 선복과 엔진을 키워 더 많은 화물을 싣고 선속을 향상시켜 투입 선박 수를 줄임으로써 고정비의 절감을 꾀하였다

실제 1990년 초 4,000TEU급의 Post-Panamax급이 등장한 이후 1990년대 말에는 8,000TEU급으로 급성장하였고 Transit Time면에서 Yokohama-LA의 Transit Time이 7일까지 축소되었다.

2) 미국적 선사의 쇠락

선사 간 경쟁이 심화되면서 싼 가격에 불하받은 군함 등을 개조하여 서비스에 투입한 Sea-Land 등 미국계 선사들이 초기 고정비상의 경쟁우위 요인들이 사라지고 간접고정비의 상승에 하나씩 쇠락의 길을 걷게 되었다.

컨테이너를 역사상 처음 상용화했고 미국을 대표하던 Sea-Land는 결국 남부 담배 대기업인 Reynolds에 매각되었으며 1999년 Maersk에 M&A되었다.

이러한 초기 선박 투자에 있어 경쟁력 차별 효과가 사라지자 미국기업들은 연비, Intermodal 등의 기술적 요소를 통해 경쟁력 유지를 모색하였다.

첫 번째 시도는 컨테이너를 발명한 McLean에 의해 모색되었다. McLean은 Reynolds사 사외이사를 사임한 후 1978년 US Lines를 인수하여 1983년 향후 고유가 시대를 예상하고, 그가 평생에 소원했던 대로 최신 조선기술을 적용하여 연비가 좋은 저속(18Knot)의 4,400TEU급 대형 컨테이너선(Jumbo Econships) 12척을 한국의 대우조선에 발주하였다.

1984년 시장의 우려 속에 Round-the-World(RTW)에 투입하였으나 예상과 달리 저유가로 추세가 바뀌고 대형선의 기항이 불가한 지역을 커버하기 위한 피더 운송료가 예상외로 과다하게 발생하면서 고속선(22~23Knot)들과 운임경쟁에 밀려 1986년 US Lines가 파산함으로써 재기의 꿈을 접었다.

두 번째 시도는 철송에 Double Stack 기술을 채용한 APL(American President Line)이었다.

1986년 US Lines 파산 후 계류 중인 Jumbo Econship들. 당시로서는 초대형 4,500TEU급으로 우리나라 대우조선에서 12척을 건조했다.

1977년 컨테이너 사업을 개시한 후발 미국 선사인 APL은 1980년대 태평양 시대의 개막과 함께 컨테이너선의 Post-Panamax 시대를 선언하고 선도함과 동시에 미국 동-서부를 연결하는 철도수송의 기술혁명이라 불리는 Stack Train으로 MLB(Mini Land Bridge) 시대를 선도하였다.

이 시도 또한 타 경쟁선사의 MLB 서비스 진입으로 약 10년간의 경쟁 우위를 상실하였으며 1990년에는 IT System 등의 업그레이드를 통해 서비스 경쟁력 우위를 유지하려 하였으나 수익력의 정체로 1997년 싱가포르의 Neptune Orient Line(NOL)사에 M&A되었고 이후 NOL은 M&A를 통해 성장을 꾀했으나 실패하였고, 이 사이 초대형선과의 경쟁에 밀려 결국 2015년 APL을 프랑스계 선사 CMA-CGM에 매각하였다.

2001년~2007년 글로벌 선사의 1차 재편

선사에게 고속 대형화에 못지않게 주요한 이슈는 Scale Merit를 위한 성장전략이었다. 컨테이너를 발명하고 선도하던 미국계 선사들에 이어 경쟁에서 뛰어든 각국의 선사들의 1990년대 성장방식은 크게 Organic Growth(독자 성장)와 Alliance에 가입하여 타 선사들과의 협력을 통해 성장하는 방식으로 나눌 수 있다.

역사가 오래된 유럽계 선사, 그리고 일본계 선사, 아시아계 선사를 중심으로 동맹활동에 참여하고 단독운항보다는 선사 간 Alliance를 통해 경영 효율을 높이려는 노력을 시도하였다. 한편 후발 주자 중 Alliance에 가입하지 못하거나 자체 선대확충이나 M&A를 통해 몸집을 불리는 성장정책을 취한 Maersk, MSC, CMA-CGM, Evergreen과 같은 선사들은 비동맹전략을 통해 시장점유율을 높이려고 시도하였다.

2001년 9.11사태로 인하여 야기된 해운불황으로 전통적 유럽 강호였던 영국, 네덜란드의 대표선사 P&O Nedlloyd사가 2005년에 Maersk에 합병되었고, 캐나다의 대표선사 CP Ships가 같은 해 CMA-CGM에 합병되었다. P&O Nedlloyd의 몰락으로 결국 3대 Alliance, 즉 Grand Alliance(Hapag-Lloyd, NYK, OOCL), the New World Alliance(APL, HMM, MOL), CKYH(COSCO, K-Line, Yangming, Hanjin)으로 재편되었다.

이 시기 동안 Alliance협력과 Organic Growth전략을 적절히 잘 사용한 OOCL과 Evergreen은 불황기 중 경제적인 선대를 확보함으로써 경쟁력을 강화하였고, Non Alliance 중 협력 선사를 찾지 못해 고전 중이던 MSC도 이 시기 동안 저렴한 선가로 신조와 중고선을 확보하여 고유가 시대에 크게 신장하는 발판을 마련하였다.

2008년~2018년 규제와 고유가로 인한 2차 재편

이 시기는 컨테이너 역사상 가장 역동적인 시기 중의 하나로 외부적인 요인, 즉 고유가로 인하여 컨테이너 선사 간 경쟁의 패러다임이 변하여 고속선의 경쟁력에 의존하던 기존의 선사들이 Slow-Steaming으로 Transit Time 차별화에 따른 경쟁력을 상실하는 결과를 낳게 되었고 이로 인한 운임상 Premium도 상실하게 되었다.

2007년 유가가 톤당 60달러를 돌파하여 선박용 벙커 가격이 톤당 400달러를 넘었고 이러한 추세가 장기화될 것으로 예상되던 시기였다. 그때까지의 고속운항을 높은 서비스의 근간으로 삼았던 선사들은 이전부터 연료유가 어느 선을 넘으면 선속을 22~23Knot에서 17~18Knot로 줄이면 추가선박을 투입하고도 비용절감이 된다는 손익계산을 하고 있었고 톤당 400달러를 Breakeven Point(수익분기점)로 여기고 있었다.

초기에는 일시적으로 Slow-Steaming할 계획이었으나 장기화됨에 따라 오늘날에 이르고 있다. 이 와중에 유럽 경쟁당국의 동맹에 대한 견제가 심해지고, 동맹내부의 선사 간 이견이 커져 결국 2008년 10월 129년 전통의 아시아-유럽 운임동맹인 FEFC(Far Eastern Freight Conference)가 해체되어 컨테이너 산업 전반에 큰 지각변동을 불러 왔다.

1) 고유가 시대의 승자

2006년 Maersk는 15,000TEU급 Emma Maersk를 시작으로 초대형화를 시작하여 Slow Steaming에 가장 앞장섰고 2013년 18,000 TEU Triple E급을 등장시킴으로써 연비가 좋고 초대형화된 선박을 기반으로 경쟁우위를 확실하게 유지해오고 있다.

한편 2000년대 초 불황기 동안 저렴한 선가에 신조, 중고선 구매를 통하여 급성장한 MSC는 서비스 질 문제로 고전하였으나 Slow-Steaming으로 Transit Time의 문제가 해결됨에 따라 고정비의 경쟁력을 바탕으로 급성장하여 오늘날 세계 컨테이너 선사 중 선두그룹에 속하게 되었다.

한때 수익력이 악화되어 APL의 M&A 표적이 되었던 Hapag-Lloyd는 2014년 칠레의 CSAV와 중동의 UASC를 M&A함으로써 기사회생하였다. CSAV와 UASC가 이미 투자한 신조 대형선이 수익력 향상에 이바지했을 것으로 보인다.

2) 고유가 시대의 희생자

위에서 언급한 바와 같이 신조투자를 미루고 M&A를 추구하던 APL은 컨테이너선의 대형화 경쟁에서 실기하여 2015년 CMA-CGM에 합병되었다. 이와 같은 이유로 대형화에 소극적이었던 일본 3사는 과거 독자의 이름을 버리고 ONE이라는 새로운 합병회사를 통해 규모를 키워 생존을 모색하고 있다.

우리나라에서도 구조적인 이유로 한진해운과 HMM이 컨테이너 선대의 초대형화에 동참하지 못하고 결과적으로 한진해운 사태와 같은 안타까운 일이 벌어진 것이다.

3) 고유가 시대의 재편

고유가에 따른 패러다임의 변화로 2011년 말 세계 컨테이너 선복 20위 내에 있던 선사 중 현재 생존한 선사는 9개사로, 3개 Alliance로 재편되었다. 즉 2M(Maersk, MSC), Ocean(Cosco, Evergreen, CMA-CGM), The Alliance(Hapag-Lloyd, ONE, HMM, YangMing)이다.

2010년대 초 100달러를 넘던 유가가 2010년대 후반에 30달러대로 내려갔지만 유가변동의 불확실성으로 어떤 선사도 지금까지 Slow-Steaming이라는 대세에 역행하여 고속선을 신조하거나 하는 움직임은 없었다. Slow-steaming은 현재 컨테이너 운송의 대세로 자리 잡은 듯하며 저속운항이 New Normal이 되었다.

2020년 인도되어 운항 중인 HMM GDANSK의 만선 모습. 24,000TEU급 초대형선 12척 중 하나로 아시아-유럽항로에 운항 중이다.

2019년~현재: 환경과 집중화와 코로나가 화두인 집중화 시대

앞서 언급한 바와 같이 2000년 초 20개가 넘던 글로벌 선사가 2019년 9개 선사로 줄어들고 또한 3대 Alliance로 재편됨에 따라 컨테이너 시장은 準과점 상태가 되었고 동시에 시장외적 요인으로 큰 변혁기를 맞고 있다. 이 기간의 특징은 ① 시장의 집중화, ② 환경 규제의 강화, ③ 코로나19로 인한 공급망 교란으로 정의할 수 있다.

1) 시장의 집중화

시장이 집중화되어 있는가를 보는 지수(Index) 중 HHI(Herfindahl-Hirschmann Index)라는 집중지수가 있다. 미국의 법무부산하 경쟁당국에서 기업의 독점여부를 판단하는데 기준으로 사용하는 이 HHI 지수는 완전독점인 경우 10,000을 기준으로 2,500이 넘으면 집중도가 높고 집중도가 1,500~2,500이면 중간 집중도이며 1,000이하인 경우 경쟁이 심한 상태로 판단한다.

이를 컨테이너 시장의 HHI 추이를 보면 미국 선사들의 시대에서 글로벌 경쟁시대로 넘어가던 1996년 컨테이너 집중지수는 330이었으나 글로벌 컨테이너 업계 1차 재편이 끝난 2006년에는 660, 2차 재편이 거의 마무리되던 2016년에는 1,000 수준으로 상승하였다.

2022년 현재 1,000 수준에서 약간 상승했을 것으로 추정되지만 업계 1위와 2위가 같은 Alliance에 속해 있어 이를 합하여 계산하면 HHI 수치가 1,500에 가까운 수치가 나와 집중도가 높아진 것을 알 수 있다(HHI 지수는 Top 10 선사의 시장점유율의 제곱의 합이고 1, 2위 선사의 합이 34%이므로 이 합한 값을 대입 Top 4만 계산하여도 $HHI = 34^2 + 12.6^2 + 11.7^2 = 1,452$가 된다).

최근 발표된 2M의 결별선언은 이와 무관하지 않을 것이다.

2) 환경 규제의 강화

2019년 선박 평형수 장치 설치 의무화에 이어 2020년부터 전 세계적으로 아황산가스 규제(SO_2) 그리고 2023년부터 이산화탄소(CO_2) 규제가 시작되어 점차적으로 탄소배출 많은 선박은 시장에서 퇴출되도록 되어 있어 컨테이너 산업의 미래에 큰 변화를 가져올 것으로 예상된다.

이러한 환경규제에 대비해 현재 거론되고 있는 탄소 중립 기술 개발 현황을 지속적으로 모니터링하고 신조 시 어떤 연료를 선택하고, 어떤 장치를 설치할 것인지 그리고 그러한 결정이 지금까지 논의했던 경쟁력에 어떤 영향을 미치는지 심사숙고해야 할 시점이다.

3) 코로나를 계기로 한 잠재 공급망 교란

2019년 말 시작한 코로나19 사태는 작금까지 3년 이상 장기화하였고 지금은 전염력은 높으나 증세가 심하지 않는 변종이 대세가 되어 어느 정도 안정국면에 접어들었다고 할 수 있으나 이를 계기로 지금까지 세계화 물결 속에서 구축해 놓은 글로벌 공급망의 허점이 노정되었다 하겠다.

앞으로 이러한 세계적 전염병 외에도 전쟁, 대형화된 선박의 운화 또는 항만에서의 사고, 세계적인 항만의 정체되는 하역 생산성, 항운 노조 파업 등 공급망에 영향을 미치는 요인들에 대한 대비를 철저히 해야 할 때이다. 특히 초대형화된 선박의 안전운항을 위해 특화된 선원 교육이 필요하며 수당 등을 신설하여 차별화된 대우가 필요하다.

3. 컨테이너 역사의 교훈과 포스트 코로나 시대의 컨테이너 산업의 과제

경쟁력의 원천

지금까지 살펴본 역사에서 각 시기마다의 경쟁력의 원천을 요약해보면 다음과 같다.

1) 1956년~1975년 컨테이너 산업 태동기

도전정신으로 운송의 혁명이라 불릴 만한 컨테이너를 발명한 창의성과 때마침 활용 가능하였던 군용선박의 낮은 고정비와 이러한 새로운 아이디어에 대한 투자를 가능하게 한 금융계(Wall Street), 낮은 금융비용, 그리고 풍부한 군수물자가 미국 선사의 경쟁력의 원천이었다.

2) 1976년~2000년 글로벌 경쟁과 미국 선사의 쇠퇴

이 시기 경쟁력의 원천은 선사 간 협력을 통한 Service Quality (transit time, coverage 등), 규모 경제, 원가 절감이었다.

미국 선사들의 초기 advantage가 사라지고 이를 만회하기 위한 노력도 수포로 돌아가 몰락한 후 경쟁에서 살아남기 위해 남은 선사들은 고속선을 선보이며 투입 선박척수를 줄이는 노력을 하는 한편 서비스 차별화를 꾀하였다. 성장 전략 측면에서 능력이 되는 선사들은 독립적으로 Organic Growth를 통해 규모의 경제에서 경쟁력을 추구하였고 그렇지 못한 선사들은 다른 선사들과 Alliance를 통해 협력함으로써 원가절감과 서비스 다양화라는 경쟁력을 유지할 수 있었다.

3) 2001년~2007년 시장침체로 인한 글로벌 선사의 1차 재편

이 시기 경쟁력의 원천은 경제적 선복 확보, IT 능력이었다. 9.11 사태로 인한 경기침체는 선사에 있어서 위기인 동시에 기회였다. 재래식 경영으로 고비를 넘지 못한 P&O Nedlloyd, CP Ships 등이 있는 반면 2001~2003년 불황기 동안 선박 가격의 하락을 기회로 삼아 선박을 확보함으로써 경쟁력을 강화한 MSC, OOCL 등의 선사들은 2004~2007년의 중국 특수 기간 동안 약진하였다.

4) 2008년~2018년 규제와 고유가로 인한 2차 재편

이 시기의 경쟁력은 초대형 경제선의 보유 여부였다. 2007년 연료유 가격이 톤당 400달러를 넘어서게 됨에 따라 선사들은 자구책으로 그동안의 '일류선사=fast transit time'이라는 패러다임을 버리고 slow steaming으로 전환하였다. 이러한 흐름에 빠르게 대응한 Maersk, MSC는 연비 최적의 초대형 선박을 신조하여 고정비 및 연비에서의 경쟁력을 바탕으로 저가 정책을 취함으로써 시장을 주도하였고 때마침 2008년 전통의 선사동맹인 FEFC가 해체됨에 따라 선사 2차 재편의 원인이 되었다.

5) 2019년~현재의 환경과 과점과 코로나가 화두인 準과점 시대

이 시기의 경쟁력 요소는 환경 규제 대응 능력이다. 현재는 전체 시황이 초호황인 관계로 경쟁우위가 나타나지 않지만 머지않아 격차가 나타나게 될 것이다. 어느 정도 글로벌 선사의 재편이 완성되고 난 후 생존한 선사들 앞에 놓인 과제는 2020년부터 시행된 아황산가스 규제를 시작으로 앞으로 시행될 이산화탄소 등 환경규제 하에서 현재 보유하고 있는 선박이 얼마나 경쟁력을 갖고 있느냐는 점과 또한 향후 신조 시 선박 고정비, 연비와 미래 예상되는 탄소세 등 주요 비용에서 결정적 영향을 미칠 수 있는 연료 선택(저황유, 고황유, LNG, 메탄 등)이다.

또한 코로나19 사태를 통해서 벌어들인 컨테이너 선사의 총이익금은 2021년 450억 달러로 글로벌 선사 중 선두그룹들은 풍부한 유동성을 바탕으로 물류회사를 인수하는 등 확장을 꾀하고 있다. 이는 자체 공급망 구축과 분산투자의 효과를 노린 것으로 볼 수 있다.

포스트 코로나 시대 과제

코로나19 사태는 진정 국면에 있다. 코로나 사태가 종식되고 공급망이 다시 정상화되면 코로나19 이전으로 돌아갈 것인가?

과거로의 회귀 시나리오는 ① 선두주자들의 추가 집중화 추진의 경우, ② 새로운 글로벌 선사의 등장으로 인한 과당 경쟁, ③ 9개 선사 외 선사 중 과도한 확장 정책을 펴는 경우 현실화 가능성이 있다.

그러나 시나리오 ①의 가능성은 그리 크지 않다. 2019년 초만 하더라도 선두 9개 선사에서 6~7개 선사로 축소 가능성이 회자된 만큼 포스트 코로나 시대에 추가 집중화를 위한 운임전쟁에 돌입할 가능성을 배제할 수 없다. 그러나 현재는 2019년대 초와 상황이 많이 달라졌다. 최근 나온 영업 성적표를 보면 예전과 달리 수익률이 하위그룹 선사들에게서 높은 것으로 나타나 운임전쟁이 재연되었을 때 덩치 큰 선사들의 타격이 더 크기 때문이다.

시나리오 ②의 경우 이미 코로나 사태 이후 운임이 천정부지로 치솟던 기간 중 등장했던 신규 선사들이 하나둘 자취를 감추고 있고 그나마 규모가 작은 선사들의 수익성이 최근 급격히 나빠져 생존을 걱정해야 할 상황으로 신규선사로 인한 시장 충격은 미미한 수준이다 ③과 같이 Top 9 외의 선사 중 야망이 있는 선사가 나온다면 단시간 내에 시장에 충격을 줄 수 있지만 오래가지 않을 것으로 보인다.

수급상으로 보면 지속적으로 선대 증가를 도모해온 MSC를 중심으로 2023년 인도 예정인 선복이 과다하게 보인다. 또한 때마침 우크라이나 전쟁의 영향과 전 세계적인 불황으로 인한 수요 감소의 영향으로 단기적으로 운임에 영향을 주겠지만 기존 선사들의 코로나 시기의 학습효과와 노후선박 교체를 감안한다면 그 충격은 그리 오래가지 않을 것으로 예상되며 부정적 요인이 해소되는 시점에 반등이 예상된다.

문제는 반등 이후에 찾아오는 불황에 어떻게 대비해야 하는 가에 대해 깊이 고민해야 할 것으로 보인다. 한국 해운이 9.11사태로 인한 해운불황 후 반등기와 2008년 금융위기로 인한 불황 이후 반등기에 무엇이 잘못되었는가를 복기할 때이다.

이러한 상황 하에서 우리에게 주어진 과제를 요약하면 다음과 같다.

1) 새로운 기술

현재 아시아-구주항로에서 운항하고 있는 24,000TEU급 선박은 항만의 생산성, 수에즈 운하의 물리적 제약 등을 감안할 때 최대의 크기이며, 미주 서안의 경우 터미널의 수심, 안벽 강도, 항만 생산성, Intermodal 등을 감안할 때 16,000TEU 이상 크기의 선박의 운항은 오히려 비경쟁적인 상태이고 또한 3대 Alliance에서 어느 정도 초대형 경제선을 보유하고 있기 때문에 초대형선 보유 경쟁보다는 새로운 환경규제로 떠오른 탈탄소화 시대에 맞는 획기적인 기술이 요구되는 시대가 도래하였다. 향후 5~10년 사이 신규 기술개발 여부에 따라 현재 운항 중인 선박자산이 좌초자산(stranded assets)이 될 가능성이 크기 때문에 선두 주자들은 주도권을 빼앗기지 않기 위해 새로운 기술개발에 혈안이 되어 있을 것이다.

이제야말로 MaLcom Mclean의 창의성, 도전정신이 필요한 시기로 필사적인 노력이 필요한 시기라 할 수 있다.

따라서 이 혼란기에 기술적용 선점을 위해 여러 가지 부정적 장벽을 넘어 관계자(stakeholder)들이 머리를 맞대고 모든 가능한 기술, 즉 바이오 연료 선박, 수소 연료 전지 선박, 암모니아 연료 선박, 메탄올 연료 선박을 비롯하여 이산화탄소 포집 기술 적용 선박 등과 관련된 기술을 포함 Game Changer가 될 만한 기술을 경쟁자보다 빨리 개발하기를 기대하며 혹시 후발 주자가 되어도 기술적용에 있어 뒤처지는 일이 없어야 하겠다.

기술적인 문제에 있어서 조선소, 한국 선급의 역할도 주요하지만 해외 선급과의 적극적 교류를 통하여 해외, 특히 유럽 선사들의 신기술 개발 및 응용 정보를 신속하게 입수하여 활용해야 하겠다.

2) 성 장

Alliance 체제 하에서의 선복 확충은 제약이 적지 않지만 국가적 차원에서 대표선사의 향후 Road Map을 그려 일차적으로 한계 수익성의 정점이라 할 수 있는 1,500천TEU 정도까지 선복을 확충토록 하여 Scale Merit의 효과를 거두도록 유도함이 바람직하며 이때 최적의 조선기술 적용이 필수 불가결한 요소이다.

3) 물류투자

최근 글로벌 선사들이 막대한 수익을 내고 있고 이에 따라 유동성이 풍부해지는 가운데 세계적으로 물류 분야에 투자하는 선사도 있고 그렇지 않은 선사도 있다. 우리 대표선사는 전략적으로 노하

〈표 1〉 글로벌 상위 선사의 2022년 1~3분기 선복량과 수익률 비교

선사	선복량(mil. tue)	수익률(22. 1~3분기)	비고
Maersk	4.23	43.3%	
CMA CGM	3.39	45.0%	
Hapag－Lloyd	1.78	50.5%	
ONE	1.52	57.5%	
Evergreen	1.63	66.3%	
HMM	0.82	55.1%	

우가 축적된 해운에 집중하여 적기에 경쟁력 있는 선복을 확보하는 것으로 승부해야 하며 기존 화주들과 이해상충이 있는 forwarding 등 물류 분야에 투자하는 것은 바람직하지 않다. 경쟁력 강화에 필요한 항만의 전용 터미널 확보, 전용 depot, 전용 feeder 등에 투자하여 하역비나 운송비를 절감하는 한편 안정적 대 화주 서비스를 효과적으로 강화해 나가는 것이 바람직하다.

컨테이너 터미널의 과거, 현재 그리고 미래

장재환(아이앤케이신항만 차장)

1. 과거-컨테이너화 그리고 표준화

컨테이너 하역이 보편화되면서 해상운송비용이 획기적으로 줄어들었지만 벌크 하역이 일반적이던 시절에는 선박의 운항시간은 그리 오래 걸리지 않았으나 선박이 부두에 정박해서 화물을 부리는 하역작업이 전체 운송 기간의 대부분을 차지할 정도로 물건을 선박으로 싣고 내리는 하역 과정에서 많은 시간과 비용이 발생했다.

현재는 하역비용이 해상운송 원가에서 10%에도 미치지 못하지만 당시 해상운송에서 하역비용이 차지하는 비중은 70%에 달했다. 또한 하역시간에 있어서도 컨테이너 개발 이전에는 짧게는 2주에서

컨테이너 개발전 하역작업 풍경 (좌: 1912년 뉴욕항, 우: 1933년 시드니항)
출처: Wikipedia.org

길게는 몇 달이 소요되었고 그것도 표준화된 기계가 아닌 인력에 의한 하역 방식이었다. 컨테이너 하역이 보편화된 최근에는 선박 한 척을 하역하는 데 길어야 이틀 정도면 충분하다.

철도, 트럭과 같은 육상운송, 그리고 선박을 이용하는 해상운송 간 화물을 반복적으로 하역하는 일들이 빈번했기 때문에 시간과 비용의 비효율이 극심했다. 지금 기준으로 생각해 보면 상식적으로 이해하기 힘들지만, 컨테이너 하역이 존재하지 않던 당시에는 그것이 비효율적인지조차 인지하지 못했을 것이다.

여러 번의 반복적인 하역이 그저 평범한 운송 흐름이라고 생각하던 당시, 미국에서 트럭회사를 운영하던 한 사람은 하역에서 발생하는 이러한 비효율에 불만이 많았다. 그가 바로 컨테이너의 아버지라 불리는 말콤 맥린(Malcolm McLean)이다.

그는 철도, 트럭, 선박에서 매번 반복적으로 발생하는 하역을 줄일 수 있다면 비용과 시간을 획기적으로 줄일 수 있다고 생각했다. 그리고 화물트럭을 그대로 배에 싣거나 컨테이너 박스를 트럭과 선박에 붙였다 떼어내는 방식의 화물 운송을 상상했고 결국 그가 운영하던 트럭회사인 맥린기업(McLean Company)을 매각하고 당시 적자 상태의 선박회사인 Pan Atlantic Steamship을 인수하여 그의 상상을 현실로 옮기게 된다.

1956년 4월 26일, 제2차 세계대전 당시 탱커로 사용되던 선박의 갑판을 개조한 최초의 컨테이너 선박 Ideal X는 33피트 컨테이너 58개를 싣고 뉴어크항에서 휴스턴으로 첫 컨테이너 운송을 성공적으로 마쳤고, 이것이 컨테이너 운송 · 하역의 첫 시작이었다.

Ideal X는 58개의 컨테이너를 단 7시간(컨테이너 대당 7분) 만에 선박으로부터 하역했고 도착지 항구에서 과거 재래선 방식처럼 화물을 부두에서 꺼내지 않고 곧바로 트럭에 적재하여 부두를 빠져나갔다. 이로 인해 항만에서 발생하는 하역비는 톤당 약 6달러에서

16센트로 절감되었다.

하지만 최초의 컨테이너선 Ideal X는 선창에 화물을 적재할 수 없는 개조 선박이었기 때문에 적재공간이 다소 부족하고 복원성 문제로 원거리 항해에는 한계가 있었다. 이듬해인 1957년, 갑판 및 선창에도 컨테이너를 적재할 수 있는 최초의 컨테이너 전용선 Gateway City가 등장했다. Gateway City는 Ideal X에 비해 적재율을 높일 수 있었고 선박에 컨테이너를 하역할 수 있는 크레인을 설치하여 안벽 고정식 크레인이 설치되지 않은 항만의 경우에도 컨테이너 하역이 가능하였다.

그러나 이 방식도 선박에 설치된 크레인의 잦은 고장이나 크레인 무게로 인해 작업 중 선박이 기우는 문제도 있어 결국 안벽 고정식 크레인 개발로 이어지게 된다.

그리하여 1959년 우리에게 익숙한 갠트리(Gantry) 형태의 안벽 크레인이 개발된다. PACECO사에서 개발한 안벽 고정식 하역 크레인은 조선소 크레인을 개조해서 생산한 크레인이었는데 당시 지상고 26m, 크레인 Boom(팔길이)은 약 37m였다.

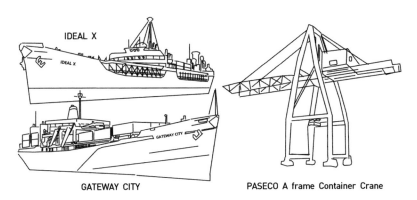

출처: 필자 그림

1956년 시작된 해상, 육상을 하나로 연결하는 복합 운송 개념의 컨테이너화는 이렇게 1959년 고정식 안벽 크레인이 만들어지며 그 기틀이 완성된다.

그러나 이후 10여 년간 컨테이너 물동량이 비약적으로 증가하지는 못했다. 오히려 정체되는 시기가 이어지게 되는데, 그것은 컨테이너 표준규격 합의에 이르지 못했기 때문이다. 1세대 컨테이너 해운회사들은 미국을 기반으로 하는 연안 무역선이었는데, Maersk Line의 전신인 Sea Land Service, Matson 및 국내에는 잘 알려지지 않은 Grace Line, Bull Line 등 여러 선사들이 주로 컨테이너의 길이와 관련해서 서로 다른 의견을 주장했고, 철도 사업자들의 경우 컨테이너의 폭, 육상운송 사업자들은 컨테이너의 높이와 관련해서 상반된 의견을 가지고 있었다. 그리고 이러한 표준화 논쟁은 미국 내에서 10여 년간 지속된다.

컨테이너 규격 표준화 문제는 베트남전으로 인해 종지부를 찍게 되는데, 미군은 제2차 세계대전 당시부터 CONEX(Container Express) Box라는 이동식 컨테이너를 군수물자 조달업무에 활용을 하고 있었지만 말콤 맥린의 해상과 육상을 동시에 아우르는 복합 운송까지는 진척시키지 못한 상황이었다. 그래서 미군은 베트남전 군수물자 조달업무를 컨테이너화하여 시간과 비용 문제를 극복하려 노력했고 말콤 맥린은 회사가 보유하고 있던 컨테이너 및 각종 장치들의 특허를 포기하면서까지 표준규격 합의를 위해 노력했다. 그리고 마침내 10여 년간의 길었던 표준화 논쟁은 끝이 난다.

베트남 전쟁이 끝나고 1970년 외부에 공개한 베트남전 수송 물자의 컨테이너화 효과에 대한 내부 보고서는 베트남전 당시 군수물자 컨테이너 수송계획과 그 효과에 대해 구체적으로 기록하고 있는데, 베트남전 당시 컨테이너 수송은 종전을 앞둔 1967년 시작되었지만 보고서는 미군의 참전 시점인 1965년부터를 가정하여 그 효과

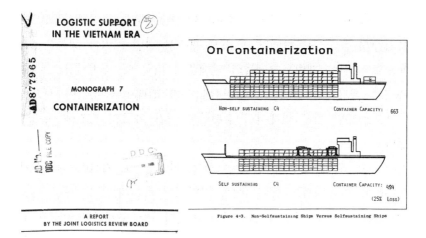

베트남전 수송 물자의 컨테이너화 효과에 관한 내부 보고서(1970년 12월)
출처: LOGISTIC SUPPORT IN THE VIETNAM ERA

를 분석하고 있다. 이를 구체적으로 살펴보면, 1965~68년 4년간 총 수송물량은 3천5백만톤, 복합 운송에 기반한 컨테이너운송 이후 기존 CONEX Box 물류 대비 비용은 톤당 75달러에서 60달러로 약 20% 절감되었다. 총비용 절감액은 4년간 8억 8천만 달러에 달한다. 세부적으로 살펴보면, 하역시간은 재래선 기준 열흘 정도 소요되던 하역시간이 이틀로 단축되었고 화물의 파손, 도난 문제도 현저히 감소했다. 하역, 보관에 필요한 근로시간도 4년간 3천3백만 시간이 절감되었다. 화물 보관 면적은 55% 절감되었다. 베트남전은 복합 운송 개념의 컨테이너화를 알리는 큰 계기가 되었고 전쟁기간 미군의 군수물자 수송업무를 담당했던 말콤 맥린의 Sea Land Service는 이를 기반으로 본격적으로 규모를 키울 수 있었다.

컨테이너 운송은 공컨테이너 이송 문제가 단점인데, 베트남전 당시에도 베트남에서 미국으로 돌아가는 항차에는 대부분 공컨테이너를 가득 채워 돌아오는 상황이었다. Sea Land Services는 미국으로 돌아오면서 일본에 기항하여 당시 일본에서 경쟁력이 있던 백색가전을 미국에 수출하여 공컨테이너 이송 문제를 일부 극복하고 운영 효율을 극대화하였다. 그리고 재래선 대비 저렴한 해상운송비용으로 아시아 개발도상국들의 완제품이 미국 등 소비시장으로 수출되는 계기가 마련된다. 1950년대 후반 컨테이너 운송이 시작된 이후, 2020년 기준 컨테이너 수송량은 연간 약 2억 TEU에 이르고 있다.

참고로 화물 운송의 컨테이너화를 이해할 때 키이스 탄틀링거(Keith Tantlinger)라는 엔지니어를 기억해야 하는데, 그는 복합 운송에 기반한 말콤 맥린의 혁신적인 아이디어를 구체화한 인물이다. 말콤 맥린은 육상과 해상에서 공동으로 사용할 수 있는 수단을 원했던 것이지 구체적으로 그것이 화물을 적재한 샷시(Chassis) 형태이든 탈부착이 가능한 컨테이너 형태이든 그 형태에는 크게 관심이 없었다. 19세기 후반부터 규격은 다르지만 서로 호환이 되지 않은 컨테이너 용기(Box)가 이미 물류에 사용 중이었고 미군의 경우 이미 제2차 세계대전 당시 CONEX Box를 활용하고 있었다. 단지, 말콤 맥린은 해상과 육상으로 나누어져 있던 물류를 하나의 흐름으로 연결할 수 있는 복합 운송의 개념을 고민했고 키이스 탄틀링거가 이를 구체화하였다.

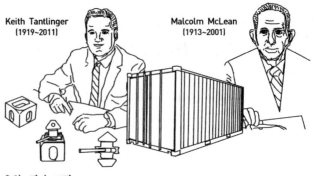

출처: 필자 그림

탄틀링거는 탈부착이 가능한 컨테이너 외에도 선박에 컨테이너 적재 시 하역작업을 용이하게 하고 안전하게 운송하기 위한 선박의 Cell Guide 구조물, 컨테이너 고정 장치인 Twist Lock 등의 선박 및 컨테이너 구조물을 고안한 엔지니어이다. 해외에서는 말콤 맥린 못지않게 높게 평가되고 있는 인물인데 아직 우리나라에 컨테이너화 관련된 자료들을 찾아보면 그에 대해 소개된 자료들이 없어 아쉽다.

2. 현재 - 기계화의 지속, 규모의 경제

컨테이너 하역 방식이 하역의 표준으로 자리 잡으며 운송량은 폭발적으로 증가했고 이후 선사 및 하역사들의 규모의 경제를 이루기 위한 노력이 지속된다.

이제부터 시야를 부산항으로 좁혀서 살펴보면, 말콤 맥린의 Sea Land Service가 베트남전(1967년 이후)을 통해 아시아에서 처음으로 일본에 컨테이너 서비스를 시작하게 되었고, 비슷한 시기에 부산항에도 최초의 컨테이너 선박이 입항하게 된다. 부산항을 처음 찾은 컨테이너 선박은 1970년 3월 씨랜드의 1만톤급 선박인 '피츠버그 (SS Pittsburgh)'였다.

국제신문에 실린 부산세관 박물관 이용득 관장의 부산항 이야기에 그날 첫 컨테이너선이 입항하던 모습이 자세히 묘사되어 있는데, 그 내용에 따르면 당시 재래선 기준 100명이 작업하던 일을 단 5명이서 해냈고 컨테이너 하역이라는 새로운 기술에 대한 항만 노동자들의 저항도 만만치 않았던 것으로 그날의 풍경을 전하고 있다.

컨테이너 하역과 관련된 여러 자료들을 찾아보면 부산항에만 국한된 문제가 아닌 전 세계적으로 항만 노동자들의 저항이 거세었던

이용득의 부산항 이야기 <30> 첫 '컨'선 들어오던 날

100명 '컨' 하역일 5명이 처리 '깜짝'

당시 전용선 자체 크레인에 의해 단숨에 무거운 철제박스가 부두에 내려지는 것을 지켜본 많은 사람들은 한동안 입을 다물지 못했다. 100여 명의 노무자가 하던 일을 4, 5명의 기술자가 거뜬하게 처리하고 있으니 놀랄 수밖에 없었다. 바로 이게 해방 이후 낙후된 부산항에 컨테이너전용선이 물고 온 하나의 충격이자 일대 파란이었다. 더군다나 컨테이너선이 들어온 그때가 제2차 경제개발 5개년 계획(1967년~1971년)이 마무리 되는 데다 수출 드라이브 정책까지 맞물려서 부산항이 호황을 맞을 무렵이었다.

그렇지만 이러한 컨테이너전용선이 들어온다는 소식에 제일 먼저 민감한 반응을 보인 곳은 항만의 노무자였다. 이들에게는 18세기 중엽 '기계가 사람을 잡아 먹는다'는 영국 산업혁명에서 나온 빛바랜 구호가 새삼 가슴에 와 닿을 정도로 기계화로 인한 대량실직이 눈앞에 다가서고 있었다. 위기의식을 느낀 당시 전국부두노조 2만여 명은 부산항 개항 94주년을 맞은 2월 26일 오전 6시부터 컨테이너선 취항 반대투쟁을 위한 가부투표를 하면서 파업에 대한 긴장도를 높여갔다.

이로 인해 부산항을 비롯한 전국 항만의 하역작업은 순조롭지 못했다. 가톨이나 조합원 97%의 찬성으로 힘이 실은 부두노조는 전면파업 D-day를 컨테이너전용선 입항예정일에 맞춰져 있었다. 그러다 보니 날로 부산항은 암울한 분위기 속에서 점점 긴장감만 높아갔다. 다행히 컨테이너선 한국대리점인 한진상사에서 노조의 실업보상 등의 요구사항을 모두 수락함으로써 일단 파업이란 위기를 모면하게 되었다.

출처: 국제신문, 2016년 4월 17일

것으로 확인된다. 그리고 당시 혁신과도 같았던 컨테이너 하역 방식을 적극적으로 받아들인 항만들은 컨테이너 운송량이 증가하며 대표적인 거점 항만으로 성장하게 된다. 싱가포르, 로테르담, 롱비치 등이 대표적인 사례이다.

1970년 이후 부산항은 지속적으로 규모 면에서 성장을 거듭했다. 1978년 자성대 부두 개장을 시작으로 신선대, 감만 등 기존 재래부두를 대신해 여러 컨테이너 전용 터미널이 등장하였고 1995년 고베 대지진 당시 일본에서 처리되지 못한 화물들을 부산항에서 처리하며 이후 지속적으로 항만 물동량이 증가했다. 그리고 1990년대 후반 가덕도 일원에 신항만 개발을 준비하여 지속적으로 물동량 증가에 대비하였다.

2000년대 들어 일제강점기에 개발·운영되었던 재래부두는 재개발 단계에 들어가고 북항은 크게 자성대, 감만, 신선대 3개 부두가 운영을 유지하고 있으나 대형선은 2006년 상업 운영을 시작한 직선거리 30km 떨어진 가덕도 신항만을 이용하고 있다. 하나의 항만에 북항, 신항 두 개의 터미널 권역으로 나누어져 운영 중이다. 부산항 북항 터미널 장비들은 자동화되지 않은 수동 장비가 주를 이루고 있고 하역 터미널과 ODCY를 동시에 이용하는 경우가 일반적이었으나 이후 2000년대 들어 전용 터미널을 중심으로 ODCY 서비스를 제공하는 이른바 ON DOCK서비스가 시작되었다. 부산항에서

최초의 컨테이너선 작업이 이루어진 1970년을 기준으로 약 30여
년 만에 기존 항만 하역 기능 확장에 따라 신항으로 이전되었고 아
마도 지금으로부터 30년 뒤에는 규모의 문제이든 자동화와 같은 새
로운 하역 기술 도입 문제이든 새로운 항만의 개발 혹은 기존 항만
의 유지 보수가 필요할 것으로 예상된다.

부산항 북항 안벽 크레인   부산항 북항 야드장비
출처: 문화포털(culture.go.kr)

부산항 신항을 북항과 비교해 보면, 주로 선박 대형화에 따라 수
심(16~17m), 선석당 길이(300~350m), 안벽으로부터 야드까지의 폭
은(400~500m) 등 시설 면에서 차이가 있다. 야드는 무인자동화로
운영되고 있고 안벽 크레인은 22열~24열 장비, 크레인의 높이는
최대 53m에 이르고 있다.

비고	북항	신항
수심	15m	16~17m
안벽길이(선석당)	300m	350m
안벽↔야드	400m	500m
안벽크레인	16~22열	22~24열 (높이 53m)

부산항 신항 : 2017. 11.

부산항 신항(2017.11)
출처: 필자 작성

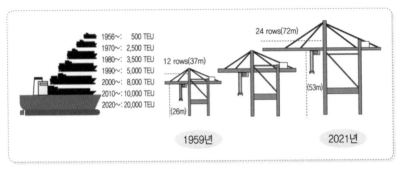

컨테이너선과 하역 크레인 크기 변화
출처: 필자 작성

1950년대 약 500TEU였던 컨테이너 선박은 2021년 현재 최대 선박 기준 24,000TEU(24 row/deck 11단)에 이르고 있다. 이러한 대형 선박의 통항을 위해 양대 운하인 수에즈, 파나마 운하도 각각 2015, 2016년 확장공사가 완료되어 운영 중이다.

컨테이너 터미널의 경우 선박 대형화에 맞춰 안벽 크레인도 1959년 높이 26m/12열 장비가 현재 53m/24열에 이르고 있다. 양적인 규모의 성장과 동시에 야드 자동화를 넘어 원격 조정 기술을 도입한 안벽 크레인도 자동화 터미널을 중심으로 도입되고 있어 컨테이너 터미널은 기계화 단계를 넘어 자동화 단계를 준비하고 있다.

3. 미래 - 자동화 컨테이너 터미널

세계 최초의 완전 자동화 터미널은 지금으로부터 약 30년 전인 1993년 로테르담 마스블락테 1단계에 도입된 ECT Delta(European Container Terminal)이다.

그로부터 10년 후 2002년 독일 함부르크에서 ECT모델을 개선한 CTA(Container Terminal Altenwerder) 자동화 터미널이 등장한다. ECT와 CTA모델은 수직배열 야드를 적용한 최초의 무인 자동화 터미널이고, 현재까지 자동화 터미널의 가장 일반적인 운영모델로 평가되고 있다. 부산항 신항의 경우 2011년 신항 2-3단계 4선석이 수직배열 야드, 유인이송장비를 도입한 반자동 컨테이너 터미널 모델로 운영 중이며, 2-3단계 운영모델에서 추가적으로 이송장비가 무인화 되면 ECT, CTA와 같은 형태의 자동화 컨테이너 터미널 운영단계가 된다. 현재 부산항 신항 서측부두가 이송장비 자동화를 포함하는 완전 자동화 모델 운영을 검토 중이다.

완전 자동화 컨테이너 터미널의 주요 장비를 살펴보겠다. 우선 STS(Ship to Shore)크레인이라 부르는 갠트리(Gantry) 형태의 안벽 크레인은 Single Trolley, Double Trolley모델로 구분되는데, 터미널 이송장비가 AGV(Automated Guided Vehicle)인 경우 Double Trolley, Shuttle Carrier인 경우 Single Trolley방식의 안벽 크레인으로 운영된다. Double Trolley STS에서 첫 번째 Trolley는 화물 양하를 기준으로 보았을 때 선박으로부터 컨테이너를 하역하는 데 사용되고 두 번째 Trolley는 선박으로부터 하역된 컨테이너를 AGV에 전달하는 기능을 한다. 첫 번째 Trolley는 사람의 조작에 의해 작동되고 두 번째 Trolley는 자동방식이다. Single Trolley 모델의 경우, Shuttle Carrier를 이송장비로 사용한다. 그리고 크레인에 조작 인원이 직접 승무해서 크레인을 조정하는 방식과, 크레인이 아닌 별도의 공간에서 원격으로 조정하는 Remote Controlled 방식이 있다.

다음으로 이송장비의 경우, 완전 자동화 터미널의 이송장비는 AGV(Automated Guided Vehicle)와 SC(Shuttle Carrier)가 대표적인데 AGV는 무인장비이고 Shuttle Carrier는 유인 및 무인장비가 있다. 현재 전 세계에서 운영 중인 대부분의 완전 자동화 터미널들은 이송장비로 AGV를 도입하고 있다. 부산항 신항의 경우 반자동화인 야드 자동화 단계인데, 야드크레인은 무인, 이송장비는 YT(Yard Tractor), 유인 SC(Shuttle Carrier)와 같은 유인 장비를 사용하고 있

다. 완전 자동화 단계에서는 이송장비 운영인력 소요가 사라지게
되는데, 항만에서의 일자리 감소로 인한 갈등이 예상된다.

마지막으로 야드 크레인을 살펴보면, 레일 주행 방식이며 ARMG
(Auto Rail Mounted Gantry) 크레인이라 부른다. 형태적으로 구분하
면, 라멘타입(Rahmen)과 캔틸레버타입(Cantilever)으로 구분되며, 라

AGV (Automated Guided Vehicle)

SC (Shuttle Carrier)

Rahmen Type (수직배열 야드)

Cantilever Type (수평배열 야드)

STS Crane (Single Trolley)

STS Crane (Double Trolley)

자동화 컨테이너 터미널 주요 장비
출처: 필자 촬영 및 SNS검색(PSA Singapore, Gantry Cranes Group)

멘타입 크레인은 수직배열 야드, 캔틸레버타입은 수평배열 야드에서 주로 사용되고 있다. 각 크레인의 운영상 차이점은 이송장비 및 외부차량의 하역작업(상하차) 구간이 크레인 아래(라멘타입), 측면(캔틸레버타입)에서 이루어지는 점이다.

수평배열 야드와 수직배열 야드의 차이점은 안벽으로부터 컨테이너의 적재 방향이 수직/수평이냐에 따라 구분해서 부르는데, 야드 자동화 단계의 컨테이너 터미널은 수평배열 야드로 운영되는 경우가 많고 수직배열의 경우 야드 자동화(반자동) 및 이송장비 자동화(완전자동) 모두 운영되고 있다.

수직배열 야드는 1990년대 운영을 시작한 로테르담 ECT에서 처음 시작되었고 이후 자동화 모델의 가장 일반적인 야드 배치 형태로 평가되고 있다.

1993년 최초의 완전 자동화 터미널이 운영을 시작하고 2002년 두 번째 완전 자동화 터미널이 운영을 시작한 이후 완전 자동화 모델은 정체기에 있었는데, 2016년을 시작으로 네덜란드, 독일 외에도 중국 및 항만노조가 강성인 것으로 알려진 미 서부 항만에서도 이송장비 자동화를 포함하는 자동화 터미널이 상업운영을 개시했다. 싱가포르도 TUAS신항 자동화 계획을 선언하였고 구항인 Pasir Panjang Terminal에서 완전 자동화 모델을 연구하며 향후 TUAS운영 단계를 준비 중이다.

2021년 현재, 컨테이너 터미널 자동화에 있어 한국보다 열위에 있다고 생각되던 중국 항만들이 대규모 신규 항만을 건설하며 완전 자동화 모델 운영에 들어가고 있는데, 대표적으로 상해, 청도가 2017년 이송장비 자동화를 포함하는 자동화 터미널 운영을 시작했고, 수년 내에 난샤, 샤먼에서도 완전 자동화 모델 상업운영이 시작된다.

〈표 1〉 전세계 주요 자동화 컨테이너 터미널 운영현황(2016, 2021 비교)

2016년	Gate	Yard	Quay	2021년	Gate	Yard	Quay
한국(Busan)	○	○	×	한국(Busan)	○	○	×
네덜란드(RTM)	○	○	○	네덜란드(RTM)	○	○	○
독일(HAM)	○	○	○	독일(HAM)	○	○	○
미국(LA/LB)	○	○	○	미국(LA/LB)	○	○	○
싱가포르(SIN)	○	○	○	싱가포르(SIN)	○	○	○
				중국(SHA)	○	○	○
				중국(TAO)	○	○	○
				중국(NSA)	○	○	○
				중국(XMN)	○	○	○
				싱가포르(TUAS)	○	○	○

출처: 필자 작성

　　2005년 부산항에 처음으로 일부 야드 자동화가 도입되던 당시 중국 항만당국에서 부산항의 야드 자동화를 견학하기 위해 한국을 찾을 정도였으나 그로부터 10년 후 중국은 이미 야드 자동화를 넘어 이송장비 자동화를 포함하는 완전 자동화 모델을 운영 중이고, 벌써 운영 5년 차에 접어들고 있다.

　　반면 부산항은 야드 자동화까지는 빠른 시간 내에 정착했으나 그로부터 15년 동안 답보 상태에 있었기에 이 부분은 다소 안타깝게 생각한다. 또한 2016년 이후 그 격차는 더욱 벌어지고 있다.

일본 물류의 특징과 코로나 극복방안

공강귀(LX PANTOS JAPN 법인장)

1. 들어가며

일본에서 LX PANTOS 법인장으로 4년을 근무하면서 체험한 일본 물류의 특징과 2020년부터 발생한 코로나 상황을 어떻게 극복해 나가고 있는지를 공유하여 물류업계에 종사하고 계시는 분들께 작은 기여를 하고자 한다.

일본은 G3의 국가로 사회·경제적인 발전을 토대로 국제적인 위상을 강화하고 발전시켜 온 국가다. 일본 물류의 특징을 파악하기 위해 일본은 사회적·문화적으로 어떤 나라인지와 지정학적 특징과 지정학 특징으로 어떤 경제적·물류적 특징을 갖고 있는지를 알아야 한다.

일본 물류의 거시적 특징과 국제적 위상을 확인하고, GDP의 70%를 차지하는 내수경제를 지탱하는 해운/W&D 분야를 위주로 일본 물류의 특징을 설명하고자 한다. 또한, COVID-19로 촉발된 국제적 위기 속에서 일본은 어떻게 코로나시대를 극복하려는지를 확인하여 독자들이 위기극복의 방법을 배웠으면 한다.

2. 일본은 어떤 나라인가?

앞서 말했듯이 일본은 세계 경제 3위이고 물류시장 규모가 380

조원의 큰 나라며, 우리나라와는 상호 협조를 해야 한다는 것을 알면서도 서로 경계를 늦추지 않는 관계다.

전통을 중요시해서 오래된 맛집 노포들이 많고, 매뉴얼과 프로세스를 중요시하며 그런 프로세스로 만든 자동차 등에 대한 신뢰도가 높은 나라. 기초과학이 강해서 아시아에서 노벨상을 가장 많이 수상한 나라이고 이러한 기초과학을 기반으로 만든 반도체 등의 소재와 부품·장비를 수출하는 나라. 이런 것들로 일본을 표현할 수 있다.

가와쿠치코에서 본 후지산   우나동 노포 - 도요카와   TOYOTA 75주년
출처: TOYOTA 홈페이지

일본이 자랑하고, 또 계속 확보해 나가려고 하는 것이 세계유산이다. 대부분의 선진국이 관광산업을 국가의 주요산업으로 인식하고 있는 가운데 일본도 장차 국내외 관광수요를 확보하는 노력의 일환으로 생각된다.

유네스코가 지정하는 세계유산은 특성에 따라 문화유산, 자연유산, 복합유산으로 분류되어 있다. 2015년 기준 등재된 세계유산은 총 1,031건인데, 국가별로는 이탈리아가 51개, 중국이 48개, 스페인이 44개를 가지고 있으며 프랑스(41), 독일(40), 멕시코(33), 인도(32) 순이다. 대체로 보면 문명의 발상지인 나라들과 제국주의 국가들이 상위권을 차지하고 있다. 한국에는 12개, 북한에는 2개가 있다.

일본은 1993년 효고현에 있는 히메지성 등 3건이 처음으로 세계유산에 등록된 이래, 19건의 세계유산과 4건의 자연유산이 등록되어 있다.

히메지성 도조궁 마쓰모토 성
출처: 인스타그램

이렇게 자연과 전통을 중요시하는 일본은 문화유산과 자연유산이 많이 있지만, 지정학적으로 태풍의 길목에 있으며, 대륙운동의 결과로 생긴 열도인 관계로 지진이 잦은 지리적 약점을 가지고 있다.

지진의 피해로 가장 유명한 것은 1923년 관동대지진이지만, 물류적으로 일본에 가장 큰 영향을 준 것은 1995년 진도 7.2의 고베 대지진이라고 생각한다. 고베 대지진으로 피해금액은 10조 엔, 사망자 6,437명과 부상자 43,792명이 발생했다.

2015년 태풍18호, 이바라키현 1995년 1월 고베 지진
출처: 일본 니혼TV

일본 물류가 수년 동안 큰 어려움을 겪었고, 대안으로 우리나라의 부산이 급부상하는 결과가 발생했다. 고베지진 외에도 후쿠시마

원전사태를 만든 동일본대지진 등 지진 리스크가 세계유수의 항만 투자회사들이 일본에 투자하지 않는 이유라고 생각한다.

이러한 장점과 단점을 가지고 있는 일본의 물류는 어떤 특징과 경쟁력을 갖고 있으며, 현재 어떤 상황에 직면하고 있는지를 살펴보고 우리가 타산지석으로 삼을만한 것은 어떤 것이 있는지 생각해 보는 시간을 가졌으면 한다.

현상을 바라보는 관점에 따라 다른 의견이 있을 수도 있지만 4년여 동안 일본에서 근무하며 여러 사업을 하면서 생생하게 느끼고, 여러 물류기업의 실무자와 회의를 통해 만들어진 생각을 기반으로 일본 물류에 대해 설명하고자 한다.

3. 일본 물류의 특징과 경쟁력

내수시장의 비율이 큰 일본의 물류시장은 분야별로 크게 3가지로 나누어 볼 수 있는데 운송, 창고, 기타 물류서비스다. 일본 물류의 큰 특징 중 하나는 오츠나카(乙仲)라는 물류대리회사의 이용이 많으며, 일본통운 등 대규모 물류회사도 많은 물량을 차지하고 있지만, 실제 대도시 외에는 고노이케, 산큐 등 지방물류회사들이 큰 역할을 하고 있다는 것이다. 일본내 운송견적을 받을 때 지방의 강소물류기업을 확인하면 좋은 결과를 얻을 수 있다.

〈표 1〉과 같은 특징을 가지고 있는 일본의 물류경쟁력을 확인하기 위해 세계은행에서 발표하는 LPI(Logistics Performance Index)를 조사했다. LPI는 통상 2년에 한 번씩 통관, 물류 인프라, 국제운송, 물류품질 및 화물추적, 적시성 등 6개 항목에 대해 점수를 부여하고 이를 이용해 국가별로 순위를 매긴다.

〈표 1〉 일본 물류시장의 특징

시장	세부 시장	특징
운송	국내운송	* 오츠나카라는 물류대리회사를 통해 운영 * 매년 5% 이상 성장 중임(GDP 성장률 1%) * 최근 EC의 급속한 성장으로 택배시장 성장 가속화
	국제운송 (해상/항공)	* 일본계 글로벌 기업(일본통운/KWE)이 주도 * 해상: Feeder Port로 유럽/미주지역 T/T 김 * 항공: 항공처리물량이 한국/중국 대비 떨어짐 * 2020년 9월 현재 수출 22개월 / 수입 17개월 연속 물동량 하락 중
창고	일반	* 시설 규모는 커지고 있으며, EC시장의 성장에 따라 일반창고 시장이 급속히 성장하고 있음 * 부동산 개발회사(DAIWA 등)를 통한 개발이 대세
	저온	* 신선식품 등의 수요증가로 지속적인 성장 중
	보세	* 항만지역 토지가 한정되어 신규 건축 감소 * 항만 외 보세창고 증가 추세
기타	통관	* Local 기업이 주도하는 시장 * 통관: 대기업 자회사가 주도 * 항만/하역: 지역업체가 주도
	항만/하역	
	지방항만	* 지역 물류업체들끼리의 과점형식 운영
	VAS	* 수요가 다양해지고, 비대면 전달 방법 정착 중 (예: 편의점에서 수령, 무인보관함 등)

〈표 2〉 International LPI(Logistics Performance Index, The World Bank)

연도		LPI	Customs	Infra-structure	International Shipments	Logistics Quality & Competence	Tracking & tracing	Timeliness
'18	Rank	5	3	2	14	4	10	10
	Score	4.03	3.99	4.25	3.59	4.09	4.05	4.25
'16	Rank	12	11	11	13	12	13	15
	Score	3.97	3.85	4.10	3.69	3.99	4.03	4.21

〈표 3〉 국가별 International LPI 변동

연도	대한민국	싱가포르	미국	중국	독일
'18	25	7	14	26	1
'16	24	5	10	27	1

일본은 2016년 12위에서 2018년 5위로 7계단 상승했으며, 특히 통관과 인프라, 물류품질 측면에서 아주 좋은 점수를 획득했다. 가장 좋지 않은 점수를 받은 국제물류는 앞서 말한 지리적 위치, 지진 등의 리스크에 따른 대형선사 및 항공사의 직기항 감소로 인해 순위가 나빠졌다.

일본 외 주요국가의 LPI 순위를 보면 한국은 2016년 24위에서 25위로 순위가 내려갔으며, 물류국가라고 할 수 있는 싱가포르도 2016년 5위에서 7위를 했다. 1위는 독일이 2016년과 2018년 연속해서 차지를 했다. 2018년 기준으로 일본의 물류경쟁력은 싱가포르를 상회한다고 생각할 수 있다.

4. 일본 해운업의 특징과 현황

일본 해운의 특징은 대형 3개 선사(日本郵船, 商船三井, 川崎汽船)에서 내항 운영선사와 외항 운영선사에 대한 지배구조를 구축하여 안정적인 수익구조를 만들었다는 것이다. 특히 크고 작은 섬이 많고 국토의 총 길이가 긴 일본의 국토의 특성상 국내물자의 이동수단으로 선박을 이용하는 것은 어찌 보면 자연스러운 것이다.

일본의 해운은 크게 니혼유센(日本郵船: NYK)과 쇼센 미츠이(商船三井: MOL), 가와사키 기센(川崎汽船: K-Line). 이 3개의 대형선사가 일본 전체 해운산업을 이끈다고 볼 수 있다.

이 회사들은 일본내 준대형선사 및 디얼라이언스의 소속사인 ONE(Ocean Network Express)의 지분을 갖고 있다.

　니혼유센은 일본내 매출액 1위 업체이며 계열사로 육상운송업체인 유센로지와 항공화물운송업체인 일본화물항공을 가지고 있다. 또한 준대형선사이며 일본제철이 최대주주인 철광석 운반을 주로 하고 있는 NS UNITED 카이운의 지분을 18% 가지고 있다. 또한 NS UNITED 내항해운이라는 자회사를 통해 일본내의 중소도시를 연결하고 있다.

　쇼센 미츠이는 철광석선, 유조선, LNG선을 주력으로 운영하고 있으며 부정기선에 강점을 가지고 있다. 해양자원개발, 해양풍력사업 도쿄만 전역의 예인선 서비스를 제공하고 있는 도쿄키센의 지분 11%를 가지고 있다.

　해운 대형선사 중 마지막으로 가와사키 기센은 전력용 석탄선, 자동차용 선박에 강점을 가지고 있다. 현재 ONE에 지분을 갖고 참여하고 있으며 에너지, 자동차물류를 강화하고 있다. 내항 및 훼리선과 아시아 등 근해운송에 주력하고 있는 가와사키 긴카이기센의 지분 51%를 가지고 있다.

　컨테이너 선사인 ONE도 이 3개 선사가 지분을 모두 갖고 있다. 지분구조는 니혼유센이 38%, 쇼센 미츠이가 31%, 가와사키 기센이 31%이다. 일본 해운업계는 미·중 무역마찰의 심화에 따른 영향과 코로나의 직격탄을 맞았다. 2020년 해상수송량이 큰 폭으로 감소하여 해운회사의 경영실적 악화의 주요인이 되었다. 이듬해인 2021년 이후 해운운임이 큰 폭으로 상승하여 실적은 개선되고 있지만, 용선료의 급등으로 매출액은 늘고 이익은 감소하는 추세다.

　일본 해운회사들은 자동차 전용선과 벌크선, ONE으로 통합한 컨테이너선으로 수익을 냈는데, 차량용 반도체의 수급문제로 지동차의 생산과 판매가 부진하고, 탄소배출량 감소 등 국제적인 친환경정책으로 철광석과 석탄 운송량의 감소가 예상되어 시황이 악화되고 있어 구조적인 개선이 필요하다.

[그림 1] 일본선사의 지배구조

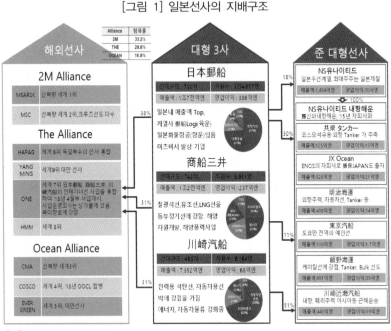

출처: 業界地圖 2021年版

세계 7위의 선복량을 확보하고 있는 ONE이 속해 있는 The Alliance는 세계 컨테이너 선복량의 29.8%를 차지하고 있다.

팬데믹 상황을 지내면서 전세계는 컨테이너 박스의 부족과 선복 부족이라는 위기에 직면했다. 세계의 공장이라는 중국과 아시아에서 미국과 유럽으로 수출되는 화물의 양이 폭증하고 코로나로 인한 양하작업의 지연으로 항만 적체가 발생하는 상황이 지속되면서 일본에서 출항하는 각 지역별 컨테이너 운임은 폭증하고 있다.

2020년 3분기 대비 2021년 2분기 선임은 동남아시아향이 171%, 북미가 335%, 유럽향은 무려 1,050%라는 기록적인 인상률을 보이고 있으며, 유럽으로 가는 길목에 있는 서남아시아향도 383%의 인상을 보이고 있다.

[그림 2] Bound별 운임 Trend

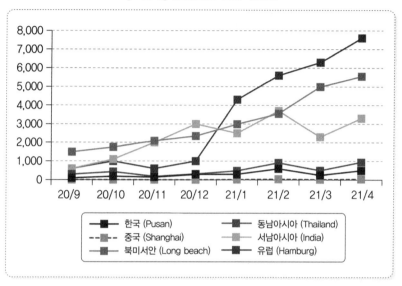

엔데믹(Endemic)으로 인한 환경의 변화가 발생하지 않는 한 북미, 유럽향 운임은 당분간 지속적인 상승을 피할 수 없을 것으로 예상되며, 각 국가의 경제성장 예상과 신조 인수가 늦어지고 있어서 북미, 유럽향뿐만 아니라 다른 지역의 운임의 상승도 당분간 지속될 것으로 예상된다.

선박회사에서는 자선과 용선을 운영하고 있는데, 자선대비 용선이 많은 선사는 선주들의 용선료 인상으로 오히려 경영이 악화되고 있다고 어려움을 토로하고 있는 상황이다.

5. 일본 내륙운송업의 특징과 현황

일본은 내수시장이 전체 GDP의 70%를 차지할 정도로 내수시장의 중요성이 아주 높다. 지난 팬데믹 상황에서 한국보다 더 큰 피해를 입은 이유는 총 6번의 긴급사태와 준긴급사태 등으로 내수시장이 붕괴직전까지 갔기 때문이다. 이 시기를 지나면서 오래된 노포들이 폐업하는 등의 일이 벌어지자 일본 정부에서는 휴업 1일당 4만 엔의 휴업수당을 지급했다.

이러한 팬데믹으로 인한 세계경제의 침체로 일본 국내외의 화물 수송량은 감소했지만, 일본의 택배시장은 괄목할 만한 성장을 하고 있다. 1~2년 전까지만 해도 사용이 적었던 신용카드의 사용률 증가와 재택근무의 증가와 감염방지를 위한 비대면 판매가 선호되면서 EC(E-Commerce) 관련 화물에 대한 고객의 니즈가 많아지고 있고, 이에 대한 솔루션으로 일본내 택배시장이 비약적인 발전을 거듭하고 있다. 특히, MZ세대들의 아이돌 굿즈에 대한 구매가 활성화되고, BTS 등 아이돌 공연이 오프라인에서 온라인으로 전환되면서 가정용 응원도구들의 판매도 늘어나고 있다. 또한, 이익확보를 위해 배송료를 절감하고 싶은 EC 사업자에게 배송위탁이 증가하고 있으며, EC 최대규모의 아마존도 지역한정 배송 사업자와 연계를 강화하고 있다.

택배 대기업도 EC 사업자와 협의를 넓히고 있으며 일본우편은 라쿠텐 시장 출점자 전용으로 특별운임을 적용하고 있고 야마토 운수도 야후의 모회사인 Z 홀딩스와 EC향 배송서비스를 연계해 관련 업무의 일괄수탁을 준비하고 있다.

3PL 사업은 대형 메이커로부터의 위탁으로 성장이 계속되고 있다. 시장 원가인상분(인건비 및 유류비 인상 등)에 대한 반영을 제때 해서 대부분의 3PL 기업들의 실적이 좋은 상황이다. 일본에서는 거래하고 있는 회사가 운영할 수 있을 만큼의 이익을 일정 정도 보장해 주는 문화가 있고, 대표자 간 혹은 가문끼리 약속 등으로 맺어진 계약관계가 많아서 새로운 물류사업자가 진입하기 아주 어려운 사회적 환경이 조성되어 있다. 아무리 좋은 단가를 제시해도 신규 업체가 진입하여 계약을 할 때까지는 수년간의 노력이 필요하다.

[그림 3] 일본의 택배사 현황 및 주요 3PL업체

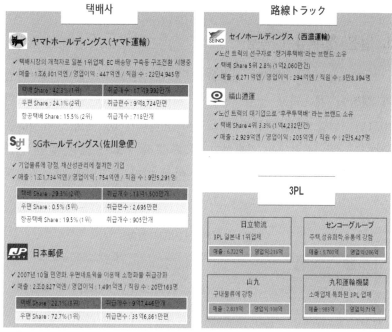

출처: 業界地圖 2021年版

최근에는 물류회사에서 제조업의 물류 자회사를 매수해 규모를 확대하는 상황도 발생하고 있고, 야마하, TDK 등에서는 신규업체를 입찰에 참여시키고 있지만, 기존업체에 이점을 주는 등 아직까지 글로벌 기업에서 진행하는 공개입찰방식의 업체 선정은 이뤄지고 있지 않다. 하지만 시간이 지나면서 경쟁력확보 측면에서 향후 업계 재편이 진행될 가능성이 높다.

저출산 고령화로 새로운 일손 부족이 심각해지고 있는 가운데, 각 회사는 업무 효율화의 필요성도 절박해지고 있다. 사가와 세이노가 수송효율화를 위해서 간선수송의 공동수행을 실시하고 있다.

코로나시대의 택배화물 운송량 증가는 일시적인 것일 수 있지만, 일본 내 각 회사에서는 이런 상황을 기회로 디지털화, AI를 이용한 자동화를 도입하여 생산성향상을 추진하고 있다.

6. 일본 창고업의 특징

E-Commerce 시장의 성장을 배경으로 창고 등 물류시설 사업의 성장이 계속되고 있다. 부동산 서비스 대기업인 JLL에 따르면 2021년 3월말 기준 관동권(도쿄, 지바, 이바라키 등) 대형 물류시설은 0.9%로 낮은 공실률을 기록하고 있고, 특히 수요가 많은 항만 인근의 공실률은 0%를 기록하고 있다. 이에 따라 창고임대료도 지속적으로 인상되고 있다.

[그림 4] 일본 창고회사 현황

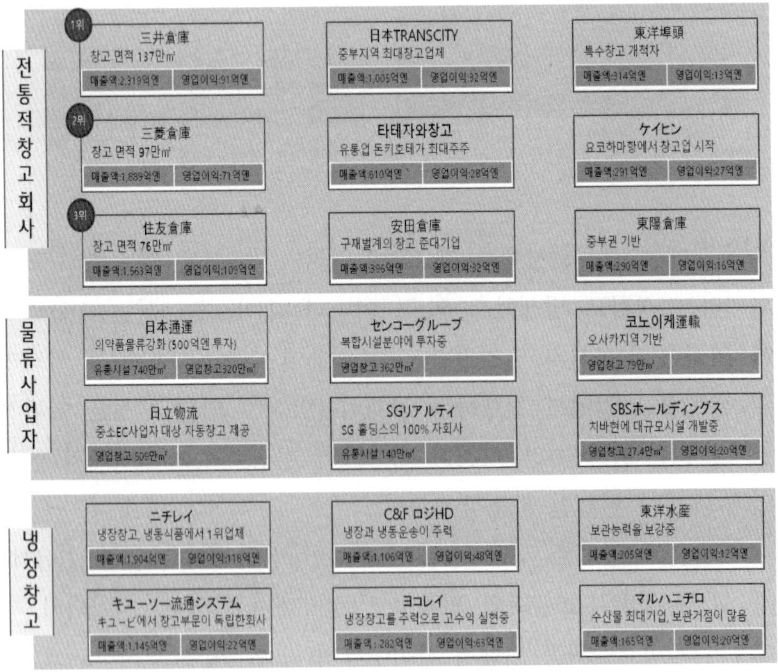

출처: 業界地圖 2021年版

도쿄항 인근의 임대료는 평당 5,042엔으로 전년대비 1.6% 인상 되었고 도쿄항 주변의 내륙권역의 임대료도 평당 4,078엔으로 1.4% 인상되었다. 대기업의 EC에 대한 투자가 계속되는 한편, 높은 도시형 물류시설도 등장하고 있어서 임대료의 상승기조는 변하지 않을 전망이다.

시설 공급 측은 자동화 설비나 창고 내 시스템을 제공할 뿐만 아니라 사무실이나 공장으로서의 기능을 물류 시설에 갖게 하는 등 차별화를 서두르고 있으며 재고관리의 효율화나 물류업무의 고도화가 가능한 자동화 대형시설을 요구하고 있다.

오사카, 규슈 등 도쿄권 이외 소비지에서도 창고수요가 높아지고 있으며 지방에서는 EC업자들뿐만 아니라 제조업자의 수요도 많아지고 있는 상황이다. 향후 35년간은 시장의 확대가 계속될 것 같다는 전망도 나오고 있는 상황으로 안정적인 수익을 실현하기 위한 부동산 개발업자(DAIWA 등)의 투자가 계속되고 있다.

일본계 부동산 개발업자뿐만 아니라 외국계 대형 개발업자의 투자도 계속되고 있으며, 이에 따라 창고 등 물류시설 용지 쟁탈전이 벌어지고 있는 상황으로 토지 획득에 부과되는 비용도 상승하고 있어서 물류시설 이용에 EC사업자의 비용 부담이 계속 늘어나고 있는 것은 향후 일본의 물류시설 시장의 주요한 변곡요인이 될 수 있다.

7. 일본의 경제환경과 코로나 극복을 위한 변화

일본은 현재 많은 어려움에 처해 있다. 코로나19 확진자가 2월 4일 현재 10만 명에 육박하고 있고, 3차 백신접종도 10% 수준에 지나지 않은 상황이다. 우리나라처럼 모바일 어플리케이션도 활성화되지 않았으며, 코로나 확진자 집계를 팩스로 하고 있다. 아직까지 전자세금계산서를 사용하고 있지 않고, 인장(도장)문화가 성행하고 있다.

이런 일본에도 코로나로 인해 많은 변화가 있는데, 가장 큰 변화 중 하나는 신용카드 사용의 급격한 증가다. 온라인 시장의 급성장과 이로 인한 택배시장의 급성장을 앞서 내륙운송업체의 성장을 보면서 확인할 수 있었다. 비대면 접촉의 활성화는 이러한 변화를 앞으로도 급속도로 진행시킬 것으로 생각된다.

코로나 시대를 지나면서 위기극복을 위한 변화의 움직임을 확인할 수 있다.

1) 디지털청 창설
  - 디지털 사회 형성의 사령탑으로서 미래 지향의 DX(디지털·트랜스포메이션) 추진
  - 디지털 시대의 관민의 인프라를 향후 5년 안에 일원화하는 것을 목표로 만들어짐
  - 디지털 사회에 필요한 공통 기능의 정비·보급과 국가 등의 정보 시스템의 통괄·감리
  - 부처나 지방 자치체에서도, 디지털화가 진행되지 않고 비효율적인 행정 조직 극복
  * 2025년부터 전자세금계산서 시행

2) 마이넘버카드 보급
  - 2016년 최초 발급된 카드로 행정 효율화와 국민 편의성 증대, 금융관련 통합서비스 제공을 위한 카드로 2021년 6월 현재 보급률이 30% 내외. 2023년까지 전국민 보급목표
  - 2021년부터 신청인에게 현금화 가능 포인트 부여 등 각종 인센티브 제공 중
  * 주민표와 의료보험 등이 통합관리되지 않으며, 백신 접종권도 우편을 통해 배부 중

3) 기업들의 코로나 극복방안 추진

　-53개사를 대상으로 코로나 극복을 위한 대응조치 여부를 조사한 결과 17개사가 코로나 극복을 위한 조치를 취하고 있으며, 이 중 12개사가 물류분야 개선활동을 추진 중이고 이 중 81.3%인 10개 회사가 효과를 보고 있다고 답했다.

[그림 5] 코로나 대응기업조사

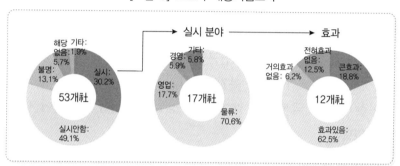

출처: 物流革命 2021年版

4) 운송모드별 극복방안

① 공통　·재택 근무활발, 화상회의 구비 등 Network 근무 시스템 구축(IT)

　　　　·FAX 대신 메일을 통한 PDF 파일 활용 제고

② 해운　·선사 - 하주 간 B/L DATA I/F 확대 추진(전자 B/L 보급)

　　　　·WEB 견적/계약 활성화(업무 프로세스 표준화 진행 중)

　　　　·Off line 부킹에 Additional CHG 부과로 Web 부킹 이용 장려

③ 항공　·Web을 통한 부킹 및 견적서비스 도입 후 offline 업무 지양

　　　　·여객기 스케줄의 감소로 인한 독자적 Charter기 이

용증가(미국향)

· 코노나상황 속 EC화물의 증가로 인해 EC 전담 부서 설치

④ W&D · 일본통운 DX 추진 전담팀 설립

· 소규모 회사: 창고 - 운송회사 간 가시성확보 강화 중

· 입출고량에 맞는 인원 조정(가시성확보로 관리강화됨)

우리나라에서는 당연한 일이라고 생각할 수 있지만, 일본의 IT환경은 열악한 상황이다. 도쿄인근임에도 불구하고 아직까지 초고속 인터넷망이 없는 가정집도 부지기수다.

이런 상황을 극복하기 위한 일본 정부와 기업들의 노력이 더해지고 있다.

5) 업계 대처방안

- 기업 간 공동노력을 통한 물류기업 상호 간 협력을 통한 극복방법을 모색하고 있다.

- 제품, 부품, 업무와 정보, 설비 등을 표준화하여 관리의 규모화와 물류의 효율화를 위해 공유화하여 분산화로 인한 이익률의 하락을 상쇄할 것으로 기대하고 있다.

- 일본에서 예전 공동물류가 성행했는데, 당시가 수송중심의 공동물류였다면, 지금은 보관도 병행하는 것으로 일부 소규모 물류기업들이 이런 방법을 도모하고 있다.

- 분산화된 거점을 연결하여 이뤄진 공급망 네트워크에 대해 모니터링하여 변동성에 대한 RISK를 조기에 파악하여 대처할 수 있어서 WMS 등 IT 분야에 대한 투자가 이뤄지고 있다.

[그림 6] Risk Hedge를 위한 상호관계구조

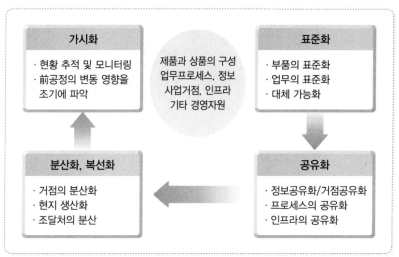

8. 마치며

일본은 세계 3위의 경제대국이며, 물류비 규모가 연간 380조 원의 시장규모를 갖고 있는 나라다. 시장규모가 큰 만큼 그간 세계 유수의 물류대기업들이 일본의 물류시장에 진입하기 위해 노력을 했지만 실패했으며 일본 물류기업과 사업협력 형태로 사업을 하고 있다.

이것은 일본의 기업문화적인 측면과 전통, 관계를 중요시하는 문화의 결과물이지만, 코로나를 겪으면서 일본내 기업들도 사주나 사주가족 간 회사와 장기계약을 하는 형태에서 비딩을 통한 계약을 추진하는 형태로 변화하고 있으며, IT 분야에 대한 투자를 집중하는 등 개선을 위한 많은 변화를 추진하고 있다. 이런 시류의 변화와 IT 분야를 접목시키는 노력을 병행하여 일본에서 물류사업에 진출하거나 확장을 한다면 성공가능성이 높다고 생각한다.

앞서 설명한 바와 같이 일본은 통관, 인프라, 물류품질 등의 물류분야는 잘 정립되어 있지만, 생활 측면이나 사업 측면에서의 IT 개발 정도와 활용도가 아직까지 낮은 수준이기 때문이다.

뉴노멀시대 물류기업은 사라질까

이상근(삼영물류 대표이사)

1. 뉴노멀시대

뉴노멀(New Normal)은 사회 전반적으로 새로운 기준이나 표준이 보편화되는 현상을 말한다. 우리말로는 '새 기준', '새 일상'으로 번역할 수 있다. 이 용어는 IT 버블이 붕괴된 2003년 이후 미국의 벤처투자가인 로저 맥나미(Roger McNamee)가 처음 사용했다.[1] 이후 2008년 글로벌 금융위기를 거치면서 저성장, 규제 강화, 소비 위축, 미국 시장의 영향력 감소 등을 위기 이후의 '뉴노멀' 현상으로 지목하면서 널리 알려졌다.

2016년 다보스 포럼 이후 화두가 된 '4차 산업혁명'이 몰고온 뉴노멀의 트렌드는 코로나19의 팬데믹이 트리거를 당기면서 퍼팩트스톰으로 몰려오고 있다. 현재 우리가 체감하는 뉴노멀은 4차 산업혁명, 산업경계붕괴(빅블러), 새로운 인류 (M)Z세대의 등장, 코로나19 팬데믹이라는 4가지 키워드(keyword)로 정리할 수 있다.

---

[1] 뉴노멀은 2003년 미국 벤처투자가 '로저 맥나미'가 처음 제시한 개념인데, 2008년 무하마드 앨 에리언이 「새로운 부의 탄생」이라는 그의 저서에서 언급하면서 널리 알려지게 됐다. 실제로 2008년 글로벌 경제위기 이후 세계는 '뉴노멀의 사회'라는 큰 변화를 경험했다. 출처: 동양일보(http://www.dynews.co.kr).

4차 산업혁명: ICT를 비롯한 기술 발달과 DX

1) 4차 산업혁명의 정의

4차 산업혁명은 '인간을 위한 현실과 가상의 융합'으로 정의할 수 있다. 4차 산업혁명은 '디지털 기기와 인간, 물리적 환경의 융합에 의한 산업혁명'이다. 즉 '물리적 세계(현실)', '사이버 세계(가상)'와 '바이오 세계(인간)'의 융합이 만드는 산업혁명으로 정의할 수 있다.[2] 이 혁명은 인공지능, 사물인터넷(IoT), 빅데이터, 가상현실/증강현실(VR/AR), 로봇, 바이오 등의 기술혁신을 통해 현실화되었다.

1차, 2차, 3차 산업혁명은 하드파워가 지배하던 혁명이었다. 즉 자원을 투입(Input)하면 자동차와 같은 유형의 생산품이 산출(Output)되는 혁명이었다. 하지만 4차 산업혁명의 변화 중심은 소프트 파워다. 상상 아이디어가 투입되면 정보통신기술(ICT)과 소프트웨어를 기반으로 혁신적 서비스가 산출되어, 새롭게 떠오르는 기준과 표준, 즉 뉴노멀(New Normal)로 세상을 바꾸고 있다.[3]

4차 산업혁명은 스마트기술(인공지능, IoT, 빅데이터, VR/AR, 로봇, 바이오 등)을 기반으로 빠른 속도로 발전하며, 서로 융합하면서 시작된 사회변화다. 4차 산업혁명의 화두는 연결성(Connectivity), 지능화(Intelligence), 자동화(Automation)이다.

2) 디지털 전환(DX)[4]

'디지털 전환(Digital Transformation)'은 기업이 새로운 비즈니스

---

2) 이민화, "인공지능과 4차 산업혁명".
3) 윤종록 정보통신산업진흥원 원장은 '4차 산업혁명의 원동력, 소프트파워가 강한 대한민국'이란 강연을 통해 "1~3차 산업혁명은 자원을 통해 생산품을 만드는 시대였다고 하면, 4차 산업혁명은 상상·아이디어의 혁신화를 통한 제품 생산이나 서비스를 제공하게 된다"며 이같이 밝혔다.
4) 디지털 기술을 사회 전반에 적용하여 전통적인 사회 구조를 혁신시키는 것(IT 용어사전, 한국정보통신기술협회). IBM 기업가치연구소의 보고서(2011)는 "기업이 디지털과 물리적인 요소들을 통합하여 비즈니스 모델을 변화시키고, 산업에 새로운 방향을 정립하는 전략"이라고 정의하고 있다.

모델을 구축하거나 제품과 서비스를 창출하기 위해 사물인터넷(IoT)
과 인공지능(AI) 같은 4차 산업 첨단기술을 이용, 고객 및 시장의
파괴적 변화에 적응하는 지속적인 활동을 의미한다. 즉, 기술, 제도,
프로세스 등 모든 것을 바꾸는 것이 DX이다.

디지털 전환으로 게임의 법칙이 바뀌고 있다. 실제로 거대기업의
몰락은 휴대폰 1위 노키아가 2013년 마이크로소프트에 인수되는 것
을 우리 눈으로 확인했고, 서비스 혁신기업의 도약은 2015년 711조
원으로 시가총액 1위 자리에 애플이 등극하는 것으로 확인했다. 존
챔버스(John Chambers) 전 시스코 회장은 "디지털로 간 기업만 살아
남는다"고 단언했다.

자라(ZARA) 창업주인 아만시오 오르테가(Amancio Ortega)도 앞으
로는 3D 프린터가 소비자들이 원하는 디자인을 원하는 소재로 빠
르게 생산할 수 있기 때문에 자라의 경쟁자라고 정의했다. 그는
"미래의 의류회사는 디자인을 팔 것"이라고 선언했다.

산업 경계 붕괴(빅블러)

4차 산업혁명이 본격화하면서 비즈니스와 삶에서 '빅블러(Big
Blur)'현상이 가속되고 있다. 빅블러는 변화의 속도가 빨라지면서 존
재하던 것들의 경계가 뒤섞이는 현상을 뜻한다. 사람과 기계, 생산
자와 소비자, 제조와 서비스, 현실과 가상세계의 경계가 허물어지고
있다.

특히 코로나19 팬데믹 확산과 디지털 전환 가속화, 인공지능(AI)·
빅데이터 등 혁신적인 기술이 등장되었다. 우리 사회는 게임의 룰
이 바뀌고, 비즈니스 영역 구분이 사라지고, 산업을 주도하는 기업
이 달라지고, 산업의 경계선 역시 모호해지는 빅블러 현상이 빠르
게 진행되고 있다.

제조업의 원조라 할 수 있는 GE의 항공사업부는 엔진과 부속시

스템 등의 제품 판매와 더불어 엔진 도입에 따른 리스 등 금융서비스, 엔진의 원격진단과 점검, 사용자 교육, 유지보수 서비스, 자산관리 서비스 등을 서비스 사업으로 강화하고 있다. 이는 '항공기 엔진'이라는 하나의 제품에 대해 '제품생명주기'상의 서비스 니즈를 사업화하면서 수익성을 높이고 있다.

1) 생활 속의 빅블러[5]

사물인터넷이 적용된 약병 '글로우캡(Glowcap)'은 노인들에게 선물로 좋은 기프트 상품이다. 바쁜 일상에 시달리는 현대인과 특히 기억력이 감퇴된 노인들은 약 먹을 시간을 놓치는 경우가 종종 발생한다. 의료용품이면서 전자기기이자 IT 제품인 동시에 생활용기인 '글로우캡'은 약을 복용해야 할 시간에 약병 뚜껑을 열지 않으면 알람을 울리는 노령화 사회에 매우 긴요한 상품이다. 사물인터넷이 적용되어 설정만 해 놓으면 약 먹을 시간이 되었다는 문자도 보내고 심지어 전화를 걸어준다. 이 약병은 제약회사, IT회사, 락앤락 같은 생활용기 제조사, 팬시문구 제조사, 의료기기 전문회사 중 누가 만들어야 할까?

삼성전자 '세리프(Serif)TV'는 삼성디지털플라자에서 팔지 않는다. 고급 가구점이나 온라인 전용매장에서만 판매한다. 삼성전자 웹 사이트의 제품 카테고리에서도 세리프TV는 TV 카테고리에 없다. 세리프TV는 아예 별도 카테고리에 있다. TV는 TV인데 그냥 TV는 아닌 셈이다. 화질이나 기능보다는 가구로서의 속성과 스타일을 강조하고 있다. 삼성전자는 빌트인 시장을 겨냥하여 가구와 가전의 경계가 사라진 제품을 제작해 시장에 내놓았다. 2015년 유럽에서 먼저 선보이고 2016년에 한국에서도 출시했다. 세계적인 가구 디자이너 로낭&에르완 부홀렉 형제가 이끄는 부홀렉 스튜디오가 디자인

---

5) 김용섭, 『당당한 결별』.

한 제품이다.

스마트테이블(SMART Slab)은 냉각, 가열, 조리, 터치센스, 충전의 멀티기능 테이블로 가구이면서 가전제품이다. 2016년 밀라노 가구박람회에서 스웨덴 디자인회사 사피엔스톤(SapienStone)이 스마트테이블(SMART Slab)을 선보였다. 테이블 표면에 6밀리미터(mm) 두께의 세라믹타일이 깔려 있다. 여기서 음식을 데우거나 음료를 차갑게 하는 등 다양한 조리가 가능하다. 이 테이블은 테이블 외에 냉장고, 가스레인지 등 별도의 가전제품의 역할을 대신한다.

2) 산업경계는 사라지고 있다.

유통업에서는 전자상거래가 주된 사업이던 알리바바의 마윈 회장은 2016년 10월 알리윈(阿里云) 개발자 컨퍼런스에서 "머지 않아 전자상거래란 말이 사라질 것이다", "온라인으로만 존재하는 커머스는 더 이상 생존하기 힘들다", "온라인 플랫폼과 오프라인 매장, 물류 인프라는 하나로 통합한 '신유통'이 뉴노멀이 될 것"이라고 선언했다.

알리바바의 허만셴성 매장은 온라인 플랫폼과 오프라인 매장, 물류 인프라가 '연결'이 아닌 '합체'된 매장이다. 매장은 판매와 전시, 창고, 배달센터의 기능을 동시에 수행한다. 매장 3km 내 지역에 30분내 배달, QR이나 Bar코드를 모바일로 찍으면 다양한 상품정보 제공, 모바일 장바구니에 담아 주문하고 결제하면 현장에서 포장서비스 제공, 현금은 안 되고 알리페이만 사용하는 회원제, 안면인식, 모바일 등 다양한 방식의 결제가 가능하다.

알리바바나 아마존 등 플랫폼 선도기업들은 온라인 플랫폼에 오프라인 매장, 물류, ICT, 서비스, 결제(Pay), 제조까지 합체한 라이프스타일(Life style) 플랫폼으로 변신하고 있다.

모빌리티의 경계도 사라지고 있다. 2018년 1년 사이 미국에서 차량 공유서비스 우버(Uber), 리프트(Lyft) 등의 급성장에 따라 택시 운송 시장이 급격히 축소되면서 8명의 택시기사들이 자살했다. 첫 자살 건은 2018년 2월 블랙캡 기사 더글러스 쉬프터로 "시정부가 우버로 인한 과도한 경쟁을 막지 못했다"며 시청 앞에서 총기로 자살했다. 우리나라에서도 2018년에서 2019년 초까지 카풀에 반대하며 택시 기사 3명이 분신했다. "사회적 약자인 택시 기사를 죽이는 카풀을 허가해서는 안 된다"고 카카오 카풀 서비스를 정부가 금지해야 한다는 유서를 남겼다.

택시 호출시장을 장악한 카카오가 카풀 서비스를 시작하면 더 이상 물러설 곳이 없다는 절박함이 자살로 이어졌다. 카카오는 시범서비스를 중단했고, 택시업계는 사회적 타협기구 참석을 결정했다.

하지만 연이은 죽음에 대한 안타까움과는 별개로 여론은 택시기사들의 싸움에 냉랭했다. 여론은 승차거부 등 서비스 문제도 있지만 근본적으로는 카풀이 4차 산업혁명과 O2O(Online to Offline)가 몰고 온 불가피한 사회변화라는 인식에 기반을 두고 있다.

과연 택시기사의 과속, 불친절, 승차거부 등 서비스 문제만으로 카풀 서비스 이용을 원하는가? Z세대 등 신세대는 카풀서비스를 제도권의 택시로 대체할 수 없는 새로운 서비스로 인식하고 있다. 언택트(Untact) 기술을 기반으로 한 이용의 편의성(앱 호출, 결제 등)과 정확하고, 신속한 매칭서비스(출발·도착 정보, 운행경로 확인 등) 때문일 것이다.

2016년 1월 프랑스 파리에서 택시기사의 파업은 우버를 크게 홍보하는 결과를 가져왔다. '우버 때문에 못 살겠다'며 택시기사들의 파업이 발생했다. 하지만 파리 시민들은 이 파업으로 택시를 이용하기 힘들어지자, 평소 우버를 이용하지 않던 사람까지 우버를 경험할 기회가 되었다. 택시업계는 우버라는 새로운 도전자와 밥그릇을 놓고 싸운다고 생각했지만, 파리 시민들은 과거 방식의 서비

스와 미래 방식의 서비스가 충돌한 싸움으로 인식했다.[6]

현대·기아차, GM, BMW, 벤츠, 토요타, 폭스바겐 등 쟁쟁한 자동차 회사들의 강력한 경쟁자는 내부에 있지 않다. 이들의 가장 강력한 경쟁자는 '테슬라(Tesla)'이며, 차를 한 대도 만들어보지 않은 차량 연결 플랫폼 '우버'다. 잠재적 경쟁자인 구글과 애플 등도 직접 자동차 제조에 뛰어들며 자동차 회사들의 새로운 경쟁사로 떠오르고 있다.

자동차 산업에 우버와 구글, 애플 등이 들어오고, 전기차와 자율주행차가 시장을 주도하면서, 자동차산업은 수많은 부품(하드웨어)의 조립산업에서 첨단 ICT로 무장한 첨단 소프트웨어 산업으로 바뀌고 있다.

3) 파괴적 혁신은 계속 진행 중이다.

우버는 기존 택시업계와 렌터카업계, 그리고 택배업계를 파괴한 '파괴적 혁신'의 사례로 알려져 있다. 아마존은 기존 유통업계를, 테슬라는 기존 자동차업계를, 애플은 기존 통신업계를, 에어비앤비는 기존 호텔업계를 파괴하며 성장한 파괴적 혁신의 기업들이다.

CES 2022에서 현대차는 자동차를 넘어 로봇과 메타버스 기술을 접목한 '메타 모빌리티'를 새 비전으로 제시했다. 로봇을 '대리인'(proxy)으로 삼아 메타버스에서 인간이 직접 할 수 없는 체험의 지평을 확장하는 것이다. 이번 현대차 부스에는 자동차가 단 한 대도 없었고 로봇만이 관람객을 맞았다. BMW는 전자잉크 기술을 활용해 차량 외장 색상을 원하는 대로 바꿀 수 있는 패션차를 선보였다.

소니도 전기차 사업 진출을 공식화했다. 삼성전자와 LG전자도 자동차를 마치 사무공간처럼 쓸 수 있는 스마트 기술을 대거 선보였다. 이제 자동차 산업은 차량 제조를 넘어 이동 편의를 위한 서

---

6) 김용섭, 『당당한 결별』.

비스를 종합적으로 제공하는 통합 모빌리티 산업으로 재편 중이다.

4) 생산, 유통과 물류의 구분도 무의미하게 될 것이다.

이미 산업 카테고리는 사라지고 산업내의 경쟁은 무의미하게 됐다. 우리가 알고 있는 제조산업이나 유통산업, 서비스산업 등은 대부분은 과거에 만들어진 산업 구분이다. 이 기준을 백년도 넘게 사용해온 분야도 많다. 따라서 자동차, 전자, 기계, 편의점, 백화점, 온라인판매 등 기존 산업군 구분은 더 이상 무의미해질 것이다.

가까운 미래에 등장할 자율주행차는 화물차, 선박, 항공기 내에서 3D프린터 등으로 소량 개인맞춤형 생산이 가능하게 되면 모빌리티는 단순한 배송 수단을 넘어 생산, 물류의 통합 기능을 수행할 날도 멀지 않았다. 업종의 경계, 승용차와 화물차의 경계, 사업(영업)용과 비사업(자가)용의 철옹성 같은 벽이 점차 허물어지고 있다.

4차 산업혁명은 초연결 기반의 지능화 혁명으로 산업뿐만 아니라 국가시스템, 사회, 삶 전반의 혁신적 변화를 일으키는 것을 말한다. 이러한 4차 산업혁명의 중심에 과학기술이 있다. 특히 네트워크(IoT, 5G), 빅데이터(Cloud, Big Data), 인공지능 SW(기계학습, 알고리즘) 등 디지털 기술이 각 분야의 기반기술과 융합하여, 급속한 경제 · 사회변화를 일으키고 있다.[7]

4차 산업혁명 기반기술의 발전은 모든 산업이 ICT와 접목되면서 서로의 경계가 지워져 버렸다. 이제 전면적인 경쟁 시대다. 경쟁회사의 개념도 바뀌었다. 동종 산업 내 경쟁의 개념은 무의미해지고 있다. 자동차 회사가 IT 회사와 경쟁하고, 가구 회사와 전자 회사가 서로 경쟁하고, IT 회사와 스포츠 회사가, 패션 회사와 시계 회사가 서로 경쟁한다. 동종업계의 시장 점유율도 의미가 약해지고, 업계 내 1등도 시장에서 1등이 아닌 상황이 만들어졌다.

---

7) "과학기술, 그리고 4차 산업혁명 시대", 4차 산업혁명위원회(2018.6.14).

[그림 1] 4차 산업혁명 기반기술 분야

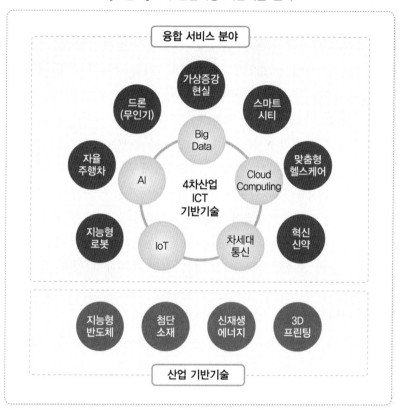

새로운 인류 Z세대의 등장[8]

기성세대와 다른 유전자를 가진 신인류, Z세대는 30만 년 인류 역사상 첫 인구 감소 시대, 양적 성장이 멈춘 시대, 아날로그가 거의 사라진 시대를 살아가게 됐다. 한편으로 인공지능이 보편화된 시대, 동물, 환경, 기술 등 비인간종과의 공존이 핵심 가치로 떠오른 시대이기도 하다. Z세대는 이제 우리 사회와 소비시장에서는 트렌드를 이끄는 트렌드 세터가 되어 우리 곁에 와있다. 문제는 기성

8)「밀레니얼-Z세대 트렌드 2022」, 대학내일20대연구소.

세대의 관점에서 Z세대를 이해하기가 어렵다는 것이다.

Z세대는 기성세대와 다른 유전자를 가지고 태어났다고 한다. 이들이 가지고 태어난 다른 유전자의 첫 번째는 경계 없는(Borderless) 세대라는 유전자이다. 개인과 집단 간의 경계, 국적의 경계, 정상과 비정상의 경계, 인간과 비인간종의 경계, 온라인과 오프라인의 경계, 과거와 현재 그리고 현실과 가상의 경계를 허무는 세대라고 한다.

두 번째로 디지털 근본주의(Digital Origins)라는 유전자를 가지고 태어났다. 태어날 때부터 디지털 시대였기에 무엇이든 디지털 방식을 우선으로 사용하고 디지털 안에서 일상을 산다. 아날로그에 대한 기억이 없거나 아주 짧아 아날로그 스타일을 힙한 컬처로 여긴다. 세 번째로 멀티플리스트(Multipletlist)라는 유전자를 지니고 있다. 이들은 자신의 소소한 재능과 개성을 살려 동시에 다양한 일을 하고, 다양한 소득 수단을 만드는 세대이다. 스페셜리스트도 제너럴리스트도 아닌 멀티플리스트의 유전자를 가졌다.

새로운 소비 권력으로 등장한 온미맨드(on-me mand)의 Z세대에게는 과거 획일적인 물류서비스로는 이제 더 이상 소비자의 선택을 받기 어렵다. 수시로 니즈가 변하는 소비자에 대응해 물류서비스에도 많은 변화가 일어나야 할 것이다.

물류서비스의 결정권도 생산자·판매자에서 소비자에게 이전되고 있다. 사용자 권력이 강화된 것은 인터넷 시대의 커다란 흐름 중 하나다. 본래 기업이 가지고 있던 정책 결정권과 발언권이 천천히 사용자에게로 이전되면서 이제는 거꾸로 사용자가 기업의 선택에 영향력을 행사하게 되었다. 강화된 사용자 권력은 풍요의 시대라는 환경과 맞물려 토이리즘(Toylism) 상품에 대한 선호도를 높이고 있다.

배송수단(택배·퀵·자전거·도보 등)의 결정권과 서비스 제공자 수준(정장배달·여성배달 등)의 결정권, 수령장소(가정·회사·무인배달함·오프라인매장·경비실·지하철역 등)의 선택권, 대면직접수령·대리수령의 선택권 등은 더 이상 생산자·판매자의 몫이 아닌 소비자의 몫이다. 도착시간(새벽·아침·오전·오후·저녁·심야 등)의 결정권과 정기배송·정기수거·설치·회수·폐기·수선 등의 서비스 선택권과 포장(선물·합포장·냉동·신선포장 등)의 선택권도 소비자에게 이전되고 있다.

코로나19 팬데믹

코로나19는 '공장가동중단', '수출입 규제'와 '물류 마비'를 가져오면서, 글로벌 생산·공급·물류를 교란시켜 세계 경제가 큰 혼란에 빠지게 했다.

첫째, 공장가동중단은 근로자 출근금지, 국경폐쇄, 주문취소로 인해 발생됐다.

2020년 2월 중국 상해에서 근로자 보호차원에서 '출근금지령'을 내린 이후 전세계로 확산됐다. 고강도 사회적 거리두기와 이동 제한은 공장가동을 중단시켰다.

국경폐쇄로 인한 공장가동 중단은 지난 2월 베트남이 중국과의 국경을 폐쇄하면서 중국에서 원·부자재를 공급받던 베트남 내 공장에서 발생됐다. 부품공급을 받지 못한 베트남 내 한국 정보통신 공장의 가동이 일시 중단됐다.

주문 취소로 인한 공장가동 중단사태는 지난 4월 미국의 콜스(Kohl's)백화점의 일방적 주문취소로 한국 의류수출기업이 큰 피해를 봤다. 상반기 우리나라 자동차 공장의 생산중단도 미국과 유럽 딜러들의 출근이 금지되고, 소비심리가 위축되면서 주문 감소와 취소가 이어져 공장 가동률이 떨어지고 급기야 생산 중단에 이른 것이다.

둘째, 각국의 수출규제가 글로벌 공급체인을 왜곡시켜 경제를 혼란에 빠지게 했다.

2020년 4월 미국에서 확진자가 급증하면서 마스크, 의료기기가 다급한 상황에서 중국당국은 중국에서 생산한 의료기기와 보호장비를 해외에 수출할 때 정부의 승인을 받도록 통제를 시작했다. 여기에는 미국 식품의약국(FDA) 승인을 받은 3M, 퍼킨 엘머, GE 등 미국기업이 중국에서 생산한 마스크와 인공호흡기, 진단키트가 포함되면서 미국행 수출이 일시 통제됐다.

다행히 조기에 해결되었지만 최악의 시나리오는 식량의 수출금지였다. 2020년 3~4월 베트남과 러시아는 쌀 수출을, 러시아와 카자스탄 등이 밀 수출을 금지했다. 유엔 식량농업기구는 물자 이동이 어려워져 공급쇼크가 가능성 우려하면서 "지금까지 접하지 못한 가장 큰 위험이 될 수 있다"고 경고했다.

셋째, 육·해·공 모든 물류망의 마비도 공급을 단절시켜 경제에 큰 충격을 주었다.

각국의 국경폐쇄, 항공기와 선박의 운행중단, 출근금지령에 따른 공항과 항만의 운영 중단, 교대 선원의 입국 금지와 자가격리 등으로 인한 물류망 단절이 글로벌 공급망을 마비시켜 글로벌 경제에 악영향을 주었다.

2. 코로나19가 글로벌 공급망에 미치는 영향

생산 부문

1) 생산에의 영향: 글로벌 생산·물류시스템과 공급망의 큰 변화 불가피

① 싱글소싱을 통한 글로벌 조달시스템은 탄력적 공급망으로 급속히 재편될 것이다.

② 전략물자, 보건·의료와 FMCG(일용소비재) 산업은 리쇼링이

가속화될 것이다.

③ 재고 정책은 JIT(Just in Time)에서 안전재고 확보와 함께, 조달·생산·판매·물류 네트워크의 재배치 작업에 돌입할 것이다.

④ 감염으로 인한 가동 중단을 최소화하기 위한 무인 스마트팩토리도 확산될 것이다.

⑤ 극단적 수급불균형은 산업 경계를 넘는 유연생산시스템(FMS)을 활성화할 것이다.

⑥ 소량의 개인맞춤 생산이 가능한 공유공장과 무공장제조기업도 활성화될 것이다.

2) 물류의 대응: 물류의 기능 확대, 스마트물류, 유연 물류시스템, 거점 재배치

① 장거리, 大量 운송보다는 권역(크러스터) 내, 단거리, 中量 운송이 중시될 것이다.

② 대륙·국가 간 운송 비중은 줄고 대륙·국가 내 물류 비중이 높아질 것이다.

③ 원·부자재, 완제품 보관거점의 위치·규모 재선정과 재배치가 진행될 것이다.

④ 스마트물류센터, 드론, 무인화물차, 배달로봇 등 스마트물류가 도입될 것이다.

⑤ 상이한 원·부자재의 조달, 판매물류에 대응할 유연물류시스템 구축이 필요하다.

⑥ 공장에서 수행하던 생산, 조립, 가공, AS와 판매 기능의 일부분을 물류센터와 매장에서 수행하게 될 것이다.

유통부문

1) 유통에의 영향: 유통업의 근간을 흔들 Perfect Storm

① 온라인 쇼핑에 구매력 큰 중년층, 노년층 등 새로운 이용자가 유입될 것이다.

② 온라인 구매 상품군이 고가품과 장보기 상품 등으로 크게 확대될 것이다.

③ 마스크 등의 해외직구 경험이 직구, 역직구 등에 우호적으로 작용할 것이다.

④ 매장으로 끌어온 라이브쇼핑(Live – Streaming Commerce)은 활성화될 것이다.

⑤ 오프라인은 All line 기업화되고, 옴니채널의 Base Camp로 전환할 것이다.

⑥ 비대면 주문과 배달은 대세로 자리잡을 것이다.

⑦ 온라인과 오프라인 매장은 새로운 배달전쟁을 벌일 것이다.

⑧ 오프라인 매장은 복합쇼핑몰, 테마파크 등 시간소모형 쇼핑을 강화할 것이다.

2) 물류의 대응: 즉시, 적시, 정시, 적소, 개인 맞춤 배달

① 나이별, 지역별, 국가별, 개인별로 맞춤형 물류서비스를 개발할 것이다.

② 저온, 설치, 심야, 보관함 배달 등이 가능한 사회적 물류 인프라 구축될 것이다.

③ 국제 특송, 통관, 국내배송 등 역량을 동시 구축할 것이다.

④ B2B, B2C, S2C 등 모든 유통채널 배달과 주문에 대응하는 물류가 구축될 것이다.

⑤ 물류서비스 고도화를 위한 사전 정보 접수와 Fulfillment 기능이 강화될 것이다.

⑥ 매장 차원의 Fulfillment와 배달 인프라가 구축될 것이다.

3. 뉴노멀시대 물류는?

1) 물류산업은 사라질 수 있지만, 물류가 없는 제조, 유통과 생활은 상상할 수 없다.

4차 산업혁명과 코로나19가 몰고온 뉴노멀시대에는 산업간 경계는 허물어지고 있다. 이런 측면에서 보면 물류산업은 사라질 수 있지만, 물류가 없는 제조·유통산업과 생활은 상상할 수 없다. 물류는 별도의 산업이 아니라 제조, 유통 등 모든 산업의 근간이자 각 산업을 관통하는 핵심요소가 될 것이다.

2) 물류산업의 영역을 침범하는 새로운 세력들의 진입이 예사롭지 않다.

미국 아마존, 중국 알리바바 등은 이미 '온라인＋오프라인유통＋물류'를 합체한 '신유통'을 표방한 지 오래며, 아마존 등은 여기에 제조, 서비스, 금융(핀테크)까지 합체한 새로운 산업 플랫폼을 만들고 있다. 기업들 간 영역파괴 현상으로 향후 산업은 없어지고 기업만 남게 될 확률이 높다. 따라서 물류만을 수행하는 물류산업은 없어질 수 있지만, 기업들은 물류 기능을 더 강화할 가능성이 매우 높다. 누구나 다 물류산업의 경쟁자가 될 수 있다. 물류기업들 역시 물류의 강점을 더 강화하면서, 발 빠르게 다른 영역으로의 사업 확대 기회를 만들어 갈 것이다.

3) FAANG, BAT 등 플랫폼 기업들이 점차 물류기업으로 변신하고 있다.

4차 산업혁명 이후 네트워크 효과와 플랫폼 기반 비즈니스를 통해 발전을 거듭한 플랫폼기업 FAANG(Facebook, Amazon, Apple, Netflix, Google)과 BAT(Baidu, Alibaba, Tencent)는 혁신과 기술을 통해 비즈니스 생태계를 구축하고 있는 기업들이다.

아마존은 2014년 크리스마스 시즌에 배송문제로 큰 위기에 처했다. 이 사건 후 아마존은 "기존의 배송을 담당했던 Fedex, UPS, USPS(미국우체국)의 위탁배달 서비스로는 아마존의 고객들이 원하는 고객 배달(Last-mile Delivery) 수준을 맞추는 것은 불가능하다", "기존 배달회사의 서비스는 아마존 고객이 원하는 저녁 배송과 새벽 배송, 토요일, 일요일 배송 서비스도 불가능하다"는 결론을 내려 자체 배송을 추진하는 명분이 되었다.

알리바바의 마윈 회장은 알리바바가 글로벌 물류서비스의 통합을 통해 물류 천하통일 꿈을 꾸고 있다. 알리바바는 2019년 차이니아오(菜鸟)에 33억 달러를 추가 출자해 지분을 63%로 늘려 사업의 근간인 물류 부문 경영권과 서비스 강화에 나섰다.

알리바바는 자체물류센터를 짓는 대신 전 세계 90개 물류회사와 제휴하여 물류창고 등에 8년간 18조 원을 투자하는 계획을 수립했다. 특히 고객의 70%가 1990년대 이후 출생자인 알리바바는 대학 내 택배 픽업센터(Pickup Center)를 확충하는 등 MZ세대를 대상으로 한 물류 서비스 확충에 집중하고 있다.

4) 네이버, 카카오, 쿠팡, 배달의민족 등 플랫폼기업은 물류 영역을 침범했다.

플랫폼 기업들은 '라이프스타일 플랫폼(Life Style Platform)'의 한 부분으로 보고 물류로 접근하고 있다. 이들은 배달 등 물류행위를 물류(택배)라는 생각을 아예 하지 않는다. 배달을 물류가 아닌 고객에게 물건을 전달하는 서비스로 보고 있다.

네이버나 카카오는 고객을 중독시키는 전략에 탁월해, 고객 충성도 유지를 중요한 가치로 삼고 있으며, 금융 중심의 전략에 집중하면서 모든 서비스의 인과관계를 마련하는 전략을 구사하고 있다. 주특기 플랫폼인 배달의민족과 쿠팡도 고객을 중독시키는 전략에

탁월하다.[9)]

이들 외에도 마켓커리, 헬로네이쳐, 매쉬코리아, 로지스팟, 밸류링크유 등 스타트업 들이 새로운 각도에서 물류로 접근하면서 산업 간 영역 붕괴의 첨병이 되고 있다.

뉴노멀시대, 물류의 새로운 이슈는?

이미 와 있고, 앞으로 더 빠르게 다가올 4차 산업혁명과 포스트코로나19, 위드코로나 시대의 물류관련 뉴노멀 이슈는 매우 광범위하고 파괴적이다.

1) 경계파괴 관련에 관련된 이슈가 있다.

① 물류(화물)와 교통(여객)업종의 모빌리티 경계의 파괴다. 승용차와 화물차의 구분이 점점 의미가 없어질 것이다. 산업물류에 수반한 대량 물량의 이동 등에는 대형화물차의 비중이 높을 수밖에 없었다. 하지만 B2C, P2P(Peer to Peer) 거래로 넘어가는 시대에는 소형화물차, 승용차, 오토바이, 자전거, 전동 킥보드, 배달로봇, 드론, PAV(Personal Air Vehicle), 자율주행차, 도보배달이 더 효과적일 수 있다.

특히 코로나19는 우리나라의 온라인 상거래와 배달음식 수요를 급증시켰다. 이에 따른 업무량의 증가와 배달시간을 맞추기 위한 격무에 택배기사의 과로사와 오토바이 사고의 급증을 야기했다. 앞으로 배달의 수요는 점점 증가할 것이다. 따라서 법적 규제에 막혀 제한되고 있는 라스트마일 배송수단은 승용차와 택시가 화물을, 오토바이와 콜밴이 사람을 이동시키며 모빌리티의 경계는 파괴될 것이다.

---

9) 최진홍, '네이버와 카카오, 쿠팡과 배민의 라이프 스타일 플랫폼'.

[그림 2] 뉴노멀시대 물류

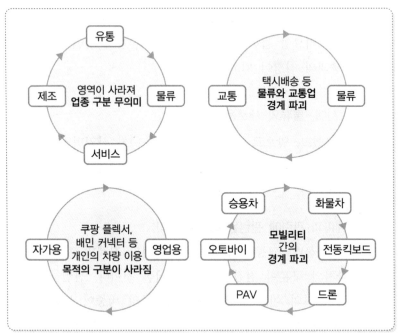

② 자가용, 영업용의 경계가 파괴될 것이다. 현재 우리나라의 교통체계는 버스, 택시, 사업용(영업용) 화물차량은 노랑색 번호판을 부착하고 비사업용(자가용) 차량은 흰색(전기차 등 친환경차량은 하늘색) 번호판을 부착하고 있다. 하지만 퀵서비스 오토바이나, 쿠팡플랙스 등은 자가용 번호판을 달고 배달업무를 하고 있다. 긱(Gig)경제는 글로벌 트렌드다. 아마존의 일반인 배달서비스인 아마존플랙스를 비롯해 쿠팡 플랙스, 배민 커넥트, 쏘카 핸들러 등이 배달시장에 대거 들어오면서 가까운 미래에는 자가용과 영업용의 경계가 무의미해질 것이다.

2) 계속될 새로운 바이러스와의 전쟁과 관련한 이슈가 있다.

코로나19 진정 이후에도 새로운 코로나(Covid)는 세계 경제를 계속해서 위협할 것이다. 따라서 공급망 관리의 변화가 불가피하다.

① 공급망의 단절과 붕괴 예방 방안을 예방하는 대책 수립과 이를 주기적으로 검증하는 것이 새로운 이슈가 될 것이다.

② 공급망 리스크가 발생되었을 때 새로운 공급망으로의 대체, 우회, 복구 방안이 이슈가 될 것이다. 이를 위해 반도체, 전자, 기계, 에너지, 보건, 의료, 방역, CPG 등 주요 산업별 글로벌 공급망과 대륙, 국가, 도시, 선적항별 공급망 지도가 작성되어야 할 것이다. 이를 기준으로 글로벌 공급망리스크에 대한 Plan2와 Plan3가 필요하다.

3) 생활 밀착형 물류서비스 지원과 관련한 새로운 이슈가 있다.

일반 국민들의 생활 속에 물류가 깊게 들어오면서, 과거 산업물류가 중심이던 물류의 축은 생활물류로 바뀌고 있다. 이에 따라 언택트, 공유, O4O, 귀차니즘, N차신상 등 다양하고 새로운 트렌드에 맞는 생활 밀착형 맞춤물류가 이슈로 떠오르고 있다.

① 배달 선진화가 이슈가 될 것이다. 택배, 퀵 서비스, 로봇배송, 드론배송, 빠른배송(로켓배송, 샛별배송 등)과 근거리 즉시배송(번쩍배송 등)이 이슈가 되고 있다.

② 보관 선진화도 이슈가 될 것이다. 보관 선진화는 도시 외곽의 대형물류센터(Distribution Center)에서 도심 내 소형풀필먼트센터(MFC: Micro Fulfilment Center), 택배보관함, 생활형 공유창고, 셀프스토리지 트렁크룸 등이 이슈가 되고 있다.

③ 공공물류, 공유물류, 공동물류가 이슈가 될 것이다. 플랫폼기업과 대형물류기업, 다국적물류기업과 중소물류기업, 1인(개별)물류사업자와의 균형점을 찾는 것도 이슈로 떠오르고 있다.

4) 스마트물류시스템 구축도 이슈가 될 것이다. 스마트 시티, 스마트 팩토리의 진전과 발전은 이에 부응하는 스마트물류시스템 구축도 계속해서 이슈가 될 것이다.

코로나19 감염예방을 위해 밀폐(密閉), 밀접(密接), 밀집(密集)을 피해야 하는 세상이다. 새로운 감염병은 계속 발생하겠고, 우리는 위드코로나의 방법을 찾을 것이다. 뉴노멀 트렌드는 코로나와 관계없이 계속 같은 방향으로 진행 중이다. 코로나19는 다만 그 속도를 높이는 트리거(Trigger) 역할을 했음에 틀림없다.

나는, 우리는 뉴노멀, 4차 산업혁명, 코로나19, 이런 대변화의 시대에 어디에 있는가? 또 어디로 갈 것인가? 시대를 앞서 나가며, 4차 산업혁명과 코로나19로 빨라진 변화에 자신감을 갖고 적극적으로 나설 때다. 지금이 우리에겐 새로운 기회다.

해운기업의 디지털화
- 계약 및 운영 업무 중심으로 -

남영수(밸류링크유 대표)

1. 디지털 트랜스포메이션과 해운기업의 디지털화

2021년 10월 킨텍스에서 개최된 SCM Fair 2021에 해운기업 중에서는 유일하게 글로벌 1위 해운기업인 머스크가 참여하였다. 전시관 입구의 중앙에 가장 넓은 부스를 만들어 방문자들을 맞이한 머스크의 홍보 부스였던 것만큼이나 방문자들이 높은 관심을 보여주었다. 하지만 놀라운 것은 그 어디에도 머스크의 해상운송과 관련된 홍보 내용은 찾아볼 수가 없고 'Maersk Flow', 'Maersk Spot', 'Air Freight', 'LCL'[1], 'WnD'[2], 'Kakao Chatbot', 'TradeLens'와 생소한 이름들의 서비스를 소개하면서 방문자들의 발길을 잡았었다.

머스크의 이런 디지털 서비스와 관련된 변화된 행보는 해운산업에 많은 의미를 던져 주고 있다. 2000년대 이후 컨테이너 선박의 초대형화를 선도하면서 제일 먼저 규모의 경제를 실현하였고, 이후 치킨 게임을 통하여 여러 해운기업들의 파산과 인수합병을 촉발시키면서 컨테이너 정기선 시장의 변화를 주도하였던 머스크라 그들의 새로운 시도는 멀지 않은 미래에 컨테이너 정기선 시장의 새로

---

1) LCL(Less-than Container Load): 소량 컨테이너 운송 화물.
2) WnD(Warehouse and Distribution): 창고 보관 및 배송.

[그림 1] SCM Fair 2021: 머스크 홍보 부스의 서비스 소개

운 변화 모습을 투영하고 있기 때문이다.

이런 디지털화의 변화 예측은 세계적인 컨설팅 기업인 BCG(보스턴 컨설팅 그룹)에서 이미 지난 2018년에 'Seven Digital Trends will Transform Container Shipping'을 통하여 언급한 바 있다. e-Platform, Advanced Analytics, IoT, AI, Autonomous Vessel & Robotics, Block-Chain, Cyber-Security 등과 같은 7가지의 디지털 기술 도입이 그것이며, 이미 4년여를 지나고 있는 시점에서 많은 부분이 현실화되어 가고 있는 상황이다. 특히 지난 2년간의 팬데믹 상황으로 비대면 서비스에 대한 고객 요구가 증가하면서 디지털화의 영역이 더욱 확대되어 가고 있는 것을 알 수 있다.

이에 머스크의 새로운 디지털 서비스 모델과 BCG 자료를 기반으로 글로벌 해운기업들의 디지털화, 특히 e-Platform 서비스 분야가 어떤 방향으로 진행되어 가고 있는지를 알아보고 이에 따른 국내 해운기업들이 대응 방안에 대하여 살펴보고자 한다.

[그림 2] Seven Digital Trends will Transform Container Shipping

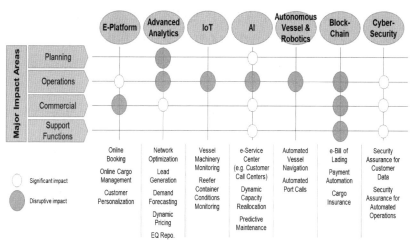

출처: BCG Analysis, 2018

2. 해운기업의 계약과 거래 업무를 위한 디지털 플랫폼

디지털화의 추진 배경

해운기업들이 계약과 거래와 관련된 업무를 디지털화 하는 배경에는 크게 2가지의 이유가 있다. 그 첫 번째 이유는 해운시황의 장기 불확실성 속에서 비용절감과 영업력을 강화하기 위한 것이고, 또 다른 이유는 팬데믹 상황 속에서 비대면 서비스에 대한 고객의 요구 사항에 부응하기 위한 것이라고 할 수 있다.

머스크가 주도한 컨테이너 선박의 초대형화로 해운산업은 지난 20년간 급속한 공급 팽창을 통하여 주변 산업과 함께 변화되어 왔다. 1990년대 4,000~5,000TEU[3] Class 선박이 등장한 이래, 불과 20여 년 만에 24,000TEU Class 선박으로 확대되면서 공급 과다 현상이 발생하게 된 반면 해상운송의 수요는 2008년 경제대침체

---

3) TEU(Twenty-foot Equivalent Unit): 20피트 사이즈의 표준 컨테이너의 크기를 기준으로 만든 단위.

(Great Recession[4]), 2020년 코로나19로 인한 팬데믹 상황 등과 같은 경제적, 사회적, 정치적 요인들로 인하여 수요 증가세가 하락하면서 수급 불균형이 향후 장기간 지속될 가능성이 높아 이후 해운시장은 선사주도보다는 고객주도 시장으로의 오랫동안 지속될 가능성이 더 높은 상황이다.

그렇다면 2020년 하반기 이후 지속되고 있는 운임 초강세와 선복 부족 현상은 어떻게 설명할 수 있을 것인가에 대한 의구심이 생길 것이다. 해운기업의 입장으로 보면 시장 대전환의 국면이 오랜 시간 지속되기를 바랄 수도 있겠지만 아쉽게도 이 현상은 코로나19 초기에 수요 급락 예측에 따른 공급량 축소 정책과 글로벌 양적완화에 따른 수요 급증이 만들어 낸 초기 보틀넥 현상[5]이 수에즈 운하 좌초사고, 코로나 환자 발생에 따른 중국 항만의 폐쇄와 미국을 포함한 주요 항만의 터미널 생산성 저하, 항만 정체에 따른 선박 불가동 일수 증가 등의 상황과 겹치면서 현재까지 지속되고 있기 때문에 발생한 것이다. 실제 2020년 이후 2년간의 물동량 증가는 연평균 3.2% 수준에 지나지 않은 반면 공급량은 3.7% 증가하면서 대부분 해운기업들의 전체 선적량은 지난 2019년 이후 거의 정체 수준임을 보여주고 있다.

시장의 불확실성 속에서 생존과 성장을 하기 위하여 가장 효과적인 방법은 영업 경쟁력 확보를 통한 추가 매출 확보가 가장 중요하고 이외에도 원가 경쟁력 확보나 신규 비즈니스 기회 창출 등이 있을 것이다. 이러한 시장의 요구에 대안으로 떠오른 것이 바로 플랫폼 서비스 영역일 것이다. 디지털화 과정에서 이러한 플랫폼 서비스 도입은 가장 기본적인 행보로 플랫폼 서비스를 이용하여 신규 영업 기회를 만들면서 추가 화물을 유치하는 것은 물론 업무 효율

---

4) Great Recession: 대침체 또는 소공황.
5) 보틀넥(Bottle-Neck) 현상: 병목 현상.

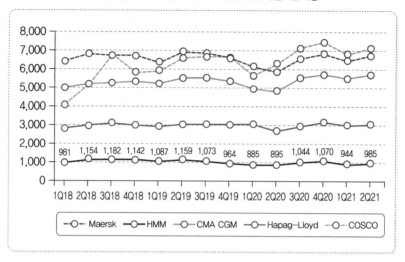

[그림 3] 주요 해운기업의 3년간 분기별 선적량

출처: 알파라이너

성을 제고하여 비용을 절감할 수 있으며 이후 신규 비즈니스 기회를 만들어 나갈 수 있기에 여러 해운기업들이 플랫폼 서비스에 참여를 하고 있는 것이다.

최근의 해운기업의 플랫폼 서비스 도입은 크게 2가지 단계로, 첫번째 단계는 도입 초기에 계약과 거래 업무에서의 플랫폼 서비스 도입이고, 다음 단계로 통합 운영관리와 데이터 관리 업무 영역으로 확대해 나가고 있다. 계약과 거래 업무를 위한 플랫폼 서비스가 영업 확대와 비용절감 차원이라고 한다면, 통합 운영관리의 디지털화는 대고객서비스와 트랜스포메이션과 연관된 것으로 이해할 수 있다.

해운기업 계약과 거래 업무를 위한 디지털 플랫폼 서비스

먼저 계약과 거래 업무의 디지털 플랫폼 서비스 현황을 살펴보자. 실제 해운기업의 디지털화는 2000년도 이후부터 지속되어 왔는데, e-서비스 개발이나 CRM(Customer Relation Management; 고객관계관리) 시스템 도입과 같이 기존에는 주로 영업 지원과 관련한 분야에서의 시스템 도입이 그 주를 이룬 반면 계약 체결과 예약 등의 업무에서의 시스템 적용은 제한적이었다. 그 이유는 바로 해운기업의 영업활동이 전통적인 파이프라인형 비즈니스였기 때문이며 그 주도권을 가진 영업사원들이 그들의 활동을 제한할 수 있는 시스템 도입에 소극적이었기 때문이었다.

해운산업의 영업 과정을 살펴보면, 하나의 화물을 선적하기 위하여 대상 화주에 대하여 접촉 → 고객가치 평가 → 운임 제안 → 협상 → 계약 체결 → 예약(부킹) → 선적 등의 복잡한 단계를 짧게는 하루에서 길게는 몇 개월에 걸친 영업 활동을 통하여 진행되게 된다.

또한 계약과 선적이 동일한 국가가 아닌 다중의 국가에서 이뤄지기도 하고, 아시아발 미주향 Service Contract 형태와 같이 연간 단위의 계약이 있는 반면, 아시아발 구주향이나, 아시아 역내향의 단기 계약도 병존하고 있으며, 해운기업의 규모에 따라 수천의 화주에서부터 수십만 명의 화주들과 계약을 체결하고 있다. 기존에는 이런 계약 체결과 선적의 전 과정이 영업사원을 중심으로 오프라인에서 진행이 되었고 운영하는 과정에서 다수의 영업사원과 영업지원 인력들이 투입되기도 하였다.

해운기업의 입장에서 기업 운영상에서 영업 관리가 가장 중요한 업무이고 필요적으로 저런 단계를 거쳐야 하겠지만 그 과정이 연간 10,000TEU를 선적하는 대형 화주인 경우와, 연간 10TEU를 선적하는 소형 화주인 경우에도 차등없이 적용된다는 것은 문제시될 수밖에 없을 것이다. 파레토 법칙[6]을 적용하여 살펴보더라도 전체 화주의 약 80~90% 규모의 화주가 연간 52TEU 이하의 화물을 선적

---

6) 파레토 법칙(Pareto principle): 80대20 법칙은 '전체 결과의 80%가 전체 원인의 20%에서 일어나는 현상'을 가리킨다.

하는 중소화주임에도 불구하고 모든 화주들을 일일이 영업사원이 오프라인에서 영업을 하고 계약을 체결하는 그런 불합리한 과정을 거쳐 선적이 이뤄진다는 것이다. 특히 코로나19로 인한 팬데믹 상황으로 비대면과 사회적 거리두기가 보편화되면서 이런 오프라인 중심의 영업의 불합리성에 대한 인식이 높아지게 되었다.

해운기업들이 지난 시간 동안 CRM 시스템 도입이나, e-서비스를 확대하는 것은 대고객 서비스 개선의 차원도 있지만 이런 불합리성을 개선하기 위한 목적이 훨씬 컸던 반면 그 관리범위가 계약과 거래를 포괄하지 못하였던 것이 현실이었다. 이런 와중에 등장한 것이 플랫폼, 즉 디지털 기반의 전자상거래 서비스 모델인 것이다.

해운기업이 전자상거래 형태의 플랫폼 서비스를 비즈니스에 적용한 모델로서 크게 2가지 기능을 가지고 있다. 그 첫 번째는 중대형 화주 대상으로 오프라인에서 진행되던 제안 → 협상 → 계약 체결이라는 과정을 플랫폼에서 서비스하는 'Quote for Available' 방식이고, 두 번째는 소형 화주 대상의 제안 → 승인 → 선적이라는 과정을 플랫폼에서 서비스하는 'Instant Quotation' 방식의 도입이다.

2가지 방식을 모두 플랫폼 서비스라고 지칭하고 있지만 그 용도와 효과는 이렇게 차이가 있는데, 아무래도 운임 노출이 되지 않고, 협상 정보를 관리할 수 있다는 장점으로 Quote for Available의 도입에 조금 더 적극적인 반면, Instant Quotation의 경우 운임 노출에 대한 부담과 영업사원들의 영업 관리 역할이 온라인으로 전환된다는 부담감에 따른 내부 저항으로 일부 유럽계 선진 해운기업만이 도입하고 있다.

더욱 놀라운 것은 Instant Quotation을 도입한 해운기업들의 경우 자체 플랫폼에서 판매하는 것에서 한걸음 더 나아가서 주요 공용 물류 플랫폼 업체를 통한 외부 판매도 활성화되어 있다는 것이다. Flexport, Forto, iContainer, Freightos, GCSFG, NYSHEX,

[그림 4] 해운기업의 디지털 서비스 제공 현황

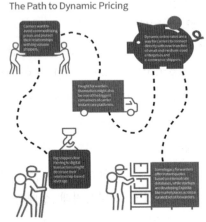

출처: JOC & IHS Markit

kontainers 등과 같이 많은 공용 물류 플랫폼 서비스가 생기면서 주요 글로벌 선사들이 이런 공용 물류 플랫폼을 통하여 판매 대행을 진행하면서 일정 커미션이나 마진을 주는 형태의 협업 모델을 볼 수 있는데 이는 기존 오프라인에서 수행되고 있던 포워딩 업무나 부킹 대리점 업무의 온라인화라고 이해할 수 있다. 특히 자체적으로 개발한 플랫폼의 경우 자사 서비스만을 판매할 수 있는 반면에 공용 물류 플랫폼의 경우 다양한 해운기업의 서비스를 비교하여 구매할 수 있다는 측면에서 고객 편의성을 중시한 변화라고 이해할 수 있으며, 현재 공용 물류 플랫폼의 경우 다양한 형태의 중개나 주선 모델로 디지털 포워더 형태의 서비스로 진화하는 것을 볼 수 있다.

전년도에 발표된 자료를 보면 머스크는 Maersk Spot 서비스를 통하여 전체 선적량의 25%를, Hapag-Lloyd는 Quick Quotes 서비스를 통하여 15% 물량을 온라인에서 유치하고 있다고 하며 이

물량은 우리나라 전체 해운기업의 연간 물동량을 크게 상회하고 있는 수준이다. 이에 반하여 국내 해운기업의 경우 이런 플랫폼 서비스 개발이나 적용에 미온적인 상황으로 현재 일부 해운기업들이 자체적으로 Quotation 기능을 개발하여 서비스를 하거나, 일부 공용 물류 플랫폼을 통하여 판매 대행을 하고 있는 상황이다.

이상에서 살펴본 바와 같이 계약과 거래 플랫폼은 비대면 시대에 영업 효과를 기대할 수 있는 것은 물론 기존의 영업 비효율성을 개선하면서 비용절감을 할 수 있다는 장점을 감안할 때 팬데믹 이후에도 지속적으로 확대되어 서비스 될 것으로 판단된다.

3. 통합 운영과 빅데이터 관리를 위한 디지털 플랫폼

해운기업의 통합 운영관리 및 데이터 플랫폼 구축

해운기업들의 계약과 거래를 위한 플랫폼 서비스를 도입하는 것이 다분히 해운기업 내부 목적을 위한 것이라고 한다면 통합 운영관리 플랫폼을 구축하는 것은 화주들의 요구에 따른 서비스 개선 차원이라고 할 수 있으며 또한 신규 비즈니스를 위한 준비 단계라고 구별할 수 있다.

해상운송은 계약 체결과 선적 후에도 수일에서 수개월에 걸쳐 다양한 위험이 있는 운송 과정을 거치면서 수하인에게 전달되고 있으며, 그 과정에서 서류 작성과 신고, 커뮤니케이션, 모니터링, 정산과 실적관리 등 화주의 입장에서 여러 난관이 있는 과정들이 연속되어 있다. 특히 하나의 해운기업만을 사용하는 것이 아니라 여러 해운기업을 복수적으로 사용하는 화주라면 그 복잡성은 더욱 심해질 수밖에 없을 것이다.

통합 운영관리 플랫폼은 이러한 고객의 불편함을 해결해 주기 위한 노력으로 오래전부터 e-Service라는 서비스를 통하여 언택트 서비스를 제공하여 주던 것에서 각종 디지털 기술이 발전됨에 따라 AIS와 IoT를 기반으로 실시간 화물 위치 추적 서비스, 블록체인 기반의 정보 보안과 이력관리 서비스, 운송 중의 화물의 상태 모니터링 서비스, 통합 정산과 실적관리 서비스를 온라인으로 제공해 주는 동시에 고객이 요청하는 경우 소스 데이터 형태로까지 제공하여 주는 등의 확대된 서비스를 제공하는 것이 현재 해운기업들의 발전 추세라고 할 수 있다.

마지막으로 살펴볼 것은 데이터와 관련된 것으로 계약과 거래, 운영관리 업무의 디지털화 과정 중에 이전과 다른 수준의 수많은 데이터가 필연적으로 발생하게 된다. 다만 그 데이터 용량 자체가 이전의 수십배에서 수백배에 달하게 되었다. 이렇게 수집된 빅데이터를 기반으로 더 많은 정보를 만들어 거래 과정과 운영 과정에서 편리성과 가시성을 제공하여 차별화를 구현하고 있으며 그 과정 중에서 활용되는 기술들이 바로 클라우드 기술, 빅데이터 분석 기술, AI와 블록체인 기술 등이다.

클라우드 기술은 무한정으로 확장되는 데이터 용량을 감안하여 기존에 자체 데이터 서버를 구축하고 운영하던 체계에서 공용 클라우드 서버를 통해 데이터 저장 공간의 탄력성과 시스템 보안 강화를 목적으로 운영하는 것을 이야기하며, 빅데이터 분석 시스템은 모아진 데이터를 기반으로 다양한 인사이트 있는 정보를 추출하여 거래와 운영 과정 중에 제공하면서 고객들에게 편의성과 해운기업으로서는 내부 운영 효율성을 개선할 수 있다는 측면에서 그 도입 역시 확대되어 가고 있는 추세이며, AI나 블록체인 기술들을 데이터 플랫폼에 결합하여 서비스를 제공해 주는 사례 역시 늘고 있다,

이상과 같이 해운기업은 거래, 통합운영, 빅데이터 플랫폼 등의 3가지 형태의 플랫폼을 단계적으로 운영하여 나가고 있다. 각 플랫폼은 기능면에서 서로 차이를 보이고 있는데 거래 플랫폼은 말 그

대로 해상운송 서비스를 필요로 하는 고객에게 운송 서비스 스케줄과, 운임 정보를 제공하고 편하게 해상운송 예약을 할 수 있다는 것에 목적이 있다고 한다면, 통합운영 플랫폼은 예약, 운송 관리, 화물 상태 관리, 인보이스의 확인, 정산과 실적 관리 업무를 프로세싱하고 그 정보를 고객에게 제공할 수 있도록 제공한다는 것이다. 빅데이터 플랫폼은 거래와 운영 과정 중에서 발생하는 데이터를 저장하고 분석하고 정보화하여 그 과정이 더욱 편하고 빠르고, 정확하게 제공될 수 있도록 지원하는 데 그 운영 목적이 있는 것이다.

이런 디지털화, 플랫폼 서비스들이 현재의 얼라이언스 체계하에서 서비스 차별화를 만들기 어려운 해운기업들에게 새로운 대고객 서비스를 제공하면서 차별화 할 수 있는 새로운 경쟁 영역이라 할 수 있으며, 이런 플랫폼을 통하여 또한 새로운 영업 기회의 확대는 물론 신규 비즈니스를 추진하기 위한 준비 작업이라고 할 수 있을 것이다.

통합 물류 플랫폼 서비스 업체들의 등장과 경쟁 구도

"'바다에서 육지로' 패러다임 변화 나선 글로벌 톱3 해운사"[7]의 제목에서 보는 바와 같이 해운기업들이 해운산업의 불확실성에 대한 대안과 팬데믹 상황 속에서 중요성이 더 확대된 글로벌 공급사슬관리의 중요성에 대한 고객의 요구에 부응하기 위하여 통합 물류 서비스 기업으로 서비스 범위를 확대해 나가고 있다.

컨테이너 운송의 도어-투-도어 서비스로 통합 물류 서비스를 제공하려고 하는 것이 큰 변화가 아닌 것처럼 생각할 수 있겠지만 작금의 통합 물류서비스는 해상운송만이 아니라 항공운송은 물론 도로운송과 철도운송을 포함한 내륙운송, 통관과 창고 서비스와 같은 폭넓은 서비스의 영역까지 확대된 일관서비스 제공을 필수적으

---

7) 이코노믹리뷰, 2022년 1월 25일자 신문기사 제목.

[그림 5] 이커머스 비즈니스 확대에 따른 물류 업무 세분화

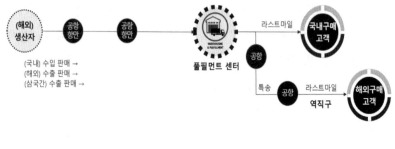

출처: 밸류링크유

로 하고 있다. 여기에 추가하여 전체 커머스 시장의 약 20% 이상을 점유하고 있는 전자상거래 비즈니스의 확대로 이커머스 전용 물류 서비스의 영역이 종적으로나 횡적으로 큰 폭으로 범위가 확대되었다. 즉, 국제운송은 물론 수입후에 풀필먼트 센터 입고와 재고관리, 판매후 선별과 포장, 라벨링, 국내 배송은 물론 해외 특송까지 그 서비스 범위가 확대되었고, 운송 과정이 컨테이너나 ULD의 단위가 아닌 각 상품단위로 관리하게 되어 더욱 많은 데이터와 정보 관리를 세밀하게 요구하고 있다.

이러한 전방 산업의 변화 요구에 맞춰 물류기업들이 서비스의 확장을 시도하고 있는 것과 같이 새롭게 통합 물류 서비스 영역으로 확장하고 있는 해운기업 역시 이런 폭넓은 서비스를 제공해 주고 있는데 그 대표적인 사례가 또한 머스크의 사례일 것이다.

[그림 6]에서 보는 바와 같이 머스크는 기존의 해상운송 영역을 넘어 내륙운송과 항공운송, 창고와 풀필먼트 서비스, 통관 등을 포함한 올인원 서비스를 제공하기 위하여 서비스를 확대하여 나가고

[그림 6] 머스크의 온-오프라인 산업 확대 현황

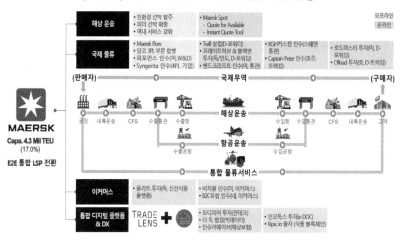

출처: 밸류링크유

있는 것으로 보인다. 다만 그 서비스를 구축하기 위해서는 자체적으로 보유하고 있는 해운 서비스 영역 외에 더 많은 물류기업과의 연결이 필요한데 이를 위하여 머스크는 자체적으로 오프라인의 주요 서비스 영역을 인수, 합병, 지분 투자를 통하여 연결 범위를 확대하여 나가는 한편 이 서비스를 제공하고 있는 온라인 서비스 기업들 역시 연결해 나가면서 글로벌 물류 체인을 연결해 나가고 있다.

이런 변화 추세는 기사에서 언급한 글로벌 톱3 해운사들이 유사한 방향성을 보이고 있는데 이 과정 중에서 발생하는 이슈가 이런 서비스를 위해서는 시스템 역시 그동안의 해상운송 관리 시스템에서 더욱 확대된 영역의 시스템들과 연결이 필요하다는 것이다. 예를 들어 항공운송을 관리하기 위한 항공 포워딩 시스템, 타 해운기업에 운송된 화물을 관리하기 위한 해상 포워딩 시스템, 배차와 트럭 운송 관리를 위한 내륙운송 시스템(TMS; Transportation Management System)과, 창고/배송센터/풀필먼트 센터의 운영 관리를 위한 창고 관리 시스템(WMS; Warehouse Management System), 통관관리를 위한 시스템 등의 확장된 영역이 기존의 해운 시스템과 연결되어 통합 공급사슬관리 시스템으로 운영이 되어야 하기 때문이다.

이런 변화를 위하여 머스크에서는 통합 공급사슬관리 플랫폼인 'Maersk Flow' 서비스를 오픈하여 운영하고 있으며 블록체인 기반으로 데이터를 연결하고 보안 관리를 위한 블록체인 플랫폼인 'TradeLens' 서비스를 확대하여 나가고 있으며, 해운기업의 통합물류 기업화 추세에 대응하기 위하여 주요 물류기업들 역시 DHL의 'Agheera' 서비스, DB Schenker의 'Connect 4.0', Keuhne+Nagel 의 'Sea Explorer', 삼성SDS의 'Cello' 등과 같은 서비스를 내세워 그들의 서비스 영역을 확대해 나가고 있는 것을 볼 수 있다.

해운기업과 물류기업들이 자체적으로 플랫폼 서비스를 만들어 서비스한다면 다른 한편으로는 디지털 기술 기반의 물류 업체들도 등장하고 있다는 것이다. 디지털 기술을 기반으로 물류 서비스를 제공하는 수많은 공용 물류 플랫폼 서비스 기업들이 그들인데 국내에서도 이미 수십개의 플랫폼 서비스들이 저마다 차별화된 기술력과 비즈니스 노하우를 기반으로 서비스를 제공하는 모습을 쉽게 찾아볼 수 있다.

이렇게 새롭게 등장하고 있는 국내외 물류 플랫폼 기업들의 서비스 한계라고 할 수 있는 것이 제공하는 서비스 영역이 너무 전문화되어 있어 내륙운송, 창고, 포워딩 등과 같은 일부 물류 영역에서 거래 중개나 주선의 형태로 서비스를 제공하고 있다는 것이다.

고객들이 플랫폼 서비스의 등장을 통하여 궁극적으로 원하는 물류 서비스의 모델은 전체 공급사슬관리와 심리스한 서비스를 편리하고 저렴하게 통합 관리하는 것이라고 한다면 이러한 업체들의 모델은 그 성장 한계가 명확해 보인다는 것이다.

[그림 7] 전문화된 국내 플랫폼 서비스 기업 현황

출처: 밸류링크유

[그림 8] 밸류링크유의 물류 통합 플랫폼

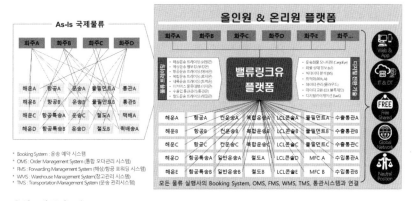

출처: 밸류링크유

그런 측면에서 향후 통합 물류 플랫폼의 모습은 밸류링크유가 소개하고 있는 '올인원 & 온리원 플랫폼 서비스'의 모델이 되지 않을까 하며 이러한 모델이 글로벌 표준의 형태로 자리 잡으면서 계약과 거래, 통합 운영관리, 데이터 플랫폼의 영역을 포괄적으로 제공해 줄 것으로 기대할 수 있을 것이다.

4. 국내 해운기업들의 대응 방안

전략을 기획한다는 것은 다분히 선택과 집중의 영역이라고 할 수 있다. 미래 해운산업의 불확실성 속에서 생존과 성장을 하기 위한 머스크의 전략 방향은 다음과 같다. 라스 옌센(전 머스크의 수석 애널리스트, 씨인텔리전스 CEO)의 저서 『Liner Shipping 2025: How to survive and thrive』에서 언급하고 있는 영업 및 판매 채널 확대, 원가 및 운영 경쟁력 개선, 디지털 전환시대 IT 경쟁력 강화가 그 하나의 예이며, 소렌 스코우(머스크라인의 CEO)가 2019년 TPM 회의의 키노트 발표에서 발표한 바 있는 머스크의 종합물류기업화와 금융/IT 서비스 도입이라는 트랜스포메이션 전략이 바로 그것이다.

머스크의 이런 신규 전략은 단순하게 비용절감을 통한 원가 경쟁력이나 영업 확대를 통한 신규 물량 유치에서 그치지 않고 고객의 입장에서 확보한 고객의 모든 물류 서비스 요구사항을 직접 서

[그림 9] 머스크의 트위터 홍보 내용

비스를 제공하는 방식으로 크로스셀과 업셀[8]을 추진하는 것은 물론 디지털 기술을 기반으로 새로운 비즈니스를 만들어 나간다는 큰 비전을 가지고 있는 것으로 보인다.

이에 반하여 우리나라 해운기업들의 대응은 극히 부분적임을 볼 수 있는데, 선대를 확충하거나 얼라이언스를 개편하고 Hub & Spoke 전략 재편 등을 통하여 서비스 경쟁력을 높이거나 비용절감을 통하여 원가 경쟁력을 높이는 정도의 방안을 추진하고 있다. 다만 어떤 전략이 가장 효과적인지에 대하여 예단하기는 쉽지 않지만 하나의 불변의 원칙은 시장의 변화와 고객의 요구에 적절하게 대응하는 기업들이 생존 가능성이 더 높다는 것이다.

이런 면에서 머스크에서 추진하고 있는 사업 다각화와 디지털 전환 전략, 통합 물류기업의 영역을 넘어 디지털 서비스, 보험과 금융 서비스의 영역으로 나서고 있는 모습은 시사하는 바가 크며, 국내 해운기업들 역시 이러한 머스크의 전략에 관심을 갖고 경쟁력을 높일 수 있는 전략을 수립하고 추진하여야 미래 생존과 성장을 기대할 수 있지 않을까 한다.

---

8) 크로스셀과 업셀(Cross Sell & Up Sell): 기존 고객에게 기존에 판매하지 않던 상품/서비스까지 더 많이 판매하는 것을 말함.

대한민국 해운의 대부는 누굴까?

김종길(전 부산지방해운항만청장)[1]

1. 대한민국 해운 선각자들

일제는 1910년 조선을 강제합병하고 조선해운 말살정책을 펼쳤다. 군소 해운회사를 통폐합하여 1912년에 조선우선을 설립, 조선사람의 해운 접근을 원천적으로 봉쇄했다. 해방 당시 우리 해운은 황무지였다. 우리는 삼국시대 중원을 경쟁적으로 나들면서 조공무역이 발달하였고 그 결과 통일신라시대에는 장보고가 동아시아 바다를 장악하고 중동까지 진출하였던 해운국이었다.

조상들의 DNA가 남아있었음인지 일제 지배하에서 상선학교에 진학하여 해기사 면허를 획득하고 승선하여 해운전문지식을 습득했다. 이 선각자들이 유일한 자산이었다. 이들이 황무지를 개간하여 오늘의 대한민국이 세계 7대 해운국, 그리고 선진국 반열에 올랐다.

수출제일주의 경제정책으로 국가가 눈부시게 발전되었다. 수출과 해운이 동전의 앞뒤란 것을 이해하지 못해 해운에 대한 국민사상이 저변으로 확대되지 못했다.

---

1) 2021년 10월 16일 '바다, 저자와의 대화' 제41회 모임에서 이 발표를 해주신 필자는 2022년 2월 25일 향년 86세로 별세하셨다. 이에 발표자가 발표 후 발표내용과 관련하여 한국해운신문에 게재(2021년 11월 1일자)한 글과 '바다대화' 운영진이 정리한 발표 결과를 게재하는 것으로 발표자의 기고에 갈음한다.
http://www.maritimepress.co.kr/news/articleView.html?idxno=307185&
Keycode=307185

해운 선각자들이 많지만 몇 분을 소개한다면 아래와 같다.

① 유항렬: 동경고등상선학교를 최초로 입학하였고, 조선인으로는 최초로 도선사가 되어 해방 당시 미국 원조물자 수송선박을 도선하였다. 맥아더의 인천상륙작전에 공헌하여 누란의 위기에 처한 조국에 공헌했다. 아들 세 분도 모두 해운에 투신하여 4부자가 한국의 해운명문가를 이룩했다.

② 황부길: 초대 해운국장으로 선박확보, 항로개척, 선원양성, 표지시설정비 등 해운정책을 올바르게 펼쳐 해운발전의 초석이 됐다.

③ 남궁련: 해운공사와 조선공사 사장을 역임하였고, 극동해운을 설립했다. 침몰 선박을 인양 수리하여 고려호라 명명하고 태평양을 최초로 횡단했다.

④ 이시형: 진해고등해원양성소를 해양대학으로 발전시켜 대한민국 해운 동량들을 양성했다.

⑤ 박옥규: 해군 창설에 참여하여 해군참모총장을 역임하였고 로이드보험이 한국 최고의 선장으로 인정하여 현역장성 신분으로 고려호 선장이 되어 최초로 태평양을 횡단했다.

⑥ 신성모: 대영제국의 슈퍼마스터 자격증을 획득했다. 귀국하여 내무장관과 국방장관과 국무총리 서리를 역임했다. 대통령 해운정책을 자문하였고 마지막으로 해양대학장에 취임하였다.

2. 대통령의 신성모에 대한 신뢰

이승만 대통령이 민성일(民聲日)에 노동자, 농민, 서민층의 민원을 청취했다. 한 노파가 대통령께 요청했다. "내 아들 찾아주시오.", "아들이 누구시오?", "신성모요.", "오 캡틴 신!", "곧 돌아올 겁니다."

이승만은 신성모의 명성을 일찍부터 알고 있었다. 신성모가 1948년 10월 3일에 인천항으로 귀국했다. 첫 임무는 대한청년단장으로 임명되어 제주 4·3사태 진상조사와 구호대책을 대통령께 보고했다.

신성모가 국방장관 재임 중에 6·25 한국전쟁이 발발했다. 국민방위군사건과 거창 양민살해사건이 발생하였다. 야당은 신성모의 책임으로 몰아세웠다.

대통령은 신성모를 주일한국대표부 공사로 임명하였다. 재신임이었다. 귀국하여 해사위원장으로 임명하여 평화선 선포, 해무청 설치, 해경창설 등 정책자문을 했다. 1956년 제8대 해양대학장의 임명은 대통령의 변함없는 신뢰이었다.

4·19혁명 이후 한국언론을 쥐락펴락하던 신상초가 작정을 하고서 신성모를 부관참시(剖棺斬屍)하는 글을 『광장』이란 잡지에 2회에 걸쳐 게재하여 정치적으로 매장시켰다. 『해양한국』에서도 이 글을 옮겨실어 해운계에서도 기피 인물이 되었다.

3. 해양대학장 신성모

미국 원조로 부산 영도에 학교건물은 신축하였으나 내실을 갖추지 못하고 있었다. 신성모가 충분한 예산을 확보하여 학생들의 배고픔을 해결했다. 운동장 건설과 도서관 신축 등 학교 시설과 환경을 정비했다.

그때까지 교과서가 없었다. 미국 해양대학 교과서를 가져와 해군 인쇄처에서 복사한 교과서로 학생들이 공부했다. 학생들의 면학 분위기를 조성했고 교수자질향상을 위해 손태현은 연세대학, 이준수는 경희대학, 허동식은 서울대학으로 유학시켰다. 해운공사 금천호를 인수하여 반도호로 명명하고 실습선으로 취역시켰다. 그 무엇보다도 큰 공적은 해군예비원령을 제정하여 학생들의 병역문제를 해결한 것이었다.

잊지 못할 일화가 있다. UNCAD 자금으로 해양대학을 신축하고 고문관으로 파견된 캡틴 스미스가 "학장은 무슨 해기면허장을 가졌어요?"라고 물었다. "I have the Extra Mast Licence of British Empire"이라 대답하자 스미스가 깜짝 놀라 일어나 "Yes, Sir!"라며 거수경례를 했다. 2차대전 후 미국이 세계를 주도했지만, 1588년 엘리자베스 I세가 스페인 무적함대를 격파하고 350년간 5대양6대주를 장악하였던 대영제국을 경외했는데 나라 잃은 신성모가 대영제국의 엑스트라 마스터인 줄 꿈엔들 상상하였으랴!

학장은 전교생을 대상으로 특강을 했다. 옥스퍼드와 케임브리지 출신들이 2차대전에 참전하여 1/3이 돌아오지 못하고 전사하였던 영국국민과 영국선원들의 희생정신을 강의하며 눈물을 글썽거렸다.

장택상, 이은상, 홍진기 등 명사들을 초청하여 특강을 했다. 장택상이 허스키 목소리로 한 "바다를 제패한 자 세계를 지배한다"란 Sea Power 강의는 60년이 지났는데도 잊히지 않는다. 이은상은 충무공 애국충정의 난중일기를 잔잔하게 강의했다. 홍진기를 해사행정을 일원화시킨 탁월한 행정가라고 소개했다. 지금 생각해보면 특강은 학생들의 애국심을 북돋아 조국의 미래를 개척하라는 학장의 애국애족의 간절한 염원이었으리라.

4. 신성모의 진면목

신성모에 대한 평가는 긍정과 부정이 상반되었다. 진면목을 알아보려고 의령군청과 문화원을 비롯하여 알만한 곳에 문의했으나 모두 모른다는 답변이 돌아왔다. 정치적으로 매장되면 모두가 외면하는 것이 세상인심임을 깨달았다.

백산 안희재의 장손 안경하가 신성모 유족의 전화번호를 알려주었다. 질문서 100개와 녹음기를 준비하고서 따님 신내원과 손녀 신한덕을 상대로 대면기록을 했다.

신성모는 1891년 5월 26일 경남 의령에서 신재록의 독자로 태어났다. 집안이 가난하여 백산 안희재의 도움으로 마산 창신학교를 거쳐 보성전문 재학 중에 한일합병이 되어 연해주로 망명했다. 백산의 독립자금을 전달하려다 중국 안동에서 체포되어 사형선고를 받았다. 이후 풀려나 중국 남경항해학교에 재학 중 일본인으로 오인되어 퇴교당할 뻔했는데 김익환의 신원보증으로 구제되었다.

김익환은 대한제국 외국어학당을 졸업하고 청국대사의 자녀 영어가정교사가 되었다. 일제 강점으로 청국대사관이 폐쇄되어 김익환은 대사를 따라 북경으로 갔다. 신원보증이 인연이 되어 신성모가 김익환의 딸 김복희와 결혼하여 아들 명구와 딸 내원이 북경에서 태어났다.

5. 김복희 고난의 행진

신성모는 영국으로 망명하여 부두노동으로 생계를 유지하다가 런던항해학교에 입학했으나 김복희는 고난의 행군이 시작되었다. 부모 반대를 무릅쓰고 결혼하였기 때문에 친정에서 더부살이를 할 수 없어 두 자녀를 데리고 만리타향 남편의 고향 의령으로 갔다. 가난한 시가에 머물 수 없었다.

의령의 부호 이우식의 도움으로 오사카로 이주했다. 이때 신성모는 영국상선의 견습 사관으로 4개월마다 고베항에 입항하여 가족들과 만날 수 있었다. 개성의 실업가 공진학의 도움으로 도쿄로 옮겨갔다가 2차대전이 일어나자 일본에 머무를 수 없어 만주로 돌아갔다. 공진학의 만몽농장에서 일하다가 해방을 맞았다. 장질부사가 만

연되어 동포를 간호하다 감염되어 안타깝게도 사망했다.

6. 신성모의 사망과 명예회복

4·19혁명으로 대통령이 하야한 1960년 5월 25일 뇌일혈로 동대문 이화여대 병원에 입원했다. 대통령이 하와이로 망명하던 5월 29일 "훗날 역사가 말해줄 것이다"란 한마디 유언을 남기고 운명했다. 이승만과 신성모는 공동운명체였을까? 해양대학 학교장으로 고향 의령에서 초라하게 영결식이 거행되었다.

스미스 고문관이 헌납한 '韓國海洋大學長 小滄 申性模'란 묘비가 영결식에서 유일하게 빛났다. 유족들이 지금도 고마움을 잊지 못한다고 했다. 1990년 12월 26일 건국훈장 애족장이 추서되어 현재 대전 국립현충원에 영면하고 있다. 정치적으로 신원(伸冤)되었다. 2009년 3월 6일 '해기사 명예의 전당'에 제1호로 헌정되었다. 해운계에서도 명예가 회복되었다.

최근 연세대학교 이승만 연구원에서 신성모 국방장관의 6·25전쟁 전황에 관한 육필보고서가 발견되어 월간조선 2020년 8월호에 게재되었다. 1950년 7월 1일부터 12일까지 전황을 9차례 대통령께 직보한 내용이다. 6·25 전쟁사와 신성모의 역할이 재평가되어야 한다고 했다.

『되돌아본 海運界의 史實들』, 『영예로운 海運人들』, 『선박행정의 변천사』 등을 간행하면서 해운계를 두루 살펴보건대 신성모가 대한민국 해운의 대부라는 생각이 들었다. 대부로 추대되어도 하등의 하자가 없을 것으로 확신했다.

광복 80년이 다가온다. 80년간 우리 해운은 엄청난 변화를 거듭했다. 『대한민국 해운 80년사』가 발간되길 기대한다. 그동안 해운사가 몇 번 발간되었으나 정부의 통계나 자료를 베껴 쓴 관변역사였다.

역사기록은 그렇게 쓰면 안 된다. 전문가들이 선발되어 방대한 자료를 수집 정리해야 한다. 4년밖에 남지 않았다. 준비 기간만 2~3년 소요된다. 집필은 1~2년이면 족하다. 대한민국 해운의 대부인 신성모 평전도 함께 발간되어 『대한민국 해운 80년사』에 실제적 사실(史實)이 담겨지기를 기대한다.

다음은 운영진(김인현 교수)이 정리한 김종길 전 청장님의 발표 결과이다.

– 한국해운의 대부(代父)는 누굴까?–

제41회(총 63강) 바다, 저자전문가와의 대화는 "한국해운의 대부는 누굴까?"라는 제목으로 김종길 전 청장(부산해양수산청)의 강의를 들었다.

10월 16일 20시부터 발표자인 김청장의 자택에 본부를 설치하고 김인현(고려대 교수) 운영대표의 사회로 줌(zoom)을 이용한 비대면 행사가 진행되었다. 김영무 한국해운협회 상근 부회장, 정필수 박사(전 KMI 부원장), 이재완 전 이사장(해양재단), 김문호 선장(한일해운)이 축사를 했다.

발표자는 오늘날 한국해운이 있기까지 많은 선각자들의 노력이 있었음을 전제하고 이제는 정신적인 지주를 정할 때가 된 것 같다고 말문을 열었다.

여러 선각자들이 있지만 6명의 후보를 열거한다. (생략)

(1) 유항열 도선사: 동경고등상선학교에 한국인으로 최초 입학했다. 최초의 도선사가 되었다. 4부자가 해운에 투신한 해운명문가이다. 맥아더 장군의 인천 상륙작전에 공헌한 바 있다.

(2) 황부길 학장: 초대 해운국장으로 해운정책의 초석을 깔았다.

선박확보, 항로개척 및 선원양성에 이바지했다.

(3) 남궁련 사장: 해운공사 및 조선공사의 사장을 역임했다. 극동해운을 설립하여 전쟁에서 침몰된 일본 선박을 인양하여 고려호로 명명하여 최초로 태평양을 횡단하도록 했다.

(4) 이시형 학장: 진해해운양성소를 재개하여 한국 해양대학을 설립했다. 한국해양대학 학장을 지내면서 대한민국 해운동량을 양성한 공이 있다.

(5) 박옥규 제독: 해군참모총장을 지냈다. 로이드 보험이 한국 최고의 선장으로 인정했고, 해군제독의 신분으로 선장으로 파견되어 최초로 태평양을 횡단하였다.

(6) 신성모 학장: 대영제국 슈퍼마스터(엑스트라 마스터)로 근무했다. 국방장관, 한국해양대학장, 그리고 대통령 해운정책자문을 역임했다.

이분들 중에서 자신의 연구의 결과에 의하면 신성모 학장이 한국의 대부라고 말할 수 있다. 발표자는 가족들과 인터뷰를 한 바가 있다. 신성모 학장님의 따님 및 손녀와 인터뷰를 하면서 구술한 것을 녹음한 바 있고, 사진도 여러 장 입수했다. 발표자는 해방전후의 해운인 50여 명에 대한 인터뷰를 하거나 기록을 근거로 『영예로운 해운인들』이라는 책을 2010년 발간한 바 있다(창명해운 이경재 사장의 도움으로 2010년 전후하여 한국해운신문에 연재됨).

신성모는 1891년 5월 26일 경남 의령에서 출생했다. 白山 안희재의 도움으로 마산 창신학교를 거쳐 보성전문 재학 중 한일합방으로 연해주로 망명했다. 안희재의 독립자금을 전달하려다 중국 안동(安東)에서 체포되어 사형선고를 받았다. 중국 남경항해학교 재학 중 일본인으로 오인되어 퇴교의 위기 때 김익환의 신원보증으로 구제되어 김익환의 딸 김복희와 결혼했다. 영국으로 망명, 부두노동을 하다가 런던항해대학에 입학했다. 졸업 후 1948년 귀국할 때까지 영국에서 엑스트라 마스터로 근무했다. 영국과 인도를 오고가는 화객선의 선장으로 근무했다.

이승만 대통령이 신성모를 대한청년단 단장을 시킨 다음, 내무부 및 국방부 장관에 임명하였다. 그 뒤 국무총리에 지명했지만 국회에서 통과가 되지 않아 국무총리서리로 마쳤다. 장관에서 물러난 다음 주일한국대표부 공사(현 주일한국대사에 해당)로 근무한 다음 한국해양대학교 학장으로 와서 일했다. 대통령 산하 해사위원회 위원장을 역임하면서 해사정책을 자문했고, 해양경찰대 창설, 해무청 설치 및 평화선 선포 등에 기여했다.

1956년 11월 28일 한국해양대 학장으로 임명되어 미국 킹스포인트로부터 교과서를 받아와서 영어교재가 마련되었다. 손태현 교수를 연세대, 이준수 교수를 경희대, 그리고 허동식 교수를 서울대에 파견해서 박사학위를 받도록 배려했다. 학생들의 병역문제를 해결하기 위하여 해군예비원령을 마련하여 해군 ROTC제도가 생겼다(육군보다 2년이 빠르다). 해운공사의 김천호를 기부채납 받아 반도호로 선명을 변경, 실습선을 한국해양대가 처음으로 가지게 되었다. 학장 재직 중 1960년 5월 29일 사망했다. 해양대학 학교장으로 고향 의령에 안장되었다. 1990년 12월 26일 건국훈장 애족장이 추서되어 대전 현충원에 영면하게 되었고, 2009년 3월 6일 해기사명예의 전당에 제1호로 헌정됨으로써 명예회복이 되었다. 발표자는 해방 80년을 맞이하게 되는데 신성모 학장이 한국해운에 기여한 바를 제대로 평가하는 『신성모 학장 평전』을 마련하자고 강조했다.

이어진 토론에서 토론자들은 신성모 학장을 한국해운의 대부라는 점에 동의하면서 그간 정치적으로 부정적으로 평가받았지만 이번 기회를 계기로 그분을 다시 평가하고자 한다고 말했다.

한국해운의 비조(현대해운을 처음으로 시작한 사람)는 최봉준이라는 의견이 있었다. 그는 1906년 1,400톤급 선박을 구입하여 청진과 블라디보스톡 간에 소를 운송했다. 1917년에 사망하여 해운업이 중단이 되었다. 독립운동을 해서 훈장까지 받았다. 1906년부터 한국해운이 시작되었다고 보아야 한다. 해방 이후라면 80년이 되지만, 1906년부터 해운사를 정리해야 한다.[2]

사회자는 신성모 학장을 한국해운의 대부로 본다는 발표자의 의견에 동의하면서, 오늘의 한국해운, 조선, 물류는 어느 한 분만의 기여만 있는 것이 아니라 수많은 선배 선각자들의 희생 위에 서 있다는 점을 잊지 말자고 했다. 신성모 학장의 성공은 그 당시 바다를 건너 영국으로 가서 상선의 선장이 되어 세계의 문물을 익혔고 영어에 능통했다는 점에 있다고 본다. 해방 후 이런 분들 찾기가 어렵기 때문에 장관으로 발탁되었을 것이다. "어려울 때는 바다로 나가자"라는 명제의 성공사례가 신성모 학장이라고 본다. 바다의 중요성이 다시 한번 강조된 강의였다고 마무리를 했다.

이날 행사에는 총 120여명이 참석했다.

---

2) 「근대적 海上運送의 鬼才 - 최봉준」, 『바다, 저자와의 대화 I』(법문사, 2021), 249~250면 참조.

제 2 부

조선·선박금융·해사분쟁

대선조선과 한국 중형조선소 발전 _ 오창봉

해양금융종합센터와 한국수출입은행의 해양금융 _ 김형준

일본의 해사클러스터 정책과 시사점 _ 한종길

대한조선학회 조선해양공학교육백서 _ 이동건·이신형

해상 사건의 다양한 분쟁 해결 방안 _ 이성철

대선조선과 한국 중형조선소 발전

오창봉(전 대선조선 영업본부장. 현 글로벌에코 부사장)

1. 서 론

우리나라 조선업은 이미 잘 알려진 것처럼 세계 1위를 지키고 있고, 특히 고부가가치 기술이 필요한 대형컨테이너선과 LNG 운반선, LPG 운반선 분야에서는 독보적인 기술력으로 경쟁국가인 중국이 넘볼 수 없는, 말 그대로 초격차를 보이고 있다. 한때 한국 조선업이 10년 이내 중국에 주도권을 빼앗길 것이라는 우려가 있었지만 지금은 그 누구도 이를 언급하는 사람은 없다.

그런 한국 조선업에도 대기업과 중형조선소 간의 명암이 존재하고 있다. 2021년 상반기 이후 여러 주변 여건에 의하여 급격히 좋아진 신조 시장에서 대형, 중형 가리지 않고 좋은 수주 실적을 달성하여 8월~9월 이내 2021년 목표 달성은 물론, 중형조선사도 수주 계획을 초과하는 실적을 거두었다. 이러한 호황이 2022년을 지나 2025년까지 이어질 것으로 예상되었으나 너무나 가파르게 오른 기자재 및 원자재 가격 상승과 금리 인상으로 인한 자금 조달의 부담으로 2022년 2/4분기를 지나면서 대형선과 LNG 운반선 이외에는 거의 계약이 이뤄지지 않고 있다. 2010년 한국 중형조선소들은 한국 대형조선소들과 같이 세계 10위권에 이름을 올리며 세계적인 경쟁력을 갖고 있었으나 '리먼 사태' 이후 여러 사정으로 급격히 몰락하여 한때 세계 총 발주량의 10%까지 점유했던 기세는 세계 중형선 발주량의 5% 선에서 명맥을 유지하고 있다.

이러한 가운데에서도 새로운 선형 개발을 통한 성능 개선으로 혁신적 사용 연료 절감(8%), 호모 컨테이너 선적 능력 향상(715개), 운항성 개선 등, 기술력을 바탕으로 피더 컨테이너 시장에서 세계 점유율 10%를 유지하고 있는 '대선조선'의 상황을 돌아보고, 한국 중형조선소 현황과 필요성, 세계 중형선박 시장을 감안한 성장 및 한국 해운업과의 연계한 당위성을 돌이켜 보고 구체적인 방안을 찾아보고자 한다.

2. 한국 중형 조선소 상황

4개 중형 조선소만 명맥 유지

이미 잘 알려진 것처럼 다소 비정상적이긴 하나 2005년 이후 폭발적으로 늘어난 선박에 대한 투기적 발주로 한때 한국 중형조선소는 30여개 이상이었고, 성동, STX, 한진(세 조선소는 당시의 규모면에서 대형으로 분류해야 하나 현재 여건을 고려하여 중형으로 규정), 대한, 대선, SPP, 신화, 21세기, 삼호 등은 세계 100위권 이내 자리 잡고 있었고 이는 이들 조선소의 수주량이 세계 신조 시장의 10%를 차지한 적도 있었다. 선종면에서도 대형Bulk선(성동, STX, 대한), LR1, 2, MR(STX, 성동, SPP, 대한), 중형컨테이너(한진, 성동), 중형SUS Chemical tanker(신화, 21세기, 삼호) 등 다양한 선종에 있어서 세계적인 경쟁력을 갖고 2~3년치의 일감을 확보하고 있었다. 그러던 중 2009~2010년 발생한 세계 금융 위기에 대부분의 조선소들은 견디지 못하고 파산 정리되었고 일부는 정책 금융 기관의 채권단 관리 하에서 명맥을 유지하게 되었다.

주요 원인으로는 ① 투기성 자본에 의한 선박 발주로 어려워진

자본 조달 여건에 의한 선박 SPC 파산에 의한 운영 자금 경색, ②
급속히 냉각된 신조 시장에서 추가 발주 단절로 인한 추가 자금 유
입 중단 및 적정 생산 부하 확보 불가, ③ 선급금 회수로 인한 금
융권과의 불편한 관계, ④ 중국 정부 지원을 받고 틈새로 비집고
온 중국 조선소의 저가 공세로 선가 경쟁력 상실, ⑤ 60% 이상 선
입금 된 자금에 대한 관리력 부재, ⑥ 경쟁적 중형조선소 설립·확
장에 따른 조선소별 특화 및 기술력 제고 미흡 등으로 여겨진다.

⑤, ⑥은 신설되어 막 성장하는 거의 대부분의 회사에서 이뤄지
는 어려움이지만 조선업은 초기 투자비용이 아주 큰 산업이기에 어
려움에 견디지 못하면 그 휴유증이 아주 크고 오랫동안 영향을 미
치게 된다. 또한 중국이라는 큰 상대가 있기에 이를 회복하기도 어
렵다. 실제 세계 최대 선박 발주 시장인 Bulk선 시장에서는 2012년
이후 극히 일부 특수 목적선을 제외하고는 중국에 초열세에 있고,
해당 시기 초 한국 해운사들도 가격적 측면에서 중국 조선소를 택
하였으나 근 10년이 지난 지금은 기술적 측면에서 운항상이나 관리
상 큰 어려움이 없을 정도까지 수준이 향상되어 실제 한국 중형조
선소들은 시장 경쟁력을 상실한 상황이다.

당시 채권단 관리하에 있던 중형조선소들은 국책은행의 관리 속
에서 10여년을 견뎌오다 2020년부터 M&A를 통한 민간화, 일반 기
업화 추진에 따라 성동(2020년, HSG), 대선조선(2021년, 동일철강),
STX(2021년, KHI), 한진(2021년, 동부건설), 대한조선(2022년, KHI)에
각각 매각되었고, STX조선해양은 케이조선으로, 한진중공업은 HJ중
공업으로 사명을 변경하였고, 성동조선해양은 성동HSG로 사명 변
경과 함께 당분간은 대형조선소 Block 제작에만 집중하는 것으로
방향을 바꾸었다.

〈표 1〉 한국 중형 조선소 현황

항목	대선조선	HJSC	대한조선	케이조선
평균 연매출 (억원)	3,200	4,000	7,000	4,000
주력 선종	· 피더컨테이너 · SUS Tanker · 여객선 · 정부 관공선 · MR	· 함정(수송함, 초계함) · 정부 발주 특수선 · 상선 5,500/7,000TEU LNGC & Bunkering	· 아프라막스 · 수에즈막스 · 중형 B/C · 7,000TEU	· MR · 아프라막스 · 수에즈막스 · 7,000TEU
인력(직영 + 협력사)	340 + 1,200	670 + 1,200	610 + 1,500	914 + 1,000
강재 처리량 (Ton)	50,000	60,000	200,000	70,000
기술 개발	100명 (기본/성능 가능)	100명	150명 (상세/생산)	200명
대주주	동일철강	동부건설	KHI	KHI

출처: 각사 홈페이지 기준 자료 정리

중형 조선소 수주 현황

중형선박 발주는 대형선박과 달리 세계 경제 전망이나 물동량 증감에 아주 민감하고 운영하는 해운사들도 많고 화물도 세분화, 전문화 되어 있어 해운사나 화물에 따라 각자의 선박이 갖고 있는 특성과 기자재가 다른 경우가 많고 표준화되기가 어렵다. 일부는 노선이나 화주의 특성에 따라 친환경 측면에서도 달라지는 경우가 있어 선박을 건조하는 조선소가 반드시 자체 기술력을 어느 정도 갖고 있어야 외부 대응과 새로운 기술 접목을 할 수 있다.

2022년 상반기 세계 중형선박 발주량은 2021년 상반기에 비하여

54% 감소한 311척 발주에 591만 CGT로 중형선박 시장 불황기로 해석되는 2019년(약 590만 CGT)과 2020년(약 500만 CGT)과 유사함을 보이고 있다. 2022년 중형선박 발주량는 세계 신조 시장의 27%에 해당하는 것으로 2021년 42% 수준에 크게 미달함을 보여 주고 있고, 발주 선종도 컨테이너선, Bulk선이 약 50% 감소, 탱커선은 77%, 가스선은 82% 감소하였다.

한국의 경우에도 [그림 1]에서와 같이 2022년 수주량이 48척, 약 100CGT로 2017년 극심한 수주 부진한 시기와 비슷하고 대형으로 분류할 수 있는 현대미포를 제외한다면 더욱 부진한 실적을 보여 주고 있다.

[그림 1] 국내 조선사 중형선박 수주량 추이

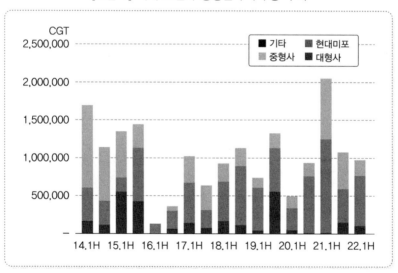

출처: 2022. 8. 클락슨 자료를 바탕으로 한국수출입은행 해외경제연구소 재구성

3. 대선조선

연 혁

대선조선은 1945년 12월 부산 영도에(현재 본사 인근) 해방 이후 남겨진 어선 수리 및 철구조물을 생산하며 시작되었다. 1964년 국내 최초로 개인 조선소에 건식도크를 건설하고 소규모 어선 제작과 소형 일반 상선, 대형 어선 수리로 확장하였고 1980년대 중반 이후 소형 컨테이너선, 벌크선을 건조하며 본격적인 일반 상선 건조를 하였고, 1997년 영도 봉래동에 제1야드, 영도 청학동에 제2야드, 다대포 감천동에 제 3야드(매립)를 운영, 연간 10여 척의 크고 작은 상선을 건조하였다. 2010년 이후 닥쳐온 세계적인 경제 어려

[그림 2] 대선조선 연도별 수주 실적

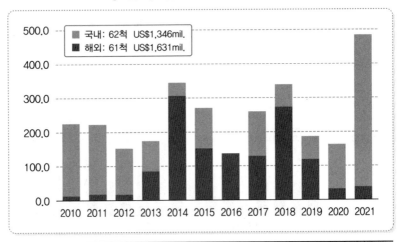

척수	10	10	5	8	17	10	8	14	10	7	6	18
Container	4	3	1	5	7	6	–	6	1	3	2	10
PC	–	–	4	2	–	4	2	1	–	2	4	1
SUS	–	–	–	–	8	–	5	3	–	–	–	6
BULK	6	3	–	–	–	–	–	–	–	–	–	–
기타	–	4	–	1	2	–	1	4	9	2	–	1

움을 극복하지 못하고 2014년 한국수출입은행을 주채권은행으로 하는 정책 금융 기관의 채권단 관리 하에서 운영되었다. 다음에서 언급될 설계 기술력과 생산 관리력, 품질 관리력을 바탕으로 기본인 '피더컨테이너선 시장'은 물론 '듀플렉스 써스 케미컬 탱커', '국내 연안 여객선', '차세대 소형 LPG 운반선', '소형 LNG 이중연료 추진선'등 지속적인 기술력을 확장하고 시장을 개척하여 2018년, 2019년 연속 영업 흑자를 달성, 국내 중형조선소의 성장 가능성을 보여주어, 2021년 채권단 관리 하의 중형조선소 중 최소로 부산 경제를 기반으로 하는 지역 컨소시엄 '동일철강'에 M&A 되어 독자적인 길을 가게 되었다.

기술 개발

2014년 채권단 관리 이후에도 기본설계, 종합설계, 선체기본설계 등 미래를 위한 자체 기술력은 유지하고 기존 중형조선소와 차별화 시장 진입 전략을 수립하여 그동안 눈여겨보지 않았던 새로운 시장에서 특화함으로써 경쟁을 피하고 적정 매출과 영업 이익을 확보, 상대적으로 작은 규모에서 연간 50,000톤 조립 능력을 갖춰 조선소의 한계를 피할 수 있도록 하였다.

1) INNOVA2030 피더컨테이너 개발

강화되고 있는 환경규제 만족과 컨테이너 선단 운영상 필요한 적정 컨테이너 선적 능력의 확보, 높은 선박유 가격으로 인한 해운사 운영비 절감 등 시장의 필요 사항을 사전에 충분히 이해하고 조선업에 강점을 갖고 있는 부산대 조선과와 협력, 실제 실시할 경우 많은 비용과 시간이 소요되는 '수조 실험'을 '모형수치해석'을 통하여 최적의 선형을 필요한 기술적 사항을 접목하여 개발하였고, 국내 선사로부터 수주·인도하여 실운항에서 이를 검증해 보임으로써 2021년 한해에만 동일 선형으로 14척의 수주 실적을 달성하였다.

[그림 3] 대선조선이 자체 개발한 'INNOVA2030 피더컨테이너' EEDI

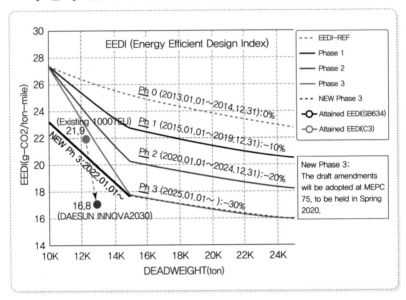

2) 한국형 연안여객선

2016년 산업자원부에서 발주한 국책과제에 참여하여 확보한 설계 기술을 바탕으로 '160m급 한국형 연안여객선'을 개발 완료하여 국내 해운사인 '한일고속'으로부터 첫 연안여객선을 수주, 2018년 성공적으로 인도하였고, 이후 3척의 연안여객선을 연달아 수주함에 따라 국내에서 '여객선' 분야에서 명실상부한 1위 조선소가 되었다. 이 인도 실적을 바탕으로 2022년 7월 한-일간을 운항하는 국내 해운사로부터 '170m급 크루즈급 국제 여객선'을 수주함에 따라 약 3,100억 원에 이르는 누적 매출을 달성하였다.

3) 한국형 듀프렉스 & 써스 케미컬 탱커

일반 페인트 코팅 탱커는 저가의 중국 조선소와 치열한 가격 경쟁이 심하여 적정 선가 확보와 수주가 어려워, 중소형 탱커선 중에서도 고급 화물을 운송하는 '듀프렉스 & 써스 케미컬 탱커' 시장이 있음을 확인하고 2015년 해당 설계 기술력과 생산분야의 용접 기술과 품질 관리력을 확보, 2015년 국내 해운사로부터 3.5K 소형 듀프렉스 케미컬 탱커 6척을 수주 받아 인도한 후 2022년 세계적인 특수 화물 운반 해운사로부터 척당 5,000만 달러에 이르는 33K 대형 듀플렉스 케미컬 탱커를 수주하기에 이르렀다.

4) 한국형 고급 참치선망선

본 선박 시장 역시 저가의 참치선망선이 아닌 횟감용 고급 참치를 잡는 국내 4개의 참치선망선 운영사를 목표로 개발하여 그 동안 설계되어 왔던 불필요한 부분을 과감히 없애고 국제 규격에 맞는 최적의 선박을 개발, 모두 4척을 인도하였고 인도된 선박들은 매해 최고의 어획량 확보로 기네스북에 연달아 등재됨으로써 대선조선이 건조한 참치선망선의 우수함을 증명, 국내 선사는 물론 세계적인 참치선망선 선주로부터 관심을 받고 있다.

5) 중형 선박에 적합한 친환경 기술의 접목

대형선박에 LNG 또는 메탄올 등 이중 연료 추진으로의 변경은 전체 선가 상승 요인에 1~3% 이내로 초기 선박 투자비에 큰 비중을 차지하지 않으나, 중형선박에서 이러한 친환경 기자재 적용은 30~50%의 선가 상승 요인으로 선주사가 적용하기에 어려운 부분이고 실제 결정에 큰 장애 요소이다. 이러한 비용적 제한 요소를 극복하고 친환경 조건을 만족하기 위한 요소 기술을 선급과 대학, 정부 출연 연구 기관, 기자재 업체들과 지속적으로 협의하고 있으며 정부 발주 관공선에 적용함으로써 중형 조선소의 실적 확보와 더불어 해당 기술의 적합성 판단에 좋은 기회로 삼고 있다.

조선소 설비

대선조선은 부산시 영도에 본사를 두고 있으며, '영도 야드'와 차량으로 약 30분 거리에 위치한 '다대 야드'로 나뉜다.

실제 생산(조립, 탑재, 도장, 선행의장, 후행 도장 등)은 '다대 야드'에서 이뤄지고, '다대'에서 탑재 완료된 전선(Full ship) 또는 반선(Mega Block)을 대형 바지에 옮겨 싣고 '영도'로 해상 운송, 플로팅

[그림 4] 대선조선 '영도 야드' 전경 및 주요 장비 현황

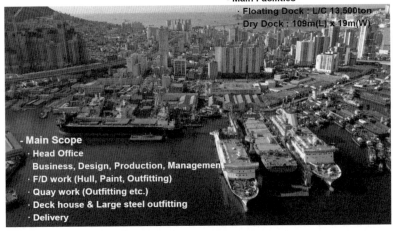

[그림 5] 대선조선 '다대 야드' 전경 및 주요 장비 현황

- Site Area : 178,500 ㎡
- Main Facilities
  · Shop : Assembly, Painting
  · Goliath Crane : 600 ton x 2 ea

- Main Scope
  · Hull assembly, Pre-outfitting, Painting
  · Erection (Block, Mach. Etc.)
  · Outfitting & Mach. Installation
  · Load Out

도크(Floating dock)에 옮기고 부분 잔여 작업 후 진수하여 안벽에서 의장작업 마무리, 시운전을 거쳐 선주사에 인도하게 된다. '영도'가 약 14,000㎡, 플로팅 도크, 건식 도크가 있고, '다대'가 178,00㎡에 600톤 골리앗 2기, 생산 조립 공장, 도장 공장, 선행의장장, 각종 운반 장비 등 주요 생산설비가 배치되어 있다.

4. 중형선박 시장 가능성과 한국 중형조선소의 필요

세계 중형선박 시장 규모

[그림 6]에서 알 수 있듯이 세계 중형선 시장은 전체 신조 시장의 등락에 따라 같이 연동되나 어느 정도는 지속적인 발주는 이뤄지고 있고, 2023년 정체기를 지나면 2030년까지의 필요성에 의하여 (IMO 환경규제 강화 시점) 완만하고 지속적인 성장세가 예상되고 있다. 기존의 선박량에 따라 벌크선과 탱커선의 비율이 절대적이긴 하나(전체의 약 70%) 그 성장세로만 본다면 컨테이너선의 확대가 다소 크게 예상되고 있다.

[그림 6] 세계 중형선박 발주량 추이

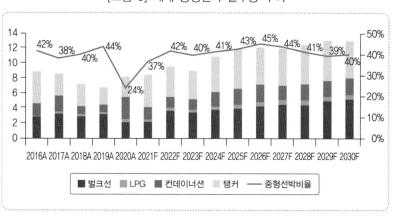

출처: 2021. 3Q 클락슨 리서치

또한 [그림 7], [그림 8]에서와 같이 신조선가 자체가 원자재/기자재 단가 인상과 세계 전반적인 산업 인력의 노무비 상승 기조에 따라 이전과 같이 급격한 하락은 예상되고 있지 않는다. 이는 선박 운영에 따른 예상 수익을 가늠할 수 있는 운임 추이도 2024년 이후 완만한 상승세로 이를 뒷받침하고 있다 할 것이다. 발주 척수의 증가와 기본 선가의 상승 모두 관련 산업 전반의 상승으로 보고 있어 미래의 성장 가능성이 충분하다고 여기는 것이 타당할 것이다.

[그림 7] 중형선박 선가 추이 및 전망

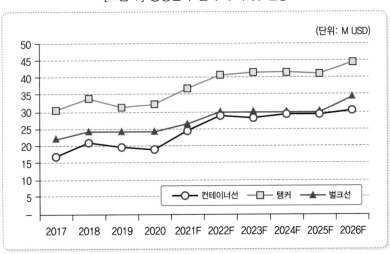

출처: 2021. 3Q 클락슨 자료

[그림 8] 중형선박 운임 추이 및 전망

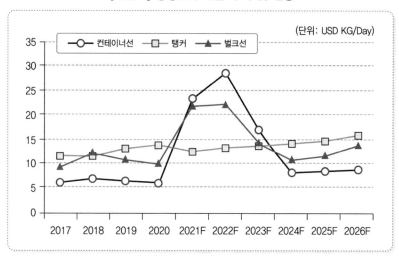

출처: 2022. 1Q MSI 자료

[그림 9] 선종별 사이즈별 선령 현황

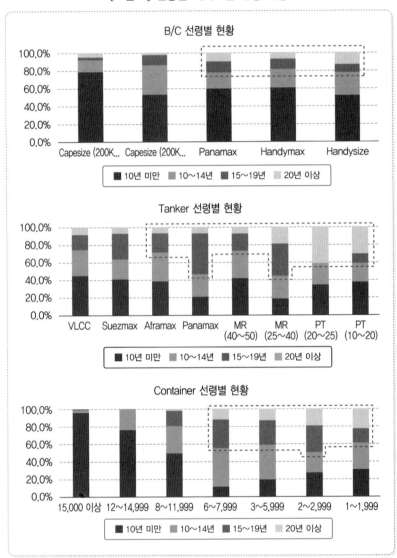

출처: 2019년 기준, Clarkson, 한국수출입은행 해외경제연구소, KOSHIPA 자료 정리

한국 중형조선업의 필요성

한국 조선업 전체가 세계에서 차지하는 비중은 2022년 상반기 현재 40~50%를 차지하고 있으나 한국 중형조선업만(현대미포 제외) 본다면 세계 중형선박 시장에서 5% 수준에 그치고 있다. 중형조선업이 한국 전체 조선업에서 차지하는 비중이 현재는 그리 크지는 않다는 이유만으로 등한시해서는 안 된다고 생각한다. 세계 시장에서 성장 가능성이 있음을 앞에서 살펴 본 것으로 알 수가 있고, 뒤에서 언급할 국내 중형해운업 및 기자재·원자재 업체의 동반 성장을 위해서도 반드시 필요하다. 특히, 국내 중형해운업을 지원하는 또 다른 배후 산업으로서 중형조선 산업의 위치는 아주 큰 비중을 차지하고 있다.

조선산업은 현재 한국 1위의 수출산업이 반도체산업과 마찬가지로 초기 대규모 설비 투자가 필요하고 장기적인 측면에 상당한 규모의 숙련된 기술 인력이 필요한 산업이다. 물론 지금의 시점에서 단편적으로 부가가치를 비교한다면 비교할 수 없을 정도의 차이는 있으나 굳이 연관성을 본다면 한국에서 생산된 반도체를 우리 조선

[그림 10] 선업과 연관 산업 이해도

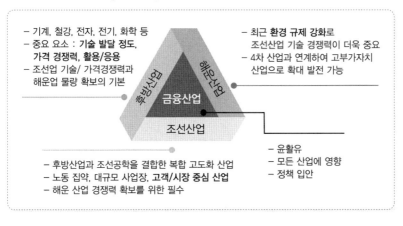

소가 건조하여 우리 해운사가 운항하는 선박으로 해외 수출하는 것이 나라 전체적으로도 더욱 부가가치가 있을 것이다. 반도체는 필요에 의하여 먼 해외에 대량으로 운반이 필요하기도 하지만 인근 일본, 중국, 동남아 등에도 적정량을 적정 시기에 순환적으로 공급하는 것도 필요함은 누구나 알고 있다.

중형조선업이 몰락하게 된다면 중형해운사들은 필요한 선박을 중국이나 일본에 가서 건조하게 될 것이고 이로 인한 직접적인 외화 손실은 말할 것도 없고, 지역 경제 및 고용 시장의 붕괴, 중소 규모의 지원 기계 산업의 공백으로 이어질 것은 명확한 것이다. 또한 필요 선박을 해외에서 공급받다 보면 이번 코로나19와 같은 예측하지 못한 사태에서 인도 지연 등으로 인하여 필요한 시기에

〈표 2〉 중형해운사와 대형해운사 비교

항목	중형 해운사	대형 해운사
운항 노선	· 극동 아시아(한 - 중 - 일) · Intra Asia(동남아, 싱가포르, 인도) · 극동 러시아 · 국내 연근해	· 원양 항해 · 대륙간 항해 · 미주/유럽/중남미/아프리카
운항 선종	· Feeder container · 12K 이하 SUS chemical 겸용 Tanker · Handy size 이하 B/C	· 4,000TEU 이상 Container · MR 이상 Tanker · 62K 이상 B/C
운송 화물	· 근거리 환적 화물 · 특수 목적 소량 화물 · 특수 화학 제품 · Spot 시장	· 대량 Bulk성 화물/원유 · 1차 정제 단순 화학 제품 · 대량 Container/차량 · 정기 화물 시장이 주
경쟁 선사	· 중국/일본 · 특히, 중국 선사화 용선료 경쟁	· 다국적 선사 연합 · 일본(종합상사와 유기적 관계)
선사 규모	· 많은 해운사, 적은 선박, 많은 고용 인력 · 73개 회사, 약 590여척	· 소수 해운사, 많은 선박 · 20개 선사, 약 430여 척

인도를 받지 못하거나 할 경우, 최근 규모의 경제를 앞세운 해운사 경쟁력 확보에도 차질이 생기고 중단거리 운항에서 경쟁하는 중국, 일본 해운사와 경쟁에서도 밀릴 수도 있는 경우가 발생하지 않는다고 할 수는 없을 것이다. 이러한 필요에 의하여 반드시 한국에 중형조선소는 필요하고 세계 중형선박에서 경쟁력 확보를 위하기 위한 기술력 확보를 위한 장기적이 관심과 지원이 필요하다.

국내 해운사가 운영하는 국적선의 선령은 크게 개선되고 있지 못하다. 물론 2017년 '해운 재건 5개년 계획'에 따라 여러 정부 지원 정책으로 다소 개선되고는 있으나 경쟁하고 있는 중국, 일본이 상대적으로 젊기에 보다 중형해운업을 위한 과감한 정책이 필요하고 여겨진다. 대형 해운사 위주의 대량 지원은 대형 해운사 간 경

〈표 3〉 한국 해운사 선박 선령 대비 경쟁국 선박 선령 비교

세계 평균	15.6	14.8	13.8	14.0	13.9	14.0	14.3	14.6	14.8
일본	8.0	7.6	7.9	8.0	8.1	8.3	8.7	8.8	8.9
중국	18.5	16.6	13.2	**12.4**	**11.3**	**11.2**	**11.3**	**11.5**	**11.8**
한국	14.5	14.0	13.2	13.4	13.5	13.8	13.7	14.4	14.1

출처: 2019년 말 기준, 해사기준집 및 한국조선해양플랜트 협회 자료 정리

쟁력 확보 측면에서 필요성을 알기도 하지만 한국 주변에서 더욱 치열하게 경쟁하는 중형해운업에 지원을 통한 중형조선소의 생존은 보다 넓은 낙수 효과를 얻을 수 있을 것이다. 더욱이 국산 기자재 적용 시 다양한 혜택을 고려한다면 더욱 넓게 퍼지는 효과가 생기는 것은 확실할 것이다.

[그림 11]에서 보다시피 한국 해운사가 보유한 15년 이상 노후선 400여척을 한국 중형조선소가 아닌 모두 해외 조선소에서 건조한다면 최소 8조원에서 20조원까지의 선박 건조 자금 유출은 명약관화한 것이고, 만일 중국 조선소에서 건조할 경우 중국 기자재 우선 사용에 따라 국내 관련 기자재 산업도 위축과 더불어 산업 인력 유출도 뒤따르지 않을까 하는 우려도 있다. 조선 기자재 산업에서 대형선박에 필요한 기자재가 단위 금액에서는 크겠지만 각 기자재 업체에서 필요로 하는 적정 생산량을 고려한다면 대형조선소의 물량만이 아닌 중형조선소의 물량을 더하여 생산 밸런스를 맞추어야 한다.

[그림 11] 한국 중소 해운사 선종별 선령 현황

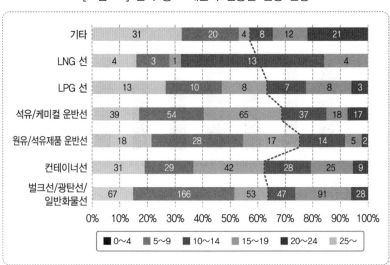

5. 결 론

한국 조선업이 1990년 후반기 이후 세계의 중심이 된 지 30년이 지나고 있다. 조선업은 조선업 단독으로 설립되고 성장할 수 있는 산업이 아니다. 철강과 같은 기본 인프라 산업과 기계 산업이 충분한 실력을 갖추고 있어야 시작이 가능하고, 조선업 자체적으로 선박 성능과 친환경 기술을 개발, 개선, 접목할 수 있는 기술력을 갖추어야 하고 생산의 요소 기술, 품질 유지 및 관리력이 충분해야 하여, 이를 뒷받침할 금융과 적절한 정부 지원도 필요하다. 자체 내에서 어느 정도 기본 필요 물량이 있어야 어려운 시기에 자체 소화할 해운업의 여건이 더해져 더욱 견고히 견디고 시장을 주도할 조건을 갖추고 있을 것이다.

한국 조선업이 세계 시장의 50~60%를 점유하는 놀라운 실적을 갖고 있으나 이는 대형선과 LNG 운반선 등 단위량이 큰 선박에서의 점유율이 절대적이기에 나타난 것이고 전체 시장의 30~40%를 차지하는 중형선박 시장에서는 5~10%로 상대적으로 아쉬운 부분이 많이 있다. 세계 중형선박 시장도 노후화와 최근의 환경 강화 기조에 따라 지속적인 발주와 성장할 여지가 충분하며, 높은 한국 조선 기술에 대한 프리미엄을 감안하면 향후 중형선박 시장에서도 한국의 점유율을 높일 수 있는 기회 또한 있을 것이다.

부산 영도에 자리한 '대선조선'은 1945년 설립된 중형조선소로 피더 컨테이너선, 50K 이하 중형탱커 분야에 특화되었다. 중형조선소 중에 보기 드물게 자체 설계 인력을 갖추고 있어 최근 기술적 트렌드나 해운 시장에서 필요로 하는 선박에 대한 기술력 대응이 자체적으로 가능하고, 생산 관리력과 품질에서도 인정받고 있다. 보유한 자체 기술을 바탕으로 중복 시장을 피한 틈새시장을 파악하여 특화된 선종 개발로 써스 케미컬 탱커, 연안여객선, 참치선 시장을 개척하여 국내는 물론 세계에서도 경쟁할 수 있는 기술력을 갖추고 있다.

현재 세계 중형선박 시장에서 차지하는 비중이 5~10% 정도인 한국 중형조선소는 다른 경쟁국에 비하여 높은 설계 기술력과 생산 관리력을 바탕으로 점유율 확대가 가능한 충분한 가능성이 있으며, 세계 해운업에서 강력한 경쟁력을 갖고자 하는 한국 해운업에 든든한 지원 산업이 되기에 충분한 실력을 갖고 있어 이를 반드시 유지하고 발전해 나갈 수 있어야 한다. 이는 '대선조선'의 지난 10년간 수주 실적에서도 전체 수주 금액의 약 40%에 해당하는 금액이 국내 해운사 선박을 수주한 것에도 알 수 있다.

조선업은 조선업 단독 산업이 아닌 철강, 기계, 화학, 단순 제조업의 쌓인 기술력을 바탕으로 세계 경쟁에 나아갈 수 있고, 적정한 금융업의 지원과 정부 협력으로 성장할 수 있으며, 이는 곧 한국 해운업의 경쟁력으로 확대될 것이다.

해양금융종합센터와 한국수출입은행의 해양금융

김형준(한국수출입은행 부행장)

1. 해양금융종합센터

센터의 개요

해양금융종합센터('센터')는 국내 대표 정책금융기관인 수출입은행, 산업은행, 무역보험공사의 해양금융 조직·인력을 부산으로 이전하여 원스톱 금융서비스를 제공하고 부산을 해양금융 중심지로 육성하려는 정부 방침에 따라 설립된 해양금융 협력체다.

1) 설립 경과

2009년 부산이 금융중심지로 지정된 이후, 박근혜 정부 초기에 선박금융을 전담하는 공사 신설방안이 논의되었으나 WTO 보조금 시비 우려 등을 감안하여 정부는 현재의 해양금융종합센터를 설립하기로 결정(2013. 8월 정책금융 역할 재정립 방안)하였다.

이에, 2014. 9월에 3개 기관의 해양금융 조직과 인력이 부산 국제금융센터(BIFC)로 이전하여 그해 11월에 센터가 정식 개소하였다. 한편, 정부는 해운업 후순위 보증 지원을 위해 2014. 12월 한국해양보증보험을, 국적선사 자본확충 및 선대매입을 위해 2017. 1월 한국선박해양을 각각 설립하였고, 2018. 7월 양 기관을 통합·확대하여 해양진흥공사를 설립하였다.

2) 조직, 인원 및 운영방식

센터는 현재 총 3본부, 4부서, 76명의 전문인력이 상주하며, 기관별 고유의 해양금융 제도를 독립·자율적으로 운영하되, 대규모 거래는 공동 융자상담 및 공동 지원을 통해 시너지를 창출하고 있다.

[그림 1] 해양금융종합센터 조직 및 인력 현황(2022년말 기준)

기관	조직 및 현원
수은	2개 부서, 37명
산은	1개 부서, 22명
무보	1개 부서, 17명
계	4개 부서, 76명

출처: 해양금융종합센터

대외적으로 해양금융종합센터장(현재 산업은행에서 센터장 및 간사기관 역할 수행, 2022.10~2024.9)이 센터를 대표하며, 주요 의사결정은 센터내 해양금융협의회(3개기관 본부장 협의체)에서 결정하고, 수시 업무협의를 위해 해양금융 실무협의회(팀장급 협의체)를 운영하고 있다.

센터의 역할

센터는 해양금융 Total Solution 제공, 해양산업·금융의 상생발전 및 부산 해양금융중심지 육성·지원을 목적으로, 조선·해운·금융을 연결하는 플랫폼으로 도약하기 위해 다각적으로 노력하고 있다.

1) 주요 역할

먼저, 해양금융 Total Solution Provider로서, 조선·해운·항만·해양플랜트 등과 관련 대출·보증·보험·투자를 제공하고, 대규모 프로젝트는 거래 초기단계부터 3개 기관 공동융자상담을 통해 맞춤형 금융패키지를 구조화(국내 해운금융은 산업은행과 수출입은행이, 해외 선박금융은 수출입은행과 무역보험공사가 주로 협업)하여 제공하고 있다.

해양산업-금융 상생발전을 위해서는 센터를 중심으로 해양진흥공사 및 캠코 등과 해양금융 협업체계를 구축하고, BNK 등 상업금융과의 금융협력을 모색하는 한편, 금융을 매개로 국내외 선주와 우리 조선을 연결하는 가교역할을 수행하고 있다.

마지막으로, 부산 해양금융중심지 육성·지원을 위해 Marine Money Seminar 주관 등 각종 해양세미나를 후원하고, 한국해양대학교 및 해양수산개발원 등 역내 해양 유관기관과의 업무협력을 확대하며, 해양인재 양성을 위한 대학(원)생 해양금융 연수 프로그램 등도 운영하고 있다.

2) 지원 현황

센터는 연간 약 10조 원 규모의 해양금융을 공급하고 있는데, 설립 이후 2022년 말까지 총 109.0조 원을 지원하였다. 특히, HMM의 국내 조선3사 앞 초대형 컨테이너선 20척 구매거래를 포함하여 총 34건의 메가 프로젝트를 3개 기관이 협업하여 지원하였다.

〈표 1〉 센터의 해양금융 지원 실적

(단위: 조 원)

대 출			보증 및 보험			합 계		
~2020년*	2021년	2022년	~2020년*	2021년	2022년	~2020년*	2021년	2022년
45.2	5.1	4.0	39.2	7.1	8.2	84.5	12.3	12.2

* 2014. 9월 말(센터설립)~2020년 말.

3) 중점 추진사항

한국 조선·해운 경쟁력 우위 선점을 위한 금융지원 확대, 국내 상업은행과의 협업을 통한 해양금융 저변확대, 정부의 그린 뉴딜 정책에 부응한 친환경선박 지원 등을 중점추진과제로 선정하여 지원 중이다.

첫째, 조선업 회복에 발맞춰 압도적 수주 우위를 통한 초격차 유지를 위해 신조선박 수주(R/G) → 건조(제작금융) → 인도(선주금융)의 全과정에 필요한 패키지 금융을 제공하고, 정부의 해운 재건 계획 및 해운업 재도약 실행방안 이행을 통해 해운업 경쟁력 제고를 뒷받침하고자 한다.

둘째, 국내 해운금융의 파이를 키울 수 있도록, 상업은행 앞 프로젝트 정보를 공유하고, 채무보증을 통해 해운사의 신용위험을 센터가 부담하는 한편, 우량 사업에 대해서는 상업은행에 협조융자 참여기회를 제공하고자 노력하고 있다.

셋째, 해양 환경기준 강화 및 정부의 그린 뉴딜 정책에 부응하여 해운사의 친환경 선박 구매에 대해 우대 금융을 제공하고, 조선사의 친환경선박 건조를 우선 지원하고 친환경 기술개발에 대한 R&D 지원을 확대하고자 한다.

2. 한국수출입은행의 해양금융

수출입은행 해양금융 개괄

수출입은행은 국내 조선사가 신조 선박을 수주하고 건조하는 데 필요한 조선사금융, 국내외 선주가 우리 조선사로부터 선박을 구매하는 데 필요한 중장기 선주금융을 주로 지원하며, 특별히 국내 해운사에 대해서는 선박의 운용에 필요한 운영자금을 보완적으로 지원하고 있다.

1) 선박 수주 → 제작 → 인도 → 운용 全단계에 필요한 금융 제공

선박의 수주, 건조, 인도, 운용에 이르는 全과정에 필요한 금융을 종합 제공함으로써 한국 조선사의 신조선박 수주와 안정적인 제작을 지원하고, 국내 해운사의 선대확충 및 안정적인 운영을 지원하고 있다.

[그림 2] 선박 공정단계별 수출입은행 금융상품

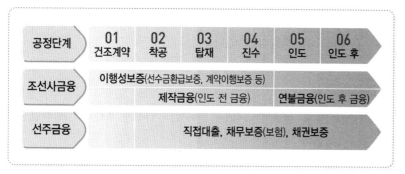

출처: 한국수출입은행

2) 해양금융 계약 및 금융구조

선주는 통상 편의치적국에 SPC를 설립하여 조선사와 선박건조계약을 체결한 후, 건조된 선박을 인도받아 화주를 위해 직접 운항서비스를 제공하거나, 운항서비스를 제공하는 해운사에 선박을 대여한다.

[그림 3] 실물 거래 계약 및 금융 구조

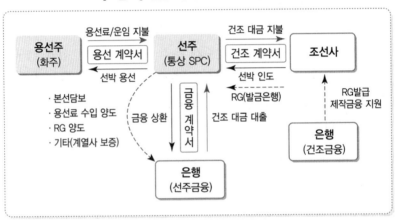

출처: 한국수출입은행

수출입은행은 선박건조계약을 토대로 조선사에 선수금환급보증(R/G: Refund Guarantee)과 제작금융을 제공하고, 선주(SPC) 앞으로는 중장기 선주금융을 제공하여 동 자금이 조선사에 선박구매대금으로 결제되도록 지원하고 있다.

조선사금융

수출입은행의 조선사금융은 선수금환급보증(R/G)과 제작금융의 형태로 지원된다.

1) 선수금환급보증(R/G)

조선사가 선박건조계약서에서 정한 기간 내에 선박을 인도하지 못할 경우 조선사가 선주로부터 이미 받은 선수금(선주가 선박을 인도받기 전에 조선사에 선지급한 선박구매대금의 일부)과 그 약정이자를 수출입은행이 선주 앞으로 환급을 보증하는 상품이다.

선박은 척당 가격, 즉 선가(船價)가 매우 높고 제작에 장기간이 소요되는데, 조선사 입장에서는 선박건조자금을 안정적으로 확보하고 선박건조 중에 선주가 파산하거나 건조완료 후 선주가 선박인수를 거절할 위험에 대비하여 선박대금을 미리 받아야 할 유인이 있고, 선주 입장에서는 선박을 인도받기 전에 선박구매대금을 모두 지급하면 위험이 따르고 또한 동 자금을 조달하기도 쉽지 않다. 따라서 통상의 선박건조계약은 선주가 선가의 일부만을 선수금으로 지급하고 잔금은 인도 시 지급하는 방식으로 이루어진다. 선종, 계약체결 시기 및 개별계약별 차이가 있으나, 최근에는 선수금률 40% 내외의 건조계약이 주로 체결되는 것으로 파악된다.

선수금환급보증서 발급은 선박건조계약서가 발효되기 위한 선행조건의 하나로, 선주는 조선사의 선박인도 실패 시 선수금을 안정적으로 환급받을 수 있도록 수출입은행 등 일류은행의 선수금환급보증서 발급을 요청하며, 이에 수출입은행은 국내 조선사에 단일기관으로 최대의 선수금환급보증을 제공하며 국내 조선사의 세계 1~2위 선박 수주를 뒷받침하고 있다.

수출입은행은 선수금환급보증 요청을 받으면 조선사 건조능력(동종선박 건조경험, 도크상황 등 건조일정 준수 가능성 등), 당해거래의 수익성(선수금 비율, 선가의 적정성 등) 및 정책적 효과(일감확보 영향, 국산기자재 사용 비율 등) 등을 종합 심사하여 지원여부를 결정하게 된다.

2) 제작금융

조선사의 선박건조 공정과 선주의 대금결제 간 시차로 인해 선박 건조기간 중 발생하는 부족자금을 수출입은행이 조선사 앞으로 대출하는 상품이다.

조선사는 선박 건조계약 체결 후 설계, 자재발주, 건조공정 진행에 따라 대규모 비용을 투입하는 반면, 조선사가 선주로부터 선박 인도 전에 받는 선수금은 선가의 일부에 불과하여, 조선사는 건조 부족자금을 자체 여유자금을 활용하거나 금융시장 또는 자본시장을 통해 조달한다.

수출입은행은 선박 건조기간 중 조선사의 자금수급 미스매치에 따른 부족자금을 제작금융 형태로 지원하는 국내 유일의 금융기관으로, 부족자금(선가-선수금)의 90% 한도 내에서 제작 소요자금을 지원하고, 매 선수금 입금 시 제작금융 대출비율에 비례하여 대출금 일부를 회수하고 잔액은 선박 인도 시 조선사로부터 회수한다.

[그림 4] 선수금환급보증과 제작금융

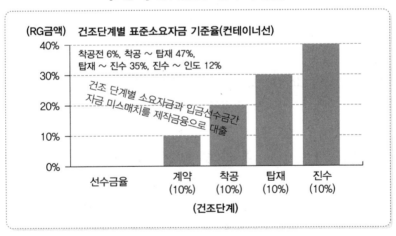

* 선수금률 40% 가정: 선수금 전액에 대해 R/G를 발급하고 선박인도가 완료되면 선수금 환급보증의무 해소
* 건조단계별 소요자금 6%, 47%, 35%, 12% 및 공정별 선수금률 각 10% 가정: 자금 미스매치를 수은 제작금융으로 조달 후 입금 선수금 및 인도대전을 활용하여 제작금융 상환
  출처: 한국수출입은행

수출입은행 제작금융이 개별 거래별 자금흐름을 감안하여 지원되는 프로젝트금융성격을 가지는 것과 달리, 타 금융기관의 조선사앞 대출은 기업의 경상적인 활동에 필요한 자금을 지원하는 운전자금의 형태로 지원된다.

제작금융 지원 시 수출입은행은 소요자금의 적정성(선수금률, 자기자금 투입비율 등), 조선사 상환능력(조선사의 신용도, 제작금융의 상환재원인 선주의 선박금융 확보 가능성 등), 조선사의 제작 이행능력(적기 건조 가능성 등) 등을 종합 심사한다.

선주금융

국내외 선주가 국내 조선사로부터 신조 선박 및 해양설비를 구매하는 데 소요되는 자금을 중장기 금융으로 지원한다. 다만, 국내선주의 중고선 구매거래에 대해서는 예외적으로 국내 해운사의 선대확충 효과를 고려하여 외국 조선사가 건조한 선박도 지원대상에 포함된다.

1) 선주금융 개괄

수출입은행 선주금융은 직접대출 또는 채무보증 형식으로 지원된다. 직접대출은 수출입은행이 선주를 차주로 하여 선주에게 직접자금을 빌려주는 상품인 반면, 채무보증은 선주에게 대출을 제공하는 상업금융기관에게 수출입은행이 그 상환을 보증하는 것이다. 한편, 선주가 선박구매자금을 채권을 발행하여 조달하는 경우 수출입은행은 당해 채권투자자에게 그 상환을 보장하는 채권보증을 제공하기도 한다.

[그림 5] 선주금융 구조

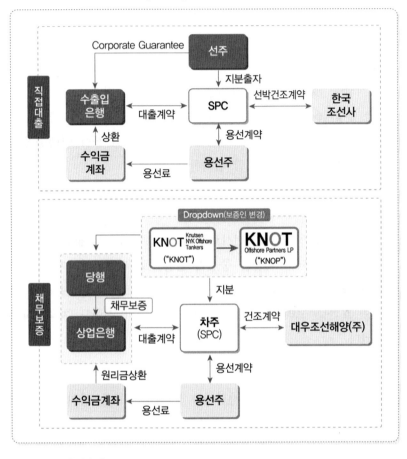

출처: 한국수출입은행

2) 선주금융의 특징과 성격

선주금융은 아래와 같은 특징을 가지며,

- 소유구조: 주로 편의치적국에 설립되는 SPC가 선박의 소유자이자 선박금융의 차주가 됨
- 거액장기: 건당 수억 달러의 거래며 상환기간도 통상 5~14년에 이르는 중장기 금융

・대출통화 : 주로 미 달러화 대출
・계약관계 : 선박건조계약, BBC계약, 금융계약, 대주간계약, 권
  리설정・양도 등 계약구조가 복잡

아울러 자산담보부금융, 프로젝트금융 및 기업금융의 성격을 동
시에 지닌다.

・Asset Finance : 선박담보 취득, 선박가치(VTL: Value to Loan)
  유지의무, 선박보험 부보 등
・Project Finance : 선박운항 Cash flow로 원리금상환 충당, 용
  선계약 양도, Cash Waterfall 설정 등
・Corporate Finance : 차주 신용도 유지, 재무 약정, 실선주 지
  급보증 등

3) 선주금융의 공급자

이와 같이 선주금융(해외 선주금융은 주로 수출입은행, 무역보험공사,
외국계 상업금융기관이 지원. 국내 선주금융은 주로 수출입은행, 산업은행,
해양진흥공사, 캠코 및 상업은행 일부가 지원)은 국가 간 거래로서 대금
결제가 미달러화 등 국제통화로 이루어지는 국제금융이고, 대출기
간이 장기며, 계약구조가 복잡하고, 해운시황의 변동성이 커서 전통
적인 선박금융 강자인 유럽계 은행들이 시장을 주도해 왔으며, 국
내에서는 주로 정책금융기관 위주로 지원이 이루어지고 있다.

마린머니(Marine Money)紙에 따르면, 2019년말 기준 세계 선박금
융기관 순위는 BNP, ING, KfW, CA-CIB 등 유럽계 은행과
CEXIM(중국 수은), 일본 Sumitomo Trust, 그리고 한국수출입은행(8
위) 및 무역보험공사(9위)가 상위에 랭크되어 있다.

국내 선주금융 시장에서는 기관별 설립목적 및 특성이 고려되어
선순위금융은 주로 산업은행과 수출입은행이, 후순위금융은 주로

해양진흥공사와 캠코가 분담하며 상호 협업하고 있다.

4) 해외선주금융

수출입은행의 해외선주금융은 한국 조선사의 수주지원을 그 목적으로 하는데, 해외선주가 한국 조선사에 신조 발주하는 선박수출거래가 그 지원대상이다. 수출입은행은 한국 3대 조선사가 설립(현대중공업 1973년, 삼성중공업 1974년, 대한조선공사(대우조선 전신) 1973년)된 직후인 1976. 7월 설립되었는데, 수출입은행의 주된 설립목적의 하나가 바로 한국 조선산업 육성이었다.

① 지원 목적

전술한 바와 같이, 선박은 거래규모가 크고 건조에 장기간이 소요됨에 따라 선박을 발주하는 선주 입장에서 중장기 선박금융 조달이 필수다. 수출입은행은 경쟁력 있는 선박금융 제공을 통해 한국 조선사의 수주를 뒷받침해 왔으며, 특히 글로벌 금융위기 이후 유럽계 선박금융기관을 위시한 글로벌 선박금융 위축으로 '先금융-後발주' 경향이 심화되고, 한편으로는 한-중 간 수주경쟁이 격화됨에 따라 한국 조선사 수주지원을 위한 수출입은행의 선주금융은 점점 더 중요성이 커지고 있다.

아울러, 수출입은행의 해외선주금융은 한국 조선사가 수주하는 거래에 대해 외국계 금융기관이 금융을 독점하며 이익향유를 독식하는 부작용을 차단하는 효과도 있다.

② 지원 조건

수출입은행은 공적수출신용기관(ECA; Export Credit Agency)으로서 OECD 선박수출신용양해(Ship Sector Understanding)에서 정한 조건에 따라 해외선주금융을 지원하는데 주요 지원조건은 〈표 2〉와 같다.

〈표 2〉 해외선주금융 지원조건

지원조건	주요 내용
Cash Payment	선주는 선박인도일까지 계약선가의 20% 이상을 Cash Payment로 지급
최장 상환기간	선박인도일로부터 최장 12년
대출금리	최저금리(CIRR) 및 MPR 적용 — CIRR(Commercial Interest Reference Rate) : 상업참고 금리 — MPR(Minimum Premium Rate) : Sovereign Credit Risk 반영
원리금상환방법	원금 균등상환 : 매 6개월 또는 12개월 이자 지급주기 : 6개월 이내 이자 첫 상환시기 : 선박인도일 이후 6개월 내
예외적용	리스계약의 경우 원리금 균등분할상환 가능

③ 지원 방식

수출입은행은 대규모 선박거래에 대해서는 무역보험공사와 공동지원을 도모하고 있다. 이는 수출입은행의 금융과 무역보험공사의 보험을 결합하여 한국 ECA의 지원규모를 대폭 늘림으로써 해외선주의 한국 조선사 앞 발주를 유인하려는 목적이 있다.

수출입은행은 승인시점의 금융여건 하에서 최적의 금융패키지를 제시할 수 있도록 대출과 보증을 탄력적으로 결합하고, 단독지원보다는 글로벌 상업금융기관들과의 공동지원을 통해 선박금융 규모를 키우는 동시에 리스크 분담을 꾀하고 있다.

상업금융기관과 공동지원 시에는 상업금융기관 대출 중 일부에 대해 수출입은행이 보증을 제공하고 나머지는 상업금융기관이 직접 리스크를 수용하도록 구조화한다.

④ 지원사례

다음 [그림 6]은 OECD 선박수출신용양해의 제약사항(경직된 금융조건)을 국제상업은행의 협조융자를 활용한 금융구조화를 통해 해소함으로써 한국 조선사의 LNG선 수주를 뒷받침한 사례이다.

· 수출입은행 직접대출과 국제상업은행 대출을 협조융자로 지원
  하되 국제상업은행 대출은 만기 일시상환(Bullet Payment)을 허
  용하고 수출입은행 대출만 원금균등분할상환 조건을 적용하여
  해외선주의 상환부담 완화

[그림 6] FLEX LNG 앞 선주금융 구조화 사례

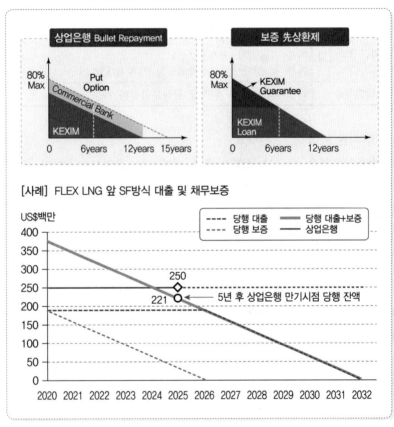

출처: 한국수출입은행

· 수출입은행의 직접대출과 국제상업은행 대출(수출입은행이 보증
을 제공)을 협조융자로 지원하되 수출입은행 보증부대출(국제상
업은행의 대출)을 우선 상환(국제상업은행 대출 전액상환 후 수출입
은행 대출 상환 개시)시키는 방식으로 전체 금융패키지의 금리
경쟁력 제고(국제상업은행은 단기대출시 금리경쟁력이 높아 양호한
금리제시 가능)

5) 국내선주금융

수출입은행의 국내 선주금융은 해운기업의 경쟁력 있는 신조선
박 구매를 지원함으로써 한국 해운업의 성장과 발전을 도모하고,
동시에 조선업과 동반성장을 통한 해운-조선 상생 생태계 조성에
그 의의가 있다.

국내 조선사 수주지원을 위해 신조선에 대해서만 금융을 제공하
는 해외선주금융과 달리 국내선주금융은 우리 해운업 자체의 경쟁
력 제고를 목적으로 중고선 구매자금도 지원하며 이때 중고선은 국
내건조의무가 면제된다.

① 지원 목적

수출입은행의 국내 선주금융은 당초 상업은행의 선주금융 축소에
따라 보완적으로 도입되었으나, 해운업의 장기침체 및 기간산업으로
서 해운의 중요성이 부각됨에 따라 수출입은행의 지원규모도 점차
증가해 왔다. 국내 해운사에 대해서는 선박확보를 위한 선주금융 외
에도 해운사 경영안정을 위해 필요한 경우 운전자금도 지원하고 있
으며, 일시적인 자금 미스매치로 어려움을 겪는 주력 해운사에 대해
서는 긴급 경영자금을 지원하기도 한다. 또한, 정부의 해운재건 5개
년계획 및 해운산업 리더국가 실현전략 등에 부응하여 타 정책금융
기관과 공동으로 신조펀드(후순위) 지원도 병행하고 있다.

② 지원 조건

국내 해운사에 대한 선주금융은 해외선주금융에 적용되는 OECD 선박수출신용양해 조건을 준용하되, 협조융자기관의 금융조건을 감안하여 탄력적으로 운용하고 있다. 예를 들면, 장기화물운송계약 (COA: Contract of Affreightment) 베이스로 발주되는 거래는 COA 가치를 인정하여 대출금액을 확대하거나 선박운항 현금흐름을 통해 원리금 상환이 가능토록 최장 상환기간을 조정하거나 거치기간 부여 및 불균등분할상환 허용 등을 통해 국내 해운사의 경쟁력 제고에 노력하고 있다.

③ 지원방식

대규모 선박거래에 대해서는 통상 선순위 선박금융을 산업은행 등과 공동지원하고 해양진흥공사의 후순위금융을 패키지로 구조화하여 지원한다. 또한, 국내 상업은행의 선주금융 참여를 촉진하고자 사업성이 양호한 거래에 대해서는 수출입은행의 지원비중을 높이고 상업은행 대출분에 대해서는 전액 채무보증을 제공하는 등의 방식으로 국내 해운금융의 저변확대를 도모하고 있다.

④ 지원사례

ⓛ HMM의 초대형 컨테이너선 20척 발주 지원을 위해 수출입은행, 산업은행, 해양진흥공사 등 정책금융기관이 구조화금융 제공

- 수출입은행과 산업은행이 중순위 선주금융을, 해양진흥공사가 후순위투자 지원
- 수출입은행과 산업은행이 신조펀드(후순위)를, 해양진흥공사가 선순위보증 제공

[그림 7] HMM 24,000TEU 컨테이너선 12척 구매 지원

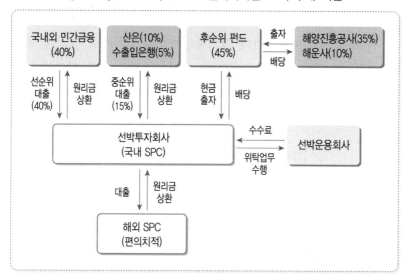

출처: 한국수출입은행

[그림 8] HMM 16,000TEU 컨테이너선 8척 구매 지원

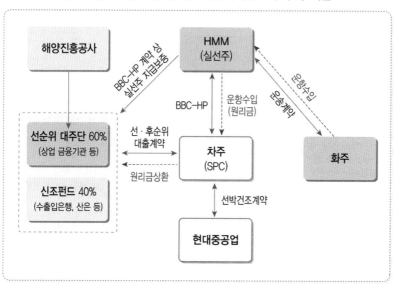

출처: 한국수출입은행

② A社의 탱커선에 대해 수출입은행과 캠코가 공동으로 리파이낸싱 지원

- 글로벌 오일메이저와의 장기용선계약을 베이스로 중국계 리스금융을 지원받은 선박에 대해 리파이낸싱을 통해 대출금리 현실화(최근 금융시장의 풍부한 유동성을 활용하여 중국계 고금리 리스금융을 국내 낮은 금리 대출로 전환)

[그림 9] GS에너지 VLCC 3척 구매 지원

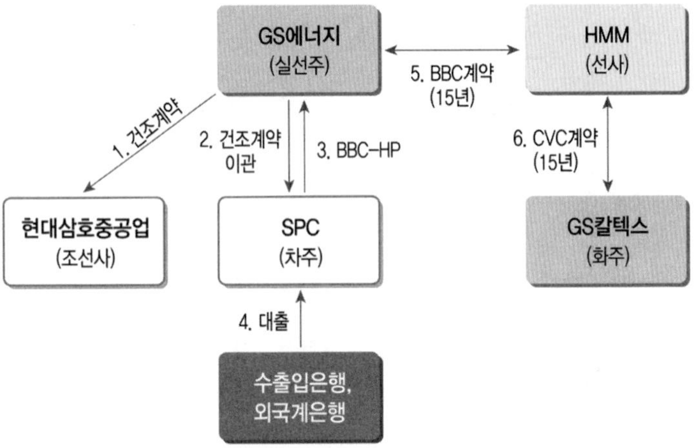

GS-HMM, 새로운 선화주 상생모델

신조 VLCC 3척, 장기용선 · 장기운송계약 체결

GS에너지와 HMM이 VLCC 3척에 대한 장기용선계약으로 새로운 선화주 상생모델을 선보여 주목된다.

GS에너지는 지난 2월 19일 현대삼호중공업에 30만dwt급 VLCC 3척을 척당 9천만 달러, 총 2억7천만 달러(2,988억원)에 2022년 12월 말까지 인도하는 조건으로 건조계약을 체결했다.

이에 앞서 HMM은 2월 16일 신조 VLCC 3척을 2022년 7월부터 10+5년 장기용선(BBC)으로 확보했고 조만간 화주와 장기용선계약을 체결할 계획이라고 발표했다. HMM은 화주를 공개하지 않았으나 업계에서는 현대삼호중공업에 VLCC 3척을 발주한 GS에너지인 것으로 보고 있다.

출처: 한국해운신문, 2021. 2. 26

③ GS에너지의 VLCC 발주지원을 위해 외국계금융기관과 공동으로 선순위대출 지원

- 소유(GS에너지)와 운영(HMM)이 분리된 선화주 상생모델에 대한 금융

6) 기타

① 해외선주금융과 국내선주금융 추이

수출입은행은 한국 조선사 수주를 위한 해외선주금융 지원 못지 않게 한국 해운업 경쟁력 강화를 위한 국내 해운사 지원을 지속 확대해 왔다. 〈표 3〉에서 보듯, 국내 조선사 앞 발주규모 대비 수출입은행의 지원비중은 국내선주의 경우가 훨씬 높고(2020년 국내선주 36% vs 해외선주 6%), 절대규모도 국내선주 지원이 지속 증가하여 2020년은 국내선주 지원액이 해외선주 지원액과 유사(국내선주 0.9조 원 vs 해외선주 1조 원)한 수준으로 증가하였다. 국내외 선주 간 지원 비중도 2017년 국내 33% vs 해외 67%에서 2020년 국내 47% vs 해외 52%로 국내선주 비중이 크게 증가되었다.

〈표 3〉 국내외 선주 지원규모 및 지원비중

(단위: 조 원)

구 분		2017년	2018년	2019년	2020년	2021년	2022년
국내 선주	국내조선사 수주액	2.5	4.3	2.9	2.5	6.2	8.7
	수출입은행 지원액	0.4	0.8	0.8	0.9	1.3	2.5
	(지원비중)	(16%)	(20%)	(26%)	(36%)	(21%)	(29%)
해외 선주	국내조선사 수주액	13.9	24.7	22.8	17.4	45.9	48.8
	수출입은행 지원액	0.8	0.7	2.2	1.0	1.7	2.9
	(지원비중)	(6%)	(3%)	(10%)	(6%)	(4%)	(6%)

② 해외 금융선주 동향

현재 해양진흥공사를 중심으로 한국형 선주사 육성방안 논의가 진행 중이다. 선박을 소유하며 대선을 전문으로 하는 민간선주사가 발달한 해운강국들과 달리 우리나라는 전문선주사가 부재한 상황에서, 세계 금융위기 이후 글로벌 사모펀드(PEF) 및 중국계 리스 등 금융선주 태동을 목도하고 한편으로는 원양 컨테이너사의 혹독한 구조조정을 겪으면서, 해운시황 변동과 무관하게 해운의 안정적인 성장을 위해서는 우리도 전문선주사가 필요하다는 인식이 확산된 영향으로 보인다.

이런 상황에서 외국의 금융선주는 어떤 사업모델을 가지고 운영하는지 JP Morgan(전통적 선주사 역할)과 KKR(Asset Player 성격)의 금융선주 모델은 참고할 만하다.

[그림 10] JP Morgan의 Global Transport Income Fund

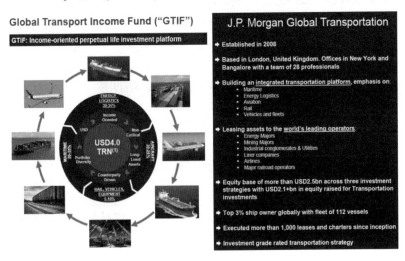

출처: 한국수출입은행

[그림 11] KKR Credit의 Australis Maritime

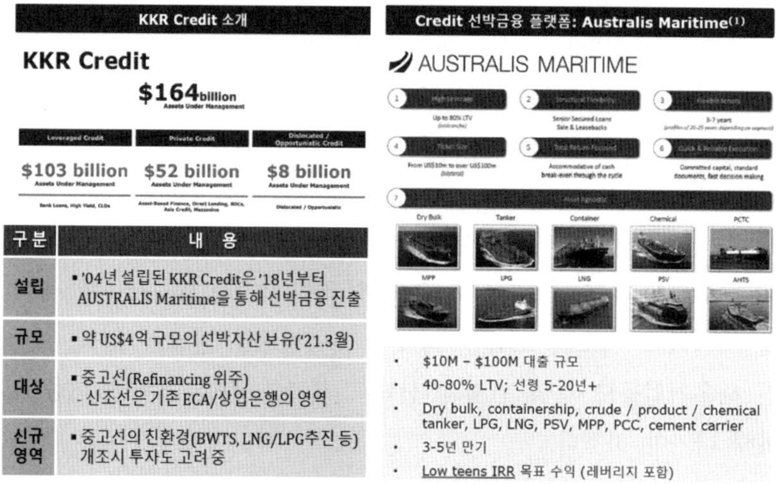

출처: 한국수출입은행

〈표 4〉 JP Morgan(GTIF)와 KKR Credit 비교

구 분	JP Morgan(GTIF)	KKR Credit(Australis Maritime)
투자대상 선박	벌크선, 탱커, 컨테이너선, LNG/LPG선 등 <신조선 위주>	벌크선, 탱커, 컨테이너선, LNG/LPG선 등 <선령 5~20년의 중고선 위주>
운용방식	신조선 · 장기용선계약(현금흐름) 및 자산가치에 따른 선박 금융 조달	· 선령 5~15년: 자산가치(중고선가)에 따른 선박금융 조달 · 선령 15년 이상: 용선계약(현금흐름)에 따른 선박금융 조달
투자금액	선가의 20~30%를 자담으로 투자	선가의 20~60%를 자담으로 투자
투자기간	10~15년(신조선 위주로 장기투자)	3~5년(중고선 위주로 비교적 단기투자)
Exit Plan	폐선시까지 선박운영(해운기업 방식) · 일부 Asset Play 역할도 수행	중도 매각 등 Asset Play 위주 · 용선계약 첨부하여 매각도 진행
목표수익률	10% 내외(장기/안정적 수익률 추구)	10%대 중반(단기/상대적 고수익률 추구)

3. 글을 마치며

코로나 팬데믹에 따른 극심한 물류난을 겪으며 우리는 기간산업으로서 해운의 중요성을 재차 인식하게 되었고, 현재 진행 중인 글로벌 공급망 재편을 감안하면 해운업을 지속 육성하고 발전시켜 나가야 함은 자명하다.

우리 해운업의 한 단계 도약을 위해서는 정책금융기관 지원의 효율성 제고는 물론, 현재 논의 중인 한국형 선주사(Tonnage Provider) 및 조세리스 제도의 도입을 적극적으로 검토할 필요가 있고, 아울러 해운기업들도 경영 안정과 신뢰도 제고를 위한 노력을 한층 강화해 나가야 하겠다.

일본의 해사클러스터 정책과 시사점
- 이마바리 해사클러스터를 중심으로-

한종길(성결대학교 글로벌물류학부 교수)

1. 서 론

최근 한진해운의 도산 이후 국내 해운, 조선을 비롯한 해사산업의 공동화·약화, 지역 경제의 침체와 동남임해지역의 스프롤화 현상이 큰 문제가 되고 있다. 오늘 경제적 어려움에 처한 많은 지역은 경쟁 우위의 기초가 되는 천연 자원과 자금 등의 유형의 경영 자원도 없을 뿐만 아니라 산업클러스터와 혁신의 씨앗이 되는 기술이나 지식 등 무형 자원도 없어, Porter(1990)가 제시하는 것과 같은 지적 이노베이션 거리가 먼 지역이 매우 많은 것이 실태이다. 이러한 상황에서 지역 재생의 열쇠로 '클러스터'가 큰 주목을 받은 지도 오래 되었다.

대형 컨테이너선의 일본 직항 서비스의 감소와 일본 국적선의 해외 유출, 조선업에서 중국·한국 기업과의 경쟁 격화 등 해양 산업의 약화에 대한 우려에서 2000년 이후 일본 국토교통성은 해운·조선·조선기자재·항만·해양관련산업 등 해사 산업 전체의 국제 경쟁력 강화를 목표로 '해사클러스터'라는 개념을 도입하였다.

본고에서는 일본 해사클러스터의 대표적인 사례지역인 이마바리시를 중심으로 세계화에 따라 기업 간 경쟁이 격화되는 상황에서

[그림 1] 해사클러스터의 드라이버 이미지

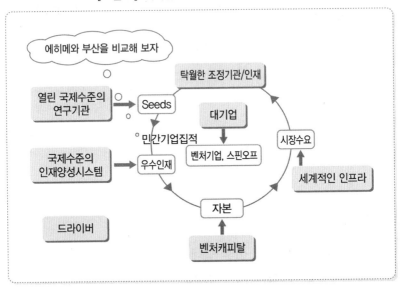

해사클러스터를 구성하는 이해 관계자의 관계와 집적 효과 및 해사 클러스터의 경제 규모는 어떻게 변화하고 있는지 설명하기 위해 산업클러스터 이론을 기반으로 일본의 지역 해사클러스터의 사례를 살펴보고 우리나라 해사클러스터를 위한 응용 가능성에 대해 검토 한다.

2. 이마바리 해사클러스터의 현황

이마바리 해사클러스터의 발전경위와 구성

이마바리시는 일본 서부 시코쿠섬의 서북부, 세토나이카이에 면 한 인구 20만 명에 불과한 중소지방도시이다. 이러한 이마바리시가 '일본 최대의 해사산업도시'로 불리는 이유는 복수의 기초지자체(이 마바리시와 오치군 등)에 흩어져 있던 해사산업이 도시 합병으로 하나의 행정 구역에 포함되면서 일본 최대의 해사산업 집적을 이루어 생산규모(수·양)가 많은 일본 최대가 되었기 때문이다. 특히 '이마바리 오너'라는 외항 선박 소유자의 집적은 북유럽, 홍콩, 피레우스(그리스)와 함께 세계 4대 선주로 알려져 있고 더욱이 세계적인 조선업을 추가한 해사산업의 집적 도시는 세계적으로도 유례가 없다.

일본의 해운조선업이 밀집한 세토나이카이 지역에서 해사클러스터의 중심은 에히메현 이마바리시 및 히로시마현 오노미치시를 중심으로 한 지역이다. 이 지역은 헤이안시대(794년~1185년)부터 염전업의 중심이었으며, 유통경제의 중심지였던 오사카에 가까웠기 때문에 선박대여업(선주업)을 비롯한 해운업이 발달했다. 또한 조선에 적합한 지형과 기후 조건을 갖추고 있었고, 소금수송에 필요한 해운업의 발달에 따라 조선업도 발전했다.

특히 이마바리시에서도 나미가타지구에서 뛰어난 해운조선기업가가 많이 배출되었는데 역사적인 유래를 살펴보면 다음과 같다. ① 나미가타지구는 인구에 비해 경지면적이 좁고, 1차산업 이외의 산업도 발달하지 않아서 해운업을 생업으로 선택했다. 마키노, 마나베와 같은 선각자가 존재하였고 쿠루시마, 하시하마에서 선박 승조원이 되어, 조선술을 익히고 선원면허 내지는 선장면허를 취득하고 그 기술로 축재하여 선주 겸 선장으로 성공한 사람이 많았다. ② 에도시대부터 하시하마(波止浜)염전에 자재(모래나 소나무 등)를 운반하는 선박(이레가에선, 入替船)이나 오시마의 석재를 운반하는 이시부네(石船)가 있었고 그중 일부가 석탄운반선으로 전업하였기 때문이다. ③ 다카나와반도(高縄半島)의 끝인 나미가타지구는 오사카나 고베 등 한신공업지역과 석탄산지인 북구주, 우베 등과 중간지점에 위치, 석탄을 운반하는 데 지리적 이점이 있었다. ④ 무라카미수군(村上三島水軍) 또는 그중 하나인 쿠루시마수군(来島水軍)의 후예로 쿠루시마가문으로부터 물려받은 수군혼(水軍魂)을 해운업에 살렸기 때문이다. ①과 ③은 지리적 조건이고, ②는 직접적 요인, ④의 수군혼에 대하여 추가적으로 설명한다.

波方船舶協同組合(1997)의 기록에 따르면 헤이안시대(794년~1185년) 중기에 나미가타지구에 해적의 거점이 존재했다. 무로마치시대(1336년~1573년)에는 能島村上家, 因島村上家, 来島村上家로 3가문으로 나누어진 무라카미수군의 거점이 되었다. 그들은 도요토미 히데요시(豊臣秀吉)의 휘하가 되어 이마바리지역을 영지로 받고 임진왜란에도 일본측 수군의 주력으로 참전하였다. 중세시대부터 선박건조, 선단 편성 및 운용, 외국으로의 도항에 필요한 기술이나 노하우를 갖고 있어, 전쟁이나 무역에 종사하였다. 이들이 말하는 수군혼(水軍魂)이란 진취, 치밀한 책략, 용감으로 정리되며, 나미가타선주에게 대대로 이어져 오는 문화가 되었다고 할 수 있다.

무라카미수군의 철학에는 ① 견제와 연계, ② 항상 부침에 대비할 것이라는 2가지 명제가 있었다. 견제와 연계란 무라카미 3가문이 서로 독립성을 기본으로 함과 동시에 수군 간의 연계로 범선전징수제도(帆別錢徵收制度)를 만들고 이탈을 허용하지 않는 강한 연계를 유지했던 것을 알 수 있다. '지족(知足)', '탐욕을 부리지 않는다(貪らず)', '작은 것을 뭉친다(小を束ねる)'라는 사상이 있었다. 지금도 이마바리선주는 돈을 벌어도 외제차를 사지 않는 특징이 있다. 현재도 서로 견제하고 경쟁하지만 필요 시에는 협력하는 전통을 이어오고 있다. 선박협동조합, 제일중앙기선의 구제에 거족적인 협력 등으로 확인된다. 항상 부침에 대비하라는 것은 배도 사업도 "가라앉아도 반드시 떠오르고, 떠올라도 다음에 가라앉을 때를 대비하라(沈んでも必ず浮き上がる。浮き上がっても次に沈んだときに備える)"는 것이다. 이러한 철학은 가라앉아도 떠오르고 떠올랐을 때 가라앉을 때를 대비하는 반복을 가훈으로 끈기 있게 다음을 주도면밀하게 대비하고, 가라앉은 자에 대한 배려심, 가라앉는 것을 두려워하

〈표 1〉 주요 선종별 에히메선주의 비중

선종	일본전체			에히메			에히메 비중(%)		
	2000	2008	2014	2000	2008	2014	2000	2008	2014
벌크	577	1042	1508	123	344	606	21.3	33.0	40.2
케미컬	268	379	342	26	52	58	9.7	13.7	17.0
컨테이너	179	325	298	79	144	151	44.1	44.3	50.7
자동차	238	264	277	23	26	30	9.7	9.8	10.8
일반화물선	419	265	246	104	91	76	24.8	34.3	30.9
LPG	113	115	121	23	26	30	20.4	22.6	24.8
우드칩	83	1.5	93	23	22	24	27.7	21.0	25.8
LNG	6	71	91	0	2	3	0	2.8	3.3
냉동선	144	90	57	40	22	16	27.8	24.4	28.1
기타	269	408	283	24	38	41	8.9	9.3	14.5
합계	2296	3064	3316	465	767	1035	20.3	25.0	31.2

출처: 한종길(2016), 「海事クラスター再構築の必要性」에서 재인용

지 않는 과감한 행동력 등이 만들어졌다고 할 수 있다. 그것은 타이밍에 따라서는 채권자가 채무자로 바뀔 수 있다는 것을 예측하고 채무자의 재생노력에 대한 이해를 표하는 것으로 이는 일본에서도 유례가 없는 특별한 행동양식이다.

이와 같은 역사적 배경을 가진 이마바리의 선주는 일본 외항선 대 2,742척의 30%를 차지하는 830척 이상을 보유하고 있는 것으로 알려져 있다. 내항 해운의 선복량은 국내의 8%(에히메의 63%)를 점유하고 있으며, 외항선박 보유 척수와 내항선복량이 일본 최고이다.

조선업은 일본에서 가장 많은 14개의 사업소가 있고, 건조 척수는 일본 국내의 약 17%를 차지하고 있다. 또한 이마바리시에 본사와 거점을 두고 있는 조선 회사의 그룹 전체로는 일본 전체의 30%를 넘는 선박을 건조하고 있어 건조 척수·건조량 모두 일본 최고

이다. 조선소 주변에는 약 160개 조선기자재 제조 사업장도 많이 집적하고 있으며, 전체 10,000명 이상의 사람들이 일하는 일본 최고의 조선산업 단지를 형성하고 있다.

이러한 산업 집적을 배경으로 선박 금융을 다루는 손해보험 회사와 은행의 지점, 국가의 파견 기관인 이마바리 해상보안부, 이마바리 해사사무소 등이 입지하고 있다. 또한 해사전문 법률사무소, 선박보험, 선박관리 회사 등의 해양 관련 기업들이 잇따라 진출하고 집적이 더 큰 집적을 만들어 내는 해사분야 클러스터의 구축이 가속화되어 세계적인 해사산업 집적으로 발전하고 있다.

또한 인재 육성 기관으로 역사와 전통을 자랑하는 국립 나미카타 해상기술전문대학(国立波方海上技術短期大学校)과 국립 유게상선 고등전문학교(弓削商船高等専門学校)가 있어 선원 양성이 이루어지고 있다.

이마바리 해사클러스터의 이해 관계자의 관계는 다음과 같다. 선주는 운항사와의 용선계약체결에 따라 이요은행이나 에히메은행 등 지역금융기관으로부터 자금을 조달하여 이마바리조선 등 지역 조선소에 선박을 발주하고 그것을 받아 조선소는 선박 산업 관련 업체에 선박용 부품을 주문하는 것이 기본 구도이다.

이마바리 해사클러스터 발전과 행정의 역할

이마바리시에서 해사클러스터 개념이 명확하게 제창된 것은 2005년 1월, 인근 12 기초지자체 합병으로 새로운 이마바리시가 탄생한 이후다. 선주, 조선, 조선기자재, 선원교육기관 등 산업 관련 기관의 일대 집적지가 하나의 행정구역으로 묶이게 된 것을 계기로 국토교통성 주도로 '이마바리 해사도시 구상 추진 사업 계획'이라는 도시 비전이 책정된 것에서 시작되었다고 할 수 있다.

이마바리시의 해사클러스터 정책은 다음과 같다. 첫째로 정책비전은 '해사도시 이마바리 창조'로 이마바리시(今治市)는 오랜 역사를 가지고 있는 지역의 해운조선산업의 도약을 위하여 '해사도시 이마바리 창조'라는 비전을 설정하였다. 이러한 비전을 달성하기 위하여 차세대 인재육성, 해사클러스터의 구축, 해사문화진흥과 교류촉진이라는 기본방침을 설정하였다. 구체적으로 차세대 인재육성의 주요 시책은 해사산업을 담당하는 인재육성을 위한 학습환경의 정비, 해양체험프로그램의 구축, 국제교류기회의 창출이 있다. 해사클러스터 구축을 위한 주요시책에는 해사산업관련 시설의 입지 유치, 산학관 연계에 의한 신기술 개발과 기술혁신 등 해사산업의 국제경쟁력확보가 포함되어 있다. 또 해사문화 진흥과 교류촉진을 위한 주요시책에는 해사관련시설과 관광자원과의 연계강화, 해사산업의 역사와 문화 창달이 정책과제이다.

둘째로 해사클러스터 정책 추진을 위하여 이마바리시가 일본정부에 제시한 국제전략종합특구(안)에 따르면 전략의 실현을 위하여 필요한 시책으로는 신시설 정비기간 단축사업, 신기술도입사업, 수주촉진사업, 조선인재육성, 기능습득사업 및 해사인재육성사업이 있다. 신시설 정비기간 단축사업은 조선관련시설을 위한 해면매립, 해면점용 등의 인허가권한을 현재 광역지자체장이 아닌 이마바리시장이 행사할 수 있도록 하여 사업기간의 단축을 도모하는 것을 말한다. 해사인재육성사업을 제시함이란 선박운항관리자 육성 국가기관을 이마바리시에 유치하려는 것으로 해사클러스터에 핵심인 지식산업적인 요소를 부가하려는 노력의 일환으로 볼 수 있다.

국가전략특구를 실현하기 위하여 이마바리시가 독자적으로 추진해온 사업은 이마바리시 조선진흥계획의 추진, 이마바리시 조선기술센터의 운영, 해사도시구상의 추진, 선박진수식의 산업관광화, 바리십(Bari-Ship, 해사전시회)의 개최 등이 있다. 이마바리시는 시청 상공진흥과에 해사도시추진실을 두고 관련 정책을 추진하여 왔다.

3. 이마바리 해사클러스터 분석

포터의 다이아몬드 모델

Porter(1990)는 [그림 2]에 나타낸 바와 같이 클러스터의 요소(요소 조건, 수요 조건, 기업 전략 및 경쟁 환경 관련 · 지원 산업)를 4가지로 대별하고 외생변수 2가지를 포함한 6가지 구성요소로 다이아몬드 모델을 제시하였다. 6가지의 구성요소는 내생요소로 ① 시장수요조건, ② 관련산업 및 지원산업현황, ③ 생산요소조건, ④ 해당지역, 기업전략, 산업구조 및 경쟁, 외생요인으로 ⑤ 기회요인, ⑥ 정부지원과 규제가 있다. Porter(1990)에 의하면, 클러스터의 뿌리는 다이아몬드 모델의 요소 중 역사적 상황(천연 자원의 존재 등)에 유래하는 경우가 많다. 특히 다이아몬드의 하나인 관련 · 지원 산업을 기축으로 교류를 함으로써 천연 자원의 업그레이드를 실현할 수 있다.

여기에 클러스터를 지원하는 행정의 역할도 중요하다. 일반적으로 클러스터 입지의 역사적 경위와 기술 수준, 행정 지원 등의 요인에 따라 그 수준이 결정된다. 행정은 전략적 산업 육성에 기여하

[그림 2] 포터의 다이어몬드 모델

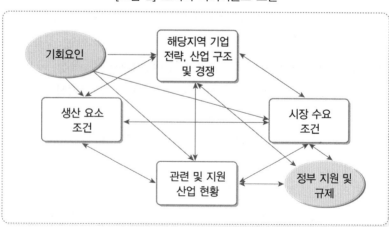

출처: Porter(1990), The Competitive Advantage of Nations

는 정책을 실시하는 중요한 지원자이다(Porter, 1990). 행정이 책정하는 지원 제도는 클러스터의 외부 경제 효과와 기술·지식의 스필오버효과의 획득에 기여한다.

수요조건

이마바리 해사클러스터의 핵심 구성기관인 조선업은 선박건조에 필요한 강판의 100%를 국내 철강회사에서 조달하고 신조선에 필요한 박용기기의 95%를 국내에서 조달하고 있다. 이렇게 건조된 선박의 75%를 국내선사를 대상으로 판매하는 완전한 국내완결형 구조를 갖고 있다. 이를 가능하게 하는 것은 세계 최대의 규모를 가진 NYK, MOL, K-LINE을 정점으로 하는 대형 운항사가 국내화주와의 장기계약을 통해 안정적으로 선박을 발주할 때 일본국내 금융기관을 통하여 자금을 확보하고 중간에 신조선 계약을 중개하는 종합상사가 관계하는 철강회사와의 강판 조달과 연계된 일본 국내 조선소에 건조를 의뢰하는 형태를 갖고 있기 때문이다.[1] 대형 운항 3사(Operator)는 이마바리 선주를 활용하여 신조선발주로 인하여 노출되는 재무건전성의 위험을 헤징하고 반대로 이마바리선주는 소유선박의 안정적인 용선처를 확보하는 이점을 갖게 된다.

이마바리 해사클러스터의 조선과 해운의 관계는 우리나라 해운과 조선이 수출지향적인 글로벌 의존형 산업인 데 비하여 중국이나 우리나라와 경쟁관계를 회피한다는 점에서 국내시장을 대상으로 하는 국내완결형이라고 할 수 있다.

이마바리 해사클러스터를 주도하는 핵심 조선소는 이마바리조선이다. 동사는 1901년 히가키 다메하루(檜垣為治)가 히가키조선소(檜垣造船所)를 창업한 데서 유래하였다. 1970년 선박대형화에 대응하

---

1) 일본 조선업은 국내생산비율이 85%로 자동차산업의 국내 생산비율이 36%인 것에 비하면 전형적인 국내입지형 수출산업임을 알 수 있다.

여 마루가메시에 도크 건설, 1973년 오일쇼크로 조선업불황으로 경영위기에 빠진 중소조선소를 매수하여 산하에 두기 시작하였다. 2016년에는 400억 엔을 투입하여 마루가메에 대형도크를 건설하였고 2019년 11월 일본 2위인 JMU와 업무제휴를 통해 산하에 둠으로써 명실상부 일본 최대의 조선소가 되었다.

이마바리의 주요선주에 대해 간단하게 설명한다. 쇼에이기선은 1962년에 '쇼에이마루(正栄丸)'(869G/T)를 가와사키기선에 용선한 것이 출발점이다. 당시 가와사키기선으로부터 용선확약을 받고 선주에게 인수할 것을 요청했지만 에히메선주에게 미지의 항로였던 북해도항로에 투입할 선주가 없어 이마바리조선이 쇼에이기선을 설립하여 직접 용선을 한 것이 시작이다. 쇼에이마루는 세노기선의 야마야스마루(山泰丸)를 이어 일본일주항로에 투입된 에히메선주가 보유한 2번째 선박으로 매우 진취적인 사업마인드를 가지고 있다. 모회사인 이마바리조선은 외항선이나 신항로에 진출할 때, 먼저 쇼에이기선이 건조하게 하고, 동시에 에히메의 우호관계에 있는 선주에게도 용선을 중개해 주면서 동형선박의 건조를 유도하는 방식으로 쇼에이기선을 활용하고 있다. 현재 100척 이상을 보유, 수에즈운하 좌초사고에 따른 손해에도 불구하고 선주업을 계속하기로 하였다.

세노기선(瀬野汽船株式会社)은 1946년에 세노 세이지로(瀬野政次郎)와 동생 리이치(利一)가 300톤급 기범선으로 규슈의 석탄을 사카이데의 염전에 수송하는 사업을 시작한 데서 출발하였다. 1956년에 에히메현 최초로 외항선을 건조한 기업으로 계열사인 시코쿠개발페리(四国開発フェリー) 등과 함께 동경-오사카-나하 간의 정기운항 RORO선을 공동보유, 운항은 긴카이유센부츠류(近海郵船物流)에 위탁하고 선주업에 충실하고 있다. 계열사로 선박관리사인 도요산업주식회사(東予産業株式会社)가 약 50척의 벌크캐리어를 관리 중이지만 세노기선은 홈페이지가 없을 정도로 외부 노출을 꺼리고 있다.

도운기선(洞雲汽船株式会社)은 1955년에 오코우치 타케시(大河内猛)가 내항해운사업자로 창업하였다. 현재 약 110척 이상의 선박을 보유, 선주업을 영위 중인 일본 최대의 선주사이나 일본어 홈페이지도 없을 정도로 비밀이 많은 기업이라는 평이다. 대형에서 소형까지 벌크선을 중심으로 컨테이너, 탱커, LPG선 등을 보유하고 있으며 2006년에는 MOL이 투입한 세계최대의 광석전용선 브라질마루(ぶらじる丸)의 오너가 되었다.

이마바리선주의 성공요인으로는 선주의 일가족이 승선하여 선박운항, 철저관리와 조선소의 적극적 협력(할부판매), 일본의 해운조선진흥정책, 고도성장기에 외항 수요 급증에 적극대응하며 타 지역선주보다 빠르게 외항진출할 정도로 기회활용에 탁월한 점, 자기자금 투입량을 늘려서 환율변동의 위험에 철저 대비하고 금융기관과의 신뢰관계를 구축하였고 이요은행, 에히메은행 등 지역은행의 적극적인 선박금융을 한 점을 들 수 있다. 2000년 전후 대형운항선사의 재무위험관리 필요성으로 신조선을 적극적으로 선주사에 위탁하였

[그림 3] 이마바리를 중심으로 한 조선소 입지

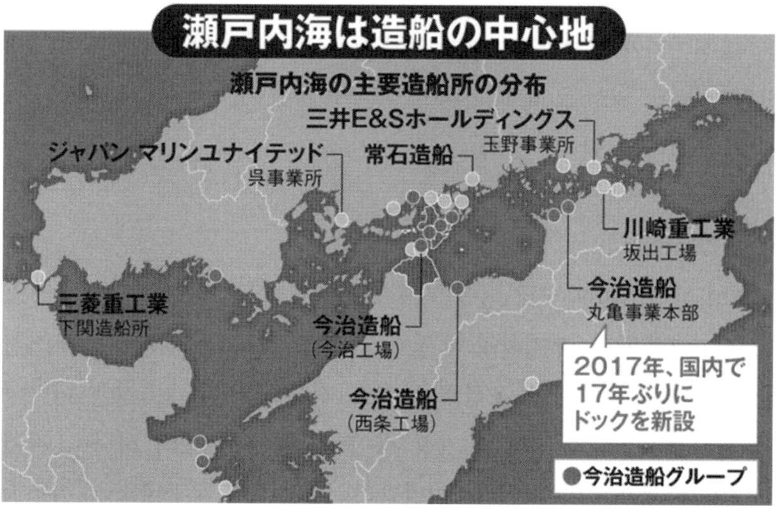

고, 또 상대적으로 저금리의 일본금융을 활용하여 신조하는 외국선 사도 에히메 선주를 적극활용하게 되었다. 예를 들어 2004년, 차이 나붐에 따른 신조수요 폭증으로 금융기관이 에히메선주에 유리한 조건을 제시한 것도 오늘날의 지위를 구축하는 데 일조하였다.

관련/지원산업 현황

전술한 수요조건과 마찬가지로 관련지원산업도 이마바리 해사클 러스터는 글로벌 조달형 구조를 가진 우리나라와는 달리 국내완결 형 구조를 갖고 있다. 이는 이마바리 지역에 밀집한 조선기자재산 업이 세계적인 수준의 기술을 바탕으로 국내외 고객으로부터 신뢰 를 얻고 있기 때문이다. 전술한 바리십(Bari-Ship)은 관련지원산업 의 기술확산에 기여하고 있다. 일본정책투자은행(2010)의 분석에 의 하면 일본은 상류, 하류산업 모두 충실하나, 한국은 하류산업이 부 실하고 중국은 상류산업이 부실하다. 이는 조선기자재 관련제품 자 급률이 일본 100%, 한국 70%, 중국 40%에서 알 수 있듯이 한국과 중국은 선주 지정부품도 많아 대부분 수입한다. 조선기자재의 자급 률 향상은 시간이 걸리고 납기에 영향을 준다. 이마바리의 조선업 은 조선기자재의 95%를 일본 국내업체로부터 조달하고 있으며, 생 산된 선박의 80%를 국내 선주에게 판매하고 있다는 점에서 국내완 결형 구조라고 할 수 있다.

생산요소조건

이마바리 해사클러스터의 생산요소조건에서 토지조건은 조선소 나 기자재업체의 부지확보의 용이성, 리아스식 해안으로 이루어진 굴곡이 많은 해안선이 조선소 부지로 적합하다. 인재조건은 이마바 리 해사클러스터의 장점을 가장 잘 드러내는 것 중의 하나로 지역 선주의 존재를 들 수 있다. 이마바리선주들은 일본국내의 대형운항

사에 보유선박을 임대하고 용선료 수입에 의존한다. 이들은 필요선
박의 대부분을 자신들의 본거지가 있는 이마바리 조선소에 발주하
고 이들의 원활한 발주를 돕기 위해서 지방은행들이 적극적인 선박
금융을 실시하고 있다. 우수한 해사경영자의 가장 대표적인 사례는
이마바리조선과 쇼에이기선(正栄汽船株式会社; SHOEI KISEN KAISHA,
Ltd.)을 이끄는 히가키(檜垣) 일가이다. 이마바리조선은 본사가 있는
이마바리시를 중심으로 인근지역에 9개의 조선소를 갖고 있으며 신
조선준공량은 일본 최고이고 2014년 조사에서는 현대중공업, 대우
조선해양에 이어 세계 3위의 건조량을 기록한 적도 있다. 동사의
그룹사인 쇼에이기선은 컨테이너선, LNG선박, 자동차전용선 등을
보유하고 있는데 보유선박의 대부분을 이마바리조선에서 건조하여
조선해운의 협력관계를 완벽하게 구축하고 있다.

　이마바리선주의 경제효과를 환산하면 소유선박의 자산액은 보유
선박 1,035척을 척당 30억 엔으로 계산하면 3조1,050억 엔이고, 연
간용선료 수입은 1,035척에 척당 USD 13,000/day로 환율 120엔으
로 환산하면 5,893억 엔에 달한다. 용선료 수입이 2014년도 에히메
현의 지역총생산액, 즉 GRDP가 5.1조 엔이라는 점을 고려하면 지
역경제의 13.5%에 달한다는 점을 알 수 있다. 이러한 용선료수입과
지역 조선소의 신조수입을 합하면 5,893억 엔＋5,000억 엔＝1조
893억 엔으로 이마바리시가 위치한 에히메현의 지역총생산의 약
20% 이상을 차지하고 있다.

[그림 4] 일본 해운조선산업과 지역경제의 관계

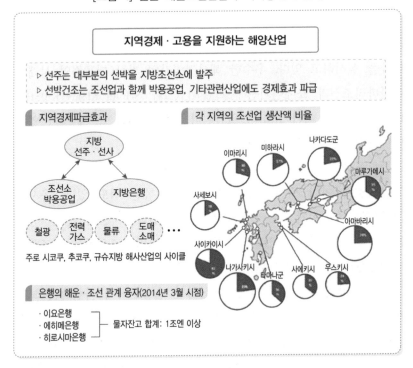

4. 결 론

일본은 해사클러스터의 정책적 유효성 확보를 위하여 해사산업의 지역 고용과 지역경제에 대한 역할을 강조하고 있다. 자동차나 전자산업과 같은 일본의 주력산업이 해외로 이전하고 있음에도 불구하고 조선산업은 주요 생산거점을 대부분 일본국내, 주로 지방에 유지하고 있음을 강조하고 있다. 지방창생(創生) 등 정부 목표를 실행하기 위해서도 10만 명 이상의 고용을 지역에서 담당하는 조선 및 해운업이 매우 중요한 역할을 담당하고 있음을 강조하고 있다.

정책의 효과를 극대화하기 위하여 일본은 지역별로 특색 있는 지역 해사클러스터를 구축하고 있는데 고베는 해사지식허브, 도쿄는 해사행정 및 해운비즈니스허브, 이마바리는 선주업 및 조선업, 나가사키는 조선 및 해양산업허브 등 지역별로 특색 있는 해사클러스터를 추진하고 있다. 이를 위하여 해당지역의 지자체와 정부, 민간기업, 교육기관이 협력하는 체계를 구축하기 위해 노력하고 있다.

우리나라의 경우, 부산이 타 지역보다 해사클러스터 거점지역으로서 활용가치가 높다고 할 수 있다. 부산의 경우, 생산요소 조건 중, 인재조건이 이마바리에 비하여 유리하다. 이마바리 해사클러스터가 인구 20만 명의 지방 도시인 데 반하여 대도시로 이마바리 해사산업의 약점인 청년층 확보에 유리하고 해사관련 교육기관이 입지해 있어 산학관 연계를 통한 신기술개발 및 신규인력 확보에 유리하다. 이에 반하여 자본조건의 경우, 이마바리와 같은 선박금융에 특화된 금융기관이 없다는 점이 상대적으로 불리하다. 부산은 이마바리에 비하여 조선기자재산업의 기술적 수준이 낮고 세계적 브랜드가 부재하다는 점에서 금후 정책적 지원이 필요하고, 조선과 해운을 연결하는 선주업이 발전하지 못했다는 점에서 부산에 근거지를 둔 선주업을 육성하는 것에 정책적 방점이 주어져야 할 것이다.

따라서 효율적인 해사클러스터 구축을 위해서는 지역우위성을 확보하기 위하여 거점지역을 중심으로 해사클러스터 추진위원회 구성이 필요하다. 부산을 거점으로 해사클러스터의 성과를 국내 전체로 확산하고 각 지역별 해사클러스터의 네트워크를 형성하여 이를 전국적으로 연결시키는 작업을 단계적으로 수행할 필요가 있다.

대한조선학회 조선해양공학교육백서

이동건(목포해양대학교 조선해양공학과 교수)
이신형(서울대학교 조선해양공학과 교수)

1. 조선해양공학교육백서 개요

교육의 정의 및 목적에 대해 한마디로 정의하는 것은 매우 어려운 일인 것 같다. 특히 공학교육에 있어서 인재양성, 기술개발, 산업인력공급 등 다양한 측면을 모두 반영한 교육과정을 계획하고 설계한다는 것은 더더욱 힘든 일이다.

근래 4차 산업혁명, 인공지능, IoT, 친환경 등 다양한 사회·기술적 요구에 대응하기 위해 대학 학과 간 경계를 허물기 위한 시도와 함께 익숙하면서도 한편으로 정확한 이해도 어려운 융합전공, 자유설계전공과 같은 용어들이 난무하고 있는 현실에서 대학 내의 학과 간 경계 및 고등교육법의 제도적 한계를 뛰어넘을 수 있는 교육방법에 대한 해결책을 한 번에 제시한다는 것은 애초 불가능한 목표일 수도 있다.

하지만 세계 1위의 위상을 가지고 있는 대한민국 조선해양산업은 탁월한 고부가가치 선박 설계 및 건조기술을 바탕으로 한 산업 기여도는 지대한 반면, 과연 그에 합당한 기술 및 인재양성 측면에서 세계 리더적 역할을 하고 있는지 또는 전통적 교육과정 구성에서 벗어나 미래요구 대비에 합당한 교육과정을 구성·운영하며 적합한 인재를 양성하고 있는지에 대한 고찰이 필요한 시점이라는 공감대는 충분히 형성되어 있는 것 같다.

코로나19 상황에 따른 온라인 교육과정 활성화에 따른 국내외 교육의 경계가 사라져 글로벌 대학 간의 경쟁이 치열해지고 교육의 패러다임이 변화하고 전환되는 시기를 맞아, 현재 조선해양공학 교육의 미래요구에 대한 대응점과 개선점을 찾아야 한다는 위기감과 함께 또한 지금이 변화를 할 수 있는 가장 적절한 시기라는 공감대를 바탕으로 뭔가 새로운 시도가 필요하다고 판단하였다.

이를 위해 대한조선학회 산하 교육위원회에 다양한 전공 분야에서 총 22명의 위원들로 구성하여, 2020년 3월부터 조선해양공학 교육과정을 개설하고 있는 22개 국내대학과 7개 국외대학을 대상으로 한 현 교육과정 분석을 시작으로 앞으로의 교육과정 교류방안, 산업체·지자체 요구를 반영한 실질적 교육과정 개발, 온라인 교육 중심으로 한 미래지향적 방안 제시, 마지막으로 4차 산업혁명 시대에 맞춘 교육과정 등 총 6개 분야에 대해 조선해양 공학교육의 현황 분석, 문제점 파악, 미래 변화 및 개선 방향을 제시하기 위해 본 조선해양공학 교육과정 백서를 출간하게 되었다.

지난 2년 동안 다소 웅대한 계획을 가지고 출발했으나, 시간적·정보적 제약에 의해 많은 부분 부족하고 일부 데이터 등은 아직 보완도 필요하지만 이 백서를 출발점으로 삼아 앞으로 조선해양공학 교육에 대해 고민하고 또 같이 공감하고 함께 논의할 수 있는 계기가 되었으면 하는 바람이다.

앞서 소개한 목적과 방향에 따라 작성한 조선해양공학 분야 교육백서의 구성 및 각 장별 주요내용을 요약하면 아래와 같다.

제2장 국내외 조선해양공학 교육과정 분석에서는 현 시점에서 조선해양공학 분야에서 개설된 교과목 현황 파악 및 분석을 시도하였다. 일부 정부주도 인력양성사업 준비 과정에서 부분적인 정보는 있지만, 집필진이 아는 한도 내에서 아직 본 백서에서 정리한 만큼

의 완전한 자료는 존재 하지 않는 것으로 파악되었다.

총 국내 22개 대학에 개설된 분야별 교과목에 대한 커리큘럼 분석, 실험실습과정, 졸업학점 분석과 함께 독립적으로 조선해양공학 프로그램을 개설하고 있는 외국 7개 대학(University of Michigan, Texas A&M University, Osaka University, Kyushu University, University of Strathclyde, Newcastle University, Delft University of Technology)에 대한 교과과정 분석 및 비교평가를 통해 벤치마킹하여 향후 우리나라 교육과정의 개선·보완이 가능한 부분을 집중 분석하였다.

강조하고 싶은 사항으로는 전통적인 설계/생산, 유체역학, 구조역학의 패러다임을 뛰어넘어 4차 산업시대 미래상 제시를 위해 스마트 및 친환경 분야에 개설되고 있는 분야에 집중해서 분석을 수행하였다. 다만 스마트 야드나 친환경 선박이라는 개념이 학문적인 분류가 아니라 제품 중시의 개념이다 보니, 교과목 분류가 다소 무리가 있는 부분도 있으나 전반적인 상황 파악자료로 활용 가능하다고 판단된다.

제3장 조선해양 교육과정 연합 교류방안 분석에서는 최근 조선업계 불황에 따라 신규채용이 줄어드는 현실과 조선해양 관련 전공이 폐과·통합 또는 교육목표와는 무관하거나 무작위하게 학과명 변경이 이루어지는 상황에 수동적으로 머물지 않고, 보다 적극적으로 새로운 교육체계 구축을 위한 조선해양공학 교육과정의 연합 교류방안에 대해 살펴보았다.

특히 COVID-19 시기에 따른 위기를 기회로 삼아, 조선해양공학 분야 온라인 강의와 강의 컨텐츠 데이터베이스화를 통한 새로운 교육과정 공유 플랫폼 구축이 상대적으로 용이할 것으로 판단하여, 조선해양 공학계열 교육과정 연합 및 교류방안을 위한 공유대학 3대 구성요소-학점교류방안, 주제별 연합프로그램 개설, 온라인 강좌공유-에 대한 구체적인 방안과 함께 실현 가능한 가이드 라인을 제시해 보았다.

제4장 산업수요 및 지역수요기반 조선해양공학 교육과정 분석 및 제안 부분에서는 지속적으로 제기되고 있는 산업체에서 필요로 하는 인력수요와 대학에서 배출되는 기술인력의 미스매치 문제를 해결하기 위해 현재 진행되고 있는 정부부처별 대학재정 지원사업에 대한 현황 파악을 시작으로 국가직무능력표준(NCS)에 기반한 조선해양공학 관련 분류·분석을 수행하였다. 또한 산업체에서 요구하는 실무형 인력양성을 위한 필수적인 교육과정 분석 및 현재 진행 중인 전문인력 양성사업 현황에 대해 분석하여 산업수요기반 교육과정에 대한 방안에 대해 제안하였다.

제5장 국제교류 및 해외대학 공동학위제 개요 및 현황에서는 국외대학과의 교육과정 연합교류 방식으로 가능한 학점교류, 교환학생, 공동학위, 복수학위 형태에 대한 엄밀한 분석 및 현재 국내 조선해양공학 관련 학과에서 운영 중인 교육과정 사례에 대해서도 파악하였다. 특히 해외대학과 공동학위제 운영을 하기 위한 트위닝, 프랜차이즈 및 합작학교 형태에 따른 차별적인 운영방안에 대해 상세히 비교·분석하였으며, 조선해양공학 전공의 국외대학과의 국제교류 프로그램 현황을 분석하였다. 또한 국내대학 조선해양공학 프로그램에서 수학 중인 외국인 유학생들에 대한 현황과 교육과정 개선에 필요한 부분을 파악하여, 향후 국제교류 및 해외대학 공동학위제 활성화를 위한 방안을 제시하였다.

제6장 조선해양 온라인 교육과정 분석 및 제안에서는 MOOC, Coursera, Khan academy 등으로 대표되는 국외 온라인 교육과정 소개와 함께, K-MOOC를 중심으로 한 국내 동향을 분석하였다. 특히 USG 공유대학 프로그램을 중심으로 친환경스마트선박 전공 교육과정에 대한 예시 등 조선해양공학 분야 온라인 교육과정에 대한 미래지향적인 방안을 제시하였다.

마지막으로 제7장 4차 산업혁명 기반 조선해양공학 차세대 교육과정 분석 및 제안 부분에서는 앞으로 4차 산업혁명이 조선해양산업 분야에 직접적으로 미칠 변화의 영향에 대한 분석·예측을 바탕으로 어떤 방식으로 유연하고 효율적으로 대처할 수 있을까에 대한 해결책을 찾아보았다. 또한 이에 따른 조선해양 교육과정 변화의 필요성에 대한 성찰과 함께 4차 산업혁명 시대에 맞는 조선해양공학 전공교육 비전과 목표를 제시해 보았으며, 이를 바탕으로 한 구체적인 교육과정 연계계획을 제시해 보았다.

2. 국내외 조선해양공학 교육과정 분석

본 장에서는 국내대학 조선해양공학 교육과정 사례를 분석하였다. 국내의 경우 전국 22개교에 조선해양공학관련 학과가 개설되어, 선박 및 해양플랜트를 설계/생산하기 위한 이론/실험/실습 전공과목을 교육하고 있다. 조선해양공학관련 학과의 교육과정은 대부분 조선해양공학개론, 역학기초, 컴퓨터프로그래밍 등의 "전공기초"를 선행한 후 "전공심화" 과목을 교육하고 있으며, 조선해양공학전공 학문분야는 전통적으로 "설계/생산", "유체역학", "구조역학" 분야로 구분할 수 있다.

- 설계/생산: 선박계산, 선박설계, CAD/CAM, 생산공학 등
- 유체역학: 저항, 추진, 운동, 조종, 해양파역학 등
- 구조역학: 구조역학, 구조해석, 진동 및 소음 등

최근에는 4차 산업혁명으로 인해 스마트선박, 스마트야드 등에 관련한 스마트 교과목 및 친환경선박, 친환경에너지 등에 관련한 친환경 교과목을 신설하고 있는 추세이다.

〈표 1〉 전국 조선해양공학과 대학리스트

지역	학교명	학부(과)명
서울	서울대학교	조선해양공학과
인천	인하대학교	조선해양공학과
	인하공업전문대학	조선해양과
부산	동명대학교	조선해양공학과
	동아대학교	조선해양플랜트공학과
	동의대학교	조선해양공학과
	부경대학교	조선해양시스템공학과
	부산대학교	조선해양공학과
	한국해양대학교	조선해양시스템공학부
대전	충남대학교	선박해양공학과
	충남대학교	자율운항시스템공학과
울산	울산대학교	조선해양공학부
	울산과학대학교	기계공학부 조선해양전공
세종	홍익대학교	조선해양공학과
경남	거제대학교	조선해양공학과
	경남대학교	조선해양시스템공학과
	경상국립대학교	조선해양공학과
	창원대학교	조선해양공학과
	해군사관학교	기계·조선공학과
전남	목포대학교	조선해양공학과
	목포해양대학교	조선해양공학과
	조선대학교	선박해양공학과
전북	군산대학교	조선해양공학과

국내대학의 학문분야별 전공과목 수와 비율 분석해보면, 조선해양공학 관련 국내대학은 평균적으로 약 42개(최대 60개, 최소 29개)의 전공과목을 개설하여 교육 중임을 확인할 수 있다. 학문별 교과

〈표 2〉 국내대학의 조선해양공학 세부 분야별 과목 수 분석

학교명	전공 기초	유체	구조	설계/ 생산	스마트	친환경	융합/ 기타
거제대	11	2	5	10	7	2	3
창원대	11	4	3	7	2	1	8
충남대(선박)	16	6	7	6	2		7
충남대(자율)	14	6	3	2	9		2
동의대	14	6	4	6	1		5
부산대	11	13	13	12	2	2	7
부경대	11	10	7	6	1		4
한국해양대	14	8	4	7	2	1	10
서울대	11	4	4	4			6
인하대	13	5	5	6			17
목포대	15	3	4	10	4	4	1
목포해양대	9	8	9	10			12
조선대	13	9	8	9			3
군산대	13	5	10	7			8
평균	12.6	6.4	6.1	7.3	2.1	0.7	6.6

목은 평균적으로 전공기초 약 31%, 설계/생산분야 17%, 유체분야 15%, 구조분야 14%, 스마트분야 5%, 친환경분야 2%, 융합/기타 16%로 구성되어 있다. 전반적으로 전공기초가 가장 많은 비율을 차지하며, 설계/생산, 유체, 구조 분야는 대체로 균형적인 비율을 보인다. 각 대학마다 스마트 및 친환경 분야 교과목이 신설되고 있는 추세이나, 전공기초 및 조선해양공학 전통 교과목(설계/생산, 유체, 구조)의 비중이 약 77%임을 감안할 때, 그 비중이 미비한 수준이다.

 미래 교육 중 하나인 스마트 및 친환경 분야 과목을 분석한 결과는 다음과 같다. 본 분석 대상인 교과목은 자율운항선박, 스마트선박, 스마트야드, 인공지능 등에 관련된 교과목을 스마트 분야로

정의하였고, 친환경LNG선박, 친환경에너지, 친환경선형설계 등에 관련된 교과목을 친환경 분야 교과목으로 정의하였다.

조선해양공학 관련 국내대학의 스마트 분야 교과목은 평균적으로 약 2개(최대 9개, 최소 0개)가 개설되어 있으며, 충남대의 경우 스마트 분야의 경쟁력을 제고하기 위해 국내 최초로 자율운항시스템공학과를 신설하였다. 조선해양공학 관련 국내대학의 친환경 분야 교과목은 평균적으로 약 0.7개(최대 4개, 최소 0개)가 개설되어 있으며, 목포대의 경우 친환경LNG선박, 에너지ICT융합설계, 친환경선형설계, 선박냉동공조설계 등 친환경 분야 교과목이 신설되어 있다.

전체적으로 교과목의 구성은 각 대학의 교육철학에 따라 달라지나, 시대적 흐름에 비해 전통적인 교과목 비율이 지배적인 점을 감안할 때, 스마트 및 친환경 분야 교과목에 대한 신설이 필요해 보인다. 또한, 개별 대학의 스마트 및 친환경 분야의 교과목은 대체로 세부 분야에 국한되어 있으므로, 스마트 및 친환경 분야 교과목에 대한 다양화 및 재정립이 필요할 것으로 판단된다.

이어서 해외대학 교육과정 사례 분석을 수행하였다. 이는 세계의 유수대학의 조선·해양공학 교육과정의 사례 분석을 통해 4차 산업혁명에 따른 우리나라 조선·해양공학 교육과정의 개편방안을 방향을 모색하고자 함이다. 벤치마킹 해외대학 선정 기준은 "대학의 국제적 인지도", "조선·해양공학 관련 학부과정이 독립적으로 개설된 대학", "학부교육과정에 대한 정보 접근성이 높은 대학"으로 총 7개 대학을 선정하였다.

- 미국(2개): University of Michigan, Texas A&M University
- 일본(2개): Osaka University, Kyushu University
- 영국(2개): University of Strathclyde, Newcastle University
- 유럽(1개): Delft University of Technology

MIT, University College London, Norwegian University of Science and Technology의 경우 조선·해양공학 관련 대학원과정은 개설되어 있으나 학부과정은 독립적으로 개설되어 있지 않아 사례 분석에서 제외하였다.

[그림 1] 해외 조선해양공학교육 분석 대상 대학

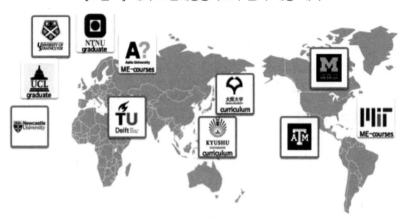

전공별 교과목 분류를 살펴본 결과, 학과 내 개설된 전공교과목을 학년별로 전공기초, 구조, 유체, 설계/생산, 융합/기타로 구분되어 있음을 확인할 수 있다.

대학별 학과 규모 분석 결과 대학별 전공교과목, 학부생, 대학원생, 교원 수 바탕으로 학과의 상대적 규모 비교가 가능하였으며, 교원 1인당 학부생 수와 대학원생 수 그리고 학부 전공교과목 수의 비가 낮을수록 교원의 교육 업무 강도가 상대적으로 낮을 것으로 분석되었다. 특히 미국대학의 경우 겸임교수를 통한 다양한 교과목 공동운영개설 및 대학원생의 공동연구 지도가 상대적으로 활발함을 확인할 수 있다.

〈표 3〉 사례: University of Michigan 전공별 교과목 분류

구 분	University of Michigan 학부 교과목					
1학년	Introduction to Ship Systems	Basic Engineering Courses	(총 29 전공교과목, 2021.04 website 기준) https://bulletin.engin.umich.edu/courses/name/			
2학년	The Physics of Sailing	Intr. to Solid Mechanics and Marine Structures	Introduction to Probability for Marine Engineers	Marine Thermo dynamics	Introduction to Vessel/Plat form Design	
3학년	Marine Dynamics I	Marine Structures I	Marine Hydrodynamics I	Marine Hydro dynamics II	Conceptual Vessel/Plat form Design	Marine Power and Energy I / Marine Power and Energy II
4학년	Capstone Design Project	Marine Structures II	Introduction to Numerical Hydro dynamics	Environmental Ocean Dynamics	Foundations of Ship Design	Marine Control Systems
	Marine Engineering Lab. I	Theory of Plates and Shells	Hydrofoils, Propellers and Turbines	Advanced Ship Design	Marine Structures Construction	Directed Study Research and Special Problems
	Marine Engineering Lab. II	Marine Dynamics II	Marine Engineering II	Small Craft Design	Sailing Craft Design Principles	Special Topics in Naval Arch. and Marine Eng.
전공 분류	전공기초(8)	구조(4)	유체(5)	설계/생산(7)	구조, 유체 및 설계/생산 공통심화전공(2)	융합/기타(3)

3. 조선해양 교육과정 연합·교류방안 분석 및 제안

국내 조선해양 산업은 세계 1위 경쟁력을 갖추었으나 최근 글로벌 물동량의 감소와 함께 해운업의 불황과 이에 따른 선박 발주의

축소 및 취소가 이어지고 있다. 이와 더불어 코로나19 상황의 장기적 국면이 이어지면서 세계 경제가 경색되고 이에 따라 선박 발주량 감소, 국내 조선사 수주량 감소 그리고 국가적 지역적 경제가 동반 침체되는 악순환을 반복하고 있는 실정이다.

또한, 국내 학령인구의 급격한 감소세로 각 대학 입학자 수가 지속적으로 감소되어 왔으며, 2020년도부터는 대학 정원보다 지원자가 적은 'Dead Cross'가 발생하게 되었으며, 이러한 대학 입학자 수의 급격한 감소 상황은 조선해양 산업계의 어려운 상황과 맞물려 전국 조선해양공학 입학생 수의 감소와 조선해양공학 교육체계 변화에도 영향을 줄 것으로 예상되고 있다.

실제로 최근 몇 년간 조선업계 불황으로 신규 채용이 눈에 띄게 줄어들었고, 일부 대학에서는 조선 · 해양 관련 전공이 폐과, 통합 또는 학과명을 바꾸는 상황이 발생하고 있으며, 조선해양공학 관련 최고 수준의 대학들에서도 입학정원의 4분의 1가량이 전공을 바꾸는 상황이 연출되고 있다. 이러한 상황이 지속된다면, 고령화와 설비축소로 한순간에 뒤처진 일본처럼 세계 조선해양 산업 1위인 우리나라도 기술 단절 현상이 발생할 수 있으며, 중국 등과 같은 조선해양 산업 후발 주자들에게 뒤처질 우려가 있다.

대한민국 조선해양 산업의 지속적 발전을 위해 조선해양공학관련 학과가 운영되는 대학에서는 새로운 교육체계 구축을 통해 조선해양공학 교육체계의 내실을 다지고, 비인기학과 전략에 대한 돌파구를 마련해야 한다. 이를 위해서, 교육의 질을 높일 수 있는 새로운 조선해양공학 교육 패러다임이 필요하며, 서로 경쟁하던 시대에서 현재의 어려운 상황을 극복할 수 있도록 조선해양공학 교육의 공동 발전 추구를 위한 교육과정 연합 · 교류가 필요하다.

최근 코로나19 확산세로 모든 대학이 커리큘럼의 온라인화를 진행하고 있고, 이러한 상황은 타 학과 및 타 대학의 강의를 손쉽게 접할 수 있게 함으로써 학과 간 교육과정 교류를 위한 벽이 많이 낮아진 상황이다. 따라서 현재의 코로나19 시대는 위기이자 기회이며, 온라인 강의의 다각화, 강의 Database화와 같은 인터넷 강의 환경은 조선해양공학 학과 간의 울타리를 허물고 교류 가능성의 기회를 부여할 수 있다. 그뿐만 아니라 조선해양 교육이 하나의 시스템 안에서 "설계/생산", "유체역학", "구조역학" 분야로 크게 구분할 수 있으며, 학과마다 비슷한 학사구조로 되어 있는 특징 또한 교육과정을 연합·교류하기 위한 좋은 환경 조건이다.

이미 학점 교류 또는 교환 학생 수준에서의 학과 교육과정 교류는 지금까지 오랫동안 이루어져 왔으나, 단순 교류 의미를 벗어나 연합·교류 교육체계 구축과 이를 뒷받침할 시스템이 필요한 실정이다. 조선해양공학 교육과정 연합교류 체계는 자신의 대학 학과를 넘어 원하는 강의를 수강할 수 있도록 학생 중심의 교육체계로 구성할 필요가 있으며, 이를 위해 대학교별 특성화 과목 수립이 필요하다.

교육과정 공유체계에 대한 공감대 형성은 학과 차원을 넘어 대학 차원에서 "공유대학"이란 키워드로 최근 활발히 논의되고 있으며, 2020년 1월 한국대학교육협의회(대교협)는 '대교협 2020년 정기총회'를 열고 '2020년대 우리 대학이 나아갈 길'이란 주제로 좌담회를 진행하였고, 대학 간 자원 공유의 필요성을 강조하였으며, 각 대학끼리 물적·인적·지적 자원을 적극적으로 공유해야 한다는 공감대가 형성되어 있는 상황이다.

조선해양공학과의 학사 구조가 유사하다는 특성을 고려할 때, 타 분야와 비교해 학과 간 공유교육체계 수립이 수월할 것으로 판단되며, 이를 위해 조선해양공학에 특화된 "교육과정 공유 플랫폼" 구축이 필요하다.

조선해양공학에 특화된 "교육과정 공유 플랫폼"을 통해 학생 중심의 교육, 조선해양공학 교육의 상향평준화, 학과 간 서열화 완화, 조선해양공학과 지원율·이탈률 감소라는 긍정적인 효과를 기대할 수 있다. 결론적으로, "조선해양공학 공유 교육 플랫폼" 구축을 위한 활발한 논의의 시작이 필요한 시점이다.

그간 각 대학의 조선해양공학 계열학과는 경제·사회 변화에 맞춰 인재 양성을 위해 노력해 왔으나, 기존 대학별 인재 양성 시스템을 통한 혁신 인재 양성에는 역부족이다. 대학별로 교육콘텐츠, 전문 교수 인력, 교육장비 등 인적·물적 자원의 부족 또는 편중으로 개별 대학 단위 인재양성체계 구축의 한계점이 있다. 현행의 학사 또는 교육과정 운영방식으로는 미래 사회의 혁신 인재 양성은 물론 조선해양공학 산업의 수요인력과 공급 간 미스매치 발생이 우려되고 있는 실정이다.

이에, 비대면 교육 확대, 디지털 기술의 고도화를 토대로 대학 간 상호 공유·협력을 통한 혁신 인재를 양성하는 새로운 고등교육 체계 구축이 필요한 상황이다. 하지만 최근 일시적인 코로나19 상황에서 비대면 교육에 대한 실험이 의도하지 않게 이루어졌으며, 성공적인 부분도 있으므로 서로 다른 물리적인 위치에서 동일한 가상의 공간에서 교육이 이루어질 수 있음이 확인되었다.

종래의 비대면 교육 성과의 토대와 디지털 기술의 발달에 따라서 추진 중인 공유대학의 일부분으로서 학과 간의 공유학과를 설립하여 공유 교과목의 개발이 필요하다. 학령인구 감소 및 공대 진학 인력의 감소로 인한 위기의식 확대, 이 상황의 타개를 위한 방안 중 각 대학 교육과정 연합-교류를 통한 새로운 패러다임의 교육체계 시스템이 제안되고 있는 상황이다.

[그림 2] 조선해양공학 교육과정 연합교류 방안 제안 배경

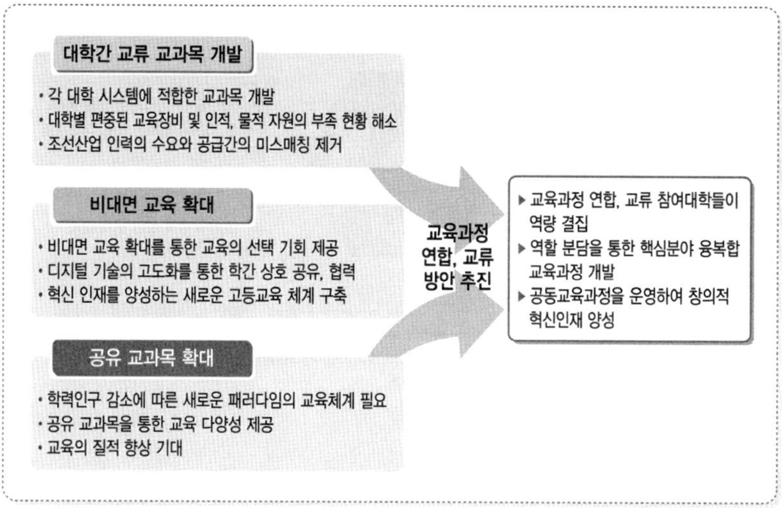

대학간 교류 교과목 개발
· 각 대학 시스템에 적합한 교과목 개발
· 대학별 편중된 교육장비 및 인적, 물적 자원의 부족 현황 해소
· 조선산업 인력의 수요와 공급간의 미스매칭 제거

비대면 교육 확대
· 비대면 교육 확대를 통한 교육의 선택 기회 제공
· 디지털 기술의 고도화를 통한 학간 상호 공유, 협력
· 혁신 인재를 양성하는 새로운 고등교육 체계 구축

공유 교과목 확대
· 학력인구 감소에 따른 새로운 패러다임의 교육체계 필요
· 공유 교과목을 통한 교육 다양성 제공
· 교육의 질적 향상 기대

교육과정 연합, 교류 방안 추진

▶ 교육과정 연합, 교류 참여대학들이 역량 결집
▶ 역할 분담을 통한 핵심분야 융복합 교육과정 개발
▶ 공동교육과정을 운영하여 창의적 혁신인재 양성

조선해양 공학계열 교육과정 연합 및 교류방안을 위한 공유대학의 기본적 실체는 대학 간 학점교류, 연합 프로그램 개발, 그리고 온라인 강좌 공유라는 "공유대학 3대 구성요소"로 이루어질 수 있다. 공유대학 3대 구성요소 실행을 위하여, 주요 핵심 교과목 분야의 대과목별(예: 구조, 설계, 유체, 생산 등) 주관 대학을 중심으로 해당 전공 교육과정 개설 추진, 이를 위해 핵심 전공 교과 편성 TFT를 구성하고 과정별 담당자 배정이 요구된다.

대과목 주관대학은 대과목별 참여대학, 조선해양공학 계열 기업체의 의견을 취합하여 도출된 교육과정(Curriculum)을 구성하여야 한다. 특히, 기존의 학교 중심이 아닌 조선해양 공학계열 핵심 분야 기업체의 수요조사를 통해 대과목별 필요 전공 심화 교과목의 목록을 확정하여, 연차별 개발 및 운영 계획 수립 필요, 이를 통한 참여대학별 학점교류 방안 등이 도출될 것으로 판단된다.

[그림 3] 교육과정 연합 · 교류 3대 구성요소

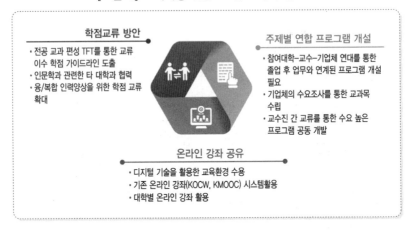

4. 산업수요 및 지역수요기반 조선해양공학 교육과정 분석 및 제안

산업계 수요에 대한 교육과정은 크게 관련 산업에 대한 인력 공급의 측면과, 해당 산업에서 요구되는 능력 수준을 맞추는 것으로 분류할 수 있다. 산업체 수요조사와 기업의 인력에 대한 만족도 조사 등을 토대로 교육과정에 반영하고 있으나 그 실효성에 대해서는 꾸준히 의문점이 제기되어 왔다.

산업기술의 발전과 고도화에 따라 특정 숙련 교육에 대한 강화를 위해 수요에 기반한 교육과정을 개편하고자 하는 시도가 정부 주도로 계속해서 이루어지고 있다. 조선해양 산업 분야의 경우 산업통상자원부, 한국조선해양플랜트협회 및 조선학회 등을 중심으로 필요한 인력을 양성하기 위한 프로그램과 교과과정이 참여 대학을 중심으로 수립되고 있다.

한국대학교육협의회가 주관하여 산업계관점 대학평가를 수행하고 있으며 조선해양분야에 대해서도 2012년 2주기, 2015년 3주기, 2019년 4주기 때 요구분석을 시행하였다.

[그림 4] 산업계 관점 대학평가 사업의 추진 체계도

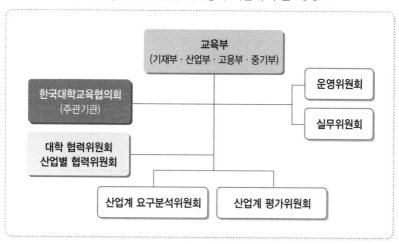

한편, 직업 교육과 산업현장의 불일치를 해결하기 위하여 국가직무능력표준(NCS, National Competency Standards)을 도입하여 운영하고 있다. 2020년 6월 기준으로 24개 대분류, 80개 중분류, 257개 소분류, 1,022개 세분류, 12,675개 능력단위가 개발되었다.

2020년 기준으로 조선분야는 기계 대분류 중 하나의 중분류이며, 8개 소분류와 35개 세분류로 구성되어 있으며, 해양 분야는 별도로 분류되어 있다(예: 해양시추의 경우 14. 건설 > 08. 해양자원 > 04. 해양자원개발 – 관리 > 02. 해양자원개발의 학습모듈 수준으로 설정되어 있음).

수요기반 교육 사례로서 현장동행형 수업(Advanced Tracking Study, 거제대 예시) 조선해양산업의 실무형 인력 양성은 교육과정의 궁극적 목표이며, 이를 구현하기 위하여 "현장견학", "인턴쉽", "현장실습" 등이 시도되고 있으나 대부분 단편적, 일회성, 3인칭 관찰 교육이 주를 이루고 있는데 "현장동행형 수업(이하 ATS)"의 경우 교과교육이 이루어지는 전 과정을 산업체와 함께 수행하여 자발적인 1인칭 교육의 기회를 제공하고 보다 실무형 인력양성 측면에서 의의

〈표 4〉 의장설계 과목 ATS 수업 (예시)

교육 내용	내용		
	· 기초이론 및 기초 설계	· 생산설계 및 제작 과정	· 피드백 및 품평
운용	· 교육장소: 학교 강 의실/전산실 －내용: 기초이론/기 초설계	· 교육장소: 산업체 －생산설계＋제작 과정 교육	· 교육장소: 학교 강 의실/전산실 －내용: 이론 피드 백
		설계부서 | 생산부서	
주차	1주차(3h)	2~3주차(6h)	4주차(3h)

※ 1~4주차: 1 cycle임. 2~3주차의 경우 수업시간 6시간을 금요일 오후에 배정하여 타
수업에 지장이 없도록 운영

가 있다.

이 밖에도 한영 해양플랜트 글로벌 인력양성사업(인하대학교)은
조선 산업을 이어갈 국가 중추 산업의 하나이며 차세대 성장동력인
해양플랜트산업 분야의 교육과정을 개발하고, 차세대 고부가가치
해양플랜트의 개발과 생산을 책임질 세계 최고 수준의 엔지니어링
및 연구 능력을 갖춘 인재 양성이 목적이다.

해양플랜트 인력양성 전략은 크게 학생 선발, 교육과정, 취업 및
진학, 사후 관리로 나누어 수립되어졌으며 교육과정에서는 조선해
양공학＋에너지자원공학＋화학공학＋신소재공학＋전기공학의 융합
연계전공을 신설하여 운영 중이다.

한영 해양플랜트 글로벌 전문인력 양성을 위한 한영 대학원 복
수학위 교과과정으로 "해양플랜트 글로벌 트랙" 아래에 인하－뉴캐
슬 트랙과 인하－스트라스 클라이드 트랙을 개설하였다. 인하－뉴캐슬
트랙에서는 Offshore Engineering, Pipeline Engineering, Subsea
Engineering and Management의 3개 세부 전공트랙을, 인하－스트
라스 클라이드 트랙에서는 Offshore Floating Systems, Subsea
Engineering, Ship & Offshore Structures의 3개 세부 전공트랙을

〈표 5〉 자율운항선박 기본 및 상세설계 관련 교과과정

소개		주요내용			
융합소 분야		공학	설계	법규	자율선택
기 본 설 계	학습 목표	선체 및 구조설 계 입문	선박외관 디자인 기초	일반선박 법규 확장	전공별 심화 학습
	세부 분야	·유체 및 조종, 구조 ·해석, 현장실 습 연계	·감성디자인 기 초 ·CAD 기본실습 ·현장실습 연계	·법규리뷰 ·현장실습연 계 ·팀티칭	수강생 전공 을 고려하여 3개 분야 동 시 강좌 진행
상 세 설 계	학습 목표	핵심요소 기술	선박외관 디자인 심화	법규 수립	전공별 심화 학습
	세부 분야	·센서 및 HILS ·통신 및 IoT ·선체형상 및 구조 보안 ·현장실습 연계	·감성디자인 기 초 ·CAD 기본 실습 ·현장실습 연계	·법제정 ·현장실습연 계 ·팀티칭	수강생 전공 을 고려하여 3개 분야 동 시 강좌 진행

각각 개설하여 학생들이 하나를 선택하여 이수할 수 있게 하였다.

또한, 한국해양대학교의 스마트 자율운항선박 전문가 양성사업단이 관련 분야 전문가 교육, 산학협력 및 자체 연구를 통한 특화기술 개발을 목표로 하는 정규교육과정을 개설하여 운영 중이다. 조선해양시스템공학과, 해양공학과, 해양건축공학과, 전자통신공학과, 냉동공조공학과, 해사법학과가 컨소시엄에 참여하였다.

지역수요 기반 교육과정은 지역별 산업기반의 차이에 따라 주력산업의 차이가 있으며, 주요산업군을 기반으로 지역별 산업 수요가 상이하다. 다음의 지역주력산업 개편 결과(중소기업벤처부) 자료를 요약하면 〈표 6〉과 같다.

〈표 6〉 주요 지역별 조선·해양 및 유관분야 요약

주요 지역	조선·해양 직접 분야	조선·해양 간접 분야	관련 대학
경남	스마트기계(무인선박)	–	경상대, 창원대, 경남대, 거제대
대전	–	지능형로봇(로봇－데이터)	충남대
부산	친환경미래에너지(해양모빌리티)	–	부산대, 부경대, 한국해양대, 동아대, 동명대, 동의대
울산	스마트조선(스마트조선소, 자율운항선박)		울산대
전남	첨단운송기기부품(e－모빌리티)		목포대, 목포해양대, 조선대, 전남대
전북	조선해양·에너지(친환경선박, 그린에너지)		군산대

5. 4차 산업혁명 기반 차세대 교육과정 분석 및 제안

첫 번째 조선해양산업의 변화는 제품이다. 기존의 가격 및 노동력에 의지하던 조선산업은 IT기술과 접목된 스마트 기술을 요구하는 첨단 산업으로 변모 중이며, 이와 관련하여 스마트선박은 기존의 선박과 달리 선박에 첨단 기자재, ICT 기술 등이 접목된 포괄적인 의미의 선박을 의미한다. 현재 선박은 점차 스마트선박에서 자율운항선박(MASS: Maritime Autonomous Surface Ship)으로 진화 중이다.

두 번째 조선해양산업의 변화는 정보이다. 설계와 각종 정보의 흐름이 제품 전주기로 확대되며, 디지털 트윈이 가속화되고 있다. 디지털 트윈(Digital Twin)이란 실제 선박의 모든 시스템을 가상의 공간에 재현한 디지털 사본으로 안전, 성능 등 다양한 영역의 시뮬레이션을 통해 개발 비용과 시간을 절감할 수 있는 기술로서 산업계 전반에 널리 활용되는 추세이다.

[그림 5] 선박 패러다임의 변화

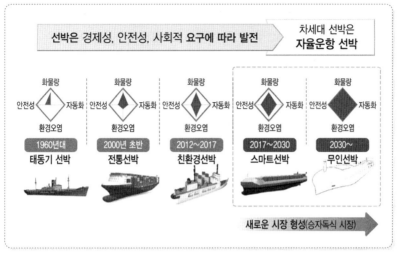

세 번째 조선해양산업의 변화는 조선소 및 생산이다. 이미 타 제조업에서는 스마트 팩토리(Smart Factory)를 구축하여 제조 혁신을 선도하고 있다. 조선소에서도 이러한 스마트 팩토리의 개념을 이어받은 스마트야드를 구축하기 위해 선박 건조 공정의 핵심기술(HW/SW) 및 Digital Twin K-Yard 구축을 목표로 투자와 연구개발을 추진 중이다.

이에 따라 조선해양공학 교육과정 역시 변화의 필요성을 느끼고 있다. 2011년 독일에서 개최된 'Hannover Messe 2011'에서 Industry 4.0이 언급되며 제조업 분야의 지각 변동이 시작되었다. 제조업 분야에서 가장 보수적인 조선업계에서도 이러한 시류에 맞춰 그동안 쌓아왔던 데이터를 기반으로 공장과 생산 현장을 개선하고자 하며, 선박의 스마트화를 위한 노력을 기울이고 있다.

이 밖에도 학생의 변화에 따른 교육과정 변화의 필요성이 대두되고 있다. 현재 밀레니엄 세대(2000년대에 출생)가 대학을 졸업하고 산업계로 진출하는 시점으로 기존의 기성세대와는 달리 스마트 기기나 기술에 익숙하며 개인주의적인 새로운 가치관을 지니고 있기 때문에 현재와는 다른 교육 방식으로의 전환이 필요하다.

밀레니엄 세대(2000년대에 출생)의 특징은 다음과 같다.

- 폰연일체 : 태어나면서부터 스마트폰과 스마트기기에 익숙함
- 영상세대 : 정보 습득하는 방법으로 글보다는 영상(YouTube)을 선호
- 얼리어답터 : 최신 기술이나 기기를 받아들이는 데 거부감이 없음
- 정보 습득력 : 정보의 홍수 속에서 본인이 필요로 하는 정보만 빠르게 취사 선택
- 코딩 교육 : 기존 세대와는 다르게 초중고에서 코딩 교육을 받음

이에 따른 밀레니엄 세대의 교육 특성은 다음과 같다.

- 4차 산업혁명으로 촉발된 신기술을 접했을 때 이를 거부감 없이 받아들임
- 교실에서 책과 대면 강의로 이루어지는 수업보다는 유튜브나 비대면 수업을 선호
- 직접적인 정보 전달보다는 정보를 잘 찾을 수 있도록 관심을 유도하는 것이 중요

하지만 조선해양공학과가 설립된 이래 선박의 설계 기술을 이해하기 위해 수학과 역학 중심의 교과 과정이 운영되어 왔다. 이에 현 교육 과정만으로는 외부의 환경과 학생의 변화에 따른 요구 사항을 충실하게 반영하기가 힘든 실정이다.

기존 조선해양공학 교육과정의 특징과 문제점은 다음과 같다.

[그림 6] 조선해양공학 기존 교육과정 연계

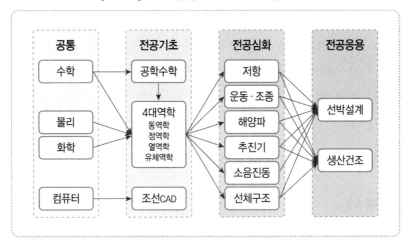

- 일반적으로 공통(1학년), 전공기초(2학년), 전공심화(3학년), 전공응용(4학년)으로 구성
- 각 교과목은 선후 관계가 있으며 선행 교과목 내용을 기반으로 후행 교과목에서 더 심화된 이론을 학습
- 대부분 이론 중심 수업
- 수학, 역학 기반의 교과목이 대부분을 차지하고 있으며 4차 산업과 관련된 핵심 역량을 함양할 수 있는 교과목 또는 융합 교과목 부재
- "선박 설계"와 "생산 건조"와 같이 적용 분야가 한정된 응용 교과목만 존재하며 스마트선박, 스마트야드 관련 실험, 실습을 진행할 수 있는 교과목 부재

이에 미래 조선해양공학 교육과정은 조선해양공학에 핵심역량을 함양할 수 있는 다양한 융합 교과목을 개편하고 발굴하는 과정으로 개편되어야 한다. 기존 교과와 같이 특정 이론을 한 학기 동안 강의하는 방식을 지양하고, 목적에 맞게 필요한 이론을 조합한 과목

구성이 필요하다.

또한, 기존 조선해양공학 교육과정에 핵심 역량을 함양할 수 있도록 내용 변경하고 부족한 부분은 신규로 교육과정을 추가하여 기존 교육과정과 융합할 필요가 있다. 이론 중심보다는 실험 · 실습을 포함한 조별 활동이나 프로젝트 기반 수업 등 학생 중심의 참여형 수업 개발이 요구된다.

[그림 7] 미래 조선해양공학 교육과정 예시

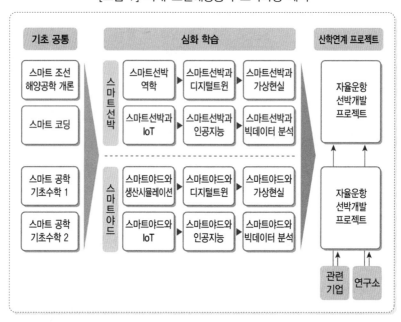

신규 교과목이 늘어나는 만큼 기존 교과목의 축소가 불가피하며 현실적으로 필수적인 교과목을 선별하여 교과목을 개편하려는 노력이 필수적이다. 목표지향과 프로젝트 중심으로 필요한 이론과 실습을 수행할 수 있도록 교육 내용이 개편되어야 하며, 쌓아올리던 방식(Bottom-Up) 관점에서 목표 달성을 위한 방법론을 정의하는 방식(Top-Down)으로 변경할 필요가 있다.

해상 사건의 다양한 분쟁 해결 방안

이성철(법무법인 평산 대표변호사)

1. 다양한 해상 사건과 법원(대한민국, 영국 법원)

가. 제부도사건 - 2007다38618손해배상(기)

나. F.I.O.특약과 해상 운송인의 책임 2007다50649(구상금)

다. 허베이 스피리트호 충돌 유류오염사건(법률신문), 한진해운 물류 대란 사건(법학 연구), 세월호 사건(조선일보), 시 프린스 호 사건(한국경제신문)

라. 대한민국 법원(전자소송, 전문법원, 전문재판부)과 영국법원

제부도사건 - 2007 다38618손해배상(기)

1) 기초사실

- 피해자들 일가족 14명은 2005. 5. 15. 망인 A 운전의 1톤급 레저용보트를 타고 화성시 전곡항을 출발하여 같은 시 우정읍 국화리 소재 입파도로 나들이 가기로 하고, 같은 날 09:04경 인천해양경찰서 소속 전곡출장소에서 입항신고 후 입파도로 출발하였고, 피해자들은 같은 날 16:20경 전곡항에 귀항할 예정이었다.

- 입파도에서 나들이를 마친 A 등 일가족 14명은 두 조로 나누어 전곡항으로 입항하기로 하고, 우선 피해자들이 같은 날

16:10 경 보트에 탑승하였고, 나머지 6명은 입파도에서 대기하였으며 이때 피해자들은 모두 구명조끼를 착용한 상태였다.

- 피해자들이 탑승한 보트는 같은 날 16:20경 입파도 북동방 약 5.2km지점(37-08-39 126-35-16E)에 이르러 보트의 스크류 상단부분이 수류식 김 양식장의 외곽을 연결하는 14밀리미터 나일론 로프에 걸리는 바람에 그 무렵 침몰하기 시작하였다.

- 피해자들은 그 무렵부터 구명조끼를 착용한 상태에서 김 양식장의 부표 등에 의지하면서 구조를 기다렸으나, 원고 1명만 다음 날 06:20경에 이르러 인천해경에 의해 구조되었고, 나머지 피해자들은 모두 저체온증 등으로 사망하였다.

2) 피고(피고 소속 공무원들)의 시각별 조치(2005.5.15.부터 16.까지)

- 20:00경 입파도에서 대기하던 피해자 가족 B가 전곡출장소에 연락하여 피해자들의 입항여부를 문의. 직주보조자 L은 "17:00경 입항한 것 같으니 확인 후 알려주겠다"고 대답함.

- 20:22경 L은 B에게 "17:00 경 피해자들이 입항하였다"고 대답. 이후 L은 망 A의 전화로 계속 통화를 시도하였으나 실패함.

- 20:30경 L은 전곡출장소장 순경 C에게 연락, C는 전곡출장소로 귀소하였고 C는 그 무렵부터 망 A 등에 대한 통화시도 및 외부에 주차된 망 A의 차량을 확인하는 방법으로 피해자들의 입항여부를 확인한 결과, 피해자들의 입항이 안 되었음을 확인함.

- 20:52경 J는 대부파출소 순경 K에게 보트실종 구두보고 및 구명정 세라-37 출동요청. K는 같은 파출소 경장 H에게 이를 전달함.

- 21:10경 대부파출소 부소장 S가 출근하자 H가 위 '보트실종' 구두보고 및 구명정 세라-37의 출동 건의. S는 별다른 조치를

하지 아니하고 피해자 등의 인적 사항을 파악할 것을 지시함.

3) 당사자들의 주장

국가의 불법행위(업무상 주의의무 위반 과실 유무) 인정 여부

4) 판단

해양파출소 출장소장 및 그 직주보조자에게는 인근해역으로 입·출항하는 선박의 신고 업무 등을 담당하는 자로서, 선박이 출항 시에는 인근해역의 기상상태, 특히 주의를 요하는 지형/지물의 위치 등 항해의 안전에 필요한 사항을 미리 고지하고, 선박의 입항 시에는 항해 시 위험요소 유무 및 출항인원이 무사 귀환여부 등을 확인하여야 할 업무상 주의의무가 있다. 한편 출항한 선박이 입항예정 시간을 초과하여 귀항하지 아니할 경우 즉시 출항자의 위치파악을 시도하여야 하며, 출항자의 위치파악이 불가능할 경우 즉시 상급지휘체계에 이를 보고하여 신속한 초동 조치를 취할 수 있게 하여 유사시 발생할지 모르는 국민의 생명·신체에 대한 위해를 미연에 방지해야 할 업무상 주의의무(경찰법 제3조 및 경찰관직무집행법 제2조 참조)가 있다.

한편 파출소 부소장으로서 당시 파출소 야간근무 대행자도 야간근무시 근무지에 임하여 관내에서 발생하는 중요사건에 대하여 신속하게 상황을 보고하고 순찰정을 출동시키는 등 적절한 초동조치를 취하여 조난사고로부터 국민의 생명과 재산을 보전할 업무상 주의의무(경찰법 제3조, 수난구조법 제1조 참조)가 있다.

F.I.O. 특약과 해상 운송인의 책임 2007다50649(구상금)

1) 기초사실

① 피고는 송하인으로부터 S회사에 수출하는 열연/내연강판코일 (Stainless Hot/Cold Rolled Steel Sheet in Coil)을 한국 포항항에서 일

본 오다이바(ODAIBA)항으로 운송하여 달라는 의뢰를 받고, 2003. 11. 30. 이 사건 화물을 인도받아 웰시포스(WEALTHY POS)호에 선적한 다음 이 사건 화물 중 33개 열연/내연강판코일에 대하여 선하증권번호(1생략)로 된, 69개 열연/내연강판코일에 대하여 선하증권번호(2생략)로 된, 5개 내연강판코일에 대하여 선하증권번호(3생략)로 된 3개의 선하증권을 각 발행하였다.

② 한편, 이 사건 각 선하증권에는 "Freight & Charge"란에 "F.I.O. BASIS"라고 기재되어 있으며, 이 사건 화물들에 대한 적부 및 고박 작업은 송하인 측에서 비용을 들여 그 지시에 따라 D회사를 통해 이루어졌다.

2) 운송인의 주의의무 위반 여부

이 사건 F.I.O. 특약에도 불구하고, 운송인이 피고는 이 사건 화물의 선적 및 적부 작업 과정에서 선박의 감항능력이 훼손되지 않도록 하기 위하여 그 한도 내에서 선적 및 적부 작업을 감독할 기본적인 의무를 여전히 부담한다고 할 것인데, 갑 제1호증, 갑 제9호증, 을 제2호증의 4의 각 기재, 변론 전체의 취지에 의하면, 운송인인 피고는 D회사의 인부에 의한 적부 작업 개시 전 적부와 관련한 사전 정보를 신양을 통해 제공하였고, 웰시포스호의 일등항해사는 적부 및 고박 작업의 수행 상태를 최종적으로 확인하였으며, 이 사건 화물 운송을 위한 항해 중 극히 일부에 해당하는 코일만이 손상되었다는 사실을 인정할 수 있는바, 이러한 인정사실에 비추어 보면, 운송인인 피고로서는 위와 같은 기본적인 주의의무를 다한 것이라고 봄이 상당하다.

3) 소결론

이 사건 F.I.O. 특약에 따라 이 사건 화물을 적부하는 것은 운송인인 피고의 의무가 아니라 화주측의 의무라고 할 것이며, 이 사건 화물의 선적 및 적부 작업 과정에서 선박의 감항능력이 훼손되지 않도록 하기 위하여 그 한도 내에서 선적 및 적부 작업을 감독할 기본적인 의무 위반을 인정할 수 없는 이 사건에 있어서, 송하인이 이 사건 화물의 적부와 관련하여 적절한 적부 방법을 강구할 주의 의무를 위반함에 따라 이 사건 화물 중 일부의 손상이 발생한 이상, 피고는 화주 측에 대해 운송계약상의 채무불이행책임 또는 불법행위책임을 부담하지 아니한다고 할 것이다. 따라서, 운송인인 피고의 손해배상책임을 전제로 구상금을 청구하는 원고의 위 주장은 이유 없다.

[이 사건 소가 제기되기 전에 원고와 피고는 상법 제811조에 정한 기간을 2005. 3. 5.까지 연장하기로 합의하였다.]

허베이 스피리트호 충돌과 유류오염배상책임

(시간상 간략 설명)

한진 해운 물류대란과 이에 대한 법률적 쟁점

(시간상 아래 목차로 간략 설명)
- 주 저자: 이성철 수원지방법원 행정 1부 부장판사
- 공동 저자: 김영석 대법원 재판연구관

■ 목 차
Ⅰ. 서언
 1. 문제의 제기
 2. 법률적 쟁점
Ⅱ. 쟁점별 검토
 1. 하주와 운송인 관계
  (1) 누가 운송인인가(Who is liable as a carrier)?
  (2) 이로(항로 이탈, deviation) 등
 2. 하주와 보험사와의 관계
 3. 정기용선, 항해용선 또는 선체용선 계약 관계

4. 매도인과 매수인과의 관계 등
5. 하역업자와 운송인과의 관계 - 선박에 대한 강제 집행
  (1) 선박에 대한 강제집행절차
  (2) 도산절차가 강제집행절차에 미치는 영향
6. 위 운송주선인, 보험사, 하역업자, 은행 등 채권단과 한진해운과의 관계
  ─회생절차 개시
Ⅲ. 결어─대책을 포함하여

[서울중앙지방법원 국제재판부(지적재산전담부, 기업, 국제거래 전담재판부의 적극적 활용 권고]

법원조직법 제62조의2가 2018. 6. 13. 시행되고 관련 대법원 규칙이 제정됨에 따라 쌍방 당사자가 동의하는 사건에서 영어로 변론하는 것이 허용되게 되었고, 서울중앙지방법원은 이러한 사건을 효율적으로 처리하기 위해 세 개의 지적재산 전담 합의부를 국제재판부로 동시에 지정하고, 동시통역인력 확보 및 통역 부스 설치를 완료하는 등 물적, 인적 준비를 갖추었으며, '소송절차 안내'에 국제재판 관련내용을 추가하고 이를 영문 등으로 번역하여 배포함.

특정 사건이 국제재판사건으로 진행되는 경우, 이는 쌍방 당사자에게 영어로 변론하고 영어로 준비서면 등을 제출할 것을 강요하는 것이 아니라, 원하는 당사자나 관계인의 경우 영어로도 변론 등을 할 수 있게 하고 영문 증거를 번역할 필요 없이 제출하도록 허용하겠다는 것임. 따라서 국내 대리인의 경우에는 국어로 변론하는 것이 당연히 허용하고, 재판부 역시 국어로 재판을 진행함.

국제재판사건으로 진행되는 경우 통역 비용은 법원이 부담하게 되고, 판결이 선고된 경우 법원이 영문의 판결문도 제공하여 다른 사건에서 유력한 증거로 활용될 수 있어 당사자에게 유리한 요소가 적지 아니함.

Admiralty and Commercial Court가 현재 상주한 Rolls Building은 2011년 7월에 신축한 건물로서 와이파이, 오디오, 컴퓨

터 시설 등 최첨단 장비를 갖추고 있다. 모든 해상사건은 해상법원의 해사부에서 담당하고 있으며 연간 접수되는 200~300사건은 대부분 조정이나 중재로 해결하고 2~3건만이 소송으로까지 이어짐. 조정이나 중재비용은 일반적으로 2,000~3,000파운드화 정도이며 철저하게 민간의 영역으로서 법원은 관여하지 않음. 대형사건의 소송비용은 150만~200만 파운드임.

해상사건의 재판 심리 기간은 보통 12~18개월이며, 사고원인은 선원 운항과실, 감항능력주의 의무 위반 등이 있으며 Act of God 은 거의 없음.

다른 사건에 비해 해상사건이 다소 어려운가에 대한 질문에 대해, 판사 본인도 물론이지만 법관들이 각자의 분야에 전문성을 갖게 되기 때문에 특별히 해상 사건이라고 해서 일반 사건보다 난해하지는 않다고 겸손해함.

해상사건의 청구 권원은 계약법상 위반이 일반적이며 피해자에게 손해배상을 함에 있어서 국가가 선(先) 보상 후(後) 구상하는 제도는 없고, 계약 당사자들 간에 해결하도록 함. 하지만 유류오염 사건은 환경 문제와 관련이 있기 때문에 국가가 어느 정도 개입하고 있음. 세월호 사건과 허베이 스피리트호 유류오염 사건 모두를 기억하고 있었음.

영국 법원

영국 해상법원 법정

법관들의 사건 처리량은 꽤 많은 편으로 월요일부터 목요일까지 거의 매일 재판이 있고 금요일에는 소규모 재판준비 회의(interlocutory hearing)가 여러 건 있어서 업무량이 많은 편이다. 간혹 오전 7시 30분에 업무를 시작해서 오후 7시 30분까지 12시간 근무를 하는 경우도 있음.

권력분립의 일환으로 2006년 법률 제정 후 최고법원(House of Lords)의 기능을 2009년 새로 탄생한 대법원으로 모두 이전하였고 현재 상원은 정치 및 입법기관으로만 남아 있음.

징벌적 손해배상 제도는 미국법상으로 존재하는데, 영국에 징벌적 손해배상판결은 거의 없으며, 간혹 있다 하더라도 그 손해배상의 산정방식도 구체적으로 정해진 것이 없다고 함. 법관이 배리스터로 전직하는 사례는 없으며, 법관이 되기 전 이미 배리스터 경력을 충분히 쌓기 때문에 다시 배리스터를 할 필요도 없음. 사법의 투명성과 공정성 면에서도 바람직하지 않다. 퇴직 이후에 조정위원(mediator)이 되거나 Barrister가 아닌 Solicitor 사무실의 고문(Consultant)으로 가는 경우는 있음. 70세 정년퇴직을 하면 보통 일보다는 쉼을 누리려고 함.

화상재판은 매우 간혹 이루어지긴 하나, 결과는 그리 만족스럽지 않고, 모든 문서는 전자로 보관하고 있는 듯함. 해상법원이지만 관련 형사사건은 드문 편이라고 함. 해난사건의 최고 구형은 과실치사(Manslaughter) 등 중대 범죄가 인정되면 종신형까지 선고할 수 있으며 최소 15년 동안 가석방을 받을 수 없음. 구체적인 양형 가이드라인에 따라 범죄의 경중에 따라 15, 25년 등 양형이 정해져 있음. 형사 사건의 심리 기간도 12~18개월이 보통임.

법원의 판단 및 양형에 대해 국민들은 보통 관대하다고 여김. 그러나 막상 가상의 시나리오로 모의 재판을 시행해 보니 일반인들 또한 관대한 처벌을 하게 되었음. 법조계 내에서는 간혹 자신의 색

깔과 목소리를 주장하는 경우도 있다고 함.

 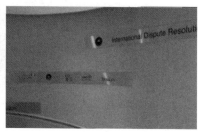

영국 대법원 법정. 영국중재법원(LCIA)

2. 조정 중재

우리나라의 조정제도

1) 조정이 필요한 사건

사례: 공사대금(공사의 하자, 지체상금), 대여금(계금), 임대차 분쟁 (원상회복과 보증금 등)과 조정 전치, 감정료가 비싼 사건 5,000만 원, 3,600만 원>증권사건, 상속 사건(진천군 10년간), 자매 경마 사 건, 조정신청 사건, 조기조정제도 시행 중(2010.4.부터 재판 전 조정)

임대차분쟁조정위원회, 한국의료분쟁조정중재원, 자동차보험사건 자동차구상금분쟁심의위원회(13개 보험사와 6개 공제사 협의 및 심의), 형사 사건에서 조정-조정률이 높다.

해사분쟁심의위원회 검토 여하-해양수산부

2) 조정의 종류 : 임의조정, 강제조정, 화해권고(언제든지 가능)

전속조정위원, 상근조정위원, 상임조정위원(각급법원 조정센터) 약 234명 재판부 조정, 조정 전담부 조정, 조정위원회 회부(소액재판부 등), 외부연계형 조정(컨텐츠분쟁심의위원회), 서울지방변호사회 조정 성공률 15.5%~21.3%

[미국에서의 조정]

Mediation in the US

- There is no universal style or governing rules for mediation in the United States
  - No minimum qualifications for all US mediators
  - No standard code of ethics
- It is different for each state

Mediation in the US

- No statewide oversight of mediators
- No minimum qualifications for mediators
- Very limited rules for court-appointed mediators
- Some judicial programs

- Significant judicial oversight of mediators
- Mandatory qualifications for mediators
- Rules for court appointed mediators
- Many judicial programs

Mediation in the US:

- Ways to address these challenges:
  - Do not wear a robe when mediating
  - Do not mediate sitting on the bench
  - Do not mediate in the courtroom if possible

Mediation in the US:

- Ways to address challenges:
  - Consider the mediation environment
  - How do you prepare for the case?
  - Set the expectations
    - In advance
    - In the mediation itself through party orientation

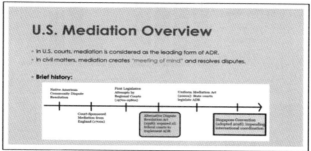

중재제도(대한상사중재원, LCIA 등)

하나금융 론 스타와의 1조 5,700억 원 소송

삼성중공업 ≫ 수천억 원 상당의 중재 소송 런던중재법원, 허베이 스피리트호 충돌 사건 당시 기름 유출사고와 관련하여 대한상사중재원이 삼성중공업의 지역발전기금 수탁 운용 등에 관리

중재법-총칙, 중재합의, 중재 판정부, 임시적 처분, 중재절차, 중재판정, 효력과 불복, 승인과 집행, 보칙

(언어, 중재지, 중재인⋯)

중재규칙

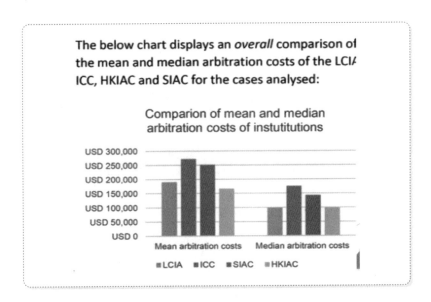

판결, 조정, 중재의 비교

[시간, 비용, 결론의 일관성, 심리의 공개 여부, 사건의 유형 등]

판결 – 각 나라가 거의 3심제, 제소기간, consistency

조정 – 조정에 이의가 가능, 몇 번이라도 조정 가능. 비용이 절약

중재 – 장점: 단심. 기밀성, 시간과 비용이 절약. 당사자 간 합의
　　　가 용이, 비밀 유지 의무가 엄격하게 적용

　　　국내 중재 – 공평 신속 저렴; 국외 중재 – 적절 공평, 국
　　　제적 통용성

　　　단점: 상대방의 지연 작전에 방지 수단이 취약, 항소 기회
　　　가 없음. 집행지 법원에서 별도의 집행 판결을 받아야 함
　　　(일관성 여하)

중재의 발자취(2000년 이후 급증)

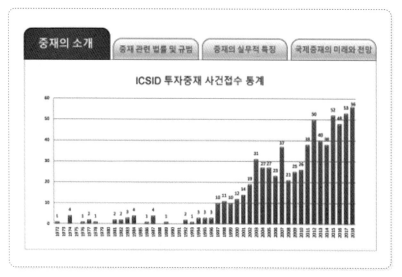

[중재제도의 변화(퀸 메리대학 국제중재센터와 White&Case 로펌 설문조사)]

장점: ① 판정의 집행력(Enforceability of awards, 64%), ② 특정 법체계/특정국 법원의 회피(Avoiding specific legal systems/national courts, 60%), ③ 유연성(Flexibility, 40%), ④ 당사자의 중재인 선정 가능성(Ability of parties to select arbitrators, 39%), ⑤ 비밀성 및 프라이버시(Confidentiality and privacy, 36%), ⑥ 중립성(Neutrality, 25%), ⑦ 종국성(Finality, 16%), ⑧ 속도(Speed, 12%), ⑨ 비용(Cost, 3%), ⑩ 기타(Other, 2%) 순.

≫ 중재절차는 법원에 의한 재판절차가 아니기 때문에 절차의 유연성이 존재하고, 특정 법체계에 구속되지 않는다는 점이나 중립성을 담보할 수 있으면서도, 그 판정이 종국적(final)이고 판정에 구속력(binding effect) 및 집행력(enforceability)을 부여할 수 있다는 점이 장점으로 고려되고 있음을 알 수 있다. 나아가, 중재절차의 비밀성

으로 인하여 영업비밀이나 중재판정의 내용이 공개되지 않을 수 있다는 점 역시 당사자들이 중재절차를 선호하는 이유 중 하나이기도 하다.

흥미로운 점은, 초기에는 중재절차가 법원에 의한 재판절차에 비하여 비용이나 시간의 측면에서 효율적이라는 점이 장점으로 설명되기도 하였는데, 실무상 시간이나 비용, 특히 비용이 중재절차의 장점이 아닌 단점으로 여겨지기도 한다는 점이다.

약점: 퀸메리 대학의 설문조사에서 67%의 응답자가 ① 비용이 국제중재절차의 약점이라고 응답하였고, 그 다음으로 ② 중재절차 내 효과적 제재 수단의 결여(45%), ③ 제3자에 대한 강제력의 결여(39%), ④ 신속성 결여(34%), ⑤ 국내 법원의 간섭(23%), ⑥ 국제중재기관의 중재인 선정과 임명에 대한 관여 결여(15%), ⑦ 실체적 판단에 대한 항소 메커니즘의 결여(14%), ⑧ 중재기관의 효율성에 대한 관여 결여(11%), ⑨ 기타(7%), ⑩ 유연성 부족(2%) 순이었다. 나아가 중재 절차의 단점에 대하여 응답자 중 34%가 신속성 결여를 꼽았고, 또한 대한상사중재원의 설문조사에 의하면, 일방이 지연 전략을 펼치는 경우 절차가 늦어진다는 답변이 있었고, 중재 절차 내에서는 지연 전략에 대하여 대응할 수단이 마땅치 않다.

[국내 설문조사(중재 변호사 대상)]

장점: 단심제, 비밀유지의무

단점: 높은 비용, 단심제로 항소 가능성이 봉쇄된 점, 당사자 제재 수단이 미흡, 결과 예측이 어려움, 절차의 공정성 여하

[태안반도 앞 허베이 스피리트호 사건: 펀드나 선주와 피해자들 간의 조정(Mediation)은 환영한다. 그러나 중재(Arbitration)는 그것에 기속(binding)되므로 이용하지 않는다고 하였다. (즉 조정은 이의신청이 가능하지만, 중재는 이의절차가 없고 risk가 있다는 취지)]

≫ 국제상사법원을 분쟁 해결의 새로운 대안으로

1) 영국(LCIA), 네덜란드(NCC), 중동 아시아 두바이(DIFC Courts), 카타르, 아부다비, 싱가포르, 중국 국제상사법원

2) 전자소송화 3) 관할 4) 외국 법관 법원조직법 42조, 외국 변호사 대리 여하

제 **3** 부

선원 · 해양관광 · 해양환경

오션폴리텍의 해기사 양성 과정 _ 박기태

해운인력 양성과 인천해사고의 교육제도 _ 김상환

크루즈산업에 대한 이해 _ 김영승

바다로 들어간 플라스틱, 그 후 _ 홍선욱

인천해저도시로 가자 _ 임현택

오션폴리텍의 해기사 양성 과정

- 2021년도 양성과정 교육생들과 함께 -

박기태(한국해양수산연수원 교수)

1. 오션폴리텍 해기사 양성과정을 선택하는 사람들은?

Q. 선박에서 근무하면 근무 형태가 육상과는 다르지만 수입도 괜찮고 정년도 없다면서요? 그리고 승선경력이 있으면 해양의 다양한 분야에서도 일할 수 있다면서요? 어떻게 하면 선박에서 근무하는 해기사가 될 수 있나요? 승선(학과)과정이 있는 해양수산계열 고등학교나 대학교에 들어가야만 해기사가 될 수 있나요?

A. 아니오! 비해양수산계열 대학교나 고등학교를 졸업하시거나 다른 전공을 이수하셨더라도 한국해양수산연수원의 오션폴리텍에서 해기사 양성과정을 수료하시면 해기사가 될 수 있습니다!

'해기사'란? 선박에 관한 전문지식을 가지고 정부가 인정하는 면허를 소지하고 있는 자를 말한다. 이 면허를 해기면허라고 부르는데 취득을 위해서는 선박직원법[1]에 명시되어 있는 취득하고자 하는 급수에 따른 승선경력이 필요하다. 3급과 4급 해기면허 취득에 필요한 승무경력을 예로 들면 각 급수 기준에 맞는 규모와 설비를 갖춘 선박에서 3급은 5년 그리고 4급은 4년 동안 승선을 하면서 경력을 쌓아야 한다. 하지만 해기교육 지정교육기관에서 해양수산부

---

1) 선박직원법 시행령 [별표 1의3] 해기사면허를 위한 승무경력(제5조의2관련)

장관이 인정하는 교육과정을 이수하게 되면 선박직원법 시행령의 특례[2]를 적용받아 해기면허 취득을 위한 승무경력의 전부 또는 일부를 충족한 것으로 인정받을 수 있다. 즉, 지정교육기관들을 통하게 되면 특례 적용으로 인하여 해기면허 취득에 필요한 승무경력 충족 기간을 1~2년 가량 단축되는 효과를 얻을 수 있다. 그리고 이에 더하여 해당 교육기관이 오랜 기간 동안 축적해온 체계화된 교육 시스템에 의한 혜택도 받을 수 있기 때문에 대부분의 자국 해기사들은 지정교육기관들을 통하여 양성되고 있다.

국내에서 해기면허를 취득한 해기사를 양성하고 있는 지정교육기관은 해양 및 수산계열의 8개의 대학교들(3급해기사)과 9개의 고등학교(4급 및 5급해기사)들 그리고 해양경찰(5급해기사)과 한국해양수산연수원(3급 및 5급, 6급해기사)이 있다. 이 중 17개의 학교들은 주로 학령인구가 입시제도에 따라 입학하고 해양경찰은 임용된 후 해기능력을 교육훈련 받을 수 있는 구조이다. 때문에 학창시절 해양이나 수산계열 학교를 진학하지 못했던 사람들은 해양경찰로 임용되지 않는 한 지정교육기관을 거쳐 해기사가 되기는 쉽지 않다.

해양수산과 관련 없는 전공을 가진 사람들이 선박에서 근무하는 해기사가 되기 위해서는 법에서 정하는 기준에 맞추어 해기면허가 필요 없는 직종으로 승선근무를 시작하여 필요한 승무경력을 만든 후 해기면허 시험에 응시하는 방법과 해기능력 교육훈련에 필요한 기초적인 학습능력을 갖추어 한국해양수산연수원(지정교육기관)의 오션폴리텍 해기사 양성과정을 선택하는 방법이 있다.

한국해양수산연수원의 해기사 양성과정인 오션폴리텍은 연령과 성별의 제한 없이 대한민국 국민 누구나 지원할 수 있다. 다만 과정이 개인의 목적(취업)과 산업계의 목적(인력확보) 모두 충족하여야

---

2) 선박직원법 시행령 제16조(지정교육기관의 교육과정 이수자 등에 대한 특례)

하므로 양측의 요구를 모두 수용하거나 절충하기는 쉽지 않다. 지원자의 취업과 산업계의 인력확보를 달성하기 위하여 정원과 연령대, 성별 비율 등과 같은 부분들은 수시로 조율 및 결정된다. 즉, 대체로 교육생의 선발은 산업계의 상세한 수요가 비중 있게 반영되는 편이다. 그리고 해기능력 교육훈련을 위한 기초적인 학습능력과 선박이라는 근무 환경에서 적응하기 위한 성향까지 감안하여 계획된 인원을 선발하고 해양수산부장관이 인정하는 교육과정을 통하여 '상선 및 어선해기사'로 양성한다.

오션폴리텍에 지원하는 사람들은 비승선 분야의 다양한 경력과 경험들을 가지고 있기 때문에 양성과정을 통하여 해기사로 양성되어 해기사로서의 경력이 더해질 시 때 특별한 전문성을 가진 해기사가 될 가능성이 높다. 오션폴리텍은 대한민국 국민 모두에게 해양 전문가(해기사)로 일할 수 있는 기회를 제공하고 해양수산 분야가 생애 처음이더라도 체계적인 양성교육을 통하여 바다에서 또 다른 기회를 찾을 수 있도록 지원한다. 그리고 양성된 인재들이 안정된 취업을 통하여 국가와 개인의 발전에 기여하고 현장에 투입된 고급 인력들이 산업계 활력에 기여하게 만드는 것이 오션폴리텍의 기본적인 목표이다.

[사진 1]은 2021년도 상선3급 양성과정에 참여한 교육생들이다. 2021년도에는 상선3급 양성과정(항해전공 26명＋기관전공 23명 수료)과 상선5급 양성과정(항해전공 10명＋기관전공 10명 수료)이 개설되었다.

오션폴리텍 해기사 양성과정 지원자들은 사진 속에 교육생들처럼 다양한 사회 경력을 가지고 있는 인재들로 이 과정을 통하여 기존 경력에 해기능력이 더해져 다른 해기사 양성기관에서 보기 어려운 복수 전공을 겸비한 해기사로 거듭난다.

[사진 1] 2021년도 상선3급 양성과정 교육생들

2. 정부 정책에 따릅니다!

해기사 양성으로 본 한국해양수산연수원 연혁

한국해양수산연수원은 1996.8.8. 해운항만청과 수산청이 해양수산부로 통합되면서 해양 분야 기관들에 대한 구조 조정의 일환으로 한국어업기술훈련소(1965~1997)와 한국해기연수원(1993~1997)을 통합하여 설립되었다.

한국해양수산연수원의 원류 중 한 곳인 한국어업기술훈련소(1965~1997)는, 국제연합 계발계획 특별기금사업(UNDP/SF) 기본협정에 의거하여, 국제연합 식량농업기구(UN/FAO)를 집행기관으로 그리고 한국정부의 농림부와 수산청을 감독기관으로 하여 '원양어업기술훈련소(1965~1978)'로 시작되었다. 국권은 회복하였지만 식민지 수탈을 겪고 전쟁으로 산업기반까지 무너진 한국 사회에서 일자리 부족은 필연적으로 당면한 사회문제였다. 고등교육을 받은 국민들조차 일자리를 찾기 힘들 정도로 심각한 상황이었기 때문에 한국어업기술훈련소에는 이러한 사회 상황에서 국제원조를 통하여 사회문제를 조금이라도 완화해 보고자 하는 정책 의지가 담겨졌다. 이후 13

년간 기금으로 운영되던 사업은 국내 여건상 좀 더 사업연장에 대한 필요가 요구되었으나 국외 상황으로 기금의 계속적인 지원이 어려워져 정부 단독 특수법인 '한국어업기술훈련소(1978~1997)'가 설립되어 사업을 지속하다 1998년 한국해양수산연수원으로 이어지게 된다.

그리고 다른 나머지 원류는 해기연수원(1981~1997)이다. 2차 대전 종전 후 선진국 중심의 해운시장에서 선진국들의 자국민 승선기피 분위기가 생겨나면서 개발도상국으로부터의 해기인력 진출이 확대되고 있었다. 한국도 이러한 분위기에서 해기인력의 해외진출이 증가되고 있었다. 그리고 어수선한 사회상에서 정부를 대신하여 해기사들이 자발적으로 '대한해원협회(1954~, 현 한국해기사협회)'를 구성하고 해운정책과 해기인력을 주도적으로 보조하기 시작했다. 이렇게 구성된 해기사협회는 점차 강화되는 국제규제(해기인력)에 따라 한국 해기인력에 가해지는 직접적인 피해와 국가의 외화획득 감소와 같은 간접적인 피해가 초래되는 상황을 타개하기 위하여 1981년 IMO STCW 소위원회 참여 후 항만국통제 대비에 대한 당면과제 등을 해운당국에 건의하였고 1981년 한국해기사협회 부설 해기사연수원(1981~1983) 설립을 승인받게 된다. 당시 국제적으로 활동하던 해기사들에게 국제사회의 움직임은 민감한 사안이었으나 국내에서는 국제상황에 맞추어 대응하지 못하고 있었기에 해기사들을 중심으로 1981년 한국해기사협회 부설 해기연수원이 설립되었지만 해운산업의 비중에 비하여 아직까지 체계적이지 못하였다. 정부 주도로 관련 국제규정을 국내법으로 수용하여 체계적으로 관리할 필요가 있었다. 하지만 해기연수원에 대한 법적인 설립 근거를 마련하기까지는 상당한 시간이 걸렸고 그 기간 동안 한국해기사협회는 '운영위원회'를 통하여 수익자부담 형태로 운영되다 운영 예산 확보를 위하여 1983년 설립근거 확보 시까지 임시로 '부산선원학교

[그림 1] 한국해양수산연수원의 설립

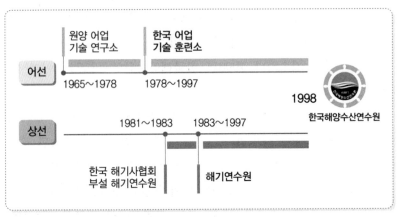

(1978~현재, 현 부산해사고등학교로 계승됨) 부설 해기연수원'으로 이관하고 설립근거 확보를 위한 선원법의 개정 때까지 예산 외의 부분은 이전과 같은 형태로 운영하게 되었다. 이후 해기연수원으로 운영되다 1998년 한국해양수산연수원으로 이어지게 된다.

한국해양수산연수원는 국권회복 후 해기사, 산업계 그리고 정부 정책과 함께 해 왔다. 그리고 1965년부터 '해기사 양성'은 개인과 산업계의 필요에 따라 다양한 기금의 지원을 바탕으로 운영되었다. 개인은 일자리와 전문성(해양전문가)을 원하였으며, 산업계는 사업을 이끌어갈 인재들을 필요로 하였다. 그리고 정부는 해양산업의 육성을 기대하였다.

오션폴리텍 해기사 양성과정의 종류(2021년 기준)

1) 상선3급 해기사

주로 원양을 항로로 하는 대형 상선까지 근무 할 수 있는 3급 해기면허 취득에 필요한 교육훈련 및 각종 법정교육을 STCW에 근거하여 최소 751시간에 걸쳐 시행한다. 과정 개설이 확정된 후 계획에 따라 운영되며, 교육생은 협력단체(한국해양수산연수원＋한국해운협회＋한국선박관리산업협회＋선사(산업계))에서 공동으로 선발하여 한국해양수산연수원에서 '6개월간 이론＋3개월간 실습선 실습'(2023년부터 '6개월간 이론＋5개월간 실습선 실습'으로 변경됨)을 진행하고 선사 선박에서 '9개월간 실습'(2023년부터 '7개월간 실습'으로 변경됨) 과정을 거치게 된다. 약 18개월간의 과정에 성실하게 임하고 기본영어 사용능력 및 해기면허(3급) 필기 합격이 확인될 시 수료를 인정한다.

수료 후 국외(원양)를 주요 사업 영역으로 하는 선사의 컨테이너선 및 벌크선, 탱커선, LNG/LPG선, 케미칼선, 자동차운반선 등에 초임 3등 항해사 및 기관사로 취업하게 된다.

2) 상선5급 해기사

내항 또는 연근해 상선에서의 근무를 위하여 해기면허(5급) 취득에 필요한 교육훈련 및 각종 법정교육을 STCW에 근거하여 최소 504시간에 걸쳐 시행한다. 과정 개설이 확정된 후 계획에 따라 운영되며, 교육생은 협력단체(한국해양수산연수원＋한국해운조합＋선사(산업계))에서 공동으로 선발하여 한국해양수산연수원에서 '4개월간 이론＋1개월간 실습선 실습'을 진행하고 선사 선박에서 '1개월간 실습' 과정을 거치게 된다. 약 6개월간의 과정에 성실하게 임하고 해기면허(5급) 필기 합격이 확인될 시 수료를 인정한다.

수료 후 국내외(내항 및 연근해)를 주요 사업 영역으로 하는 선사의 컨테이너선, 벌크선, 탱커선, LNG/LPG선, 캐미칼선, 예인선, 여객선 등에 초임 3등 항해사 및 2등/3등 기관사로 취업하게 된다.

〈표 1〉 양성과정의 종류

과정명 구분	상선분야		어선분야
	상선3급	상선5급	어선5급
법적근거	선박직원법 시행령 제16조 제1항, 제3항	선박직원범 시행령 제16조 제5항	선박직원범 시행령 제16조 제5항
지원자격	전문대졸 이상	제한 없음	제한 없음
교육기간	9개월 (이론6월+승선실습3월)	5개월 (이론4월+승선실습1월)	5개월 (이론4월+승선실습1월)
교육내용	STCW모델코스기준 751h	STCW모델코스기준 504h	STCW모델코스기준 504h
면허취득	연수원 수료 후 승무 경력 9개월 충족 시 면허취득	연수원 수료 후 선사 실습 1개월 충족 시 면허취득	연수원 수료 후 선사 실습 1개월 충족 시 면허취득
협력기관	한국선주협회 한국선박관리산업협회	한국해운조합	한국원양산업협회 대형선망수협

※ 상기 표는 2021년 기준으로 작성되었으며, 사업계획 및 과정 수정/설계에 따라 과정
의 종류 및 교육기간이 변경될 수 있음

3) 어선해기사

원양 및 연근해, 내해 어선에서의 근무를 위하여 해기면허(5급)
취득에 필요한 교육훈련 및 각종 법정교육을 STCW에 근거하여 최
소 504시간에 걸쳐 시행한다. 과정 개설이 확정된 후 계획에 따라
운영되며, 교육생은 협력단체(한국해양수산연수원+한국원양산업협회+
대형선망수협+선사(산업계))에서 공동으로 선발하여 한국해양수산연
수원에서 '4개월간 이론+1개월간 실습선 실습'을 진행하고 선사 선
박에서 '1개월간 실습' 과정을 거치게 된다. 약 6개월간의 과정에
성실하게 임하고 해기면허(5급) 필기 합격이 확인될 시 수료를 인정
한다. 수료 후 수산분야 선사에 초임 3등 항해사 및 기관사로 취업
하게 된다.

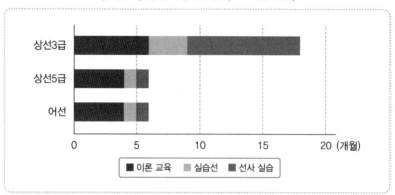

[그림 2] 양성과정별 기간(2021년 기준)

출처: http://www.seaman.or.kr

교육과정의 생성

1) 승인

현재의 양성과정은 고용노동부 사업으로 계획 및 운영되고 있으나 '해기사 양성'에 대한 부분은 해양수산부 관리 영역으로 선원법[3]에 따라 수립되는 선원정책기본계획에 포함되고 있다.

해기사 양성 계획은 시장조사에서부터 시작된다. 양성 후 실제로 고용이 이뤄질 선사들을 대상으로 필요 인력에 대한 수요 조사를 시행하고 수요가 확인되면 '해양수산부 해운물류국 선원정책과'에 오션폴리텍 양성 해기사 수요 요구 현황을 보고한다. 조사된 내용에 대해 종합적으로 분석 및 검토된 후 해기사 양성의 필요 유무와 필요시의 규모가 결정된다. 이렇게 결정된 기본 내용을 바탕으로 '고용노동부 산하기관인 한국산업인력공단'에 '국가인적자원개발 컨소시엄' 사업으로 해기사 양성과정 개설을 신청한다. 이후 국가인적자원개발 컨소시엄 운영규칙에 따라 서류 및 면담 심사를 통하여 승인 여부가 결정된다.

---

3) 선원법 제107조(선원정책기본계획의 수립 등) 제3항

2) 법적 근거

해기면허(3급)의 경우, '선박직원법 제16조 제1항 2.'에 의해 해양수산부 장관이 인정하는 한국해양수산연수원 교육과정을 이수한 경우 2년과 '실습선 3개월+선사실습 9개월=1년'(2023년부터는 '실습선 5개월+선사실습 7개월'로 변경됨)을 합산하여 3년의 승선경력이 인정되어 '선박직원법 제16조 제3항'에 의하여 해기면서(3급) 시험 응시에 필요한 5년의 승선경력이 충족된 것으로 인정된다.

해기면허(5급)의 경우, '선박직원법 제16조 제5항'에 의해 해양수산부 장관이 인정하는 한국해양수산연수원 교육과정을 이수한 경우 해기면허(5급) 시험 응시에 필요한 3년의 승선경력이 충족된 것으로 인정된다.

[그림 3] 지정교육기관의 3급 면허 취득 특례

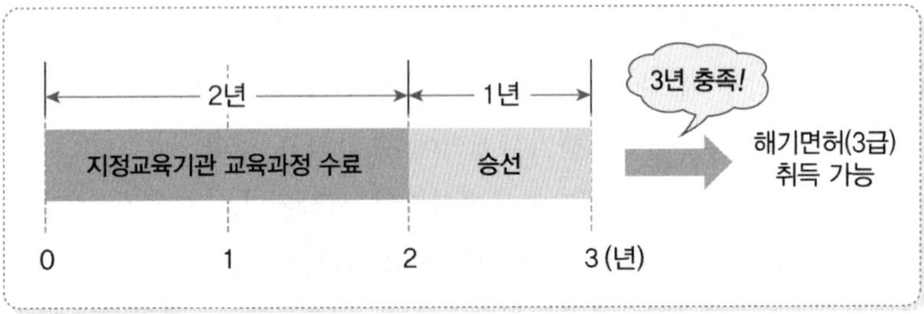

출처: 선박직원법 제16조 제1항 및 제3항

3. 이런 인재를 지향합니다

인재상

1) 개인의 바람이 명확하다

오션폴리텍 해기사 양성과정에 지원자들은 학창시절 해기교육 지정교육기관에 해당되는 대학교, 고등학교를 다니지 않았거나, 해당 학교를 다녔더라도 승선(해기면허 취득)과 관련된 전공을 하지 않았지만, 이후에 다시 오션폴리텍을 선택하여 해기사로서 해양 분야에서 새로운 목표를 가지고자 한다.

해기사가 되기 전의 경험과 경력을 바탕으로 상선 및 어선해기사로 근무하며 특별한 전문성을 기르고, 마치 바다가 가지는 여러 모습처럼 다양한 전문성으로 해양 분야에 인재가 되고자 한다.

[사진 2] 2021 상선3급 양성과정 입과식   [사진 3] 2021 양성과정 체력관리 모습

2) 산업계의 필요를 충족시키려 노력한다

현장에서 필요로 하는 해기사를 양성한다. 실무 중심의 교육을 통하여 현장에 투입시 빠르게 적응하고 현장 팀워크에 무난히 동화되도록 한다. '2021 선원정책'에 따라 실무교육 비중을 높이고 있다.

[사진 4, 5] 2021 상선3급(기관) 실무교육

3) 국가, 국민 그리고 가정에 보탬이 되자

국민의 세금으로 장기간 교육 받음을 잊지 않고 국가와 회사 그리고 가족을 사랑하는 해기사가 되고자 한다.

[사진 6] (구)한진해운의 HANJIN KOREA호   [사진 7] (구)한진해운 선박 내 태극기

4) 자기관리를 할 수 있다

건강관리, 업무관리, 학습관리가 가능한 해기사가 되고자 한다. 강철체력 보다는 관리되는 건강을 추구하고, 주어진 업무에 최선을 다하면서 내일의 성장을 위하여 꾸준히 학습한다.

해기사 양성 실적

1991년부터 현재 운영되고 있는 해기사 양성과정의 형태로 양성이 이뤄졌으며, 정부 정책에 따라 예산을 해양수산부(또는 국토해양부) 또는 고용노동부에서 지원하였다. 때문에 실적은 1991년부터 감안하였다. 지원자들은 선박에서 해기사로 근무하는 것을 당장의 목표로 하고 모인 만큼 승선에 대한 의지가 높은 편이다.

1) 상선(3급/4급) 해기사 양성과정

1991~2020년 동안 상선(3급/4급) 해기사 양성과정에서는 1,678명의 해기사를 양성하였다. 급수별로 보면 상선3급 해기사는 1,488명(항해 867+기관 621)을 양성하였고 상선4급 해기사는 190명(항해 72+기관 118)을 양성하였다.

2013~2017년 동안 양성된 상선(3급/4급) 해기사들의 승선직 취업유지율은 평균 62.3%이다. 이는 해기사를 양성하는 지정교육기관들 가운데 가장 높은 비율이다. 이러한 지표는 비해양수산계열 경력 지원자들을 모집하여 해기 인력으로 양성하는 오션폴리텍 양성

과정이 선박 현장에 근무하는 해기사 양성에서 효과적인 과정임을
나타낸다.

2) 상선(5급/6급) 해기사 양성과정

2006~2020년 동안 상선(3급/4급) 해기사 양성과정에서는 542명
의 해기사를 양성하였다. 급수별로 보면 상선5급 해기사는 516명
(항해 269+기관 247)을 양성하였고 상선6급 해기사는 26명(항해
17+기관 9)을 양성하였다. 상선6급 과정은 승선 가능한 대상 선박
이 적고 교육과정이 상선5급 양성과정과 유사한 이유로 지원자가
거의 없어 2006년 이후로는 더 이상 양성되지 않았다.

2013~2017년 동안 양성된 상선(5급/6급) 해기사들의 승선직 취
업유지율은 평균 40.2%이다. 이 결과 또한 해기사를 양성하는 지정
교육기관들 가운데 가장 높은 비율이다. 이러한 지표는 다시 한번
비해양수산계열 경력 지원자들을 모집하여 해기 인력을 양성하는
오션폴리텍 양성과정이 선박 현장에 근무하는 해기사 양성에서 효
과적인 과정임을 나타낸다. 다만 최근의 상선5급 과정의 취업유지
율이 떨어지고 있어 원인을 분석하고 식별된 사안들을 개선 할 필
요가 있다.

3) 어선(3급/5급/6급) 해기사 양성과정

2006~2019년 동안 어선(3급/5급/6급) 해기사 양성과정에서는
286명의 해기사를 양성하였다. 급수별로 보면 어선3급 해기사는 84
명(어업 42+기관 42)을, 어선5급 해기사는 187명(항해 97+기관 90)을
양성하였고 어선6급 해기사는 15명(어업 10+기관 5)을 양성하였다.
3급과 6급 어선해기사 양성과정은 승선 가능한 대상 선박이 적거나
지원자가 적은 이유로 2006~2021년에는 양성이 중단되었다.

2012~2017년 동안 양성된 어선(3급/5급/6급) 해기사들의 승선직
취업유지율은 평균 36.3%이다. 이는 어선 해기사를 양성하는 지정

교육기관들과 비교하여 주목할 만한 비율은 아니나 취업유지율이 낮은 해당 업계 특성을 감안할 시 인력 충원 면에서는 중요한 역할을 하고 있음을 나타낸다. 이러한 지표는 비해양수산계열 경력 지원자를 교육훈련하여 해기사 인력을 양성하는 오션폴리텍 양성과정이 수산계통 선박 현장에서도 효과적인 과정임을 보여준다. 다만 취업유지율을 높일 수 있는 어선 해기사 양성과정 운영에 대해서는 고민할 필요가 있다.

4) 승선유지율에 대한 고찰

본 과정을 통하여 양성된 해기사들은 초기 적응을 성공한 경우 상당히 높은 비율로 장기간 승선을 유지하고 있다. 이는 승선을 단기가 아닌 장기 직업으로 여기고 있음을 보여준다. 다만, 대학교/고등학교와 달리 초기 적응률이 낮다는 특징이 있는데 예측되는 원인으로는 선박과 관련이 없는 분야에서 살아오다 한국해양수산연수원에서 6개월과 9개월이라는 짧은 기간 동안 교육을 받고 선박에 취업하거나 선사 실습을 진행하기 때문에 선박 분야의 고유한 분위기에 적응하는데 어려움을 가진다는 점이다. 이러한 여러 이유들로 약 30~40%가 수료 후 2년 이내에 해기사라는 직업을 포기하고 있다. 고심 끝에 바다와 해기사라는 직업에 관심을 가지고 도전하였던 인재들을 어떻게 잘 정착시킬지에 대한 고민이 필요하다.

4. 더 나은 내일을 위한 노력

교육과정 운영 체계의 안정화

정규 교육과정인 해양수산계열 고등학교 및 대학교들 제외하고 비해양수산계열을 졸업한 일반국민을 대상으로 한 교육과정은 이미 1965년부터 시행되어 56년 동안 운영되어 왔다. 56년의 운영경험은 일반국민을 대상으로 한 해기사 양성이 임시의 기능이 아닌 상설

기능으로 역할을 하고 있음을 증명하고 있다. 특히, 그동안의 오션 폴리텍 해기사들의 취업 후 승선유지율을 감안하면, 전체 인력 시장에서 해양수산계열 고등학교 및 대학교에서 양성되는 해기사들로도 부족할 때, 단지 부족분을 채우는 임시 과정으로만 보기보다는 그 역할에 대해 주목할 필요가 있다. 오션폴리텍 지원자들은 대부분이 사회 경험을 가지고 스스로 해양 분야를 선택한 분들이다. 이러한 지원자들을 대상으로 한 해기사 양성과정은 기존의 체계로 만들어 내지 못한 다양성과 절충력을 가진 인력을 시장에 내놓고 있다. 그리고 최근 국내에서 크게 우려되고 있는 학령인구의 감소, 즉 국내 인구 구조의 변화 또한 감안되어야 한다. 해양수산계열 고등학교 및 대학교만으로는 부족한 시대가 우려되고 있다.

하지만, 이와 같이 오랜 세월 동안 일반국민들을 대상으로 한 해기사 양성과정들은 임시적으로 행하여져 왔으며, 사업(예산)의 주체 또한 지속적으로 바뀌어 왔다. 이런 불안한 운영 상황과 체계는 오션폴리텍 해기사 양성과정의 질적 개선과 발전에 장애가 되고 있다.

[그림 4] 오션폴리텍팀 운영 교육과정

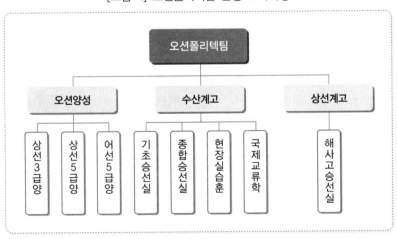

출처: http://www.seaman.or.kr

현재 한국해양수산연수원의 해기사 양성과정은 교육본부의 오션폴리텍 내 여러 사업들 중 하나로 운영되고 있다. 결국 드러나는 여러 주목할 만한 결과들과는 달리 계속해서 임시의 기능으로 운영되고 있을 뿐이다.

일반인을 대상으로 하는 해기사 양성과정은 개인과 기업의 기회를 늘리고, 전문 인력의 사회구성 층을 두텁게 만들기 때문에 이제부터라도 주목하여야 한다. 변해가는 국내외 및 해양수산 분야 상황에 대응하기 위하여 임시의 기능이 아닌 상설 기능으로 분리하여 체계를 안정시킨 후 성장시킬 필요가 있다.

더 많은 국민들에게 기회를

최근 양성과정의 모집 시 약 2~3:1 정도의 경쟁률을 보이고 있다. 그러나 대부분의 지원자들이 지인을 통하여 과정에 대해 알게 된 사례로 과정 홍보가 강화될 필요가 있다. 이렇게 모집된 지원자들은 다양한 분야를 경험한, 즉 다양성을 특징으로 보이므로 기존의 해기사 양성과는 차별화된 고민이 필요하다. 이러한 지원자들의 특성을 고려하여 다양한 분야의 기관

[사진 8] 모집 포스터

및 단체들이 오션폴리텍 해기사 양성에 함께 한다면 더욱 성공적인 과정이 되지 않을까 기대해 본다.

해양수산 환경의 Monitoring과 반영

자국민 해기사들이 승선하는 영역은 원양상선, 연근해상선, 내항 상선(여객선 포함), 원양수산, 연근해수산으로 분류할 수 있다. 분류된 5개의 영역 각각은 서로 다른 환경을 가지고 있어 근무하는 해기사들 또한 서로 다른 업무와 근무환경에 처하게 된다.

그러나 해기사 양성의 경우 상선과 어선이라는 기본적인 틀에서 상선은 원양, 어선은 원양수산을 기준으로 교육과정들이 설계 및 운영되고 있다. 그러다 보니 연근해상선, 내항상선, 연근해수산의 경우 사각에 놓여 있으며, 양성된 인력이 현장에 투입 후에야 근무를 하며 현장특성이 습득되는 것이 현실이다. 이러한 형태는 사고 발생 가능성을 높이며 양성된 인력의 초기 현장 적응 또한 어렵게 만든다.

예로 연근해/내항은 물류 분야 외에 항만, 설비/시공을 포함한 다양한 분야로 구성되어 있다. 그러나 현재의 상선5급 해기사 양성과정은 항해사/기관사 기본 업무에 맞춰져 있어 현 교육과정만으로는 현장 적응력이 높은 인력의 양성이 불가능에 가깝다.

그리고 원양어선 분야의 경우 타 분야에 비하여 현장 적응 부담이 상대적으로 크다. 꿈과 목표를 가지고 의욕적으로 도전하더라도 본인의 의지와 다르게 포기하게 되는 비율이 상선분야 보다 매우 높다. 일반적인 시각으로는 실적이 미흡하게 보일지라도 해당 분야의 특성을 감안할 시 미흡하지 않다는 현장의 의견이 많다. 원양수산분야의 자국 우선주의 및 외국인 인력의 유입, 양식 산업의 발전과 비중 확대 등으로 인하여 어선 선박수와 국적 해기사는 지속적으로 감소되고 있으며, 결국 분야 자체가 급격한 변화의 상황에 직면하여 있다. 때문에 이러한 현실을 감안하여 어선해기사의 낮은 현장 적응 비율 등에 대한 부분을 반영한 어선해기사 양성 관리가 필요하다.

결론적으로, 다양한 해양수산 분야의 환경과 현장 상황에 대해 모니터링하여 각각의 산업현장에 맞는 유효한 해기사 양성과정(공통＋특별)으로 진화할 필요가 있다.

내항 및 연근해 산업계 해기사 취업 특성 개선 노력

내항 및 연근해 산업계의 기업들은 대기업과 중소/소기업이 골고루 분포되어 있지 않고 중소/소/극소기업 위주로 구성되어 있다. 이러한 소규모 위주의 구조 특징은 기업 운영에 있어 인력 관리에 대한 한계를 가지게 한다. 대표적으로 예비인력 운영에 어려움을 가지며, 예비원의 부족은 인력운영과 자체 인력 양성을 어렵게 한다. 결국 전반적으로 인력에 여유가 없거나 부족한 상황이 지속되거나 더욱 악화되게 된다.

때문에 주로 타사에서 일정기간(최소 6개월 이상) 숙련된 인력을 이직하도록 유도하여 인력을 확보하는 형태를 선호한다. 이유는 숙달된 인력은 현장에 바로 투입될 수 있어 예비인원 운용 개념이 거의 없는 소규모 회사의 경제적 부담을 크게 줄여주기 때문이다. 하지만 이러한 인력 채용 형태는 양성된 신규인력의 현장 진입(취업)과 적응을 어렵게 하고 해당분야의 인력 부족을 가중시키는 원인이 되고 있다.

5. 마무리하며

협력기관 및 단체

산업계의 많은 선사들이 아직까진 외국 인력보다 고비용인 자국 인력에 대해 지속적으로 실습 및 고용에 대한 지원을 해 주시고 있다. 오션폴리텍 과정 진행 중에도 현장전문가(특별강의)를 파견하여 교육훈련을 지원하고, 장학제도(새한선관(주), (주)도리코) 운영을 통하여 오션폴리텍 해기사 양성에 협력해 주셨다.

한국해운협회, 한국선박관리산업협회, 한국해운조합, 한국원양산업협회, 대형선망수협은 과정의 계획부터 개선까지 본원과 함께 하고 있다. 특히, 본예산 또는 고용노동부 예산으로 충족되지 못하는 세목에 대해 사용할 수 있는 일부 사업보조예산을 부담하고 있어 실질적인 지원이 되고 있다. 그리고 양성된 해기인력의 취업과 관리에도 많은 도움을 주고 있다.

해양 수도 부산광역시에서는 협회/조합과 함께 사업보조예산을 부담하고 있으며 지자체 입장에서 해기사 양성에 많은 도움을 주고 있다. 그 외에도 해기교육의 종주인 한국해양대학교에서 해양 분야 발전을 위한 공통의 목표를 가지고 협력 프로그램을 운영하고 주기적인 회의를 통하여 협력 확대에 대한 노력을 하고 있다. 또, 현대글로벌서비스 글로벌아카데미, MAN Energy Solutions MAN PrimeServ Academy, WinGD, 지마린아카데미 등과 같은 사설 교육기관에서도 많은 도움을 주고 있다.

2021년도 교육생들은 해기사 양성과정 중에 '바다, 저자 전문가와의 대화'를 한 과목으로 여기며 해양 분야에 대한 이해를 높였다. 그 밖에도 마린전자, 최행실/최지웅 도선사님께서 교육기자재 기부를 통하여 교육과정을 응원해 주셨다.

이렇게 현재의 오션폴리텍은 주변의 협력과 관심 그리고 여러 형태의 응원으로 함께 운영되고 있다.

같이 양성하는

'We make it together.' 해기사들은 선박이라는 복잡하고 비싸고 큰 사고비용을 품은 곳에서 일한다. 그들의 양성은 간단하지 않으며, 특히 비해양수산분야에서 활약하던 인재들을 해양수산전문가인 해기사로 키워내는 일은 더욱 간단치 않은 일이다. 하지만 다양성이라는 특성을 지닌 이들은 해양수산분야에서 이미 많은 역할을 해

왔으며, 변해가는 시대에도 꼭
필요한 역할을 반드시 해줄 것이
기에 우리는 이들에게 주목해야
한다. 그리고 그 간단치 않은 일
을 함께 해 나갈 필요가 있다.

도전을 고민하시는 분들에게

첫째, 먼저 해기사라는 직업의
장단을 모두 고려하여 본인의 삶
의 방향성에 부합되는지 고민하
여야 한다. 모든 직업은 장단이

[사진 9] We make it together

있으며, 해기사라는 직업은 그 부분이 더욱 부각되는 면이 있기 때
문에 반드시 충분한 검토 후 진로를 결정하시길 권한다.

두 번째, 해기사라는 전문직을 수행하기 위해서는 전문 분야를
공부하여야 하는데, '과연 내가 할 수 있을까?'라는 고민이 든다면
오로지 본인의 의지에 달려 있다고 말씀드리고 싶다. 사례로 중학
교 이후 제대로 영어 공부를 해본 적도 없던 분이 빡빡하게 계획된
전문교과 수업을 들으면서, 자투리 시간과 밤잠을 줄여가며 6개월
만에 토익 500점을 넘기는 모습을 여럿 보아 왔다. 그리고 교육훈
련의 후반기에 접어 들었을 때 1~2명을 제외한 대부분의 교육생들
이 해기사 면허 필기시험을 당당히 패스하는 모습 또한 매년 반복
되고 있다. 의지를 가지고 있는 분에게는 한국해양수산연수원 오션
폴리텍의 교육훈련 시스템과 양성 전문가들이 든든하게 지원해 드
릴 것이다.

세 번째, 과정 입과 준비 기간 및 교육훈련 기간, 수료 후 채용
대기 기간 동안 경제활동이 어려우므로, 반드시 경제적인 부분을
고민한 후 도전하여야 한다. 입과 후에는 계획된 일정상 경제활동

을 하는 것이 거의 불가능하다. 3급 해기사의 경우 최소 18개월이 소요되나 준비 및 취업 대기 기간은 상황마다 달라진다. 짧은 경우 6개월 이내에 취업으로 연결되나, 긴 경우 1년 이상 소요되기도 하므로, 실제 필요 기간은 약 24~30개월로 감안하고 계획하여야 한다. 경제적인 부분은 교육생들이 가장 난처해 하시는 부분으로 반드시 고민하셔야 한다.

네 번째, 선박에 승선하는 해기사는 전문직임을 기억하셔야 한다. 육상보다 평균적으로 급여가 좀 더 높고, 승선 중 지출이 어려운 환경 특성 때문에 경제적으로 유리한 측면이 있지만, 그보다 더 우선하는 사실은 아무나 할 수 없는 전문직종이라는 것이다. 시야를 멀리까지 하시고 도전을 고민하시면 더욱 다양한 선택지가 있을 것이다.

마지막으로, 혼자 고민하기 어려운 분들은 망설이지 말고 본 교육훈련기관으로 연락주시고 상담을 받으시길 권한다. 해기사가 되는 길은, 과정을 수료하고 면허를 취득하는 것만이 아니다. 과정을 준비하고 해기사로서 현장에 적응하기까지 교육훈련과정보다 더 긴 기간을 할애하셔야 한다. 그 긴 기간을 응원해 줄 전문가들을 잘 만나시면 가는 길이 한결 수월해진다. 새로운 도전을 응원하며, Bon voyage!

해운인력 양성과 인천해사고의 교육제도

김상환(인천해사고등학교 교장)

1. 들어가면서

16, 3, 12. 이 세 가지의 숫자는 인천해사고등학교와 연관이 있는 숫자이다. 16은 만 16세에 중학생으로서는 아주 중요한 결정을 해야 하는 나이이다. 중학교를 졸업하고 인문계고등학교와 직업계고등학교를 선택하고 특히 마이스터고를 선택하는 학생들은 평생의 직업을 선택하는 중요한 선택을 이 시기에 해야 한다. 3은 해사고등학교의 3년 교육과정을 의미하며, 해기사가 되기 위한 최소한의 지식을 배우기 위해서 약 2,000시간을 교육해야 하고 고등학교 기초학력 이수에도 1,500시간이 더 필요하다. 그중에 12개월은 순수하게 선박에서 승선실습을 해야 해기사 자격증이 발급된다.

최근 네덜란드와 미국 등의 제도처럼 12개월의 승선실습에 대해서 전용실습선이나 시뮬레이터를 활용한다면 승선일수의 1.5~2배까지 인정해주어 8개월까지 승선실습기간을 단축하는 것이 가능하다.

모든 산업에서 1일 근로를 8시간으로 인정하는데 해기사는 1일 8시간 근무 후에도 퇴근하지 못하고 선박에서 계속 머물러야 하므로 승선경력을 계산하는 데 있어서 최소 1.3~1.5일로 인정해주어야 한다. 실습훈련기간이 8개월로 단축되면 승선에 필요한 인문소양교육에 더 많은 시간을 할애할 수 있어 인성교육에 도움이 된다.

중등교육이 어려운 점은 산업의 변화에 대해 긴밀히 대처하여 교육하기가 쉽지 않은 점이다. 4차 산업혁명, 즉 인공지능, 사물인터넷, 빅데이터, VR, AR, 메타버스로 빠르게 변하는 산업사조에 비해 학교교육은 교육과정을 만들고, 교사를 양성하고 교과서를 새로 만드는 데 많은 시간이 필요하기 때문이다. 이와 더불어 책임감, 인내심, 소명의식, 굿시맨십, CADET, ACADEMY,[1) 상선사관, 제4의 군대로 대변되는 전통적인 해기교육방식이 개인주의, 소통문화, 통신의 발달, 워라밸, 재미와 의미를 추구하는 MZ세대의 등장으로 한계, 위기, 변화라는 단어를 떠올리게 한다.

해운산업은 IMO의 환경규제(Sox 함유량 3.5%를 0.5% 이하로), 자율운항선박(2025년까지 IMO자율운항선박 협약 제정), 고효율 저비용 선박(에코십, 초대형 선박, 에너지 효율지수, 탄소집약도 지수관리)과 친환경 스마트선박의 등장 등 급속한 변화가 오고 있다.

이와 함께 해상근로 환경 또한 승무원 고연령대 진입, 승무원 국적의 다국적화, 승선근무인원의 축소로 인한 업무량의 증가, 중도하선자의 속출 등 사회적 변화에 따른 다양한 변수(교육환경, 가정환경, 미디어 발달, MZ세대)들도 해기교육의 어려움을 가중시키고 있다. 하지만 이런 어려움 속에서도 해운산업의 중요성을 감안하면 해운인력의 양성은 꼭 필요하다고 여기며, 바람직한 초급해기사 양성과 해기전승을 위해 인천해사고의 해기사 교육제도를 함께 살펴보고자 한다.

2. 인천해사고등학교의 개요

해양 분야 마이스터고

인천해사고는 초중등교육법, 초중등교육법 시행령에 따른 특수목

---

1) CADET(후보생), ACADEMY(사관, 전문학교)

적고등학교로 산업수요맞춤형고등학교(마이스터고)이다. 「국립해사고 설치령」에 의해 설립되었으며, 해양수산부에서 정한 해기지정교육 기관으로 "바른 인성과 미래역량을 갖춘 글로벌 마이스터 양성"을 목표로 해기사를 양성하는 학교이다.

오랜 해운의 역사에서 상선의 사관(선장, 기관장, 항해사, 기관사)은 정확한 복명·복창, 복장 문화 그리고 정확한 시간 개념(5분전, 15분전 등)이 필요하다. 해양선진국에서도 상선사관이 되기 위해서는 엄격한 신체조건, 체력 및 지적능력을 요구하고 있으며 강한 자긍심을 가지고 있다.

우리나라에서도 해군, 해경과 연계하여 비상시에는 제4의 군대로서 역할을 하고 있으며, 승선근무예비역이라는 제도로 병역의무를 승선근무로 대신하고 있다. 특히 해양 분야 마이스터고 졸업생들이 해군 부사관, 해양경찰, 해경 VTS[2]요원으로도 진출하고 있다. 인천해사고는 재학기간 동안 해상(선박)문화를 익히고 해운분야 명장으로 성장하기 위하여 창의인성을 바탕으로 해기실무능력, 직업기초능력, 글로벌 역량을 핵심역량으로 Good Seamanship을 배양하고 있다.

인천해사고의 주요 연혁과 학과

인천해사고는 1981년 선원학교로 개교하였으며, 1984년 3년제로, 1993년 국립인천해사고로 교명을 변경하였고 2012년도에 해양 분야 마이스터고로 개교하였다. 현재 학년별로 항해과 3학급, 기관과 3학급이며, 마이스터고의 정책에 따라 학급당 20명이 정원이다([그림 1, 2] 참조).

---

2) VTS(Vessel Traffic Service, 해상교통관제): 항만 또는 연안해역의 선박교통안전과 효율성제고와 해양환경보호를 위해 관제구역 내 통항선에게 필요한 정보를 제공하며 해양경찰에서 관할함.

[그림 1] 인천해사고 주요연혁

1981. 3. 30 1년제 인천선원학교 개교(100명)
· 1982. 6. 18 운항과 6학급 300명/ 1984. 3. 6 3년제 입학(200명)
· 1984. 12. 6 해기교육기관지정/ 1987. 2. 28 3년제 청 졸업

1993. 3. 1 국립인천해사고등학교 교명 변경(18학급 * 49명 882명)
· 2004. 3. 5 학급당 40명 * 6학급 입학(240) ~
· 2008. 3. 2 학급당 30명 * 6학급 입학(180명)/ 2009. 3. 2 학급당 20명 * 6학급 120명

2012. 3. 1 해양분야 마이스터고 개교
· 2017. 3. 1 해양분야 마이스터고 재지정
· 2021. 2. 5 제38회 졸업(117명, 연인원 5,897명) **294명: 120명: 96명**

[그림 2] 학과별 인력양성

항해과 3학급 * 20명/ 학년
· NCS 선박운항/ 항해/ 선박통신/
· 항해계획, 선위결정, 항해당직, 선박조정, 비상대응, 항해장비운용, 화물관리,
  선체점검, 선박안전관리, 선박영어의사소통
· IMO SICW협약/ 항해사의 최저 지식 요목/ IMO 모델코스

항해과 3학급 * 20명/ 학년
· NCS 선박운항/ 항해/ 선박통신/
· 항해계획, 선위결정, 항해당직, 선박조정, 비상대응, 항해장비운용, 화물관리,
  선체점검, 선박안전관리, 선박영어의사소통
· IMO SICW협약/ 항해사의 최저 지식 요목/ IMO 모델코스

중점 추진 과제

인천해사고의 중점 추진 과제는 변화하는 산업수요에 맞춘 교육과정의 변화를 모색하고, 2021년 전용실습선 도입에 따른 실습선교육과 정규 교육과의 연계성을 확보하여 실습선을 활용한 승선교육

과정의 정상화와 이를 통해 단체실습 후 취업 경쟁력을 확보하는
것이다. 또한 신축 중인 교사동은 공간혁신으로 학생들의 창의성을
한층 높일 수 있다([그림 3] 참조).

[그림 3] 연도별 중점 추진 과제

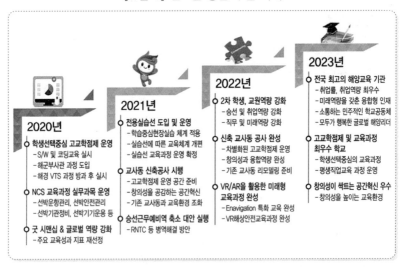

졸업생 커리어 패스

항해과는 NCS[3] 분야 중 운전·운송/선박운항 분야로 선박의 운
항과 화물 적화와 관련한 업무를 수행한다. 크게 4단계로 나누어
진입단계는 졸업 후 3, 2등 항해사의 업무를 수행하는데 항해 당직,
화물 당직, 선내 위생 관리, 화재 및 구명설비를 관리한다. 졸업 후
5년은 선박의 1등 항해사, 졸업 후 10년까지는 선박책임자나 선박
관련 산업체에서 선박운항 업무, 선원, 선박관리, 선박지원업무를
수행하며, 졸업 후 10년 이후는 선장, 해운업체 경영자 또는 관련업

---

3) NCS(National Competency Standards, 국가직무능력표준): 산업현장에서 직
  무를 수행하는 데 필요한 능력(지식, 기술, 태도)을 국가가 표준화한 것. 교육
  훈련·자격에 활용하여 현장중심의 인재양성 지원.

에 진출한다.

기관과는 운전·운송/선박운항 분야로 기관운전과 정비보수의 업무를 수행한다. 진입단계로 3, 2등 기관사는 기관당직, 보조기계 및 비상기기를 유지·보수한다. 졸업 후 5년은 선박의 1등 기관사, 졸업 후 10년까지는 선박책임자나 선박관련 산업체에서 선박운항 업무, 엔진 유지·보수 지원, 공무감독 및 서비스 엔지니어 업무를 수행하며, 졸업 후 10년 이후는 기관장, 해운업체 경영자 또는 관련 업에 진출한다.

후학습 제도

인천해사고를 비롯한 마이스터고는 정부정책에 따라 선취업 후 진학제도를 시행하고 있다. 이 제도는 일과 학습을 병행하는 제도 이다.

1) 재직자특별 전형(산업체 경력 3년)은 야간, 주말, 사이버과정 형태로 정원 외 특별전형 형태로 운영되고 있으며 전국 120여개 대학에서 이론과 실무를 겸비한 해당분야 전문가를 양성하고 있다.

2) 기능 기술인 국비유학, 계약학과, 전공심화과정 등 각 과정은 중소기업에 10년 이상 재직자를 대상으로 유학 및 연수를 제공하거 나 산업체의 특별한 교육과정 요구에 따라 대학에서 운영하는 학과 이다.

3) 산업체위탁교육, 사내대학, 방송통신대, 사이버 대학 등 산업 체에 재직 중인 소속직원의 위탁을 받아 위탁교육과정 이수 후 학 위를 취득하거나 산업체가 직접 사내에 학교를 운영하여 학위를 부 여하고 있다.

3. 인천해사고의 교육활동

전문 능력, 직업기초 능력, 창의 인성 배양 교육

1) 해양 전문성 향상 프로젝트
- 해양분야 산업수요 맞춤형 교육과정
- NCS 기반의 STCW 협약, 해기품질 기준에 적합한 교육과정
- 직업계고 학점제 교육과정(진로의 다양화 추진)
- 전문 능력향상과 시뮬레이터 교육(4, 3급 자격증, Radar, ECDIS, Cargo handling Simulator 등)

[사진 1] 전문교육

2) 해운산업의 변화에 대비한 인재양성
- 정규 교육과정(보통교과 66학점, 전문교과 120학점, 창의적 체험활동 24학점)
- 방과 후 교육과정(선종별, 선사별 교육)
- 특별 교육과정(VR 해상안전교육, 교실형 안전체험관)
- 전문 동아리 활동(SHS, ERS, GMDSS, Digital 육분의, 전기, 용접기능사 등)

3) 글로벌 역량 및 창의 인성 교육

- TOEIC/원어민 화상 영어교육(ISF 영어), 일본어 회화(JLPT, 기초 회화반)
- 인문학적 소양교육(명사 특강 등), 해양마이스터 굿스타트 캠프
- 선박을 활용한 당직 및 해외 이문화 체험(중국, 일본, 대만 등)
- 이순신, 장보고 리더십 함양 캠프(현지 탐방 활동)

4) 스포츠 활동을 통한 체력 및 인내심 배양

- 학교 스포츠 클럽(축구, 농구, 탁구, 배드민턴 리그제, 사이클, 테니스 등)
- 국민체력 100프로그램 운영, 건강 체력 측정(체력왕 선발대회)
- 사제동행 체육대회(육상, 씨름, 수영, 바다의 날 기념 마라톤 대회)
- 남·여 헬스장, 당구장, 탁구장, 풋살장을 활용한 체력 배양

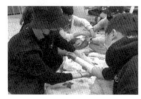

[사진 2] 창의 인성 프로그램 활동

승선생활관 교육

해사고 학생들은 전교생이 기숙사생활을 하고 있으며, '승선생활교육관'은 승선생활에 필요한 교육훈련과 민주시민으로서 가져야 할

소양을 중심으로 운영한다.

- 공동체 윤리의식 함양: 리더십 및 팀워크, 원활한 의사소통과 대인관리, 준법정신, 책임감 배양
- 자기관리 능력 함양: 기초체력 단련 및 건강관리, 자기조절 및 자아성찰, 상황인식 및 비상대처 능력
- 자원 관리 함양: 시간 관리(일과 숙지, 집합 및 귀교), 물적 자원 관리(청결 및 정리정돈 생활화)
- Good Seamanship 함양 교육

[사진 3] 승선 생활관

실습선 교육과정

해사고 학생들은 해기사 자격증 취득을 위해서 12개월의 승선실습을 이수해야한다. 이 과정을 한국해양수산연수원에 위탁하여 운영하고 있는데 2학년 1학기에 6개월, 3학년 2학기에 6개월간 승선실습을 하고 있다. 2021년 1학기까지는 부산에서 실습을 하였으나 인천해사고 전용실습선 "한나래호"가 취항하여 현재는 인천항을 모항으로 하여 운항하고 있다. 이 과정은 해양수산부 고시에 의해 상선해기사 실습프로그램으로 운영되고 있다(<표 1> 참조).

〈표 1〉 상선해기사 실습프로그램

12개월 승선: 2-1학기(6개월 / 3-2학기(6개월)			
Level 1	Level 2	Level 3	전체실습
선박 친숙 과정	해기 능력 적응 과정	실무 적응 과정	총시수
118시간(67+52)	632시간(216+416)	694시간(278+416)	1445시간(561+884)
· 안전 · 선박 친숙 훈련 · 항해 친숙 훈련 　(항해 당직 기초) · 선박 기초 지식	· 현장실무 과제 수 　행 및 평가 지도 · 연안 항해 실습이 　포함 된 　Level 2-1, 2-2, 　2-3, 2-4의 4개 　과정	· 현장 실무 과제수 　행 및 평가 · 상선해기사가 수 　행해야할 당직 수 　행, 종합 항해 실 　습 원양항해 실습 　이 포함된 Level 　3-1, 3-2, 3-3, 　3개 과정	· 각 단계는 기초 실 　습, 심화 실습으로 　구성됨 · 기초 실습 1일 6교시 　(집체 실습) · 기초 실습 1일 8교시 　(조별 15명 이내 당 　직 실습, 집체 실습) · 법정 교육과정 등

[사진 4] 실습선 한나래호

고교학점제와 진로 다양화

　직업계고 학점제는 학생의 희망진로 수요를 기반으로 인력양성 유형에 맞는 직무경로형 교육과정을 편성·운영하여 변화하는 대외 환경에 적합한 인력양성 및 자기주도적 설계를 할 수 있도록 직무 경로형 교육과정을 운영하고 있다(<표 2> 참조).

〈표 2〉 코스별 학점제 교육과정

구분	과정 내용	이수 시 특혜
해군 부사관	**해기사 역량을 갖춘 해군부사관** **항해/기관 각 20명 선발(인증통과자)** 갑판, 전탐, 조타, 음탐, 정보통신(항해) 추진기관, 보수, 전기, 전자(기관) 군리더십(4), 기관실무기초(2), 항해기초(2)	졸업 시 부사관 임관 장기복무 선발 가능 복무 중 대학진학, 유학 가능 장교 지원 기회 부여(만 30세 까지)
해양 경찰	**해기사 역량을 갖춘 해양경찰관** **항해과/기관과 각 1학급 운영** 물리학(2), 해사법규(2), 해양경찰학개론 (4), 선박영어 의사소통(2)	채용 시험 시 가점 적용 *고졸자 특별 채용: 10명
해양 경찰 VTS	**해기사 역량을 갖춘 해상교통관제사** **본청 1과, 5개 지방청 20개 관제센터** 해상관제(6)－관제시스템 운영, 해상교통 관리, 비상상황대응	채용 시험 시 가점 적용 *연간 40명 이상 채용
선박직 공무원	**9급(선박 항해/선박 기관)** **해기사 역량을 갖춘 선박직 공무원** **항해과/기관과 각 1학급 운영** 실용영어(2), 선박일반(2), 화법과 작문(2)	국립해양조사원 8척/어업관리 단 40척/지방해양수산청 58척 /국립수산과학원 13척(연간 100명 이상) **영어, 선박일반, 항해, 선박 기관**

산학연 협력

1) 산업수요맞춤형 교육체제구축

- 교육과정 개발/신입생면접에 참여
- 산업수요맞춤형 교육 자료 개발
- 협의회를 통한 맞춤형 교육운영

2) 해운산업체 특성을 고려한 취업 지원

- 산학협력 기업체 발굴과 MOU 체결
- 부산지역 취업지원센터 운영
- 선사취업설명회 개최(2021년도 25개 선사 참여)([사진 5] 참조)

산학연 관련 사진

[사진 5] 선사취업 설명회

3) 산학협력 협의체구성

- 산학협력위원회 구성(부산, 서울)
- 현장실습위원회, 졸업인증 위원회 활동

4) 취업처의 질적 관리

- 리서치업체를 통한 승선실습만족도 조사(매년)
- 실습선이 취항하는 현장 순회지도(선박방문 및 SNS 활용)

자격증 취득

해사고 학생들은 지정교육기관 기준에 의거해 졸업 후 4급 해기사 자격증을 취득하는데 최근 10년간 합격률은 100%를 유지하고 있다. 마이스터고로 개교한 이후에는 3급 해기사(해양계 대학 졸업생이 취득하는 자격) 필기시험을 추가로 응시하고 있어 학생들의 전공능력과 학습의욕을 고취하는 데 크게 도움이 되고 있다. 합격률은 최고 98%에 이르렀고 평균으로도 80%가 합격하고 있어 자격증을 취득하기 위해서 계속 승선을 하므로 장기승선 유지에도 도움이 되고 있다.

또한 항해과 학생들은 전파전자기능사, 전파전자 3급 통신사자격시험을, 기관과 학생들은 전기기능사 자격증을 응시하여 대부분 합격하고 있다.

〈표 3〉 자격증 취득

졸업년도	학과명	인원	해기사시험(필기) 합격률		자격증 합격률					
					항해과		기관과			
			4급	3급	전파전자 통신기능사	전파전자 3급통신사	전기 기능사	용접 기능사	특수용접 기능사	
32기* (2015년 2월 졸업)	항해	57	100%	37%	100%	100%	—	—	—	
	기관	59	100%	29%	—	—	50%			
33기 (2016년 2월 졸업)	항해	60	100%	82%	100%	100%	—	—		
	기관	58	100%	52%	—	—	98%			
34기 (2017년 2월 졸업)	항해	58	100%	95%	100%	100%	—	—		
	기관	58	100%	83%	—	—	93%			
35기 (2018년 2월 졸업)	항해	58	100%	97%	100%	100%	—	—		
	기관	54	100%	98%	—	—	93%			
36기 (2019년 2월 졸업)	항해	62	100%	81%	98%	97%	—	—	—	
	기관	59	100%	91%	—	—	95%	5명		
37기 (2020년 2월 졸업)	항해	56	100.0%	96.4%	100.0%	100.0%	—	—	—	
	기관	56	100.0%	83.9%	—	—	100.0%	5명	1명	
38기 (2021년 2월 졸업)	항해	59	100.0%	64.4%	100.0%	89.8%	—	—	—	
	기관	58	98.3%	43.1%	—	—	91.4%	7명	0명	

39기: 항해 4급(98.1%) 3급(82.7%), 기관 4급(94.6%) 3급(51.8%), 전기(98.2%), 통신 (96.2%)

취업률

1) 최근 5년간 취업률 현황

인천해사고의 최근 5년간 취업률은 평균 90% 이상이다. 최근에는 취업처의 다변화정책으로 인해 해군부사관, 해양경찰, 선박직 공무원, 공기업 등에 진출하는 20% 정도의 학생들은 시험 준비 기간이 달라 취업기준에서 미취업자로 분류하고 있다.

2) 최근 5년간 취업선사

주요 취업선사는 KSS해운, 삼부해운, 하나마린, 코리아 쉽메니져스, 동진상선, 파이오니아탱커 서비스, 포천 마린 등 한국-중국-일본을 중심으로 영업하는 선사들로 약 60여개 선사에 주로 취업하고 있다.

3) 취업현황 분석

최근 졸업생 취업 결과 해운기업 80%(외항 65%, 내항 35%), 해군부사관, 해양경찰, 선박직 공무원 등으로 약 20%가 진출하고 있어 학생들의 진로가 다양화 되고 있다. 특히 신입생 지원 동기에서도 해기사 42%, 해군부사관, 해경 39%, 선박직 공무원 10%, 해운회사 육상직 5%, 기타 4%로 조사되었다.

내항 상선의 해기사 부족[4](해기사 고령화, 정원 감소로 공급부족)에 따라 향후 내항 상선의 해기사로 진출도 필요하다. 내항선은 외항선, 해외취업선과 비교하여 상대적으로 낮은 임금(〈표 4〉 참조), 입출항이 잦아 실제 근무 시간의 증가 등 열악한 조건이 많으나 획기적으로 개선하여 내항선 승선을 유도할 필요가 있다.

---

4) 향후 10년간 톤급별로 연간 219~638명 공급 부족 발생(한국해양대, 김태균 교수).

〈표 4〉 연도별 선원 임금현황(업종별 임금현황)

(단위: 천 원)

연도	평균임금 (전체)	외항선	내항선	원양어선	연근해 어선	해외취업 상선	해외취업 어선
2013	4,231	5,301	3,354	6,015	3,371	6,827	6,308
2014	4,335	5,448	3,410	6,147	3,512	6,878	6,941
2015	4,420	5,524	3,472	6,629	3,614	6,917	7,076
2016	4,512	5,698	3,533	6,774	3,701	6,987	6,550
2017	4,602	5,787	3,634	7,534	3,709	6,911	7,073
2018	4,685	5,925	3,711	7,565	3,835	7,025	7,189
2019	4,737	6,030	3,792	7,399	3,843	7,192	6,997
2020	4,928	6,137	3,955	7,627	4,125	7,657	7,320

4. 마무리하면서

인천해사고는 수도권 유일의 해양 분야 마이스터 고등학교이다. 개교 이후 40년 동안 배출한 5,000여명의 졸업생들은 한국해운의 발전을 위해 내·외항 상선에서 해기사로 해운산업현장 곳곳에서 활발히 활동 중이다. 또한 해양경찰과 해군에서 해기능력을 지닌 전문가로서 역할을 하고 있다.

해양수산부의 소속기관인 인천해사고는 교육기관으로서 수도권 시민들의 해양교육을 위해 노력해 왔으며, 관련 기관들과 더욱 다양하게 협의를 하고 있다.

2023년에 국립인천해양박물관이 월미도 갑문 매립지에 4층 규모로 건립되며, 인천해사고의 신축 교사동이 같은 해 완공된다. 인천해사고는 인천지역의 해기사 국가자격시험, 해양수산연수원 인천분원의 선원재교육을 학교 내 장비와 강사를 지원하여 시행하고 있다. 또한 수도권 초중학생을 대상으로 해상안전 및 해상 직업체험 교실을 실시하고 있다. 한국해양수산연수원 실습선 한나래호는

2021년 5월부터 인천해사고 학생들의 상선실습 교육을 위해 인천항을 모항으로 상시 기항하고 있다. 이 선박을 활용한다면 학생들과 시민들의 해양사상을 고취하고 일반인들의 해운분야에 대한 관심을 끌기에 충분하다. 이를 위해 2021년 7월 인천해사고, 한국해양수산연수원, 인천교육청 등 관련 7개 기관들은 수도권 시민들의 해양교육을 위해 실습선 한나래호의 활용과 지원에 대한 MOU를 체결하였다.

인천해사고가 해양 분야의 미래 인재를 양성하는 수도권 유일의 해양교육기관으로서 역할을 다하기 위해서는 인천지역의 많은 분들의 관심과 지원이 필요하다.

크루즈산업에 대한 이해

김영승(서산시청 항공철도항만팀장)

1. 들어가며

전국에는 31개의 무역항과 31개의 연안항, 총 62개의 항만이 존재한다. 항만을 가진 도시는 해운·항만·물류산업의 경제적 파급효과를 통해 발전하게 된다.

항만을 찾아 공장을 설립한 기업은 지역 항만을 통해 원료를 수입하고 생산품을 수출한다. 또한 함께 온 하청업체들과 지역인재를 채용함으로써 해당 도시에 선한 영향력을 미치게 된다. 따라서 전국의 항만 도시들은 산업단지를 만들고 최상의 수출입 환경을 조성하여 기업들이 편리하고 경제적으로 지역의 항만을 이용할 수 있도록 지원하고 있다.

한편, 항만은 관광의 관문 역할도 하고 있다. 항만을 통해 국내외 관광객들이 해당 도시를 방문하게 되면 관광 수입을 통한 경제효과 외에도 도시의 위상이 높아지는 등 유의미한 파급효과가 발생하게 된다.

서산시는 대산항이라는 국가관리 무역항을 갖고 있다. 대산항은 전국 62개 항만 중에서 전체물동량 기준 6위에 해당하는 큰 항만이다. 만약 5위 항만인 평택·당진항을 각각 평택항과 당진항으로 분리할 경우 전국 5위 항만은 대산항이 될 것이다. 그렇기에 서산시는 대산항을 통한 지역경제 활성화와 도시 발전을 도모하기 위해 다양한 항만 시책을 추진하고 있는데 그중 하나가 바로 크루즈 관광이다.

본 내용은 서산 대산항에서 충청남도 최초의 국제크루즈선을 띄우기 위해 공부했던 이론들과 민·관·학계의 다양한 사람들을 만나면서 배운 실무적인 내용들, 그리고 이를 통해 느낀 개인적인 생각들을 정리한 크루즈 산업에 대한 개략적인 이야기이다.

2. 크루즈의 정의

일반적 정의

우리 일상에서 '크루즈'라는 단어를 쉽게 접할 수 있다. 강이나 바다에서 요트 크루즈, 유람선 크루즈, 해상 크루즈 등 다양한 크루즈들을 만나 볼 수 있다. 그만큼 선박을 이용하는 해양관광업계에서 크루즈라는 단어를 선호한다고 할 수 있다. 실제 정부나 기관에서 주최하는 여행·관광 행사에 참여해 보면 럭셔리 관광 안에 크루즈 관광이 포함되어 있다. 생각건대 크루즈란 단어를 통해 떠올릴 수 있는 호화롭고 흔하게 접할 수 없는 고급스러운 이미지가 선박을 이용한 영리활동에 도움이 되기 때문에 해양관광업계에서 크루즈란 단어를 선호한다고 여겨진다.

크루즈(Cruise)의 어원은 라틴어인 'Crux'(건너다)에서 유래한 것으로 알려져 있다. 네덜란드의 항해자들이 '건너다' 또는 '횡단하다'의 의미로 사용한 'Kruisen'(크뤼젠)이 영국식 표현인 'Cruise'(크루즈)로 이어졌다고도 한다.

일반적으로 크루즈는 여객과 화물의 운송수단인 여객선·화객선과는 다르게 순수한 관광을 위한 선박 여행으로서 숙박, 식음료, 위락 등 관광객을 위한 시설을 갖추고 수준 높은 관광서비스를 제공하면서 아름다운 기항지를 안전하게 순항하는 여행이라고 정의할 수 있다.

법률적 정의

우리나라 법률에서 크루즈에 대하여 정확히 정의한 조문은 찾아볼 수 없다. 다만 크루즈와 관련된 용어의 정의 및 크루즈업에 대한 근거는 「해운법」, 「관광진흥법」, 「크루즈산업 육성 및 지원에 관한 법률」에서 찾아볼 수 있다.

해운법 제3조에서는 다양한 해상여객운송사업에 대해 정의하고 있는데 이 중 선박 안에 숙박, 식음료, 위락시설 등 편의시설을 갖추고 총톤수 2천 톤 이상의 여객선을 이용하여 관광을 목적으로 해상을 순회하여 운항하는 '순항(巡航) 여객운송사업'이 크루즈업에 해당한다.

관광진흥법에서는 크루즈선이 일반관광유람선업에서 규정하고 있는 관광사업 등록기준을 기본적으로 충족해야 하고 욕실이나 샤워시설이 있는 객실을 20실 이상 갖춰야 하며 체육시설, 미용시설, 오락시설, 쇼핑시설 중 두 종류 이상의 시설을 갖춰야 한다고 규정하고 있다. 2015년 제정된 「크루즈산업 육성 및 지원에 관한 법률」은 크루즈산업을 크루즈선 및 승객과 관련한 재화와 서비스를 통하여 부가가치를 창출하는 산업이라 정의하고 있다.

크루즈선과 정기여객선의 차이

대부분의 사람들은 크루즈와 정기여객선을 동일한 것으로 인식한다. 그러나 크루즈선은 여객선의 한 종류로서 운항의 정시성, 객실 등급, 선박시설, 관광 프로그램과 같은 부분에서 정기여객선과 상당한 차이를 갖고 있다. 대표적으로 여객선은 정기선이고 크루즈선은 부정기선이다.

로얄 캐리비언사의 'Wonder of the Seas'   'Costa Venezia'의 선내 레스토랑

출처: 각 크루즈선사 홈페이지. https://www.royalcaribbean.com/cruise−ships/wonder−
    of−the−seas, https://www.costacruises.com/fleet/venezia.html

크루즈선은 운송용 화물을 싣지 않는다. 또한 한중, 한일, 한러,
제주 항로의 여객선과 비교하였을 때 최소 3일 이상의 장기 항해를
하는 경우가 대부분이다.[1] 선박이 목적항에 도착하면 여객이 완전
히 하선하는 여객선과는 다르게 기항지를 관광한 여객이 재승선한
다. 더욱이 정기여객선보다 수배 많은 여객이 승선하는 크루즈선은
장기항해 동안의 선내 휴양을 위해 여객선 대비 선내시설 및 서비
스의 차별성과 더욱 고급스러운 이미지가 필수적이다.

3. 크루즈의 역사

해외 크루즈의 역사

크루즈선의 첫 항해가 어디에서 시작되었는지는 학자마다 의견
이 다르다. 그러나 선박을 이용하여 승객이 안락하고 안전하게 여
행할 수 있는 선박여행이 등장한 것은 기선(汽船)이 출현한 19세기
이다. 당시 상선 운항에 주력하던 선박회사들이 여객운송에 관심을
가지면서 유럽과 미국 간을 운항하거나 유럽과 아시아·아프리카의
식민지 간을 운항하기 시작했다.

---

1) 우리나라와 중국, 일본, 러시아 간 국제여객항로 중 최장거리 항로인 인천~진
   황도 항로(740km)의 항해 시간은 23시간으로 24시간이 넘지 않는다.

그러나 제2차 세계대전 이후 항공기술의 발달로 제트여객기가 출현하면서 선박을 이용한 여행은 경쟁력을 완전히 상실하게 되었다. 속도에서 열세에 처한 선박여행은 새로운 활로를 찾아야 했으며, 선박만의 장점을 강조한 새로운 여행의 개념을 제시해야 했다. 따라서 운송중심의 여객선에서 호화로운 선내시설, 선상 엔터테인먼트, 다양한 메뉴의 식사, 매력적인 기항지 등을 내세운 크루즈의 개념이 도입되기 시작하였다.

제트여객기의 등장 후에도 사업을 계속하기로 한 대양 여객선사들은 생존을 위해 남쪽 카리브해까지 운항을 확장하게 되었다. 카리브해를 중심으로 크루즈산업이 부흥하면서 선사들의 본사가 과거 북대서양 횡단시대의 뉴욕 중심에서 플로리다로 이주하게 되었고 마이애미가 크루즈산업의 메카로 발전하게 되었다.

국내 크루즈의 역사

국내 최초의 크루즈는 1998년 정부가 현대상선 등을 대북 협력 사업자로 승인하고 금강산 관광사업을 추진하면서 이루어진 '금강산 크루즈'라고 할 수 있다. 현대상선은 스타 크루즈, 프린세스 크루즈에서 용선한 3척의 선박과 여객선을 개조한 1척의 선박을 금강산 관광에 투입했지만 운항 시작 2년 7개월 만에 사업을 중단했다. 금강산 크루즈는 한국 최초의 크루즈지만 크루즈의 여러 기능 중 숙박이 중심이 되는 제한된 크루즈였다고 할 수 있다.

이후 2001년 겐팅 크루즈라인의 스타 크루즈에서 한국, 중국, 일본을 연계한 동북아 크루즈 상품을 출시했는데 수익성 부족으로 2003년에 운항을 중단했다. 2004년에는 국내선사인 팬스타에서 부산과 오사카를 다니는 정기여객선을 이용해 주말 크루즈상품 운영을 시작했다. 특히 2008년에는 부산을 출발하여 한려수도, 다도해 등 남해안의 절경과 일본의 유명 온천을 방문할 수 있는 연안크루즈를 운항한 적도 있다. 비록 정통크루즈선이 아닌 세미크루즈선이 지만 최초로 해운법의 순항 여객운송사업 면허를 취득한 국적크루즈선사라는 점에서 의미가 있다.

정기여객선이 아닌 크루즈선을 도입하여 국제 크루즈항로를 개척한 국적선사는 '하모니 크루즈'이다.[2] 2012년 2월부터 인천·부산·제주항을 모항으로 중국·일본·러시아를 연결하는 다양한 일정의 크루즈항로를 운항했다. 2만5천 톤급 크루즈선인 '클럽 하모니호'를 도입해 항해를 시작했지만, 취항 1년(총 61회 운항) 만에 실적부진으로 영업을 중단했다. 당시 1항차 평균 513명의 여객을 수용하여 정원 1천 명을 채우지 못했으며, 특히 외국인 승객은 총 1,710명으로 전체 승객의 5.5%밖에 되지 않았다. 이후 하모니 크루즈의 실패를 계기로 2015년에 「크루즈산업의 육성 및 지원에 관한 법률」이 제정되었다. 하지만 현재까지 정통크루즈선을 도입해 국제크루즈항로에 취항하는 국적크루즈선사는 나타나지 않고 있다.

4. 크루즈의 특징

크루즈선사

2021년 기준, 세계크루즈선사협회(CLIA)에 가입한 회원사는 57개사이며, 이들 기업이 운항하는 선박은 423척에 달하고 전 세계 크루즈 선복량의 95% 이상을 차지하고 있다. 1위 카니발 코퍼레이션 그룹은 9개의 브랜드로 109척을 운항

카니발 크루즈선
출처: 각 크루즈선사 홈페이지.
https://www.carnival.com/cruise−ships.aspx

2) 해운선사인 '폴라리스쉬핑(주)'의 자회사이다.

노르웨지안 크루즈선   프린세스 크루즈선

출처: 각 크루즈선사 홈페이지. https://www.ncl.com/in/en/cruise‒ship,
https://www.princess.com/ships‒and‒experience/ships/

하고 세계 크루즈시장의 42.3%를 차지한다. 2위 로얄캐리비언 크루즈 그룹은 8개의 브랜드로 63척을 운항하며 시장의 22.9%를 차지한다. 3위 MSC 크루즈 그룹은 1개의 브랜드로 18척을 운항하며 9.3%의 선대 비중을 차지하고, 4위 노르웨지안 크루즈 그룹은 3개 브랜드, 28척으로 시장의 8.6%를 차지한다. 유일한 아시아 기업이자 스타 크루즈를 보유한 5위 겐팅 크루즈라인은 3개의 브랜드로 9척을 운항하며 시장의 3.2%를 차지하고 있다.

크루즈 운항 권역

크루즈선이 운항하기 위해서는 안전한 접안시설, 물자 및 서비스의 공급, 충분한 시장 수요, 관광 여건 등 여러 가지 고려사항이 있지만 기본적으로 기후의 영향을 배제하고 크루즈선의 운항을 논하는 것은 불가능하다. 따라서 카리브해나 지중해, 알래스카와 같이 크루즈선이 주로 운항하는 권역들이 세계 곳곳에 존재한다.

크루즈는 공항에서 비행기를 타고 본인이 가고자 하는 곳을 직항으로 가는 개념과는 차이가 있다. 권역을 중심으로 계절에 따라 성수기에만 운항하거나 수요에 따라 1년 내내 연중으로 크루즈선을 운항하기도 한다. 특히 알래스카 권역의 경우 겨울철에 모든 크루즈선이 다른 지역으로 재배치되는데 이를 리포지셔닝 크루즈라고 한다. 리포지셔닝 크루즈는 한 지역의 성수기가 끝남과 동시에 다른 지역의 성수기가 시작될 때 이루어진다.

과거 동남아시아가 주도하던 아시아권역은 중국과 대만 크루즈시장의 성장으로 현재는 동북아시아 권역이 아시아 크루즈시장을 주도한다고 할 수 있다. 한국을 권역으로 운항하는 외국적크루즈선은 주로 봄에서 가을까지 한국, 일본, 중국(상해이북)을 중심으로 운항하고 겨울이 오면 따뜻한 중국(상해이남), 대만, 동남아 지역으로 리포지션된다.

크루즈 조선

우리나라는 조선 분야의 세계 1위 국가지만 아직까지 크루즈선을 건조한 사례는 없다. 대표적인 고부가가치 선박으로 꼽히는 크루즈선은 척당 건조단가가 5~10억 달러 수준으로 선실 및 인테리어의 비중이 선가의 약 50%를 차지하고 있다. 크루즈선은 특성상 설계단계에서부터 소음과 진동에 대해 매우 엄격한 기준을 통과해야 하며 특히 승객의 편의를 위한 최고급 인테리어 장비들이 적재적소에 설치되어야만 한다.

국내에 크루즈선 건조실적이 없는 이유는 해외 크루즈선사가 국내 조선소에 선박 발주를 의뢰한 적이 없기 때문이기도 하지만 크루즈선은 일반 화물선과는 다른 고가의 인테리어 자재를 공급받아야 하는데 현재 국내에는 이러한 업체가 없다. 만약 고급 자재를 전량 해외에서 구입할 경우 로열티 지불로 투자 대비 효율은 나빠지게 되며 크루즈선을 국내에서 건조해야 하는 당위성은 사라지게 된다.

한편, 일반적으로 선박을 건조할 때 사고위험 회피를 위해 선사나 발주단은 따로 SPC를 설립하고 1SPC당 1척의 선박을 건조한다. 선박을 건조하는 과정에서 건조계약, 용선계약, 대출계약, 선수금환 급보증계약 등 법률적, 재정적 이슈가 발생한다. 선박 건조기간은 최소 1~2년 이상의 긴 시간이 소요된다. 이 기간 동안 자재값이 급등하거나 폭락할 수도 있고 코로나19와 같은 질병으로 조선소가 휴업할 수도 있다. 어떠한 원인 때문에 선박 건조기간 중에 건조계약이 취소나 해지된다면 조선소는 건조대금을 다시 선사에게 반환해야 하는 위험이 발생하게 된다.

일반 화물선도 신조선은 고가이기 때문에 그 위험성이 크다고 할 수 있다. 하물며 화물선 건조 비용보다 10배 이상 비싼 크루즈선을 건조할 때는 위험성이 금액에 비례하여 더 커질 것이다. 선박 금융권에서 신디케이트론(Syndicated loan)을 활용하여 지원하는 방법도 있겠지만 전술한 바와 같이 건조 당위성이 견고하지 못하기 때문에 당분간은 국내에서 크루즈선을 건조하기란 어려울 것으로 생각된다.

세계 1위 크루즈 조선사는 이탈리아 국영 조선사인 핀칸티에리(Fincantieri)이고, 세계 2위 크루즈 조선사는 독일의 마이어 베르프트(Meyer Werft)이다. 핀칸티에리는 2019년 크루즈선 수주량 기준 65척으로 전체 시장의 54%를 지배하고 있고 마이어 베르프트는 21척으로 17%를 점유하고 있다. 이 유럽 2대 조선사의 수주량은 총 86척으로 전 세계 크루즈 수주량의 71%에 달하며 세계 크루즈 조선 시장을 선도하고 있다.

크루즈선과 해상법(海商法)

해상법은 해상기업의 영리활동을 규율하는 사법이다. 따라서 국내를 운항하는 크루즈선과 관련된 법률관계에도 해상법이 적용된다. 크루즈업을 영위하고자 하는 크루즈선사는 이론적으로 선체용선,

정기용선, 항해용선, 재용선의 방법으로 선박을 확보할 수 있을 것이다. 그러나 일반적인 화물선과는 다르게 크루즈선은 매우 비싼 선가(船價) 및 특유의 전문성 때문에 선체용선을 제외한 나머지 용선방식은 보편적이라 할 수 없다. 화물이 아닌 여객을 통해서만 수익을 창출해야 하는 고유의 한계성 때문에 정기용선 또는 항해용선하여 크루즈업을 영위하기가 쉽지 않기 때문이다.

한편, 크루즈선사가 선박을 확보해야 하는 경우 외에도 크루즈여행사 역시 일정 기간 동안 크루즈상품의 운영을 위해 선박을 일시적으로 확보해야 할 필요가 있다. 이를 위해 크루즈여행사는 크루즈선사와 용선계약을 체결한다. 이 계약은 일견 항해용선계약과 유사해 보이기 때문에 실제로 대부분의 크루즈업계 종사자들은 항해용선계약으로 여기고 있다. 그러나 이 계약은 항해용선계약이라 할 수 없다.

항해용선계약에 대해 살펴보면, 일정 기간이 아닌 한 항차 동안 선박을 빌리는 것으로 용선료가 기간이 아닌 운송되는 운송물의 양에 따라 결정되는 특징이 있으며 항해용선자는 정기용선자와 달리 선박에 대한 점유를 통해 어떠한 지배관리권도 가지지 못한다. 그래서 항해용선계약은 그 용어에도 불구하고 운송계약이다. 용선자는 운송인으로서의 지위를 갖는다.

반면 크루즈선사와 여행사 간의 용선계약을 살펴보면, 크루즈여행사는 크루즈선의 객실을 용선(전세)하는 경우 원하는 기간을 설정하고 금액을 지불한다. 또한 원하는 기항지로 여행일정을 결정할 수 있다. 그러나 기간과 장소를 포함한 전체 여행일정은 크루즈선사의 재량에 의해 변경될 수 있으며 계약서상의 여객 승선율에 미치지 못하는 경우 여행사는 선사에게 추가금액을 지불해야 한다. 선내에서는 어떠한 상업행위도 할 수 없고 다만 여객을 인솔할 뿐이다. 이는 크루즈여행사가 용선 후 영업 목적과 관련된 크루즈선의 운항에 대해 주도적인 위치에 있는 것이 아니라 제한적인 권리만을 가지고 객실을 빌리는 계약이라 할 수 있다. 즉 용선계약이라기보다는 객실 임대차계약으로 여겨진다.

또한, 일반적인 항해용선자는 상법상 성문화되어 있는 운송주선인 규정에 따라 운송인의 지위를 가질 수 있고 책임제한 등 운송인의 이익을 향유할 수 있지만, 우리 상법은 여객운송의 주선을 영업으로 하는 자를 운송주선인이 아니라 준위탁매매인에 속한다고 보기 때문에 크루즈여행사는 운송인으로서의 지위를 가질 수 없다고 생각된다. 이 또한 크루즈선의 용선계약이 항해용선계약이 아닌 크루즈선 객실 임대차계약으로 여겨지는 이유이다.

실질적으로 매출 등 영업규모의 측면이 아닌 법적 책임 측면에서 바라볼 때, 크루즈여행사는 운송인으로서의 지위를 갖는 것보다는 준위탁매매인으로서 여객운송을 주선하는 주선인의 지위를 갖는 것이 더 유리하다고 할 수 있다. 그것은 운송인의 책임제한의 이익을 누리는 것보다 운송인으로서 책임을 부담하지 않는 것이 더 나을 수 있기 때문이다. 실제 크루즈선에서 인명사고 발생 시 손해배상에 대한 우선적인 책임은 크루즈선사가 부담한다.

5. 코로나19와 크루즈

2019년에 시작된 코로나바이러스감염증 확산으로 예전의 사스나 세계금융위기 때와는 비교도 할 수 없을 정도로 관광산업이 크게 위축되었다. 크루즈관광 역시 마찬가지인데 특히 2020년 2월에 일본 요코하마항에 접안한 다이아몬드 프린세스호의 대규모 코로나 감염사건을 시작으로 크루즈선은 코로나에 매우 취약하다는 부정적인 인식이 퍼지게 되었다.

그러한 추락 상황 속에서 세계 크루즈업계는 유동성 확보를 위한 긴축 운영과 대규모 구조조정을 시행했다. 선령이 높지 않은 크루즈선까지 폐선 처리하는 등 자구책 마련에 노력했지만 중고시장에는 크루즈선 매물이 급증하게 되고 중고선 매매가는 폭락하게 되었다. 위기를 기회로 삼은 일부 기업들과 투자자들이 반등을 기대하며 중고선을 매입했다. 중국 등 일부 나라에서는 새로운 크루즈선사들이 탄생했다.

코로나19로 전 세계 크루즈선이 멈춰있는 상황에서 아시아 크루즈선사인 겐팅 크루즈라인의 드림 크루즈가 2020년 7월 세계 최초로 크루즈선 운항을 재개했다. 승무원과 관광객들이 기항지에 하선하지 않는 '목적지 없는 크루즈'를 기획·운영한 것이다. 출항 전 기륭항에 도착한 승무원들은 2주간 의무격리를 하고 음성 판정 후에도 선내에서 1주간 추가격리를 시행했다. 방역 프로토콜에 따라 소독하고 거리두기를 하며 선내 의료센터와 격리실까지 갖춰 세계 최초로 CIP-M[3] 인증을 받았다.

이후 아시아, 유럽, 북미 등 크루즈 권역에서는 국가별로 코로나 유행상황에 따라 크루즈선의 운항과 중단이 반복되고 있다. 크루즈선 운항을 위한 각국의 방역지침은 공통적으로 관광지로부터 바이러스 유입을 통제하고 승무원과 여객의 건강상태를 모니터링하며 의심사례가 발생하는 즉시 격리·조사·치료하면서 바이러스의 확산을 최대한 신속하게 차단하는 조치들이다.

하지만 이런 크루즈선사들의 노력에도 불구하고 코로나 상황이 계속되면서 2022년 1월 미국 질병통제예방센터(CDC)는 크루즈관광에 대한 여행경보를 4단계로 격상하고 백신접종 여부와 관계없이 크루즈여행을 하지 말 것을 권고하고 있다. 또한 겐팅 크루즈라인의 모기업인 겐팅 홍콩 그룹은 거듭되는 재정 악화로 크루즈사업에

---

3) Certification in infection prevention for Maritime: 코로나19 이후 노르웨이·독일 선급에서 개발한 해양 산업용 감염예방 인증제이다.

서 전면 철수할 것을 검토하고 있다. 코로나 상황이 나아지지 않는 이상 크루즈업계의 어려움은 당분간 지속될 것으로 생각된다.

6. 국내 크루즈항만

크루즈와 관련하여 외국과 국내의 가장 큰 차이점은 익숙함의 차이라고 생각한다. 한 산업이 익숙하다는 것은 대중성이 있다는 뜻이고 대중성이 있는 산업은 그것을 육성해야 할 필요성과 당위성을 갖게 된다. 국내에서는 아직 국적크루즈선사가 출현하지 않고 있다. 또한 국민들이 즐길 수 있는 크루즈상품도 제한적이라 우리나라에서 크루즈가 익숙하다고 말하기는 어렵다. 전술한 바와 같이 국내에서 크루즈관광은 럭셔리(Luxury)관광에 포함된다. 럭셔리하기 때문에 고부가가치 산업으로 평가받지만 반대로 럭셔리하기 때문에 다른 산업보다 상대적으로 정책·재정적인 지원을 받기 어렵다.

이런 어려움 속에서도 정부는 국내 크루즈산업을 육성하기 위한 정책을 펼치고 있다. 2016년에는 '제1차 크루즈산업 육성 기본계획'을 정식 수립하고 5개의 도시에 대형 크루즈선이 접안할 수 있는 부두와 터미널을 건립했다. 국내 5대 크루즈 도시인 부산, 제주, 인

〈표 1〉 국내 크루즈관광객 지역별 입항 현황

연도별		계	제주	부산	인천	여수	속초	기타
2017년	항차	236	98	100	17	2	9	10
	관광객	394,153	189,732	165,557	29,906	889	6,819	1,250
2018년	항차	131	20	84	10	3	3	11
	관광객	201,589	21,703	142,819	22,150	6,785	6,688	1,444
2019년	항차	165	29	108	10	5	5	8
	관광객	267,381	44,266	189,251	12,341	11,430	9,227	866

출처: 해양수산부 홈페이지

천, 여수, 속초이다.

부산은 국내 1위 크루즈항만으로 글로벌 크루즈선의 주력 기항지이다. 제주는 한한령(限韓令) 이전 크루즈관광객 방문 1위 기항지였다. 중국 크루즈관광객은 제주 여행을 선호하는 편인데 코로나19 이후 다시 제주의 주요 고객이 되리라 생각된다.

국제공항이 있는 인천은 중국, 서울과 지리적으로 가깝고 비행기를 활용한 플라잉 크루즈(Flying cruise)[4] 상품을 운영할 수 있는 장점이 있다. 유명 관광도시인 속초와 여수는 각각 평창올림픽과 여수세계박람회 당시 구축한 시설 인프라를 활용하여 크루즈 마케팅을 전개하고 있다. 이 외에도 항만을 가진 두 개의 도시가 크루즈 후발주자로 새롭게 부상하고 있는데 충남의 서산과 경북의 포항이다.

서산에는 130,000톤(GT)급 대형 크루즈선이 접안할 수 있는 국제여객터미널과 부두가 있다. 아울러 해미읍성, 한우목장, 간월암, 서산 용현리 마애여래삼존상 등 유수의 관광자원을 갖고 있다. 특히 2021년 3월에는 바티칸 교황청에서 해미순교성지를 국제성지로 승인하였는데 서울대교구 순례길 이후 두 번째이며, 아시아에서는 세 번째다. 국내 단일성지로는 해미순교성지가 유일하다. 앞으로 서산에 국내외 종교관광에 대한 수요가 매우 높을 것으로 기대된다.

서산 대산항 국제여객터미널
출처: 서산시청(홍보사진 자료)

해미국제성지와 해미읍성

---

4) 입·출국 시 크루즈와 비행기를 이용하는 결합 관광상품을 말한다.

또한 대산항을 통해 공주·부여 백제문화유산, 태안 해안국립공원, 보령 머드축제 등 권역의 관광지를 방문할 수 있기 때문에 서산은 충청권을 대표하는 최적의 크루즈 관광도시로 발전할 여지가 충분하다.

더욱이 2028년에는 충남 최초의 공항인 '서산공항'이 건립될 예정이기 때문에 향후에는 항만과 항공을 연계한 '플라잉 크루즈' 상품도 운영이 가능하다.

7. 나오며

현재 코로나 상황이 장기 지속되면서 국내는 물론 해외 크루즈 산업 전체가 힘든 시간을 보내고 있다. 하지만 위기 속에는 항상 기회가 있다. 힘든 시기를 어떻게 버티고 준비하는가에 따라 향후 맞이하게 될 결과는 크게 달라진다. 머지않은 미래에 어떤 형태로든 코로나 상황은 종식될 것이며 크루즈산업 또한 다시 부흥할 것이라 믿는다.

한 산업을 발전시키기 위해서는 민(民), 관(官), 학(學)이 합심하여 노력해야 한다. 민간기업은 건전하고 타당한 사업계획을 세워야한다. 학계에서는 현황을 면밀히 분석하고 올바른 정책을 제안해야한다. 관에서는 민과 학의 사업·정책 제안을 검토하고 그 시대에 맞는 최선의 행정을 펼쳐야 한다.

지방공무원으로서 필자는 개인적으로 시민들이 즐겁고 행복해질수 있는 행정이 최고의 지방행정이라고 생각한다. 자신이 사는 고장에서 TV나 영화에서만 보던 크루즈선을 타고 여행을 할 수 있다면 경제적·사회적 파급효과를 떠나 그 자체만으로도 시민들에게 충분한 즐거움을 선사할 수 있을 것이라 생각한다. 이와 같은 바람이 언젠가는 필자의 고장 서산에서 이루어지길 기대해 본다.

바다로 들어간 플라스틱, 그 후

홍선욱(동아시아바다공동체 오션 대표)

1. 들어가는 말

해양수산부의 연구과제로 해양쓰레기 문제를 처음 접하게 되었던 것이 2001년이었다. 그리고 2008년에는 『바다로 간 플라스틱: 쓰레기와 떠나는 슬픈 항해』라는 책을 썼다. 2009년에 해양쓰레기 전문 비영리 조직 '사단법인 동아시아바다공동체 오션(이하 오션)'[1] 을 설립하였고, 다시 또 13년의 시간이 지났다. 지난 기간 동안 바다로 간 플라스틱 문제는 21세기 인류가 직면한 가장 뜨거운 환경 이슈로 떠오르게 되었다. 기후 위기에 이어 플라스틱 위기에 처한 우리들은 어떻게 대처해야 할까? 20년에 걸친 연구와 실천을 통해 얻은 경험과 지식을 여기 간단히 소개한다. 해운, 물류, 조선, 해양 수산, 인문, 선박금융의 전문가들이 모여 토요일 밤마다 공부하는 이 자리에 마지막으로 작은 지식이라도 보태게 되어 더할 수 없이 영광이다.

오션은 비영리 사단법인이다. 아시아 태평양 해양쓰레기의 문제 해결에 기여하고자 나선 해양쓰레기 전문가들의 독립연구소이다. 해양쓰레기 문제의 원인을 찾고 그에 대한 해결책을 찾기 위해 집중 연구하고, 그 결과를 바탕으로 정책 대안 개발, 교육과 홍보, 연

---

1) Our Sea of East Asia Network (OSEAN) 홈페이지(www.osean.net).

대 활동을 하고 있다. 2021년 12월에 유엔환경계획으로부터 비영리 단체 인증을 받았다. 깨끗하고 생명력 넘치는 바다를 향해 가되 다양한 사람들과 다양한 방법으로 접근하고 있다. 운영은 연구사업으로, 고유목적사업은 기부금으로 진행하고 있다. 최근에는 국제활동이 늘어나고 있고 시민과학자들을 양성하는 활동, 기업의 ESG와 연계한 활동이 많아졌다. 해양수산부와 해양환경공단의 전국 해안 쓰레기 모니터링 사업을 수행하고 국제기구의 연구사업도 수행하면서 매월 뉴스레터를 발행하고 아시아태평양지역의 해양쓰레기 관련 활동 소식을 소개하는 영문뉴스레터를 발행하고 있다. 매주 세미나를 통해 역량강화를 하고 있고 현재 470여 회를 마쳤다. 세미나의 결과는 요약문과 발제 내용을 정리한 뒤 뉴스레터에 공개하고 한 달에 한번 하는 국제세미나를 통해 우리의 국제 협력단체들과 같이 공부하는 시간을 갖고 있다. 이러한 오션의 지식나눔은 11년간 진행되고 있다.

2. 해양쓰레기의 정의

주범은 플라스틱 폐기물

해양쓰레기의 정의는 '해양, 연안 환경에서 폐기, 처분 또는 버려지는 모든 잔류성, 제조 또는 처리된 고체 폐기물'을 말한다.[2] 과거에는 '잔류성(persistent)'이라는 용어가 없었는데 2009년 이 용어가 추가되었다. 인류의 역사에서 바다는 무엇이든 다 받아주고 다 내어주는 어머니와 같은 존재로 비유된다. 그러나 더 이상 바다가 모든 쓰레기를 다 받아주지는 않는다는 것을 알게 되었다. 그 주범은 플라스틱 때문이다. 플라스틱은 썩지 않는다. 점점 더 작아져서 우

---

2) https://www.unep.org/explore-topics/oceans-seas/what-we-do/working-regional-seas/marine-litter

리 눈에 보이지 않을 뿐 여전히 바다 어딘가를 떠돈다. 최근 들어 고체와 액체의 경계가 허물어지고 있다. 액체 속에도 무수히 많은 미세플라스틱이 들어있기 때문이다. 우리나라에서는 해양쓰레기, 해양폐기물이라는 용어를 혼용하고 있다. 「해양폐기물관리 및 오염퇴적물에 관한 법」이 새로 제정되면서 공식 문서에서는 '해양폐기물'이라는 용어를 사용한다. 국제 정의에서는 포함되지 않지만 국내에서는 관리 목적으로 굴패각이나 재해성 초목쓰레기, 중국산 괭생이모자반 등을 해양쓰레기로 포함시키고 있다.

크기와 공간에 대한 정의

크기에 따라서는 메가(mega, 직경 1m 이상)-매크로(macro, 대형, 25mm 이상 1m 미만)-메조(meso, 중형, 5mm 이상 25mm 미만)-마이크로(micro, 미세, 1um 이상 1mm 미만)-나노(nano, 초미세, 1nm 이상 1um 미만)의 용어를 붙인다. 나노의 경우는 세포벽도 통과하는 것으로 알려져 있다. 시민과학으로 다룰 수 있는 부분은 1mm보다 큰 크기에 국한된다. 더 작은 크기의 미세플라스틱은 아주 잘 갖추어진 청정실험실에서만 분석이 가능하다. 공간별로는 해안(beach, shoreline, 해변)쓰레기, 부유(floating, drift, 수중, 중층, 표층)쓰레기, 침적(sea-bed, sea bottom, seafloor, benthic, 해저)쓰레기로 구분한다.

3. 해양쓰레기의 발생원인

모든 인간활동이 원인

발생원인은 육상-해상-외국기인 또는 기원이라는 용어로 구분한다. 분명한 것은 모든 인간활동으로부터 비롯된다는 것이다. 육상에 살고 있는 모든 인간활동, 바다에서 하고 있는 모든 인간활동, 그리고 외국으로부터 들어오는 쓰레기, 이 또한 외국의 육상과 해상에서 벌어지는 인간활동에서 나온 것들이다. 동물들은 쓰레기를 발생시키지 않는다. 우리 인간이 바로 주범이다.

수도꼭지부터 잠가야

수도꼭지가 열려 있고 거대한 욕조에 물이 가득 차서 철철 넘치고 있다. 무엇부터 해야 할까? 수도꼭지부터 잠가야 한다. 만약 수도꼭지가 한두 개가 아니고 수없이 많다면 어떻게 해야 할까? 해양쓰레기는 모든 인간활동으로부터 비롯되기 때문에 수많은 수도꼭지를 통해 바다로 들어간다. 그중 가장 중요하고 가장 심각한 것부터 잠그려는 노력을 해야 한다. 양과 피해의 중요한 원인을 찾는 이유가 바로 제대로 수도꼭지를 막기 위한 것이다. 실제 바다의 단면은 거대한 세숫대야처럼 생겼다. 그런데 들어가는 것이 플라스틱이다. 플라스틱이 분해되는 데 500년이 걸린다, 250년이 걸린다는 말을 들어봤을 것이다. 플라스틱이 발명되어 세상에 나타난 것이 100년 된다는 점을 생각해 보면, 지금까지 생산된 플라스틱은 분해되지 않은 채 지구상 어딘가에 남아있다는 것을 의미한다. 이제 더 이상 플라스틱이 분해되는 데 얼마 걸린다는 말은 쓰지 말자. 그리고 플라스틱 컵에 물을 담아놓아도 플라스틱이 녹지 않듯이 우리 바다 속 플라스틱은 자연에 없는, 인간이 창조해 낸 물질로 바다에서 절대 녹아 없어지지 않는다는 것을 명심할 필요가 있다.

4. 지구차원의 플라스틱 문제

지금은 플라스틱 시대

우리가 살고 있는 시대가 플라스틱 시대가 된 지 오래다. 플라스틱 시대라는 말을 쓰지 않았을 뿐, 그리고 교과서에서 그렇게 배우지 못했을 뿐, 우리를 둘러싼 모든 물질은 대부분 플라스틱으로 되어 있다. 더 이상 철기시대가 아니다. 만약 먼 훗날 퇴적층 안에 플라스틱이 발견되는 지층이 있다면 그것은 플라스틱을 사용하던 호모사피엔스가 분포하던 층의 지표가 될 것이며 그 층을 '인류세 (Anthropocene)'[3] 퇴적층이라 명명해야 한다는 주장도 있다. 플라스틱을 발명하여 사용하는 인간을 호모사피엔스가 아닌 호모플라스티쿠스라고 하자는 목소리도 있다.

요람에서 무덤까지 플라스틱과 함께

현대사회에서는 인간이 태어나서 죽을 때까지 플라스틱과 함께 살아간다. 태어나서 쓰는 젖병, 기저귀부터 죽을 때 입는 합성섬유로 된 수의에 이르기까지 평균 80년을 반복한다. 어느 누구도 플라스틱을 단 하루도 쓰지 않는 사람은 없다. 선진국일수록 플라스틱 사용량이 더 많다. 플라스틱은 1950년대부터 생산이 늘어나기 시작해서 가파르게 증가하고 있다. 2019년까지 총 95.4억 톤이 생산된 것으로 추정한다.[4] 많이 생산하면 많이 쓰고 많이 버린다는 것을 의미한다. 플라스틱 폐기물의 양도 가파른 증가 곡선을 나타낸다. 1분에 1백만 개의 플라스틱 물병이 판매되고 있고 1년에 5조 개의 비닐봉지가 사용되고 있다. 전체 플라스틱의 반은 오직 단 한번 쓰기 위해 디자인하고 생산하고 유통하여 판매되고 있다. 그리고 곧 버려진다.

플라스틱 폐기물 대부분 지구상에 영구히 남아

플라스틱은 전 지구적으로 9%만이 재활용되고, 12%만 소각된다. 남은 79%[5]는 지구상 어딘가에 남아있다. 육상의 어딘가에 투기된

3) Zalasiewicz et al. (2016). The geological cycle of plastics and their use as a stratigraphic indicator of the Anthropocene. Anthropocene 13: 4-17.
4) https://ourworldindata.org/grapher/cumulative-global-plastics
5) Geyer et al. (2017). Production, use, and fat of all plastics ever made. Science Advances 3(7) DOI: 10.1126/sciadv.1700782.

상태로 남아 있거나 매립장에 쌓여 있거나 길거리에 버려져 있거나 바다로 들어가 있다. 우리 주변에는 없더라도 다른 나라로 폐플라스틱을 수출하기도 한다. 미국, 호주, 유럽에서 사용 후 폐플라스틱을 사후처리하지 않고 중국으로 떠넘겨왔다. 2017년 중국 정부가 폐플라스틱 수입을 금지한 이후로 각 나라마다 비상이 걸렸다. 이후 각국 정부의 일회용 플라스틱 사용 규제 정책이 강화될 수밖에 없었던 이유이다.

플라스틱은 석유와 천연가스로부터 만들어진다. 1차 가공물인 레진펠렛으로부터 제품을 만들고 유통, 판매, 사용, 폐기에 이르는 일련의 과정을 지난 후 마지막 단계에서 폐기될 때 우리는 정말 많은 부분이 잘 처리되고 있을 거라고 믿고 있다. 실제로 우리나라의 경우 플라스틱 쓰레기의 처리가 잘 되는 편이다. 그러나 그중 일부가 바다로 들어간다. 일부는 바다 밑에 가라앉아 있거나 바다 속 어디선가 떠다니거나, 바다 표면에서 해류, 바람을 따라 이동하고 있다. 바다로 들어가는 양이 얼마나 되는지 아직 잘 알려져 있지 않다. 세계적으로 추정되는 양은 바다로 들어가는 플라스틱 폐기물이 4백만 톤~천2백만 톤이라는 연구도 있고, 바다 표면의 미세플라스틱 양이 6,350톤에서 23만 6천 톤까지 된다는 등 데이터의 격차가 크고 신뢰성이 낮은 편이다.[6]

5. 바다로 들어간 플라스틱의 피해

전체 양은 적지만 피해는 심각

바다로 들어간 플라스틱은 그 양은 적지만 큰 피해를 입힌다. 과거에는 생태계, 미관이나 관광, 수산업, 선박안전에 피해를 준다고

---

6) Maximenko et al. (2019). Toward the Toward the Integrated Marine Debris Observing System. https://www.frontiersin.org/articles/10.3389/fmars.2019.00447/full

알려졌었다. 최근에는 미세플라스틱으로 인해 인간 건강이 직접 영향을 받을 수 있다는 내용이 추가되었다.

생태계, 관광, 수산업 피해

국제적으로 생태계의 피해는 1960년대부터 많은 연구가 이루어져왔다. 대개는 폐어구, 즉 폐어망이나 밧줄이 해양포유류나 바다거북의 몸에 감겨 피해를 입히는 얽힘(entanglement)이 심각하게 받아들여졌다. 우리나라의 경우에는 2018년 제주 바다에 방생한 바다거북이 10일 만에 사체로 발견되었는데 그 직접적인 사인이 비닐봉지나 식품 포장재 같은 플라스틱 재질의 부유쓰레기를 먹이인 줄 착각하고 찾아다니며 삼킨 것(ingestion)이 소화관을 막아 굶어죽은 것으로 밝혀져 큰 충격을 준 바 있다. 오션에서 발행한 해양쓰레기에 의한 피해 사례집에 따르면 낚시에 의한 새들의 피해, 자망에 의한 경골어류의 피해가 많은 비중을 차지한다.[7] 미관이나 관광에 대한 피해는 연구가 많이 되어 있지 않아서 오션에서 낸 논문이 많이 인용되고 있다. 2011년 7월 낙동강 상류에서 있었던 열흘간의 폭우 때문에 하류에 위치한 거제도의 해수욕장에 대규모의 초목과 각종 육상 쓰레기가 떠내려와 관광산업에 큰 피해를 주었는데 그 규모가 300억 원 이상이었다.[8] 수산업 피해는 폐어구로 인한 수산업 피해가 1970~80년대 연구에서 많이 보고된 바 있다. 수산업 피해에 대한 국내 사례는 많지만 연구결과는 드물다. 작년에는 울진의 한 횟집에서 손질하려던 아귀 뱃속에서 500ml 페트병이 나와 과거보다 더 우리 바다의 플라스틱 오염이 심각해지고 있음을 실감나게 하였다.

---

7) http://www.osean.net/data/edu.php?ptype = view&idx = 7151; https://www.osean.net/bdlist/activity.php?ptype = view&idx = 7150&page = 1&code = activity

8) Jang et al. (2014). Estimation of lost tourism revenue in Geoje Island from the (2011). marine debris pollution event in South Korea, Marine Pollution Bulletin 81, 49‑54.

[그림 1] 2021년 10월 울진 죽변항 횟집에서 발견된 아귀 뱃속의 페트병

사진 제공: 서영택

광범위하고 빈번한 선박 프로펠러 걸림 사고

선박의 운항에 입히는 피해에 대해서는 '바다, 저자와의 대화'에 참여하는 대부분의 사람이 공감하고 있을 것 같다. 2021년 부안 앞바다 어선 전복 사고로 인해 인명 피해가 있었는데 그것이 운항 중 폐밧줄에 프로펠러가 걸려 일어난 사고였다. 세계적으로도 이런 일이 많은 것으로 문헌에 자주 언급되지만 이에 대한 과학적 연구결과는 매우 드물다. 우리나라의 경우에는 세계에서 유일하게 선박 운항의 피해를 정량적으로 연구하였다. 우리 해군함정이 2010년부터 2015년 사이 부유하는 폐어구에 걸려 수리를 받은 기록을 분석한 결과 6년간 170여 척의 해군함정이 2,386건의 걸림 피해를 입은 것으로 나타났다.[9] 이것은 한 척당 평균 2.3회 걸린 셈이고, 1년에 단 한 번도 안 걸린 배는 없었다. 잠수인원 투입시간과 잠수부 인건비만을 고려했을 때 연간 약 2억 원의 피해가 있었는데, 운항지연, 연료 소모, 장병 인건비 등을 감안하여 손실액을 추정한다면 훨

---

9) Hong et al. (2017). Navigational threats by derelict fishing gear to navy ships in the Korean seas. Marine Pollution Bulletin 119(2), 100-105.

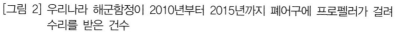

[그림 2] 우리나라 해군함정이 2010년부터 2015년까지 폐어구에 프로펠러가 걸려 수리를 받은 건수

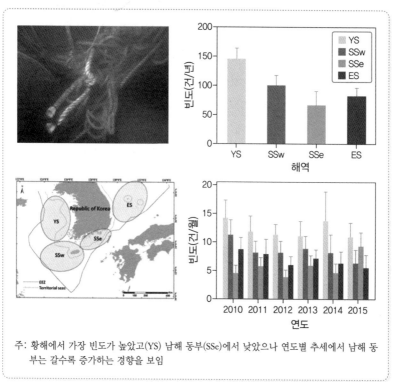

주: 황해에서 가장 빈도가 높았고(YS) 남해 동부(SSe)에서 낮았으나 연도별 추세에서 남해 동부는 갈수록 증가하는 경향을 보임

출처: Hong et al.(2017)

씬 큰 비용이 들었을 것이다. 갈수록 연간 수리 건수는 줄어들었지만 수리 후 수거한 폐어구의 무게는 점차 늘어났다. 해군함정조차 피할 수 없는 폐어구는 다른 선박의 경우 더 자주 피해를 입히는 것으로 추정된다. 이것은 심각한 재산과 인명이 피해를 유발할 수 있어 폐어구를 줄이는 일이 시급한 상황이다.

미세플라스틱이 사람에게 미치는 피해

플라스틱 제품 제조과정에서 투입하는 독성 물질, 바닷물 속 유기독성물질을 끌어당기는 성질 때문에 플라스틱 자체를 위험물질로 분류해야 한다는 주장이 이미 19년 전에 있었다.[10] 먹이단계에 따른 독성물질의 전이가 조류나 포유류 등 생물에게 악영향을 준다는 연구가 주를 이뤘다. 2019년 세계자연기금(World Wide Fund For Nature, WWF)에 따르면 우리가 일주일에 플라스틱 신용카드 한 장(5g)을 먹고 있다고 보았는데, 당시에는 이것이 다소 과장된 비유였지만, 이 양은 점점 더 가파르게 늘어날 것이라는 암울한 전망이 나오고 있다. 이어 2020년 인체의 모든 장기 안에서도 미세플라스틱이 존재하고 있을 가능성이 있고, 2021년 뇌에서도 미세플라스틱이 독성을 일으킬 수 있음이 밝혀져 충격을 주고 있다.[11]

6. 새로운 국제협약을 만들기 위해

해양쓰레기는 국제사회가 적극 대처하지 않으면 지속가능한 인류의 공영에 심각한 위험이 될 의제로서 인식이 되었고, 마침내 2015년 지속가능발전목표 14.1에 새롭게 포함되었다. 이후 계속된 유엔환경총회에서 해양플라스틱쓰레기에 대한 조처를 위한 결의안이 차례로 나오고 있다. 2020년에 나온 '플라스틱 물결을 깨다'(Breaking the Plastic Wave)라는 보고서와 사이언스에 나온 라우 등 (2020)[12]의 논문에 따르면 2016년과 2040년을 비교했을 때, 생산량은 2배, 연간 바다로 들어가는 양은 3배, 바다에 축적되는 플라스틱 폐기물의 양은 4배가 증가한다고 보았다. 따라서 지금 당장 모든 가용한 수단을 동원하여 대응하지 않으면 이러한 추세를 막을 수 없어서 바로 지금이 '플라스틱 위기'라는 것이다. 2022년 2월 28일

---

10) Rochman et al. (2013). Classify plastic waste as hazardous, Nature 494, 169-171.
11) https://news.jtbc.joins.com/article/article.aspx?news_id=NB12028415
12) Lau et al. (2020). Evaluating scenarios toward zero plastic pollution, Science, aba9425

부터 제5.2차 유엔환경총회가 열려 플라스틱 오염을 줄이기 위한 새로운 국제협약을 논의하게 된다.[13] 이를 준비하기 위한 보고서가 나왔는데 여기서 해양쓰레기와 플라스틱이 해양생물뿐만 아니라 기후변화에도 영향을 주며, 인간의 건강성과 복지에도 위험하다고 언급하고 있다. 또한 생분해성 제품은 수년 후 분해되므로 위험은 기존 해양쓰레기가 동일하다고 강조하고 있다.[14]

유엔국제협약을 제정하고 있는 과정에서 우리가 주목할 3가지 점은 1) 플라스틱 전체의 문제로 접근할 것인가 아니면 해양으로 들어간 플라스틱만 다룰 것인가, 2) 생애주기로 접근할 것인가 폐기물 처리 쪽에 집중할 것인가, 3) 법적 강제성이 있는 협약으로 갈 것이냐 아니면 연성법으로 갈 것인가이다. 페루와 르완다가 주도한 안(앞쪽의 선택)과 일본이 제시한 안(뒤쪽의 선택)을 놓고 각국 정부와 주요 집단들의 입장을 조율하는 과정이 진행 중이다. 우리나라 정부는 3가지 중 앞부분을 지지하는 입장을 표명하였다.

7. 우리나라에서 주목할 해양쓰레기

우리 바다는 해상기인이 중요

우리나라의 바다에 들어가는 주요 수도꼭지는 해안쓰레기의 정기 모니터링을 통해 그 원인을 찾을 수 있다. 2008년부터 15년째 진행되고 있는 '국가 해안쓰레기 모니터링' 사업을 통해 어선어업과 양식업에서 나오는 쓰레기가 가장 중요한 발생원이고 10년에 걸쳐 점차 줄어들고 있음을 알 수 있었다. 일상생활에서 나오는 쓰레기가 두 번째 주요 원인이고 바닷가 여가활동에서 나오는 쓰레기는

---

13) 이 글을 쓴 이후 유엔환경총회(UNEA) 5.2에서는 플라스틱 오염을 종식시키기 위한 법적 구속력이 있는 국제 협약을 2024년까지 협상하기로 하였다.

14) UNEP (2021). From Pollution to Solution: A global assessment of marine litter and plastic pollution. Nairobi.

세 번째 비중을 차지한다. 육상에서 나오는 이 두 가지 원인들은 비율이 다소 증가하고 있다. 그러나 아직까지도 수산업에서 나오는 쓰레기가 가장 높은 비율을 차지하고 있다.

우리나라 바다로 들어가는 해양쓰레기의 양은 연간 14만 톤가량이 유입되는 것으로 추정하였는데, 초목류를 제외하면 10만 톤 이하이다. 환경부 통계상 생활계 폐기물은 연간 1천 9백만 톤에 해당하는데, 그에 비해 바다로 들어가는 것으로 추정한 양은 생활폐기물의 0.76%에 불과하다. 해양에 들어간 쓰레기만 보면 사실 양이 너무 적다. 그럼에도 그 피해는 매우 크다.

우리나라에서는 해상기인 쓰레기 중 5가지 쓰레기가 심각한 상황이다. 가장 중요하고 심각한 것이 스티로폼으로 만들어진 양식용 부표이다. 이것은 바닷물이 아닌 육상에 놓아두기만 해도 태양광에 표면이 풍화되어 밀가루처럼 미세한 플라스틱을 양산한다. 역동적인 바다 환경에서 깨지기 쉬운 스티로폼 부표는 천문학적 숫자의 미세플라스틱을 만들어낸다. 전국 연안에서의 미세플라스틱 조사를 한 결과에서도 스티로폼 부표가 압도적으로 많은 양을 나타낸다 (1mm~25mm 사이). 양도 많고 피해도 큰 항목이다. 오션에서는 2010년부터 스티로폼 부표를 줄이기 위한 정책 개발 워크숍을 시리즈로 열고 어떤 관리 전략이 필요한지 도출한 바 있다. 현재는 친환경부표로 교체해 나가는 정책이 활발히 이루어지고 올해부터는 사용 중인 것은 어쩔 수 없더라도 스티로폼 부표를 새로 설치하지 못하도록 해양수산부가 막고 있다. 폐밧줄과 어망, 통발은 생태계에 피해를 입힐 뿐만 아니라 선박 운항에도 치명적이다.

이에 더하여 양은 적지만 피해가 큰 것이 낚시쓰레기이다.[15] 천만 낚시인구 시대를 맞이하고 있다고 한다. 취미로 즐기는 낚시가

---

15) Hong et al. (2013). Impacts of marine debris on wild animals in the coastal area of Korea. Marine Pollution Bulletin 66, 117-124.

개인의 취미활동으로 끝나는 것이 아니라 생태계와 환경에 악영향을 주고 그 영향이 오래간다면 각별한 조치가 필요할 것이다. 지금은 관리의 사각지대에 놓여 있다.

선박 쓰레기 저감 여지 많아

해양경찰청과 오션의 협업 과제로 실시한 선박에서 나오는 쓰레기 양과 특징에 대한 설문결과에 따르면,[16] 선박에서 나오는 쓰레기의 양은 475척에서 연간 약 4만 톤이 발생, 1회 왕복 항해에 약 90kg의 고형쓰레기 발생, 45%가 플라스틱, 화물선에서 나오는 쓰레기가 많았다. 타 선박에서 유실이나 투기를 목격했다고 응답한 비율은 11%였고 유실이나 투기의 비율이 10% 이하라고 응답한 경우가 60%, 20% 이하라고 한 경우가 21%였다. 유실의 원인은 1위가 관리 소홀(37%), 자연 유실(32%), 저장 공간 부적절(23%) 순이었다. 투기의 원인은 1~3위가 승선자 환경의식 부족(26%), 육상처리 편리성 부족(23%), 육상처리업체 부족과 비용과다(21%)였다. 자연적으로 발생하였거나 부득이한 경우가 아닌 경우가 훨씬 많아 개선, 즉 발생량을 줄일 여지가 많음을 알 수 있었다.

8. 우리나라 대응 정책

법률과 제도, 선진국

2020년 말, 「해양폐기물관리법」이 새로 재정되면서 우리나라 해양쓰레기 관리의 법률적 여건은 매우 좋아졌다. 하천관리청의 폐기물 해양 유입 방지 시설 설치 조치를 규정할 수 있게 되었고 공간별 해양폐기물 수거 주체도 정의하였다. 그 전까지는 해양환경관리법에 근거하여 해양폐기물 수거처리계획 대신 5년마다 '해양쓰레기

---

16) www.osean.net (오늘의 해양쓰레기 118호-선박쓰레기 양, 얼마나 될까?)

관리 기본 계획'을 수립하여 그에 따라 정책이 집행했었다. 현재는 새로운 법률에 따라 10개년 '해양폐기물 관리 기본 계획'을 수립하여 2030년까지 해양플라스틱 연간 발생량을 60%, 2050년까지 100% 저감하겠다는 목표를 세워 전주기적 관리를 해나가고 있다. 환경부에서도 플라스틱 폐기물을 2030년까지 50% 감축, 재활용을 34%에서 70%까지 올릴 계획이다. 단, 여기서 우리나라의 플라스틱 재활용률은 플라스틱 생산 중 34%를 의미하는 것이 아니고 수거하여 폐기물 관리 시스템에 들어온 양의 34%를 재활용하고 있다는 것임을 분명히 할 필요가 있다. 지구적인 관점에서 9% 재활용률에 불과한 것에 비해 월등히 높은 이유가 바로 여기 있다.

범부처 생활폐기물 탈플라스틱 대책과 다각적인 연구개발사업도 활발하게 이루어지고 있다. 또한 범부처 해양폐기물관리위원회가 2021년 말 법적 근거를 가지고 새로 출범하여 부처 간 협조가 안 되는 관리 영역에서도 한 단계 진전할 수 있게 된 점은 매우 다행스럽다. 특히 2022년 2월말부터 열리는 5차 유엔환경총회(United Nations Environment Assembly)에서 논의될 해양폐기물과 플라스틱 오염을 관리할 국제협약 제정에 대해 우리나라에서는 범부처의 통일된 입장을 정하고 대응방안을 마련해 나가고 있다.

해양수산부가 주도

해양쓰레기를 줄이기 위해 가장 중요한 역할을 하는 기관은 해양수산부이다. 한국해양환경공단이 정부의 사업과 예산을 대집행하고 있으며, 한국어촌어항공단은 어업쓰레기에 대한 사업과 예산을 대집행하고 있다. 해양수산정책 전문 연구소인 한국해양수산개발원, 미세플라스틱 연구를 선도하고 있는 한국해양과학기술원은 해양수산부의 정책과 과학 자문을 해 준다. 환경부는 육상에서 바다로 들어가는 플라스틱 쓰레기 문제의 책임을 지고 있다. 기업의 생산자

책임을 지우는 역할과 재활용 부분도 담당한다. 한국환경연구원이
정책의 뒷받침을 해 주는 연구소이며, 한국환경공단이 해양쪽과 비
슷한 사업과 예산을 대집행한다. 오션은 정부의 지원금을 받지 않
지만 독립적으로 해양수산부, 해양환경공단, 해양수산개발원, 해양
과학기술원과 긴밀한 협력관계를 갖고 연구하고 있으며, 전국의 해
양환경시민단체들 수십여 곳과 네트워크를 이뤄 시민 실천 활동을
지원한다.

연 1천억 원 투여, 과거보다 2배 늘어

해양폐기물 관리는 1) 발생예방, 2) 수거·운반체계 개선, 3) 처
리·재활용 촉진, 4) 관리강화, 5) 국민인식 제고의 전략 하에 추진
되고 있다. 지난 10년간 전국에서 수거한 해양폐기물은 연 평균 10
만 톤이다. 2016년 440억 원에서 2020년 960억 원으로 수거예산이
거의 2배 늘어났고, 수거량도 그에 따라 7만 톤에서 13만8천 톤으
로 거의 2배 늘어났다. 연간 발생량이 14만 톤인데 이 중 13만 톤
을 수거한다면 1만 톤씩 늘어나고 있는 셈이다. 과거에 누적되어
있는 양까지 다 수거를 한다면 갈수록 더 많은 세금을 투입해야 한
다. 그럼에도 우리 바다의 해양쓰레기 피해는 줄어들지 않는다.

침적쓰레기 수거는 매우 비효율적

침적쓰레기를 치우기 위해서는 드넓은 바다에 흩어져 있는 쓰레
기를 찾기 위해 노력해야 하고 찾은 다음에 드는 비용도 비싸다.
해안쓰레기에 비해 침적쓰레기는 수거처리 비용이 톤당 8.6배 높
다.[17] 이 비용은 대개 '수거과정'에 들어간다. 처리비용은 큰 차이가
없다. 더 부정적인 것은 바다로 들어간 뒤에 수거하면 재활용도 잘
안 된다는 것이다.

---

17) Hong et al., 2015.

<표 1> 해양쓰레기 연간 수거량 및 예산 현황

구분	2016	2017	2018	2019	2020	2021
수거량(톤)	70,840	82,175	95,632	108,644	138,362	–
예산(백만 원)	44,347	47,286	53,552	59,688	96,076	130,555

출처: 해양수산부

오염원인자 집중 관리 중심, 상세 정보 필요

수거처리 중심에서 오염원인자 중심 관리로 대폭 전환이 필요하다. 어업인들이 조업 중 인양하는 쓰레기에 정부가 금전적 지원을 해 주던 수매제도는 중앙정부에서 지원을 중단하였다. 이보다 더 바람직한 방법은 선상집하장을 널리 보급하고 어업인들의 입출항 위치에 가까운 곳에 이동, 설치하여 쓰레기를 자발적으로 가져와 배출하게 하는 방법이다. 이것은 예방적 성격이다. 수거하는 데 정부가 예산을 쓰기보다 조업을 하는 동선 중 쓰레기를 골라내고 모아 배출하도록 하여 오염원인자가 책임을 다하게 하고 되가져 온 쓰레기는 정부가 치워 줌으로써 효율성과 효과성을 겸비한 정책이다. 하지만 앞으로 여기서 수거되는 쓰레기는 어떤 종류이며 어떤 과정에서 쓰레기가 발생하는지 정보를 파악하는 노력이 적극 이루어져야 한다.

원인자에게 책임과 의무를 부여하여 스스로 관리하게 하고 어쩔 수 없이 바다로 들어간 경우, 바로 신고하도록 하여 정부가 항행이나 생태계에 위협적인지 판단하여 신속 대응과 차후 대응을 구분하여 관리하여야 한다. 그러려면 쓰레기에 대한 과학적 통계 자료가 필요하다. 해안쓰레기는 양과 조성, 종류, 발생원 데이터가 정기 모니터링을 통해서 14년간 수집되고 모든 국민에게 개방되어 있는 반면[18] 부유쓰레기나 침적쓰레기에 대해서는 사용할 만한 통계와 상

---

18) 해양환경정보포털 (www.meis.go.kr)에 공개되어 있다.

세정보가 매우 부족한 상태이다. 연간 1천억 원이 소요되는 사업에서 상세한 데이터가 수집되지 않고 있다는 것은 매우 안타까운 일이다.

어구실명제, 어구보증금제 실시 예정

다행히 어구에 실명을 표시하는 어구실명제나 어구가격에 보증금을 포함시켜 되가져오면 보증금을 지급하는 어구보증금제 등을 도입하기 위한 수산업법 개정안이 국무회의를 통과하였다(2022. 1. 4). 개정된 수산업법은 폐어구 관리를 강화하여 어구의 생산, 판매, 사용, 수거에 이르는 전과정을 관리하자는 취지를 담고 있다. 어구 사용량도 적정 사용량의 3배에서 5배에 이르는 것으로 알려져, 불법적인 과다 어구 사용부터 규제하고 단속을 철저히 하는 것이 수도꼭지를 잠그는 강력한 방법이 될 것이다.

9. 맺는 말: 플라스틱 위기를 극복할 슬기로운 실천 방안

해상활동으로부터 나오는 쓰레기의 문제를 중심으로 설명을 하였다. 하지만 우리들의 일상생활은 배가 아닌 육상에서 이루어진다. 하루라도 플라스틱을 쓰지 않는 사람은 없을 것이며, 한주라도 플라스틱 쓰레기를 내놓지 않고 살아갈 수 없는 시대를 우리는 살고 있다. 플라스틱 위기에 살아가는 슬기로운 실천방법 7가지를 소개한다. 1) 일회용 플라스틱 다이어트: 무분별하게 사용하고 있는 일회용 플라스틱을 줄여 배출량을 줄이는 것이 첫째이다. 이 중 바닷가에서 가장 많이 발견되는 페트병, 비닐봉지, 과자나 라면 봉지, 스티로폼 식품 용기 등 일회용 식품포장재를 집중해서 줄여 나간다면 보다 효과적으로 바다오염을 막을 수 있다. 2) 국제연안정화 참가: 오션에서 주관하는 이 행사에 참여해서 어쩔 수 없이 쓴 만큼

플라스틱 쓰레기를 줍는 활동에 참여하길 권한다. 스마트폰 앱을 이용하여 쓰레기를 줍고 기록하면 전 세계인들과 그 결과를 공유할 수 있다. 3) 월간 '오늘의 해양쓰레기' 받아보기: 오션에서는 매달 뉴스레터를 발행한다. 오션에서 하고 있는 해양쓰레기 줄이기 활동과 연구 소식을 받아보고, 최신 연구 결과나 환경뉴스를 메일로 받아 볼 수 있다. 4) 인스타그램으로 플라스틱 위기 매신저 되기: osean_net라는 인스타그램 계정을 팔로우하여 해양플라스틱 문제 해결을 위해 매신저가 되어 기여하기를 권고한다. 5) 바다기사단 활동하기: 드론을 이용한 공중 촬영, 스쿠버 다이버들의 바다 속 실태 기록, 스마트폰을 이용하여 해안쓰레기의 양, 분포 감시를 주로 하는 오션의 시민과학프로그램에 참여하길 제안한다. 6) 낚시 후 흔적 남기지 않기: 취미로 하는 낚시가 생태계와 환경에 피해를 입히지 않도록 자신의 흔적을 남기지 않도록 노력하여야 한다. 7) 오션의 회원 가입: 오션의 활동을 뒷받침해 주는 것도 큰 도움이 된다.

2022년 9월 19일부터 23일 동안 부산 벡스코에서 제7차 국제해양폐기물컨퍼런스가 열렸다. 1984년부터 비정기적으로 미국해양대기청에서 주관해 오던 것이 5차부터는 유엔환경계획과 공동 주관으로 바뀌었고, 해양쓰레기 관계자들이 1,300여 명 모여 학술, 정책, 예술, 교육, 현장체험이 어우러지는 기회였다. 7차 행사는 미국이 아닌 나라에서 최초로 열리는 행사였고, 이번 행사를 통해 우리나라는 전 세계 해양쓰레기와 플라스틱 문제를 해결하고자 하는 사람들의 주목을 받았다. 우리의 정책, 연구결과, 시민사회활동, 기업의 ESG 등 분야별 성과를 집대성하였고 이를 계기로 일회용 플라스틱을 통해 극강의 편리함을 누려온 우리의 삶을 돌아보고 산업생태계의 대대적인 개편이 일어나기를 희망한다.

인천해저도시로 가자

임현택(한국스마트해양학회 회장)

1. 배 경

우리나라는 섬, 갯벌 등 해양관광자원은 풍부하지만 국내외 관광객을 적극적으로 유치할 수 있는 대표상품이 없다. 파리의 에펠탑을 보기 위해 사람들은 비행기를 예약하고 호텔을 잡고 식당을 찾아간다. 에펠탑 근처의 가게에서 기념품도 사고 카페에서 커피도 마시고 온 김에 루브르 박물관도 가고 보르도도 가고 깐느도 가고 싶어 한다. 그렇게 해서 프랑스는 1년에 우리나라 무역수지와 엇비슷한 1조 달러의 관광수입을 벌어들인다. 우리나라에서 파리의 에펠탑과 같이 세계인들이 가보고 싶은 대표적인 관광 상품은 무엇일까? 있긴 있는 걸까?

해양도시 인천의 시민들이 이 세상 어디에도 없는 세계 최초의 인천해저도시를 만들기 위해 한 목소리로 뭉쳤다. 회원수 16만 명이 넘는 인천 최대의 주민단체인 인천시총연합회는 2022년 1월 26일(수) 오전 11시 인천시청 앞에서, 2022년 대통령 선거를 맞아 지속가능한 인천의 발전을 위해 여·야를 넘어 각 정당 대선후보들에게 인천시민의 열망을 담아 인천해저도시 건설을 첫 번째 대선공약으로 촉구하였다. 인천해저도시 건설이 무르익고 있다.

2022년 1월 26일 오전 11시 인천 송도, 청라, 영종, 검단, 루원시티, 서창지구 연합
단체인 인천시총연합회가 인천시청 앞에서 인천대선공약 촉구 기자회견을 가졌다.

2. 인천해저도시의 의미

인천해저도시는 현재 배후부지 중심으로 진행 중인 인천내항재
개발계획과 병행하여 인천 내항 바다 55만 평에 AI, IoT, VR, 메타
버스 등 첨단 정보통신기술을 활용한 38개의 스마트 빌딩(개당 건물
면적 약 5,000평)을 해저 6층, 해상 6층 규모로 만드는 것이다. 이 38
개의 건물들은 해저·해상통로·쇼핑몰 등으로 연결되어 이 안에서
행정, 주거, 생산, 교육, 스포츠 등 경제문화 활동이 해저와 해상에
서 다양하게 이루어지는 새로운 도시다. 베드타운이 아닌 적어도 상
주인구 약 6만여 명이 자급자족하는 곳이다. 인천해저도시는 세계적
인 친환경 최첨단 해양관광·기술·문화도시로 발전할 것이다.

인천해저도시 조감도: 바다 생활과 육지 생활이 공존하는 인천해저도시. 55만 평 인천 내항 바다에 38개의 스마트 빌딩이 해저 6층, 해상 6층 규모로 건설된다.
디자인: 스마트해양학회/플래닝코리아.

3. 인천해저도시의 필요성

먼저 파리의 에펠탑, 이집트의 피라미드처럼 세계인들이 찾는 대한민국의 대표 브랜드가 필요하다. 인천해저도시는 이 세상 그 어디에도 없는 새로운 경험을 제공하여 세계인들이 살아보고 싶은 우리나라의 세계적인 해양관광·기술·문화도시로 자리매김할 것이다. 그리고 사랑과 자유를 향한 새로운 해양문화를 끊임없이 만들어 나갈 것이다. 인생은 사랑과 자유를 향한 길이다. 인천해저도시에서는 아름다운 인천의 노을이 불가능한 사랑도 우연한 사랑도 이루어지게 하는 말 그대로 새로운 사랑이 시작되는 로맨틱한 공간으로 만들 것이다. 또한 바다를 향한 인류의 도전은 자유를 향한 도전이었다. 그 정신을 이어받아 인천해저도시는 모든 인습, 차별, 편견이 없는 자유로운 삶의 상징이 될 것이다. 마지막으로 기후변화에 따른 새로운 라이프스타일의 창조다. 바다, 사람, 주거, 해저해상모빌리티가 자연스럽게 어우러지는 도시를 만들어 해수면 상승이라는 가까운 미래에 대비할 것이다.

4. 인천해저도시의 구성

인천해저도시에는 국내외 해양관련 대학, 연구소, ICT기업, 벤처기업, 문화관광기업과 국제해저게임스타디움 유치, 국내외 게임스타트업기업 및 영화스튜디오, 음악, 공연관련 산업, 패션스쿨, 해저병원, 화장품 등 뷰티산업 들이 들어와 동북아 게임·문화콘텐츠 산업의 허브로 도약할 것이다. 그리고 이들 입주기업과 기관의 직원들에게 제공하기 위한 주택이 필요하다. 또한 재택근무가 일상화되어 사람들은 더 좋은 새로운 주거환경을 원한다. 인천해저도시의 해저전원주택과 해상전원주택이 새로운 주거모델이 될 것이다. 삶에 지치거나 답답할 때, 새로운 사업구상이나 아이디어가 안 나올 때, 창작을 위해서 조용히 바다가 보이는 주택에서 인천의 아름다운 노을을 보면서 사색에 잠길 수 있는 이런 신개념의 주택이 점점더 필요해 질 것이다. 이러한 경향은 코로나 팬데믹의 영향과 정보통신기술의 발달로 더욱 가속화될 전망이다. 바다와 함께하는 인천해저도시의 해저·해상전원주택은 이러한 수요를 반영하여 반오피

스마트해저빌딩에서의 생활: 해양연구단지, 국제해저게임스타디움, 벤처기업단지, 해저전원주택, 영화스튜디오, 해저캠퍼스, 패션스쿨을 비롯하여 수중공원에서 수중레저를 하며 바닷속에서 바라본 인천해저도시. 디자인: 스마트해양학회/플래닝코리아.

스반주거 기능, 1가구 2주택에 포함되지 않는 새로운 주택 모델을
개발해서 국민들에게 제공할 계획이다.

5. 인천해저도시의 경제적 효과

이를 통해, 좋은 일자리 약 8만 1,000개가 만들어지고 연 3,224
만 명의 관광객 유치가 가능하여 전체 경제 효과는 약 18조 원이
될 것으로 추산된다. 이탈리아 베네치아와 두바이 몰의 연관광객이
약 2,200만 명 정도 된다. 인천해저도시는 베네치아와 두바이를 능
가하는 세계인들이 꼭 한 번은 찾아오고 싶어 하는 그런 국제적인
명소가 될 것이다. 더불어 해양, 환경, AI, 로봇, 해저모빌리티, 토
목, 에너지, 의학, 바이오, 정보통신 등 최첨단 공학기술이 적용·
개발되어 우리나라가 해저기술 수출의 발상지로서 새로운 부를 창
출할 수 있다. 특히 해수면 상승에 따른 기후변화에 대응할 수 있
는 새로운 라이프 스타일도 우리가 먼저 만들 수 있어 K－life가
세계 모든 사람들의 일상에 큰 영향을 미칠 것이다.

인천해저전원주택에서의 생활: 인천해저도시에 입주하는 기업과 공공기관 직원들 또
는 새로운 사업구상이나 창작을 위해 필요한 일반국민에게 제공할 해저전원주택 모
델. 상상을 초월하는 주거생활과 쇼핑, 관광이 해저에서 펼쳐진다. 디자인: 스마트해양
학회/플래닝코리아.

인천해상전원주택에서의 생활: 인천스마트해저도시에 입주하는 기업과 공공기관 직원들 또는 새로운 사업구상이나 창작을 위해 필요한 일반국민에게 제공할 해상전원주택 모델. 요트, 쇼핑, 수영, 산책, 바다포차, 인천의 노을 등 바다와 더불어 즐기는 삶이 펼쳐진다. 디자인: 스마트해양학회/플래닝코리아.

6. 향후 추진계획

우리나라 관광산업의 킬러 콘텐츠라고 할 수 있는 인천해저도시를 구체화하기 위해서는 무엇보다 전담추진조직과 전문인력 확보가 중요하다. 해양수산부, 인천광역시, 인천항만공사가 참여하는 가칭 '인천해저도시건설청'(인천해저도시추진본부 등)의 설립이 필요하다. 인천해저도시 건설기간은 최소한으로 잡아도 시작부터 20년은 걸릴 것으로 보인다. 처음 시도되는 공학기술도 많아 민간전문가들이 상시 참여할 수 있는 민관합동조직이 효율적일 것이다. 특히 난개발을 막고 수익을 국민들에게 돌려주기 위해서는 공공개발로 추진되어야 하고 정밀한 경제효과를 분석하기 위한 사업타당성 용역이 선행되어야 한다.

7. 인천해저도시를 생각하며

인천해저도시는 스마트 빌딩 옥상에서 바로 맑은 바다로 다이빙도 할 수 있는 세계인들이 즐기는 도시가 될 것이다. 이제 인천해저도시 건설은 인천시민들의 광범위한 지지를 받으면서 논의의 단계를 지나 그 실현이 훨씬 앞당겨질 것으로 보인다. 먼저 인천시민들을 비롯해 인천의 산업계·학계·시정부·국회의원·언론·NGO 등 인천사람 모두의 지혜와 하나 된 노력이 절실히 필요한 시점이다. 하지만 인천해저도시는 인천만을 위한 것이 아니다. 세계인의 사랑을 받기 위해서는 바다를 잘 아는 국내외 해양수산 전문가들과 국민 모두의 도움과 열정이 무엇보다 중요하다. 명심해야 한다. 우리는 바다로 나가야 한다. 세계사를 보더라도 바다의 주역이 세계의 주인공이 되었다. 바다를 모르면 세계와 단절되고 바다를 알면 세계를 얻는다. 우리나라는 인천해저도시로 147년 만에 제2의 개항을 맞이할 것이다.

제**4**부

해양문화·해양인문학

명량대첩에서 배우는 위기극복의 리더십 _ 이부경
역사 속의 해양 리더들 _ 나송진
해양산문집 『양망일기』 _ 하동현
범선 코리아나호 항해 이야기 _ 궁인창
베트남, 인도와 협상하기 _ 김형준
해운산업 깊이읽기 Ⅱ _ 김인현

명량대첩에서 배우는 위기극복의 리더십

이부경((사)이순신포럼 이사장)

여러분 안녕하세요?

오늘의 강의 제목은 「명량대첩에서 배우는 위기극복의 리더십」으로 이순신 장군의 리더십에 관한 인문학 강좌로 지금까지 여러분들께서 바다에 관한 강의를 들으셨던 비즈니스의 현실적인 내용과는 조금은 어긋나는 내용인지도 모르겠습니다만 오늘은 편안한 마음으로 역사인문학을 들어 주시면 감사 하겠습니다.

오늘은 제 책 『이순신의 리더십 노트』를 소개하고 앞으로 다가올 포스트 코로나 시대의 위기극복의 리더십 그리고 오늘의 주요 테마인 이순신의 리더십을 말씀드릴까 합니다.

제가 2009년부터 이순신의 리더십 노트를 매주 월요일 아침에 칼럼으로 보내드리고 있는데 처음 3년간의 노트를 모아서 『난중일기 코드로 풀다』로 책을 내었고 두 번째 책은 2012년부터 2015년까지의 3년간의 노트를 엮었는데 오늘은 두 번째 책을 소개하려고 하고 있습니다.

이순신 장군의 지혜로운 리더십 지혜를 WISDOM의 앞 글자를 따서 목차를 정했습니다. 『이순신의 리더십 노트』를 소개하며 『난중일기』에서 나타난 이순신 장군의 지혜로운 마음 씀씀이와 리더십에 나타난 경영 철학을 소개하고자 합니다. 아무리 어려운 처지에서도 굴하지 않고 꿋꿋하게 헤쳐 나가는 지혜로운 무인의 모습을 살펴보고자 합니다.

『이순신의 리더십 노트』를 쓰게 된 배경에는 『난중일기』를 중심으로 이순신 장군의 전적지 그리고 유적지를 이순신 파워 리더십 버스로 이순신포럼 회원님들과 함께 누비며 나라와 백성과 가족에 대한 절절한 사랑과 누구도 가지지 못했던 지혜로운 리더십을 조금이라도 더 전파하고 이순신포럼의 회원님들과 더불어 미력하나마 이 사회에 공헌하고자 하는 삶을 살게 해주신 이순신 장군께 한없는 사랑과 감사를 아울러 몸소 체험하면서 느꼈던 장군의 지혜를 기업의 경영에 적극적으로 접목하여 경쟁력 있는 기업이 될 수 있겠다는 확신이 섰기 때문에 시작하였습니다.

2009년부터 2012년까지 써 내려간 『이순신의 리더십 노트』는 그날그날의 『난중일기』를 읽고 기업의 CEO들이 어떻게 위기를 극복할 것인가에 대한 칼럼이었습니다만 이번에는 『난중일기』 속에서 찾아낸 이순신 장군의 지혜로운 경영에 대하여 한 수 배워 험난한 글로벌 경제전쟁에서의 생존전략을 이슈화하여 늘 현명하게 상황을 판단하고 원칙과 소신으로 어려운 전쟁을 승리로 이끌어 가는 장군의 지혜를 2013년부터 2015년까지 매주 월요일에 보내 드리는 이순신의 리더십 노트를 책으로 엮어내었습니다.

그러면 간단하게 한 가지씩만 예를 들어 설명하면서 임진왜란의 전체보기도 곁들여 말씀 드려보도록 하겠습니다.

첫 번째는 Wise, Win - 지혜, 승리입니다.

단락의 제목들을 보시면 아시겠지만 싸움마다 이기는 성공적인 전략과 작전 뒤에는 이겨놓고 싸운다는 선승구전의 의미가 곳곳에 묻어나고 있습니다.

철저하게 만반의 준비를 하고 나선다는 것은 쉽지 않은 일입니다. '리더는 부르고 모으는 것이다'는 이순신 장군은 칠천량해전에서 조선수군의 모든 것을 잃고 겨우 9명이 출발했습니다. 연안 지역을 돌면서 대책을 강구해 보겠다고 했습니다. 마음을 모으고, 힘을 모으고, 생각을 모으고, 사람을 모으고, 기술을 모으고, 리더는 문제를 해결하는 사람이며 가능한 한 많은 참여자들을 부릅니다. 그들이 스스로 모인 이유는 무엇이겠습니까? 이순신에게 가면 산다는 확신 때문입니까? 왜 모였을까요? 저는 리더십의 정의 중에 다음의 글을 좋아합니다. 미국 문학 역사가 게리 윌스(Garry Wills)가 "나팔만 분다고 병사가 모이는 것은 아니다. 다른 사람의 영혼에 미칠 수 있는, 그리하여 다른 사람의 영혼을 부를 수 있는 나팔을 불어야 한다"고 하였는데 아마도 이순신 장군은 자신과 함께 나라를 구하려는 영혼을 가진 사람들을 부르는 나팔을 불지 않았나 생각해 봅니다.

다음은 Intelligence, Innovation - 정보, 혁신입니다.

요즈음 규제개혁이니 혁신이니 하는 말들을 많이 씁니다. 그러나 잘 실행이 되지 않는 것도 사실입니다. 왜 그럴까요? 너무도 지식에만 편중된 생각을 하기에 그런 것은 아닐까요? 조금만 현실적으로 생각해 보면 어려운 난관을 헤쳐 나갈 수 있는 지혜로운 방법들을 찾을 수 있다고 생각합니다. 광해군이 갑자기 세자로 책봉되어 분조를 이끌고 전주에 내려왔을 때의 일입니다. 나라의 위기를 극복하기 위해서 군사들을 많이 모으고 양성해야 하는 절체절명의 상황에서 전주에서 무과시험을 보려고 하였습니다. 그래서 한산도의 이순신에게도 별시를 치르러 군사들을 전주로 보내라는 교지를 내려보냈습니다. 그러나 이순신은 "지금 조선수군은 적과 최전선에서 대치하고 있는 중이고 만일 시험을 보러 간 사이에 무슨 일이라도 일어난다면 낭패를 볼 것이 틀림없으므로 수군은 한산도에서 독자적으로 무과시험을 치르게 해 주십시오"라고 장계를 올립니다. 또한 수군은 말 타고 활 쏘는 시험과목을 없애주시고 바다 위에서 화살을 쏘는 과목으로 바꾸어달라는 요청까지 하고 있습니다. 분조에서는 동궁이 하는 일에 개혁을 하자고 하는 이순신의 별시 정책에 괘씸하게 생각하였으나 상황판단으로 미루어 볼 때 옳다고 여겨 그렇게 시행하였습니다. 그렇게 변경되기까지 이순신 장군이 목숨을 걸고 장계를 올린다든지 시행할 때의 공정성을 잃지 않기 위한 각고의 노력을 한 것이라든지 조정의 관리자들을 참관시키고 감독하게 한 것 등 이루 말할 수 없는 고통이 수반되었음은 말할 나위도 없습니다. 우리는 결과만 보고 평가하지만 혁신을 하기 위한 물밑 작업이나 담당자들의 헌신과 희생을 간과해서는 안 되며 이것은 결코 지식만으로도 되지 않으며 나를 다스리고 조직을 다스리는 지혜로운 리더십이 있었기 때문이라고 생각합니다.

다음은 Spirit, Sincerity, Sacrifice - 정신, 진실, 희생입니다.

"잘 가거라. 부디 나라의 치욕을 크게 씻어야 한다." 이순신 장군 어머님의 말씀입니다. 전쟁 중에 이순신 장군께서는 어머님을 여수 고음천 송현마을에 모셨습니다. 한산도에서 여수까지 반나절 뱃길에 늘 어머님의 안부를 물으며 보살피는 지극한 효심을 보인 장군께서 어느 날 어머님을 뵙고 헤어질 때 어머님께서 하신 말씀은 보통 여장부가 아니신 것이지요. 세상 대부분의 어머니가 전쟁의 최전선으로 떠나는 아들에게 몸조심하거라 건강하거라 하는 걱정을 먼저 하시는 데 비해 자기 아들은 꼭 승리할 것이다, 반드시 이 나라를 구할 것이다라는 긍정적인 믿음으로 용기와 희망을 주시는 것입니다. 이순신 장군의 강인한 정신력은 어머니에게 물려받은 유전자가 아닌가 생각합니다. 그런 진실되고 남을 위해 희생하는 정신을 어려서부터 심어주지 않았나, 믿고 격려해주며 자신감을 가지고 앞으로 나아가게 해주지 않았나 생각합니다. 우리가 말하는 한려수도는 한산도에서 여수까지의 뱃길이며 지금은 해상공원으로서 해마다 많은 관광객들이 찾고 있습니다만 한려수도의 어원이 그때 생겨났다는 것을 아셨으면 합니다.

다음은 Duty, Decision, Dignity – 임무, 결정, 품위입니다.

이순신 장군께서는 군법을 어기거나 군령을 지키지 않으면 어김없이 단호하게 처벌을 하셨습니다. 일벌백계를 위한 고육지책이었을 것이라고 생각됩니다. 그러나 화가 나서 처벌을 하는 일은 『난중일기』에 나오지 않습니다. 처벌보다는 보상을 더 많이 하셨습니다. 우리는 어떻습니까? 시도 때도 없이 화를 내고 있지는 않습니까? 사실 주위를 둘러보면 화나는 일 투성이입니다. 리더가 작은 일 하나하나에 마음을 쓰면 큰일을 못할 뿐만 아니라 잘못된 의사결정을 내리기 일쑤입니다. 대신 화를 참고 자기를 다스리는 기회로 삼으며 오히려 지혜롭게 해결하려는 노력을 다해야 하지 않을까 생각합니다. 칭기즈칸도 "나는 앞으로 절대로 어떠한 경우에도 홧김에 결정을 내리지 않겠다"고 다짐했다고 합니다. 그러나 언제나 평상심을 유지하기는 어렵다고 고백했다고 합니다. 이순신 장군이 품위를 잃지 않으면서도 부하들에게 신뢰를 받을 수 있었던 것은 장군의 따뜻한 배려에서 시작되었으며, 진정한 리더로서의 올바른 판단 등은 『난중일기』에 나타난 것만으로도 우리게 큰 귀감이 되고 있습니다.

다음은 Organization, Operation – 조직, 운영입니다.

원균의 빗나간 실패의 리더십에 대하여 이야기하고자 합니다. 경상우수사 원균에게 소속되어 있는 군사들이 다른 수영 소속의 격군들을 싣고 도망가다가 현지에서 붙잡힌 이야기는 원균이 조직을 어떻게 운영했던 것인지를 여실히 보여주는 대목입니다. 조선 수군의 격군들은 조선시대의 하층민, 즉 사회적 약자 중, 노비 등으로 어디에서도 대접받지 못하는 사람들인데 그럼에도 불구하고 이들을 잘 훈련시켜 정예화된 세계 최강의 조선수군으로 탄생시켰는데, 동료인 원균에게 격군을 빼앗기고, 모함을 받고, 상관에게 인정을 받지 못해도 그래도 다시 일어서는 긍정의 힘, 이것은 이순신 장군이 기어이 이루어내고야 마는 성공의 리더십입니다. 정정당당한 싸움에서 패하는 것보다도 비열한 방법으로 리더십을 발휘하려고 하는 원균의 모습을 보며 적군인 도요토미 히데요시도 같은 맥락에서 빗나간 실패의 리더십을 증명하고 있습니다. 결국 조직은 정직하게 운영되어야 하는 신뢰의 결정체라는 것을 말해주고 있습니다.

마지막으로 Management, Moral – 경영, 윤리입니다.

임진왜란 발발 1년 전인 1591년 2월에 이순신 장군은 진도 군수에 임명되었으나 부임하기도 전에 가리포 첨사로 임명되고 또 부임하기도 전에 다시 전라좌수사로 임명되었습니다. 선조임금께서 핵심인물을 잘 임명하신 것 같습니다. 기업경영도 마찬가지 아니겠습니까? 인재관리가 예전과 다르게 지식경영, 창조경영 등 4차산업에 걸맞는 인재로 21세기의 경쟁력으로 급부상하였습니다. 더욱이 코로나19 팬데믹으로 기업의 환경이 바뀌어 나감에 따라 훌륭한 인재를 발굴하고 양성해야 하는 이중고에 시달리고 있는 인재전쟁이 시작되었습니다. 요즈음 인문학 강좌가 CEO들 사이에서 인기가 있는 것은 내가 먼저 인격을 갖춘 사람이 되어 머리가 아닌 가슴으로 부하들과 함께 하는 시간을 만들려고 노력하는 것이라고 생각합니다. 먼저 나를 다스리고 성찰함으로써 기업과 가정, 더 나아가 나라에 쓰임새 있는 인재로 살아가기 위한 최소한의 노력이 도덕성을 강조하지 않아도 되는 인재를 관리하기 이전에 나를 관리하라는 경영의 기본을 말해주고 있습니다.

이제 『이순신의 리더십 노트』 책 소개가 끝났으니 지금의 코로나19 팬데믹 상황이 어떻게 전개되어 가고 있는지 살펴보기로 하겠습니다. 포스트 코로나 시대에 우리는 어떻게 위기를 극복해야 하느냐가 관건입니다. 금방 끝날 줄 알았던 바이러스와의 전쟁은 벌써 2년이 가까워오고 있습니다. 꿈에도 상상하지 못했던 현실이 눈앞에 펼쳐져 있습니다. 지금까지의 리더십이나 규정들은 과연 쓸모없는 것이 될 것인가? 답은 없는 것일까? 앞으로 다가올 뉴노멀 시대의 리더십은 과연 무엇일까?

코로나19 사태가 아직도 진행형입니다. 오히려 확진자가 줄어들지 않고 사회적 거리두기가 최고 수위인 4단계로 되어 있어 일상생활이 불편한 것은 물론이거니와 비즈니스를 영위하는 데 있어 큰 어려움을 겪고 있는 사실입니다. 또한 화상회의 정도에만 그쳤던 것들이 비대면 비즈니스 등의 새로운 비즈니스 모델로 출현하여 이제는 IT, 모바일을 사용할 수 없는 사람들은 더욱 더 불편한 일상을 보내게 되었습니다. 또 있습니다. 예전의 리더십으로는 기업경영의 어려움이 대두되고 예측할 수 없는 비즈니스 환경에 대한 새로운 리더십도 요구되고 있는 실정입니다. 약 2년 동안에 걸친 코로나19 팬데믹에 대처하는 각국의 지도자들의 리더십을 한 번 정리해 보았습니다. 새롭게 나타난 코로나19 바이러스 출현에 대한 올바른 인식부족으로 방역대처방안을 세우지 못하고 쩔쩔매는 상황이 전개되었으며 또한 올바른 바이러스 정보에 대하여 자국의 이익을 위하여 비공개, 은폐, 축소하는 등 공유하지 않은 것으로, 리더로서 갖추어야 할 도덕성과 정직성이 결여되어 있다고 볼 수 있습니다.

어느 한 나라만의 일이 아니라 전 세계적으로 확산되고 있는 감염병 문제해결에 있어서 커뮤니케이션의 부족은 물론이거니와 문제해결 의식도 결여되어 있었던 것으로 보입니다. 처음 당하는 일이라 당황스럽고 경황이 없었던 것도 사실이지만 나라의 지도자로서의 리더십은 다시 한번 생각해 보아야 할 것입니다. 또한 감염병 전문가들의 조언을 무시하고 일반 상식에 의존하며 받아들이지 않았던 것도 문제가 되었으며 지금의 글로벌 시대의 과학자, 의사, 행정가, 정치가들의 소통의 부재로 불협화음을 일으킨 것도 눈여겨 볼만한 대목입니다. 인류의 생명을 위협하는 바이러스 전쟁에서 무슨 일로 경제논리를 적용하는지 모르겠습니다. 나라마다 서로 사정이 다르기는 하지만 생명을 존중하고 연대하여 하루빨리 바이러스를 종식시키는 일에 전념해야 하는 것인데 지식인들의 소통의 부재로 위험을 감수하는 것은 정말 위험천만한 일입니다.

한술 더 떠서 국가의 자존심을 정치적으로 이용하는 무지를 드러내 보이는 지도자의 탐욕도 눈에 띠고 각국의 시민들의 문화적인 쇼크로 인한 혼란을 야기시키는 일도 심심찮게 접하고 있습니다. 예를 들자면 마스크 착용, 사회적 거리두기에 대한 반항심 등 어느 한쪽만 방역을 해서는 안 되는 상황을 제대로 통제하지 못하는 일들을 오히려 지도자들의 리더십에서 찾아볼 수가 있습니다.

오늘은 이순신의 리더십에 대한 인문학 강좌이므로 그렇다면 역사에서 배우는 지혜로운 방법은 없을까 찾아보겠습니다. 포스트 코로나 시대에도 유효한 이순신의 리더십은 무엇이 있을까? 다음의 두 가지로 요약할 수가 있습니다.

임진왜란은 1592년 4월 13일에 일어났으나 왜적들을 쳐부순 첫 번째 전투는 5월 7일에 옥포에서 있었습니다. 전라좌수사가 거제도 옥포 그러니까 경상우수사 원균의 관할인 경상도 해역까지 와서 대승을 거두었습니다. 왜적 도도 다카도라는 함대를 모두 잃고 기겁을 하고 부산으로 도망을 쳤습니다. 그때 내린 옥포해전의 작전명령이 물영망동 정중여산(勿令妄動 靜重如山)입니다. "망령되이 움직이지 말고 산같이 정중하라"는 뜻으로 처음으로 맞이하는 적을 만나서 신중하게 속전속결하자는 작전이었지요. 지금의 코로나19 감염병 퇴치에 딱 맞는 작전명령이자 리더십이라고 생각합니다.

또 하나는 명량대첩의 작전명령입니다. 칠천량해전에서 조선수군의 궤멸을 불러온 원균도 죽고 우리의 제해권을 잃어버린 최악의 상황에서 이제 서해로 넘어가는 울돌목을 지키지 못하면 나라의 운명도 풍전등화로 절체절명의 기로에서 명량해전을 치릅니다. 여러분들께서 다 아시는 필사즉생 필생즉사(必死則生 必生則死), "죽고자 하면 살고 살고자 하면 죽는다." 오늘의 우리를 두고 한 말입니다. 목숨을 걸고 왜적을 겨우 13척의 판옥선으로 막아섭니다. 나라를 구하는 것이 무슨 이벤트나 구호로만 하는 것이 아니고 죽기살기로 이 한목숨 바쳐 싸우는 그런 각오가 없이는 안 되는, 밀리면 죽는 그런 상황에서의 작전명령입니다. 지금의 코로나 방역에 있어서 우리 모두가 죽기살기로 사회적 거리두기를 지키지 않으면 우리는 서로 무너지게 됩니다. 사랑과 연대로 소외된 사람들을 도우며 백신 나누기 운동에도 참여하고 각자의 삶의 자리에서도 최선을 다할 수 있도록 온 힘을 다해야 하겠습니다.

그러면 우리가 역사에서 배우는, 특히 명량대첩에서 배우는 위기극복의 리더십을 살펴보겠습니다. 이것은 지금의 코로나19 팬데믹이라는 위기의 상황을 어떻게 극복하느냐 하는 문제를 심도 있게 접근해 보자는 것이지요. 임진왜란이 일어나자 우리는 왜군을 막을 수 있는 두 번의 기회를 놓쳐 버리고 맙니다. 첫 번째는 왜군은 부산포에 상륙한 지 10일 만에 상주에 도착합니다. 그 당시 조선 제일의 장수 신립이 남으로 내려가며 충주에 이르러 약 8,000명의 관군과 더불어 제1방어선을 구축하고 탄금대에서 배수진을 치며 왜군을 기다렸습니다. 그러나 천혜의 요새인 조령을 포기함으로써 탄금대전투의 실패는 치욕의 전투로 기록되고 말았습니다. 신립은 달천강에 몸을 던짐으로써 굴욕적인 삶을 마감하지만 조선의 운명은 점점 더 바람 앞의 등불이 되어가고 있었지요. 이것은 신립장군이 여

진족들과 싸울 때의 과거의 성공에 연연한 것이라든지, 왜군들이 들고 들어온 조총을 무시하며 쏠 때마다 다 맞겠느냐며 새로운 변화에 대한 무지로 적절히 대응하지 못한 것에 대한 대가를 치르고 말았습니다. 코로나 바이러스와의 전쟁도 마찬가지라고 생각합니다. 상대방을 무시하고 깔보았을 때 반드시 그 대가를 치른다는 것은 불변의 진리입니다.

두 번째는 그 후로 제2방어선인 한강! 한강 도하 직전에 오히려 왜군들은 주저하였으나 우리의 도원수 김명원은 무기를 한강에 버리고 도주함으로써 도성을 내어주는 실수를 범하고 맙니다. 이것은 조총에 대한 두려움, 새로운 적에 대한 허약한 자신감, 변화에 대한 부적응으로 무사안일한 일상에서의 탈출을 시도해 보지도 못하고 무너지고 말았습니다. 지금의 코로나19 방역에서 확산 방지를 막을 수 있었던 두 번의 기회, 그것은 거짓말과 방심이라고 생각합니다. 적이 왜군이든 바이러스이건 상관없이 두려움 없이 밀고나가는 자신감과 함께 새로운 변화에 대한 불확실한 불안에서 오는 심리적인 문제라고 생각합니다.

이제 본격적으로 명량대첩에 대한 이야기를 해볼까 합니다. 임금의 명령을 듣지 않고 임금을 무시하며 적을 이롭게 했다며 이순신을 의정부로 잡아 올려 국문을 하고 사형을 명하려고 하였으나 정탁 대감의 이순신 구명 상소문인 신구차로 겨우 백의종군으로 목숨을 살려준 선조 임금의 교활한 속마음은 결국 왜적의 간첩 요시라의 간계에 빠져 나라를 다시 풍전등화의 길로 몰고 가는 정유재란으로 이어지게 됩니다. 1597년에 일어난 정유재란의 배경에는 첫째 명나라와 왜적들 간의 강화회담이 결렬되었기 때문입니다. 1593년 4월, 왜적들은 평양성 전투에서 밀리고 행주산성에서 대패하면서 서울을 버리고 철수하게 됩니다. 그리고 6월에 진주성 전투에서 1차 1592년 10월에 있었던 진주성대첩의 복수를 하면서 10월에는 왜적의 주력군은 본국으로 철수하게 됩니다. 우리는 진주성을 사수하던 창의사 김천일을 비롯하여 5,800명 전원이 옥쇄합니다. 민간인들까지 포함하여 6, 7만 명이 살해되는 참화를 입었습니다.

결국 1596년 9월 강화회담은 결렬되었고, 1597년 정유년 1월에 정유재란이 일어나게 됩니다. 도요토미 히데요시는 호남지방을 집중공격하라는 작전 명령을 내리는데 이로써 임진년의 전투에서보다 많은 사상자가 속출하였습니다. 우리 백성들의 코와 귀를 베어 자신들의 전공을 확인 받기 위한 전리품으로 가져간 것도 이때의 일이며 지금은 교토시의 도요구니 신사 앞에 귀무덤을 만들어 놓았습니다. 강화회담이 결렬된 직접적인 요구조건은 다음과 같습니다.

① 명나라의 공주를 일본 국왕의 후비로 삼을 것
② 명나라와 왜국 간의 무역을 재개할 것
③ 조선의 남쪽 4도 그러니까 경상도, 전라도, 충청도, 경기도 등을 일본에 할양할 것
④ 조선의 왕자, 대신을 일본에 인질로 보낼 것

명나라에서 보나 조선에서 보나 협상이 이루어질 수 없는 요구조건들이었으므로 제대로 협상이 이루어질 수 없다는 것은 주지의 사실입니다.

임진왜란 중에 조선의 치욕의 전투는 탄금대 전투와 칠천량해전을 들 수 있는데 오늘은 명량대첩을 치르기 전 두 달 전에 있었던 칠천량해전을 살펴 보기로 하겠습니다. 이순신 장군이 백의종군 중일 때인 1597년 7월 16일 새벽부터 거제도 칠천량에서 시작하여 진해만 전역으로 확대된 전투인데 이 해전에서 원균이 이끄는 160여 척 규모의 조선 수군은 500척 이상으로 구성된 왜적의 함대로부터 포위 공격을 받아 140여 척이 분멸되었습니다. 이 해전에서 7, 8척으로 추정되는 거북선도 불타 없어지고 말았습니다. 이 얼마나

안타까운 일인지 모르겠습니다. 여기에서 우리는 리더의 중요성과 리더가 어떠한 의사결정을 내려야 하는지를 잘 알 수 있습니다. 독선과 아집으로 조직을 이끄느냐 소통과 화합으로 이끄느냐는 전적으로 리더의 몫인 것이지요. 잘 살아날 수 있는 기회도 파멸의 구렁텅이로 몰아넣게 되는 것이지요.

　우리는 칠천량해전에서 교훈을 배우고 얻을 수 있습니다. 조선수군의 전멸, 남해의 제해권 상실로 하삼도 전체가 위기상황에 빠지게 되었는데 이것은 원균이 조선수군 총사령관으로서 전투 상황을 무시한 결과라고 생각합니다. 결국 전투는 머리로만 하는 것이 아니라 현장을 꿰뚫어 보는 통찰력과 현실을 파악하는 실무경험이 전제되어야 하는 것입니다. 정보부족이라든지 탁상행정만으로는 승리할 수 있는 길은 요원한 것이지요. 왜냐하면 적들도 움직이고 있으니까요.

　칠천량해전의 패인으로 보자면, 첫째 조선수군의 군령권이 체찰사, 도원수에 귀속되어 있었고, 즉 다시 말해서 육군이 해군을 지휘하는 꼴이 되었기 때문입니다. 선조가 이순신에게 정유년에 왜적들이 다시 쳐들어온다고 하니 부산으로 나아가서 왜적을 물리쳐라 하고 명령을 내렸는데 이순신은 "지금은 때가 아닙니다. 그리고 왜적에게서 나온 묘책은 믿을 수 없습니다. 요시라는 간첩입니다"라고 올바른 충언을 하였건만 이순신을 백의종군시키고 대신 삼도수군통제사에 원균을 앉히며, 원균에게 똑같은 명령을 내렸습니다.

　원균은 자기가 삼도수군통제사가 되고 보니 이순신의 전략과 분석이 옳으므로 이 핑계 저 핑계 대면서 출전하지 않았습니다. 그러자 원균은 상사인 도원수 권율에게 붙들려 가서 곤장을 맞고 나서야 출정을 하게 되었는데 이것을 너무도 분하게 여겨 부하장령들과는 소통은커녕 전략도 세우지 않고 술만 퍼먹으며 시간을 보내다가 이 험한 꼴을 당하고 말았습니다. 총사령관이 이 모양으로 중심을 잡지 못하고 있으니 리더와 조직원들 사이에 신뢰가 깨지면서 조선 수군들 사이에 많은 도망자가 생겨났으며 판옥선을 움직이는 전문 요원 부족으로 전투력이 저하되었음은 두말할 나위도 없습니다. 결국 원균은 통솔력 부족으로 자기 부하들도 통솔하지 못하였지만 상사인 임금이나 권율도 설득하지 못한 책임을 면하기 어렵게 되었습니다. 이순신 장군처럼 장계를 올려 논리적으로 설득하는 머리가 아닌 가슴의 소리를 내지 못하였던 것이지요. 지금의 우리도 포스트 코로나 시대, 뉴노멀 시대의 비대면 비즈니스 현장의 관리체계를 수립하려면 고객과 소비자와의 요구를 파악하고, 기업 환경의 정비, 윗사람과의 소통 등을 꼽을 수 있겠습니다. 현장에서 밀리면 이것 또한 21세기 칠천량해전이라고 말할 수 있지 않겠습니까? 세계 최강의 조선수군이 궤멸하는 시간은 하룻밤도 걸리지 않았습니다.

칠천량해전에서 조선수군이 궤멸하고 우리 바다의 제해권이 뚫리며 왜적들은 서쪽으로 서쪽으로 물밀듯이 쳐들어오는데 명량을 지나 서해안을 돌아 올라오면 한양이 또다시 함락되는 것은 시간문제가 되어 버렸습니다. 이에 놀란 선조와 조정은 다시 이순신을 삼도수군통제사로 재임명하며 바닷길을 막고 나라를 구해주길 주문했죠. 만일 제가 삼도수군통제사라면 재임명장 따위는 받지 않았을 것입니다. 그러나 이순신 장군은 그 모든 굴욕을 참고 나라를 구하겠다는 일념으로 종잇장에 불과한 삼도수군통제사 재임명장을 받아들고 연해안을 돌며 전략을 세워보겠다고 합니다. 눈물이 납니다. 이렇게까지 나라와 백성을 사랑할 수 있을까? 자신을 죽이려고까지 한 임금을 있는 힘을 다하여 충성하는 진실된 마음을 우리는 어떻게 받아들여야 할지 가슴이 먹먹합니다.

이순신 장군은 각오를 합니다. 어떻게 싸울 것인가? 어떻게 막아낼 것인가? 마지막 승부수! 죽기 아니면 살기다. 사즉생의 정신으로 밀어붙이자고 다짐을 하죠. 그리고 부하장령들에게 자신의 마음을 전달합니다. 우리는 작지만 강한군대이다. 군관들이 많은 정예함대 이므로 이길 수 있다는 자신감을 심어주며 이 좁은 울돌목을 가로 막는 해로차단 전술을 쓰면 이길 수 있다고 합니다. 이순신의 뛰어 난 전략전술을 엿볼 수 있습니다. 지금은 13척밖에 없지만 가용한 최대한의 전력을 활용하자, 일자진을 펴라 하며 두려움을 용기로 바꾸는 정신을 심어주었습니다. 이렇듯 이순신 장군의 용감한 기백 에 연안 백성들의 전폭적인 지원과 응원 그리고 해상 의병들의 참 전으로 그야말로 하늘이 기적을 일으킨 것 같은 13척으로 133척을 분파시킨 세계에서 찾아 볼 수 없는 명량대첩의 큰 기쁨을 안겨주 며 나라를 구할 수 있었습니다.

사실 칠천량해전에서 완전히 궤멸된 조선 수군을 그리고 패전을 수습하면서 왜군의 동태를 지속적인 정보수집으로 차기 전투에 대 한 전략을 세우면서 서쪽으로 서쪽으로 이동하고 있을 때 선조 임 금은 배설(경상우수사)이 탈영하면서 숨겨놓은 12척의 배로 무슨 전 투를 하겠느냐며 바다를 버리고 육지로 올라와서 권율과 함께 싸워 라, 더 이상 한양으로 왜적들이 들이닥치지 못하게 하라고 지시를 내렸으나, 이때에도 "아니 되옵니다. 바다를 버리는 것은 이 나라를 버리는 것입니다"라고 항변하며 그 유명한 "신에게는 아직도 12척 의 배가 남아있사옵니다"하며 조선 수군의 부활 의지를 상부에 보 고하며 전투태세를 강화시켜 나갔습니다. 다음 사진의 울돌목을 보 면 바다의 병목 현상으로 명량 수로의 조류는 그야말로 세계 최고 의 급류입니다. 이순신의 기함이 맨 앞에 있고 그 뒤로 12척이 일 자진으로, 그 뒤로는 배후에 피난선으로 조선수군은 필사즉생의 각 오로 명량으로 밀고 들어오는 왜적들을 막아내었습니다. 영화 '명 량'에서 구루시마 미치후사가 등장하는데 사천해전에서 이순신에게 자기 형(미치유키)를 잃은 동생으로 그들의 고향인 일본 지역이 지 도에 보이는 세토나이카이에 접해 있는 에히메 지역인데 그곳도 이

울돌목의 조류
출처: https://m.blog.naver.com/jewel─jindo/222855171842

세토나이카이 소용돌이
출처: https://www.japan.travel

에히메
출처: https://brunch.co.kr/@travie/1126

곳 명량처럼 물목이 좁고 물결이 센 지역으로 구루시마 미치후사는 울돌목에서의 전투를 자신하고 덤벼들었다가 이순신에게 당했습니다. 두 형제가 다 이순신의 손에 죽은 것이지요.

그럼 본격적으로 명량대첩에 대하여 말씀드리겠습니다. 칠천량해전이 패전으로 끝난 후 두 달 만에 명량대첩을 치르게 되는데 우선 지금의 비즈니스 잣대로 프로젝트별로 살펴보겠습니다. 명량해전의 전투개요에서 해전 기간은 1597년 음력으로 9월 16일입니다. 바다는 음력 보름달이 높이 뜬 대조기라서 물살이 세고 파도가 높아 전투를 벌이기에는 매우 험난한 상황이 되어 있었습니다. 전투해역으로 선택한 울돌목은 수로 길이가 2km, 폭은 300m, 수심은 최저기가 9m, 조류 속도는 최대 11.5노트 그러니까 시속 21km, 기동공간은 500×250m 즉 양옆에 바위가 있어 전투함이 세 척밖에 통과할 수 없는 아주 좁은 공간이지요. 우리 수군의 사지(死地)가 될 수 있는 이런 좁은 공간을 전투해역으로 선택했다는 이순신의 탁월한 계산에 감탄사가 절로 나오는 장면입니다.

우리 조선수군과 왜적과의 피아전력을 비교해 보면 우리는 전투선 13척(판옥선), 초탐선 32척, 배후어선 200여 척 등 최대한의 가용 선박들을 총동원하여 왜적들을 기만하였으며, 일본수군은 전선이 330척, 지휘선인 안택선과 전투선인 관선(세키부네)으로 상대가 안 되는 전력이지만 우리는 이겼으며 물살이 바뀌자 상황은 더욱 더 조선수군에게 유리하게 작용하였습니다.

전투시간대의 울돌목을 다시 한번 살펴볼 필요가 있습니다. 하루에 4번 밀물과 썰물이 바뀌는데 아침 7시부터 11시 사이에는 목포 방향으로 흘러 침공해오는 일본수군에게는 아주 유리한 물살이 되어 이동하는 데에 더할 나위 없이 좋은 시간입니다. 그러나 정오가 되면 밀물과 썰물이 멈추는 정조 시간대가 되어 바닷물이 잠잠해졌습니다. 그 시간대를 이용하여 전투를 시작하여 14시경에는 바닷물이 썰물로 바뀌어 해남쪽으로 흐르니 일본은 퇴각할 수밖에 없었습니다. 이러한 물살을 이용하여 기발한 아이디어로 대승을 거두었으니 "하늘이 돕고 땅(지형)이 돕고, 백성들이 도운 실로 천행이다, 천행이다"하고 『난중일기』에 쓰실 만하다고 생각되어집니다.

피해 현황은 조선수군은 판옥선 한 척도 잃지 않았으며 이순신이 탄 대장선에서 전사자가 2명 나온 것뿐입니다. 모두 13척이 참전했으니 2명씩 전사자가 나왔다고 하더라도 26명에 불과한데 일본쪽은 관선 31척은 전파되고 모두 133척이 분파되어 인명 살상은 모두 2,000여 명으로 추정되는 대승을 거두었습니다. 그 뒤에 있던 지휘선 및 관선들은 물결이 반대로 바뀌었으니 바로 뒤돌아서 철수를 해야 하는데 그 수가 너무 많아 바로 퇴각하지 못하고 우왕좌왕 자기네 배들끼리 부딪히는 커다란 손해를 보며 철수하였습니다. 참고로 바람은 북서풍이며, 조류는 오전에는 북서류, 13시 이후에는 남동류였다고 합니다. 이것은 그날의 상황 데이터를 슈퍼컴퓨터에 입력하여 계산해본 결과 과연 31척의 전파로 이순신의 계산과 똑같은 수치를 나타냄으로써 우리는 더욱 더 놀랄 수밖에 없는 일이 되고 말았습니다.

자! 명량대첩 위기극복의 리더십, 승리의 리더십은 과연 무엇일까요? 첫째, 위기의 순간에 최고사령관이 일선에 나간다는 것입니다. 이순신 기함이 맨 앞에서 적을 막고 대항하고 있는 모습에서 지금의 우리는 역시 CEO의 솔선수범이 비즈니스의 위기를 극복해낼 수 있다고 믿을 수 있습니다.

둘째, 군사는 과학이다. 무턱대고 용감하게 나가서 싸우는 것만이 능사는 아니다라는 것이지요. 병법을 활용하여 지혜롭게 논리적으로 헤쳐 나가야 하는 지혜를 요구하므로 책을 많이 읽고 그 결과로 지혜로운 전략과 전술을 펼쳐야 한다는 것입니다. 소위 지금 말하는 독서경영을 해야 한다는 것입니다.

셋째, 판옥선이 대단히 우수했다는 것입니다. 판옥선은 금강소나무로 만든 우리의 전투함인데 지금의 천안함 같은 것이라고 보면 됩니다. 배 밑바닥이 평평한 평저선이라서 속도는 느리나 360도로 회전할 수 있는 워낙 튼튼한 함선이므로 함포를 20문이나 실을 수 있고 최첨단 전투력을 발휘할 수 있는 전투함입니다. 화력이 좋은 함선으로 지금으로 말하면 역시 좋은 상품으로 소비자에게 승부를 걸 수 있는 비즈니스를 할 수 있다는 것이지요. 소비자들은 좋은 상품을 잘 알아보거든요.

넷째는 필사즉생 필생즉사의 결단력입니다. 아무리 최첨단 무기와 함대를 가지고 있다고 해도 그것을 운용하는 전투 요원들의 정신이 약해서는 승리를 장담할 수가 없는 것이지요. 역시 무형의 전심전력을 극대화하는 정신력이 뒷받침되지 않고서는 어떠한 전력이나 전술도 먹히지 않습니다. 리더는 부하들과 함께 일심동체가 되어 하나로 움직이는 유기체가 되지 않으면 승리할 수 없다는 것을 명량대첩을 통해서, 이순신 장군의 필사즉생의 정신을 통해서 우리는 굿서비스 정신이 무엇인지를 배울 수 있습니다. 서비스는 공짜로 무엇을 해 주는 것이 아닙니다. 성실하게 정직하게 있는 힘을 다하여 상대방에게 베푸는 친절입니다. 따뜻한 배려는 마음에서 우러나오는 착한 마음입니다.

마지막으로 이순신 장군의 인생의 좌우명으로 삼고 있는 충효정신에 의해서 늘 인(仁)과 의(義)에 기반을 둔 통솔력이야말로 우리는 팀워크로 일한다는 것을 깨우쳐 주는 진정한 리더십이라고 생각합니다. 이것은 지금의 21세기 4차 산업혁명의 시대에서 요구하는 창조경영 기업문화가 아닐까 생각합니다. 지금 우리가 힘들게 헤쳐 나가고 있는 코로나19 감염병을 퇴치하기 위해서 포스트 코로나 시대, 뉴노멀 시대에 승리의 리더십은 무엇일까? 다시 한번 생각하게 해 주는 문제의식이지 않을까 생각합니다. 또한 4차 산업혁명으로 인한 창조적 도전의 새로운 비즈니스 출현에도 대비해야 하는 리더십을 주문하고 있는 사회의 흐름이라고 보고 있습니다.

이제는 마무리하겠습니다. 세상에는 여러 훌륭하고 위대한 리더들이 행한 리더십들이 많이 있지만 이순신 장군의 리더십은 장군만의 고유성이 있어 다음과 같이 정리해 보았습니다. 전쟁 중이었다는 특수성을 고려하지 않더라도 언제나 구국의 비전을 제시하고 모든 역량을 나라를 구하는 일에 일념하였습니다. 그리고 임금을 설득하고 부하들을 리드하는 양방향 커뮤니케이션을 구사하신 것도 특기할 만한 사항이었습니다. 지금은 인터넷도 있고 정보화 시대이므로 새로운 것이라는 생각이 들지 않지만 400여 년 전에 그러한 소통과 대화의 창을 열어 두고 나라를 구하기 위한 창구역할을 자처해서 했다는 점은 주목할 만한 일입니다. 충성심, 애국심, 효심 등으로 대표되는 이순신 장군의 굳은 신념과 신뢰성에 대해서는 세계 어느 위인들도 따라올 수 없는 경지에 이른 것으로 지금도 우리가 본받아야 할 대표적인 인성교육의 하나입니다.

세계 최초의 철갑선이라는 수식어가 붙어 있는 우리의 자랑스러운 거북선을 발명하는 학습정신입니다. 원래 거북선은 이순신 장군이 발명한 것은 아닙니다. 이미 조선 초 태종 임금 때에 한강에서 진수식도 했었고 임진강에서 모의전투도 해 보았던 귀선이 원조입니다. 그 후 전쟁이 없으니 200여 년 동안 별다른 활약이 없다가 임진왜란이 일어나자 이순신의 기발한 아이디어로 옛것을 찾아서 —결국은 독서경영으로 귀결됩니다만— 병법을 연구한다는 것은 그 당시 무인들에게는 좀처럼 보이지 않는 노력이었습니다. 귀선의 자료를 접한 이순신 장군은 군관 나대용을 시켜서 임진년의 전투에 맞는 거북선으로 개조하여 임진왜란 내내 신출귀몰한 방법으로 이순신과 함께한 거북선의 활약을 이끌어내었습니다. 창조경영이라고도 할 수 있는 플러스적 사고로 미래지향적인 최첨단 무기를 만들어내셨습니다.

다섯 번째는 부하장수들을 믿고 맡기는 팀워크입니다. 현대를 살아가는 우리들이 이제 실천하는 테마인데 그 당시 신분제도가 엄격하고 노비가 있었던 시절에 위아래 불문하고 전투에 나서서 팀워크를 한다는 것은 참으로 어려웠을 것이라고 생각합니다만 그래도 임금께 올리는 장계를 보면서 참 대단하다는 것을 느끼지 않을 수 없습니다. 한산대첩에서 전사한 19명의 출신들이 거의 노비나 노예 등 하층민으로 되어 있으나 그들의 이름을 한 사람 한 사람 적어 올려서 면천케 해주시고 장사지내주었던 이순신 장군의 너무도 인간적인 배려와 마음씀씀이에 고개가 절로 숙여집니다.

마지막으로 『난중일기』에서 보여주는 내적성찰의 리더십은 누가 뭐래도 세계 최고의 리더십이며 그래서 유네스코의 기록문화유산에도 개인의 일기가 오를 수 있었던 이유인 것 같습니다. 자기가 한 일과 말을 매일 반성하고 성찰한다는 것이 그리 쉬운 일은 아니지만 그것도 전쟁 중에 기록하였다는 것으로 볼 때 대단한 자기 수양이며 내공을 쌓은 것으로 볼 수밖에 없습니다. 이상으로 어느 누구에게서도 발견할 수 없었던 이순신 장군만의 리더십의 고유성을 살펴보았습니다.

다음으로 이순신 리더십의 특성은 앞의 이순신 리더십의 고유성을 간단명료하게 정리한 것으로 참고하시면 되겠습니다.

[그림 1] 이순신 리더십의 특성

1	**지혜, 승리**(Wise, Win)
2	**정보, 혁신**(Intelligence, Innovation)
3	**정신, 진실, 희생**(Spirit, Sincerity, Sacrifice)
4	**임무, 결정, 품위**(Duty, Decision, Dignity)
5	**조직, 운영**(Organization, Operation)
6	**경영, 윤리**(Management, Moral)

그럼 지금 왜 충무공 이순신인가? 현대사회의 비즈니스 환경에 비추어 말씀드리겠습니다. 앞으로 다가올 미래, 포스트 코로나 시대의 기업 환경은 어떻게 변해갈지 궁금하지 않을 수 없습니다. 코로나19 팬데믹 상황이 끝나면 급속한 경영환경 변화에 대응할 수 있는 경영의 속도를 요구할 것이고 빠르고 단기적인 프로젝트 중심의 사업 운영 필요성이 증대될 것으로 예상됩니다. 그리고 기업내외의 다양한 관계자와의 협력 및 공동작업이 증가할 것이고 여러 업종이 융합과 조합의 새로운 비즈니스 모델의 출현으로 지금까지 운영하였던 조직의 혁신도 주문하는 환경이 되지 않을까 생각해 볼 수 있습니다.

또한 현재 업적이 호조를 보이고 있는 기업의 경우도 지속유지의 어려움을 생각해 볼 수 있습니다. 소비자의 트렌드가 바뀌고 기후변화 등 사회환경이 급속히 바뀔 것이라는 예측도 되기 때문입니다.

이러한 기업환경의 변화에 이순신의 리더십을 재조명해 보면서 해결의 실마리를 찾을 수 있지 않을까 제안을 드릴 수 있을 것 같습니다. 혁신의 수용도가 높은 뉴노멀 시대의 기업문화를 정립하는 것을 생각해 볼 수가 있고 실패를 용인하는 리더십을 발휘할 수 있도록 조직 구성원들의 능력 개발을 지원하고 진취적 문제 해결 능력을 기르기 위한 교육 지원과 노력을, 경쟁 정보의 수집 및 분석을 충실히 하여 조직의 역할 분담과 팀웍을 이룰 수 있도록 기업의 환경을 바꾸며, 앞으로 구축하는 차별화 전략으로 경쟁력 강화를, 그리고 위기를 기회로 만드는 것은 우리가 피해갈 수 없는 미래의 모습일 것입니다.

이순신 리더십을 말할 때 이순신에게 배우는 경영의 지혜를 다음과 같이 정리해 볼 수 있습니다. 한마디로 상생과 배려의 리더십으로 상대방을 배려해주면 서로 공감하게 되고, 공감하면 신뢰가 쌓이며, 서로 신뢰하면 존경하게 되고, 존경하면 누가 시키지 않아도 자발적이고 자율적으로 임무를 수행하게 되는 선순환의 작용, 중요한 것은 행동이고 실천하는 것입니다. 중국에서는 무신불립(無信不立), 서양에서는 노블리스 오블리제(Noblesse Oblige)로 표현하며 기업 경영의 리더십으로 CEO들이 솔선수범하고 있습니다.

끝으로 10여 년 전의 KBS 대하드라마『불멸의 이순신』에서 나온 이순신의 명연설 시나리오를 옮겨 봅니다. 그것은 여러분들이 우리나라의 바다를 대표하고 해운업계를 대표하는 솔선수범의 전위군이기 때문입니다. 세계를 누비는 여러분들이 대한민국을 해양국가로 만들기 위한 초석을 놓았기 때문입니다.

조선수군은 패배할 것이다.

우리 모두는 전멸할 것이며, 그러므로 이곳 명량의 바다는 조선수군의 무덤이 될 것이다. 적이 그렇게 믿고 있다.

또한 대부분의 아군들도 우리 조선 수군의 패배를 기정 사실로 받아들이고 있다.

나는.... 지난 6년 간, 수많은 부하들을 전장에 세워왔고, 단 한 번도 진 바 없다.

나는! 승리를 확신하지 못하는 전장으로 부하들을 이끈 바 없기 때문이다! 허나 이번에는..... 나 역시 아무것도 자신할 수 없다.

수십 배에 달하는 적과 싸우기에는 우리가 가진 병력이 너무 일천하며, 또한 우리 조선 수군이 싸워야 할 울돌목의 저 험준한 역류는, 왜적보다 더욱 무서운 적이 되어 우리 앞을 가로막을 것이다.

나는 그대들과 더불어 전장으로 나아갈 것을 희망한다!

승리에 대한 확신은 없다.

단 한 명의 전상자도 없이 전장을 벗어나리라 장담할 수도 없다.

오직 내가 할 수 있는 유일한 약조는, 내가, 조선 수군의 최전선을 지키는 전위군이 되겠다는 것! 그것뿐이다! 대장선이 가장 먼저 적진으로 진격할 것이며, 적을 섬멸하지 않는 한 결코 이 바다를 벗어나지 않을 것이다!

살고자 하면 죽을 것이요, 죽고자 하면 살 것이니, 목숨과 바꿔서라도 이 조국을 지키고 싶은 자, 나를 따르라!!

-『불멸의 이순신』에서 발췌-

역사 속의 해양 리더들

나송진(해양 칼럼니스트, 해양안전심판원 심판관)

1. 해양도서 『바다와 사람들』

2021년 3월 해양도서 『바다와 사람들』이 출간되었습니다. 이 책은 2005년 1권 『재미있는 배 이야기』, 2006년 2권 『마도로스가 쓴 배 이야기』에 이은 저의 세 번째 졸저입니다. 1권과 2권처럼 3권도 해양문화 확산을 위하여 대가 없이 원고를 공공에 기증하였고, 한국해운협회·한국해기사협회·한국도선사협회 등 여러 해양단체가 공동으로 5,000권을 인쇄하여 해양계 학교와 기관 등에 배부하였습니다.

이 책의 글은 3권 『바다와 사람들』에 실린 내용을 수정·편집한 것입니다. 이곳에 네 분의 해양 리더를 소개합니다. 시대 순으로 고대 그리스 테미스토클레스, 알렉산더 대왕, 중세 영국 엘리자베스 1세 여왕, 그리고 현대의 미국 시어도어 루즈벨트 대통령의 해양 분야 업적을 중심으로 말씀드리겠습니다.

2. 역사 속의 해양 리더들

테미스토클레스, 그리스를 구하고 해양국가로 만들다

1) 영화 '300' 주인공, 미국 대통령 제퍼슨의 멘토

2014년 영화 '300'이 국내에서도 개봉되어 160만 명이 관람했다.

테미스토클레스 　　　　테르모필레. 아테네. 살라미스

영화의 줄거리는 이러하다. 기원전 480년 페르시아 황제 크세르크세스가 100만 대군을 이끌고 그리스를 침공한다. 이에 맞서 그리스 도시국가 연합은 육상에서는 스파르타 왕 레오니다스가, 바다에서는 아테네 장군 테미스토클레스가 적군과 싸운다. 레오니다스는 300명 결사대와 함께 장열하게 싸우다 전사했지만, 테미스토클레스는 살라미스 해전에서 승리하여 그리스를 구한다. 그가 바로 이 영화의 실제 주인공이다.

　미국 제3대 대통령 토머스 제퍼슨[1]은 생전에 그의 정치 모델로 고대 그리스 아테네의 테미스토클레스를 꼽았다. 제퍼슨과 테미스토클레스가 살았던 시기는 무려 2,200여년 차이가 있다. 시간적 차이도 크지만 근·현대 최고 정치가로 꼽히는 제퍼슨이 고대 그리스 정치인을 멘토로 삼은 점이 이채롭다. 이는 시간과 공간을 넘어 테미스토클레스가 그만큼 뛰어나고 커다란 업적을 많이 남겼다는 반증일 것이다.

　테미스토클레스는 기원전 524년에 태어나 기원전 459년 사망한 아테네 정치가이자 군인이다. 우리가 일반적으로 알고 있는 그는 세계 4대 해전 중 하나인 살라미스 해전의 영웅이다. 해전 역사에

---

1) 미국 제3대 대통령, 정치가·행정가, 독립선언문 작성, 루이지애나 매입, 러시모어산에 얼굴 새겨짐.

서 이순신 장군이나 영국 넬슨 제독과 견줄만한 명장이다. 그는 전쟁에 승리하고 많은 업적을 남겼지만 인생 말년은 불우했다. 정적에게 밀리고 도편추방[2]을 당한 후 해외로 도피하면서 적국 페르시아에 몸을 의탁하고 지내다 생을 마쳤기 때문이다. 그러함에도 그가 생전에 남긴 해양과 선박 역사 측면의 업적은 누구도 부인하기 어렵다.

테미스토클레스는 비(非)명문 집안에서 태어나 자라며 정치인이 되는 꿈을 가지고 가난한 사람들이 사는 동네로 이사했다. 어려운 사람들을 대변하고 돕는 역할을 맡아 했다. 그는 기원전 493년 나이 서른 살에 행정관이 되면서 본격적으로 정치에 뛰어들었다. 기원전 490년 테미스토클레스는 페르시아의 그리스 1차 침공 때 장군으로 참전했다. 마라톤 전투에서 그리스군은 열세를 뒤집고 승리를 거둔다. 페르시아 군대는 6,000명 넘게 전사했지만 그리스군은 희생자가 192명에 그쳤다.

2) 3단 갤리선 200척을 건조하여 페르시아 재침공 대비

마라톤 전투에 참가한 테미스토클레스는 육전에 익숙한 대규모 페르시아 육군을 연합군으로 이루어진 그리스군이 상대하기는 어렵다는 사실을 간파했다. 여러 도시국가 연합군인 그리스는 일사불란한 지휘체계 확립이 어렵고 최고 지휘관들의 의견 일치도 쉽지 않았다. 그는 페르시아 해군이 강군이 아니라는 점도 확인했다. 그리고 바다로 오는 적은 바다에서 막아야 한다는 점도 알게 되었다. 하지만 집권층과 시민 그리고 군대를 설득하는 일이 쉽지 않았다. 그 이유는 그때까지 해군이라는 별도 부대가 없었고 보유한 선박마저도 육군의 병력 수송이나 병참 선박 역할 정도에 그쳤기 때문이

---

2) 陶片追放: 도자기 조각에 의사표시를 새겨 투표로 참주(僭主) 등을 그 지위나 국가에서 퇴출시키는 방식. 문맹자가 다수인 시절에 진실성이 낮았고 정적 제거나 중우(衆愚)정치 가능성이 높았음.

다. 또한 적국 페르시아나 아군 그리스 도시국가들도 육군 중장기병 위주의 군대가 주류이고 전투도 육지에서 벌어진 이유도 있었다.

당시 해군 창설과 함대 건조에 찬성하는 사람은 많지 않았다. 선박 건조와 선원 양성에 필요한 예산도 부족했다. 마침 그 무렵 아테네 부근에서 대규모 은광이 발견되어 재정적 문제는 어느 정도 해결되었다. 여러 어려움을 무릅쓰고 그는 1차 페르시아 전쟁 이후 2차 전쟁 발발 때까지 10년 동안 3단 갤리선 건조에 집중했다. 그 결과 200여 척의 갤리선을 보유할 수 있게 되었다. 이때 만든 갤리선은 기존 갤리선과 다르게 노를 젓는 갑판을 아래위로 나누어 더 많은 수의 노잡이를 배치할 수 있게 했다. 배 크기에 따라 다르지만 배마다 100명 이상의 노군이 승선했다. 따라서 속력이 빠르고 회전성 등 기동성도 향상되었다. 3단 갤리선 선수에는 충각3)을 달아 적선과 충돌 시 파괴력을 높였다.

선원도 양성했다. 선박 한 척당 예비 인력을 포함하여 약 200명의 노잡이 선원을 배치하는 기준으로 보면 200명×200척＝4만 명이 필요했다. 일반 시민 중에서 4만 명을 선원으로 선발하는 일은 어려웠다. 그는 대안으로 병역의무가 없는 4계급 하층민을 주목했

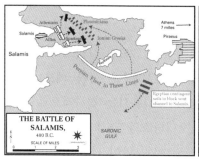

살라미스해전 상황

3단 노 설치한 갤리선

---

3) 衝角: 적선을 들이받아 파손시키기 위해 군함 뱃머리 아래 부분에 설치한 쇠붙이.

다. 당시 그리스는 자유인이나 일반 시민인 3계급 이상만 병역의무를 가졌다. 4계급을 선발하고 훈련시켜 선원으로 승선시켰다. 이렇게 해군에 복무한 사람들은 시민으로 인정하여 신분을 상승시키고 그에 맞는 급여를 지불했다.

3) 스파르타 '300' 결사대 패배 후, 아테네를 비우는 작전 세워

기원전 480년, 제1차 페르시아 침공 이후 10년 만에 제2차 침공이 일어났다. 1차와 2차 전쟁 모두 같은 페르시아였지만 왕은 달랐다. 1차 전쟁 때 국왕은 다리우스, 2차는 그의 아들 크세르크세스였다. 다리우스는 1차 전쟁 이후 일어난 이집트 반란을 진압하던 중 기원전 486년 사망했다. 그는 죽기 전 아들에게 유언을 남겼는데, 그것은 그리스에 패한 1차 전쟁의 설욕이었다. 페르시아의 2차 침공은 육상과 해상으로 동시에 이루어졌다. 크세르크세스 왕이 직접 100만 대군을 이끌고 참전했다. 육군은 사르디스에서 출발해 헬레스폰토스 해협(現 터키 보스포러스 해협)에 배를 이어서 만든 다리를 이용해 건너고, 해군은 사모스를 출항하여 그리스 북부 테르마에서 육군과 해군이 만나 그리스 남부로 진격하였다.

2차 전쟁에도 여러 큰 전투가 있었다. 1차 전쟁 때 '마라톤' 전투와 같이 2차 전쟁에서 의미 있게 기억되는 것은 '테르모필레' 전투이다. 이 전투가 영화와 예술 작품에 등장하는 그 유명한 싸움이다. 영화 '300' 제목도 이 전투에서 따왔다. 300명 그리스 스파르타군과 20만 페르시아군이 맞붙었다. 스파르타군은 국왕 레오니다스가 직접 300명 용사를 이끌고 나섰다. 300 용사는 결사적으로 싸웠지만 중과부적으로 싸움에 지고 레오니다스와 결사대 모두가 전사했다. 이 역사적인 전투에서 유명한 몇 가지 말이 나온다. "와서 가져가라!(Molon labe!)"[4]와 "나그네여, 스파르타 사람들에게 전해주

---

4) 페르시아군이 스파르타군에 무기를 내려놓고 항복하라 권유하자, 레오니다스

오. 조국의 명을 따른 우리가 이곳에 누워 있노라고!"[5] 등이다.

4) 적 함대를 폭이 좁은 살라미스 해협으로 유인하여 포위 공격

강국 스파르타 결사대가 며칠 만에 패배하자 아테네는 혼란에 빠졌다. 테르모필레는 아테네에서 불과 150km 거리였다. 아테네와 그리스 도시국가 전체 운명이 풍전등화와 같았다. 대응책을 강구함에 있어 시민들뿐만 아니라 국가 지도자들까지도 흔들리고 의견이 갈렸다. 테미스토클레스는 많은 논의와 어려운 과정을 거쳐 아테네 시내 전체를 완전히 비우는 전략을 선택했다. 이 방법은 일종의 배수진과 같은 것으로 우군에는 단결심을 보여주고 적에게는 아군의 결연한 항전의지를 나타낸다.

그런 다음 육전이 아닌 해전에 집중했다. 테미스토클레스 본인이 해군 총사령관이 되어 직접 승선하고 지휘했다. 기록에 따라 다르지만,[6] 여러 자료를 종합하면 당시 적선은 900여 척에 달하고 아군은 370여 척으로 보인다. 적선의 수가 2.4배 많았다. 살라미스 해협은 입구는 넓지만 안쪽은 좁고 긴 자루모양의 휘어진 지형이다. 그리스 함대는 넓은 바다에서 수적으로 불리하고 장점인 기동성을 살리기 어려웠다. 그는 함대 일부를 보내 적 함대를 아테네 서쪽 살라미스 해협으로 유인했다.

이날은 기원전 480년 9월 23일이다. 적선은 숫자가 많아 3열로 줄지어 이동했다. 페르시아 왕은 해협 인근 산 위 높은 곳에서 이 싸움을 지켜보았다. 아테네 해군이 주축인 그리스 해군은 해협 입구에 위치한 프시탈리아 섬을 좌측으로 끼고 돌아 해협 안쪽으로 도망치는 자세로 항해하며 적 함대를 좁은 곳으로 끌어들였다. 그

가 답한 말.
5) 그리스 서정시인 시모니데스가 전사한 스파르타군을 위해 쓴 추모시.
6) 고대 그리스 역사가 헤로도토스는 그의 책에서 페르시아 함대는 1,207척, 그리스는 380척으로 기록.

러다가 적선 대부분이 해협 안쪽으로 들어섰을 무렵 갑자기 방향을 바꾸어 적군 함대로 돌진하여 포위 공격했다. 예상치 못한 그리스 함대의 돌격도 당황스러웠지만 좁은 해협 안에 밀집한 페르시아 함대는 서로 피할 공간이 없어 어찌할 수가 없었다. 그리스 함대 충각에 부딪힌 수만큼 페르시아 함대끼리 충돌한 수도 많았다. 전투 결과는 놀라웠다. 페르시아 함대 약 400여 척이 침몰하거나 불탔다. 그리스 함대 피해는 적군의 1/10인 40여 척에 불과했다.

5) 해운, 항만과 무역을 키워 그리스를 해양국가로 만들다

그리스는 살라미스 해전에 이어 플리타이아이 평원 전투에서도 승리했다. 테미스토클레스는 여기에 만족하지 않고 에게해 일원 섬과 인근 도시국가를 차례로 공략했다. 뿐만 아니라 바다 건너 페르시아쪽 사모스 섬과 미칼레 등의 육지도 우군으로 만들었다. 그리고 그리스와 페르시아 사이 헬레스폰토스 해협에 위치한 비잔티온까지 공략하여 확보했다. 나아가 에게해 지역 도시국가 안보를 위해 아테네가 주축이 되는 '델로스 동맹'을 체결했다. 기존 스파르타 중심의 '펠로폰네소스 동맹'은 펠로폰네소스 반도에 위치한 국가들만을 위한 것이었다. 이미 공략했거나 동맹이 된 섬과 도시국가에 교역장소를 설치하고 아테네와 선박을 통한 무역을 키웠다.

그는 아테네가 나갈 길은 바다임을 알고 항구 건설에 착수했다. 그 항구가 바로 아테네에서 약 10km 거리에 있는 피레우스항이다. 피레우스항은 현재도 유럽 남동부 최대의 항구이고 발칸반도의 관문 역할을 하며, 많은 여객선과 크루즈선이 입항하는 유럽 주요항만이다. 테미스토클레스는 2차 그리스-페르시아 전쟁 후 피레우스항에서 아테네까지 구간에 길이 7.5km, 폭 180m 직선도로를 건설했다. 또한 이 도로를 보호하기 위해 수백 미터 간격을 두고 도로 양측에 6m 높이의 성벽을 쌓았다. 피레우스항에는 창고시설과 물품

거래소를 세웠다. 피레우스항은 군항과 무역항 기능에 집중하고 인근의 다른 두 곳 항구는 조선소 기능을 강화했다.

6) 테미스토클레스의 유산

테미스토클레스는 해군을 창설한 공으로 서양에서는 '해군의 아버지'라 부른다. 그는 함대 건조, 선원 양성과 권위 향상, 군항과 무역항 및 조선소 전용 항구 건설, 물류허브 구축, 항만 배후도로 건설, 다양한 교역항로 설정, 지역 집단안보체제 확립, 해외 수입처 다변화 등을 이루었다. 지금으로부터 2,500년 전, 그가 시행한 일련의 해군과 해운 정책은 오늘날 우리가 계획하고 집행하는 정책과 너무나 비슷하여 놀라울 지경이다. 그는 해군의 힘을 바탕으로 해운을 일으키고 여러 나라들과 해상교역을 늘려 그리스를 '바다의 나라'로 만들었다.

인류역사에서 그의 다른 큰 업적은 서양 문명을 지켜낸 것이다. 그리스는 로마의 뿌리이고, 로마는 서양 문명의 어머니이다. 만약 당시 전쟁에서 그리스가 페르시아에 졌다면 서양 역사와 문화는 동양으로 기울고 크게 달라졌을 것이다. 그는 수천 년 전 고대시대에 선각자로 바다를 이해하고 해양을 개척하여 세계사를 바꾼 위대한 영웅이자 시대를 앞서간 천재였다.

인류최초로 잠수기구 타고 등대 세운 알렉산더 대왕

1) 인류 역사상 불세출의 영웅, 알렉산더 대왕

알렉산더 이름 앞에는 '영웅', 뒤에는 '대왕'이란 단어가 자연스럽게 붙는다. 그는 스무 살에 부친의 뒤를 이어 마케도니아 국왕 자리에 올랐다. 집권 후 먼저 아테네와 스파르타 등을 공격하여 그리스 본토를 통일하고, 연이어 대군을 이끌고 소아시아, 이집트, 페르시아, 중동을 거쳐 인도까지 진출했다. 유럽과 아프리카 및 아시아

알렉산더 (폼페이 벽화)   최초로 잠수기구 타다

까지 3대륙을 정복하며 8년간 18,000km 거리를 진군했다. 기원전 356년 태어나 33세의 젊은 나이로 사망했다.

그는 자라면서 아리스토텔레스에게 개인 학습을 받았고 신체는 스파르타식으로 훈련하며 단련했다. 여느 정복자들과 달리 정복지의 문화를 수용하고 현지 사람을 지도자로 임명했다. 군대와 함께 건축가, 공학자 및 기능인 등 여러 분야 전문가를 대동하여 점령지 여건을 개선시켰다. 대왕은 3대륙에 헬레니즘 문화를 전파했다. 그에 관한 이야기는 매우 많고 잘 알려져 있다. '매듭 절단'과 '빈손 유언' 등 헤아릴 수 없을 정도이며 신화 같은 이야기도 많다. 흥미로운 사실은 인류 최고 영웅 알렉산더 대왕이 해양과 선박 전문가였다는 점이다. 대왕이 세계 해양역사를 바꿀 정도로 바다와 관련된 큰 업적은 없지만, 그런 이유로 그를 여기에 소개한다.

2) 인류 최초로 잠수기구 타고 바다 속 구경

그가 스물네 살 되던 기원전 332년, 인류 역사상 처음으로 잠수기구를 타고 바닷물 속에 들어갔다. 그 무렵 그의 군대는 시리아와 레바논을 거쳐 이집트로 향하던 때였다. 이 시기는 레바논 티레 (Tyre)를 포위하고 공격하던 시기로 기록되어 있다. 철학자 아리스토텔레스도 알렉산더 대왕이 티레 포위전에 다이빙 벨과 같은 몇 가지 잠수장비를 사용했다고 기록하고 있다.[7] 1500년대 중세 그림에는 대왕이 큰 잠수 기구를 타고 수면 아래로 내려가 물고기를 구경하는 모습이 묘사되어 있다.

알렉산더가 활약했던 당시에는 선박이 완전한 상태가 아니고, 수로 정보나 기상 예보 등이 없거나 취약했으므로 선박 침몰사고가 잦았다. 그는 물 위에서 배가 침몰하는 것을 예방할 수 없다면 차라리 물속에서 운항하거나 수중에 머물 수 있는 선박을 생각했다. 또한 물속에 있는 아군 선박이 수면에 있는 적선을 공격할 수도 있다고 보았다.

그는 물속에 들어갈 수 있는 기구를 만들도록 했다. 먼저 큰 유리통을 만들고 외부 충격으로 통이 깨지는 것을 막기 위해 당나귀 가죽으로 유리통을 감쌌다. 통을 감싼 당나귀 가죽 여러 곳에 구멍을 내어 통 안에서 물속을 볼 수 있도록 했다. 그런 다음 통을 줄로 묶어 배에서 물속으로 내렸다. 통에는 세 사람이 함께 탔고 램프도 갖추어 어두운 물속에서 밖의 물고기들을 관찰할 수 있었다.

물에 내려갈 때 음식도 가지고 갔다하니 잠시 수중에 머문 것이 아니라 제법 장시간 있었던 것으로 보인다. 세상을 정복했던 대왕도 물속 구경이 신비롭고 감동적이었나 보다. 물 밖으로 나온 후에 그는 "나는 보았노라!"라며 감탄했다. 이후 제대로 된 잠수정이 처음 사용된 것은 19세기 미국 남북전쟁 시기이니, 그는 무려 2,200년 이상 앞서 수중 세계를 꿈꾸고 실행한 셈이다.

3) 역사상 처음으로 현대적 형태 갖춘 등대 건설

기원전 332년, 그는 이집트를 정복했다. 그리고 이집트 바닷가에 해양 신도시 '알렉산드리아'를 건설했다. 이 항구를 중심으로 본국 마케도니아와 이집트 사이에 사람과 물자가 오고갔다. 이러한 가운데 항구로 접근하거나 입출항하는 선박 가운데 인근 섬이나 암초에

---

7) 아리스토텔레스가 알렉산더 성장기에 개인 교사 역할을 했으므로 신빙성이 높음.

알렉산드리아 등대

쿼드러림(4단 노 갤리선)

부딪혀 침몰하는 피해가 종종 발생했다. 특히 야간이나 비바람 등
으로 인해 시야가 나쁜 경우에 그러했다.

그는 선원들이 물길을 제대로 찾지 못하는 이유가 위치와 방향
을 정할 물표가 없기 때문이라고 판단했다. 그는 야간에 불을 밝힐
수 있는 탑, 즉 등대를 바닷가에 세우도록 했다. 돌탑을 쌓고 꼭대
기까지 계단을 만들었다. 탑 꼭대기에 불을 밝혀 밤에도 멀리서 불
빛을 볼 수 있도록 했다. 이렇게 현대적인 등대 개념이 처음 도입
되었다. 이때 만들어진 등대 높이는 약 18m 정도였다.

그가 죽은 후 이집트 지역 후계자 프톨레마이오스 1세에 의해
알렉산드리아 항구에 새로운 대형 등대가 세워진다. 이 등대가 인
류의 '7대 불가사의' 중 하나인 '알렉산드리아 등대' 또는 '파로스
등대'이다. 등대 높이는 100m가 넘고 수십km 거리에서도 등대 불
빛을 볼 수 있었다. 등대 꼭대기에 큰 거울을 설치하여 낮에는 햇
빛을 반사시켜 멀리서도 위치를 알 수 있도록 했다.

4) 해양 신도시, 알렉산드리아 건설

그는 가는 곳마다 새로운 도시를 건설하고 '알렉산드리아'라고
이름 붙였다. 이렇게 건설한 도시가 수십 개이다. 그 중 대표적인
곳이 이집트 나일강 하구에 있는 알렉산드리아이다. 이곳은 원래
작은 어촌에 불과했으나 대왕이 선박 입출항이 쉽고 지중해에 접한

점을 주목하고 새로운 항구도시를 건설하도록 했다. 해양 신도시는 거리를 바둑판 모양으로 계획하고 건축은 그리스 양식을 따르게 했다. 도시 안에 항구를 함께 건설하여 물류가 원활하도록 했다. 알렉산드리아는 이후 수천 년 동안 이집트 중요 도시와 항구 역할을 했고 정치, 경제 및 문화 중심지로 지중해 국가에 많은 영향을 주었으며, 현재도 수도 카이로에 이어 이집트 제2의 도시이다.

5) 대량수송 가능한 선박으로 장기간 원거리 정복 전쟁

알렉산더 대왕은 소아시아, 이집트, 이란을 거쳐 인도까지 장거리 정복에 나섰다. 시간으로는 8년, 거리로는 지구 반 바퀴에 가까운 18,000km를 진군했다. 여행으로도 힘든 거리를 수많은 전투를 벌이며 나갔다. 수만 명의 식량과 무기 및 장비 등 대량의 물자를 안전하고 시기에 맞게 필요한 장소에 보급하는 문제는 전쟁 승리의 중요 요소였다. 말이나 마차만을 이용한 육상운송으로는 병참 지원이 어려움을 깨달은 대왕은 해상운송을 적극 활용했다. 대왕은 쿼드러림(Quadrireme)이라는 4단 노를 가진 갤리선을 사용하여 장거리 대량 운송문제를 해결했다.

쿼드러림은 길이 45m, 폭 5m, 높이 6m에 흘수는 3m 정도였다. 선박 제원으로 추산해보면 화물 약 400톤 정도를 실었을 것으로 보인다. 말 한 마리는 100kg 짐을 실을 수 있으니 당시 선박 한 척이 말 4,000마리가 싣는 짐을 운송하는 셈이다. 더구나 말은 하루 약 10kg, 자신이 싣고 가는 짐의 1/10에 해당하는 먹이를 먹는데, 열흘이면 말 한 필이 싣는 짐을 모두 먹어치우는 격이다. 쿼드러림은 속력이 빠르고 기동성도 좋았으며 흘수가 낮아 수심 얕은 연안지역을 운항하기에 적합했다.

알렉산더는 이렇게 대량수송이 가능한 선박의 장점을 알고 육상운송보다는 가능한 한 해상수송을 택했다. 또한 병참과 물자보급만을 맡는 부대를 조직하고 전담 군인과 장수들을 별도로 임명하여 일하도록 했다. 전장에서도 해안지역에 물류기지를 다수 건설하여 선박이 닿는 곳은 바다를 통해 물자를 조달했다. 그는 자국은 해상 수송을 최대한 이용하면서 적국은 그 장점을 활용하지 못하도록 했다. 즉, 적군이 주둔한 항구를 막거나 적선을 공격하여 적의 보급로를 차단했다. 물자 보급이 안 되는 적은 제대로 전투를 벌이지 못하고 스스로 퇴각하는 경우가 많았다.

6) 알렉산더 대왕의 유산

그는 인류사의 한 페이지를 장식했다. 알렉산더의 목표와 기본 사상은 세계화와 포용력이다. 대왕은 많은 업적과 함께 인간적인 품성도 지녔다. 그는 용기와 지혜를 가졌고 헌신과 나눔을 실천했다. 싸움터에서는 항상 선두에 섰다. 대왕은 많은 병사들의 이름을 기억하고 불러주었다. 그는 고국에 남은 병사들 가족이 어려움 없이 살도록 함으로써 군사들이 오랫동안 그를 따라 장거리 전쟁에 나설 수 있게 했다.

풍토병으로 타지에서 죽기 전 병상에서 병사들과 일일이 얼굴을 마주하며 영원한 작별인사를 했다. 인생은 '공수래 공수거'임을 보여주기 위해 눈을 감기 전 "내 빈손을 관 밖으로 내놓아 보이게 하라"는 유언을 남겼다. 해양역사 측면에서 바다와 선박의 중요성을 알고 활용했던 그가 장수했더라면 해양 기술이나 산업 및 문화가 더 일찍 발전되었을 터인데 못내 아쉽다. 불세출의 영웅이여! 중생들을 남겨두고 어찌 그리 일찍 가셨는가?

엘리자베스 1세 여왕, 영국을 세계사의 주역으로 만들다

1) 인류 역사상 최고 지도자로 뽑히다

2000년대 새로운 천년을 몇 달 앞둔 1999년 4월 18일 미국 일간지 뉴욕 타임즈는 지난 천년 동안 각 분야의 최고를 뽑아 그 결과를 발표했다. '밀레니엄 베스트'라고 이름 붙여진 이벤트에는 사람, 문학, 의학, 디자인, 조약 등 여러 분야로 나눠 최고 자리에 오른 대상을 선정했다. 문학은 세익스피어 햄릿, 디자인은 피아노, 의학은 천연두 접종, 조약은 베스트팔렌 조약 등이 이름을 올렸다. 가장 뛰어난 지도자로는 영국 엘리자베스 1세 여왕[8]을 뽑았다. 그녀를 최고 지도자로 정한 이유는 "종교적 극단주의를 배격하고 전쟁을 혐오했으며, 재위 45년간 영국을 세계사의 주역으로 끌어올렸고 후대에까지 전 세계의 존경을 받고 있다"는 것이었다.

현재 영국 영토 크기는 잉글랜드 본섬만 보면 13만㎢로 북한 땅을 제외한 대한민국 9.8만㎢보다 1.3배 크고, 인구는 5,400만 명이다. 외형상 크기만으로는 한국과 비슷하지만 경제력이나 군사력 그리고 세계 많은 식민지와 영연방 국가의 관계를 고려하면 여전히 세계적 국가이다. 엘리자베스 1세 여왕이 유럽 변방에 있는 가난한 섬나라를 세계 중심국가로 만들었다. 엘리자베스 시대부터 탐험과 식민지 개척이 활발해져 빅토리아 여왕 시기에는 '해가 지지 않는 나라'가 되었다.

2) 영국을 해양국가로 만들다

1558년 여왕이 왕위에 오르기 전 영국은 지리적으로 보면 섬나라이지만 해양국가는 아니고 오히려 농업국가로서 모직이 주요 산업이었다. 침체에 빠진 모직산업을 살리기 위해 해외로 진출하여 새로운 시장을 만들고자 하였으나, 이미 스페인과 포르투갈이 해양 강국으로 바닷길 대부분을 차지하고 있었다. 15세기에 시작된 대항해시대에 두 나라가 먼저 신대륙을 발견하고 유럽과 신대륙 사이 무역을 주도하였다. 게다가 두 나라는 1494년 세계의 바다를 둘로

---

8) Elizabeth Ⅰ: 1533~1603년, 엘리자베스 튜더, 재위 1558~1603년.

엘리자베스 1세 여왕   불타는 스페인 무적함대

나눠 가지는 '토르데시야스 조약'을 맺고 교황 승인까지 받아 사실상 신대륙과 세계 바다 모두를 차지한 상태였다.

영국이 세계로 나가려면 해양진출이 반드시 필요하고 스페인을 넘어서야만 했다. 여왕은 바다의 중요성을 알고 바다에서 스페인을 이기기 위한 준비를 차근차근 해나갔다. 여왕은 먼저 사략선[9]을 활용하였다. 그녀는 영국의 일반선박들이 무장하고 스페인 선박을 공격하여 재물을 빼앗을 수 있는 면허를 주거나 그러한 행위를 조장하고 묵인하였다. 사략선 선장으로 유명한 사람이 호킨스와 드레이크이다.

그들은 사실상 해적이다. 여왕은 세계의 바다를 알아보고 새로운 항로를 개척하기 위해 호킨스를 후원하고, 드레이크의 세계일주 항해를 지원하여 성공시켰다. 최초 세계일주는 스페인 마젤란이 1519년부터 1522년까지 이미 성공한 항해였다. 그로부터 55년 후 1577년 여왕의 후원을 받은 드레이크는 영국을 출항하여 세계일주 항해를 마치고 1580년 영국에 귀항했다. 드레이크는 단순히 항해만 한 것이 아니라 세계 주요 항로, 항구와 신대륙을 돌아보고 많은 재물을 빼앗아 싣고 돌아왔다. 그가 싣고 온 화물가치를 현재 화폐기준

---

9) 私掠船: 국가 허가를 받고 무장한 민간 선박. 해군력이 약한 나라가 이런 선박의 해전 참가나 타국 선박을 해적질 하도록 부추겨 이득을 챙김.

으로 보면 약 1,200억 원에 달한다. 항해를 후원했던 여왕은 전체 수익의 약 50%를 받았고, 다른 투자자들도 투자금 1파운드당 47파운드를 받아 수익률이 무려 4,700%에 이르렀다.

스페인 국왕 펠리페 2세는 자국 선박이 공격을 받고 재물마저 빼앗기자 화가 났다. 펠리페 2세는 스페인 선박들을 노략질한 드레이크를 넘겨 달라고 요구했지만, 여왕은 그 요구를 거부하고 오히려 그에게 귀족 작위를 내려 양국 간 감정의 골이 깊어졌다. 게다가 이전에 두 나라 사이에 종교 다툼이 있었고 스페인 국왕이 엘리자베스 여왕에게 청혼을 했다가 거부당한 앙금도 남아 있었다. 또한 영국이 스페인 식민지 네덜란드의 독립을 도운 점도 스페인을 자극했다.

3) 스페인 무적함대를 이기고 세계무대에 오르다

1588년 스페인 펠리페 2세는 무적함대[10]를 내세워 영국을 제압하려 했다. 1588년 5월말 130척의 전함, 2,500여 문의 대포 그리고 28,000여 명의 병사와 선원들로 이루어진 무적함대가 리스본을 출항했다. 스페인의 계획은 네덜란드에 대기하던 자국 육군을 무적함대에 태운 다음 영국에 상륙시킨다는 전략이었다. 대규모 육군이 영국에 상륙한다면 영국의 패배는 분명한 일이었고, 영국 해군도 스페인을 상대하기에는 아직 역부족이었다.

엘리자베스 여왕은 자국의 현황을 알고 스페인 군대가 육지에 오르기 전에 바다에서 싸워야 한다고 판단했다. 영국은 오랫동안 전쟁에 대비했다. 또한 스페인에 첩자를 두어 상대 상황을 파악하는 정보전도 펼쳤다. 스페인 함대가 본국에서 출항할 때 영국은 그 함대 규모와 각 선박 지휘관 이름까지 알았다. 스페인 함대에 맞서

---

10) Armada, 당시 세계 최강 함대. 1571년 레판토 해전에서 오스만 해군을 크게 이겨 명성을 얻음.

영국은 하워드, 드레이크와 호킨스 등을 지휘관으로 내세웠다.

민간 선박까지 동원하여 총 197척, 15,000여 명의 병력으로 함대를 꾸렸다. 군함 중 70척은 상선을 급하게 고쳐 만든 것이었다. 몇 달 동안 영불해협과 부근에서 두 나라 사이에 여러 차례 크고 작은 해전이 벌어졌다. 영국은 본토와 가까운 지리적 장점, 기습, 게릴라전과 화공 그리고 함포를 이용하여 무적함대를 서서히 허물었다.

반면 스페인은 네덜란드에 있던 육군이 승선 예정지역에 제때 도착하지 않았고, 전술 부족, 본국에서의 원거리 장시간 이동, 함대에 불리한 바람과 지형, 폭풍우 그리고 군수품 보급 문제 등으로 무너졌다. 패배한 스페인 함대가 스코틀랜드에 입항하고자 하였으나 스코틀랜드 제임스 왕이 이를 거부하였다.[11] 물과 식량이 떨어져 굶주린 스페인 병사들이 아일랜드에 상륙하였지만 이들을 기다린 것은 영국 병사들의 칼날이었다. 1588년 9월 스페인 함대가 본국에 입항할 때는 처음 전쟁에 나설 때 보유한 병력 1/2과 선박 2/3를 잃은 상태였다.

4) 영국 운명과 세계사를 바꾼 '틸버리 연설'

엘리자베스 1세 여왕은 대영제국의 기초를 마련하고 전성기를 열었다. 영국이 세계의 강국으로 가는 길목에서 분수령은 스페인 무적함대에 승리한 것이다. 국가의 운명이 걸린 전투에 나서는 병사들에게 여왕이 직접 말을 타고 나가 행한 연설이 극적이다. 바로 틸버리[12] 연설이다. 어쩌면 이 연설 시점이 영국이 세계적 국가로 도약하는 전환점이자 가장 큰 고비였다고 할 수 있다. 영국역사나 세계사의 백미이고 압권이다. 약한 전력으로 세계 최강 함대와 맞서야 하는 불안한 병사들에게 여왕이 말을 타고 먼 길을 달려와 행한

---

11) 엘리자베스 여왕이 자신의 후임으로 제임스를 앉히기로 약속함.
12) Tilbury: 템즈강 하구에 위치하며, 런던 동쪽으로 약 43km 거리.

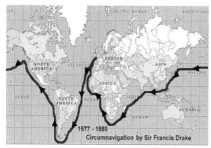

드레이크 세계일주 항로

틸버리 연설 (1588년)

연설은 얼마나 큰 감동을 주었을지 짐작이 간다. 군사들은 그녀의 연설을 듣고 용기백배하여 죽을힘을 다해 싸웠고 이겼다.

여왕의 연설 요지는 이러하다. "나는 약한 몸을 가진 여자임을 압니다. 그러나 나는 왕의 가슴과 용기를 가졌고, 그 누구도 우리 땅을 침범하지 못하게 할 것입니다. 나는 무기를 지니고 적 앞에 서는 여러분의 장군이 될 것이고, 적을 이기는 여러분의 재판관이 될 것이며, 여러분의 덕과 희생의 보상자가 될 것입니다. 우리나라와 우리 국민의 적을 단숨에 무찌르고 위대한 승리를 만듭시다."

짧지만 힘이 있고 가슴 뭉클한 연설이다. 이름만으로도 무서운 무적함대와의 전투를 앞두고 그녀 역시 어찌 두렵지 않았으랴. 하지만 안전한 곳으로 피신하라는 신하들의 충고를 뿌리치고 몇 명의 수행원만을 데리고 여왕은 직접 말을 타고 100리가 넘는 길을 달려와 병사들 앞에 섰다. 그리고 가슴으로 외쳤고 마침내 영국을 바다의 나라, 세계의 나라로 만들었다.

루즈벨트 대통령, 미국에 태평양과 대서양과 파나마를 안겨주다

1) 시어도어 루즈벨트

시어도어 루즈벨트는 미국 26대 대통령이다. 그는 한(韓)민족에 대한 비하, 험한 발언과 카쓰라-태프트 밀약 체결 등으로 우리에게 거부감이 강한 인물이다. 하지만, 미국에서는 러시모어산에 조각된 네 명의 대통령에 들어갈 정도로 존경받고, 해양 역사에서는 바다와 관련된 위대하고 많은 공적을 남겼다. 대표적 업적만 보아도 하와이, 괌 그리고 필리핀 등을 차지하여 지구 전체 표면의 1/3 면적인 태평양을 미국의 앞마당으로 만들고, 쿠바와 푸에르토리코를 차지하여 대서양까지 자국 품에 넣었다.

그 외에 콜롬비아로부터 파나마를 독립시키고 파나마운하에 대한 자국 내 수많은 반대를 설득하여 프랑스로부터 운하 건설권을 매입, 파나마운하를 건설함으로써, 남미 끝단을 우회하던 선박의 물류 기간을 획기적으로 단축시키고, 태평양과 대서양으로 나누어져 있던 미국 해군을 하나로 연결시켰으며, 중미와 남미를 미국 영향력 아래 두는 1석 4조 효과를 거두었다. 또한 해군력을 강화시키고 대백색함대[13]를 창설하여 세계를 일주시킴으로써 국력을 과시하고 위상을 높였다. 러일전쟁 후에는 양국 간에 포츠머스 조약을 주선한 공로로 1906년 노벨 평화상을 받았다. 그러나 이 조약 체결을 위한 노력은 태평양에서 미국의 영향력을 확대하기 위한 의도가 깔려 있었다.

2) 마한의 저서 『해양력이 역사에 미치는 영향』을 읽다

루즈벨트는 1897년 해군부 차관이 되면서 본격적으로 바다에 관심을 가지게 되었다. 1900년 윌리엄 매킨리 대통령 러닝메이트로 출마해 부통령이 되었고 다음 해 대통령이 암살되자 대통령 자리에 올라 1909년까지 8년간 일했다. 그가 중앙정부에 몸담기 시작한 1897년부터 미국의 해양역사에 큰 사건들이 잇달아

루즈벨트 대통령

---

13) 大白色艦隊: Great White Fleet, 선체 표면에 흰색 페인트를 칠한 데서 유래.

태평양 중심. 하와이를 차지하다

파나마운하 이용 시 거리

발생했다. 하와이, 괌, 필리핀, 사모아, 웨이크, 쿠바, 푸에르토리코 점령 및 합병, 파나마 독립과 파나마운하 건설 시작, 백색함대 세계 일주 등이 그것이다. 어떤 형태로든 그가 앞의 대사건들에 직접 또는 간접적으로 관여했다.

　루즈벨트가 해양에 관심을 가지는 데 크게 일조한 사람이 알프레드 테이어 마한(Mahan)으로, 세계 해양역사에서 빠트릴 수 없는 인물이다. 마한은 미국 해군대학 초대 교장으로 근무하며 해양사의 명저 『해양력이 역사에 미치는 영향』을 1890년에 출간했다. 당시 제국주의 물결이 세계를 뒤덮고 있는 상태에서 이 책은 불에 기름을 부은 듯 열강들에게 큰 영향을 주었다. 미국, 영국, 독일과 프랑스 및 일본은 마한의 이론과 주장을 따라 군함 건조를 늘리고 해군 병력을 양성하여 국력을 키우고 그 힘을 바탕으로 세계로 진출했다. 루즈벨트는 이 책을 읽고 저자에게 직접 칭찬 편지를 썼고, 모든 미국 선박에 이 책을 한 권씩 비치하도록 했다.

3) 태평양, 대서양과 파나마를 차지하다

　미국은 1898년 하와이, 필리핀, 푸에르토리코, 괌, 사모아, 쿠바를 합병하고, 이듬해 1899년 미국령 사모아, 웨이크 섬을 합병하여 사실상 태평양과 대서양을 차지했다. 1903년 파나마를 독립시키고 운하 건설 예정 지역을 임대하였다. 현재 우리 돈 가치로 400조 원을 지급하고 프랑스로부터 운하 건설권을 매입하여 1904년부터 1914년까지 10년 공사로 운하를 완공, 개통했다. 운하 건설로 미국 동부 뉴욕에서 서부 샌프란시스코까지 거리 기준으로 선박이 남미를 돌아오는 것보다 12,500km가 단축된다. 이 거리는 10노트 속력으로 28일 걸리는 거리이다.

루즈벨트가 파나마운하에 얼마나 열정과 집념을 가졌는지 보여주는 것이 그가 파나마를 방문하여 운하 공사 굴착기 위에 앉아 있는 사진이다. 파나마운하 개통효과를 단적으로 보여주는 사진은 미 해군 전함 미주리호가 파나마운하를 통과하는 모습이다. 이 전함은 배수량 45,000톤, 길이 270m에 달하고, 1945년 9월 2일 일본 동경만에 정박하고 일본의 항복을 받는 장소로도 사용되었다.

대백색함대 창설과 세계일주 항해도 그의 업적이다. 루즈벨트는 임기 말 각종 군함 16척으로 구성된 대백색함대를 만들어 해외로 파견하여 1907년 12월부터 1909년 2월까지 약 14개월 동안 세계 주요 항구와 자국 영토 및 식민지에 기항시켰다. 표면상 명분은 친선 외교이나 실제 목적은 자국 해군력 과시와 해외 영토 보호에 있었다. 이 함대 중 일부가 일본에도 기항했다.

4) 루즈벨트와 대한제국

미국이 1903년 11월 3일 파나마를 독립시켰다. 그로부터 80일 후 그곳에서 이역만리 신생국가 대한제국이 파나마를 독립 국가로 승인했다. 미국과 프랑스 등에 이어 세계 21번째 승인이었다. 당시 정황을 알 수 없지만, 아마도 일본에 억눌린 현실에서 미국의 작은 도움이라도 받으려던 의도인지, 특정 국가의 강권에 의한 것인지 알 수 없다. 외세 침략으로 기울어가는 약소국 대한제국이 태평양

건너 머나먼 나라 파나마를 독립국으로 인정한 점이 의문이고 안타깝다.

　루즈벨트 대통령의 딸 엘리스가 1905년 9월 19일 미국 군함 오하이호를 타고 인천항을 통해 우리나라에 들어와 10박 11일간 머물다 일본으로 돌아갔다. 당시 대한제국은 미국 대통령 공주가 왔다하여 극진한 대접을 했고 거리에 만국기가 걸렸다. 그러나 우리는 미국 방문단이 우리나라에 오기 전 1905년 7월 29일 일본에서 가쓰라–태프트 밀약을 체결한 사실을 전혀 모르고 있었다. 같은 해 9월 5일 미국 주선으로 러시아와 일본 사이에 '포츠머스' 조약이 체결되었다. 그리고 그해 11월 '을사늑약'으로 우리 외교권은 사라졌다.

해양산문집 『양망일기』

하동현(원양어선 선장. 해양문학가)

1. 들어가는 글

바다를 호명해본다. 바다와 연관된 인간세상의 모습들은, 바다의 다양한 장르만큼이나 수많은 형상을 지닌다.

자본의 야욕에서 비롯된 해난사고가 연이어 일어나며, 맹목적인 남획으로 어장을 상실하고, 문명과 개발의 부산물인 산업쓰레기들이 모여 '플라스틱 아일랜드'로 대양에 떠있다. 희뿌연 전쟁의 포연으로, 지구 곳곳의 바다는 인간의 욕망에 사로잡혀 끝을 알 수 없는 오리무중 불안한 항해를 계속하고 있다.

바다는 속살을 쉽게 드러내지 않는다. 오늘의 바다는 다시 어제의 바다가 아니며 보이는 것과 보이지 않는 모든 것들을 담고 있다. 우리는 끝도 없이 바다에 말을 걸고 그 이야기에 귀 기울여 보지만 그 의미를 알기는 어렵다.

20년간 빵과 옷을 제공해주는 거룩한 밥줄이었고, 젊은 날을 다 바쳐 그 의미를 찾으려 했으나 이미 첫 항해 때 그 해답을 찾을 수 없다는 좌절을 안겨준, 절대적인 존재이기도 했던 바다를 이야기해보려 한다.

『양망일기』 표지
출처: (주)현대해상

선미트롤어선 조업광경 – 남대서양
출처: 필자 촬영

이 책 『양망일기』는 필자가 선박생활을 시작하며 만났던 인물, 사건 사고, 선원들의 노동과 일상, 그리고 바다산업을 바라보는 소회와 단상을 담은 해양산문집이다. '양망(揚網)'은 '그물을 끌어 올린다'는 의미로, 어법상 선미트롤(Stern trawl)로 분류되는 원양어선에 승선했던 필자의 경험담을 정리한 글들이다. 부제로 '세상 남자는 두 부류다, 바다를 아는 남자 그리고 육지의 남자'라 덧붙였다.

3년 전, 종합해양수산전문지 『현대해양』으로부터 제안을 받았다. 젊은 청년들과 일반인들에게 '해양친화사상'을 고취시키고, 좀 더 다가서기 쉽게 바다를 글로 풀어보자는 제안이었다. 원고지 30매 분량을 1회분으로, 선상생활의 추억에 역사적 사실과 인문학적 지식을 가미하는 형식을 원했다.

하여 30개월 연재했던 산문들을 묶어 세상에 내놓으며, 짧고 미욱한 재주에 부끄럽기도 하고, 평생을 바다관련 산학현장을 넘나드신, 백전노장 베테랑 선배들께 내용을 설명할 수 있는 기회가 주어져 더없는 영광이기도 했다.

이 책 내용의 특징은 같은 원양어선 선장 출신 선배님의 추천사가 적합할 것 같아 일부를 인용한다.

[추천사 - 그 뱃길과 바다 이야기]

정순헌 토왕건설 대표(원양어선 선장, 전 부경대 어업학과 총동창회장)

바다를 지배하는 자, 세계를 제패한다. 귀에 못이 박히도록 듣고 또 외쳤던 젊은 날의 구호다.

버리다시피 한 외국 중고선박을 인수해 작업복까지 얻어 입고, 파도 밭에서 목숨 걸고 고기잡이에 나섰던 그때 그 시절, 우리는 가장 위험하고 먼 바다로 나갔으며, 가장 오래 바다에 머무는 배들이었다. '패기와 절박감'으로 쟁기질하듯 대서양 바닥을 긁어대며, 그들의 두세 배 되는 어획으로 혀를 내두르게 했던 기억들은 아직도 생생하다.

돌이켜 보니 바다든, 배든, 육지든, 모두 사람 사는 같은 세상이더라. 극한직업의 대명사가 되어버린 원양어선이었지만, 시대가 변하고 영역이 다를지라도 그 세계최강의 기질적 DNA가 이 땅의 젊은이들에게도 흐르고 있다 믿는다.

같은 길을 따랐고, 지금은 또 같이 늙어가는 아우가 그때 그 뱃길과 바다에 대한 이야기를 묶어 출간한단다. 그저 아스라한 꿈들처럼 사라져버릴 뱃사람들의 작은 역사를 기록하고, 지원을 아끼지 않은 『현대해양』에 아우를 대신해 감사드린다.

그런데 아우야, 제도권 속 격식을 차리는 글이라고 무슨 눈치라도 보이더냐. 적나라하게 있는 그대로, 우리만 알던 이야기를 더 신랄하게 써 보지 그랬더냐……

2. 목차와 내용

이 책은 전체 5장으로 구성되어 있다.

제1장은 '마린보이의 꿈'이다. '다시 바다 앞에 서서' 라는 소제목

으로 이 책을 쓰게 된 동기부터 풀어냈다.

'응답하라 1984'와 '마린보이의 꿈'에서 젊었던 항해사의 포부와 기개, 바다를 운명으로 택했던 그 시절을 돌이켜 본다. '늙은 마린보이'가 되어버린 퇴역 뱃놈인 나와, 작은 아들이 해병대에 입대하면서 집안에 '마린보이'가 둘이나 되는 사연을, 그리고 '내게도 사랑이'는 콧날이 시큰한 첫사랑 이야기다.

'다시 그날'은 세월호 사건을 주변과 연계해 풀어 본 글이다. 'LA 인터내셔널 에어포트'는 공항에서 우연히 마주친 수녀님과의 대화로, 우리 끝을 알 수 없는 인생을 항해에 빗댄 회고담이다.

제2장은 '잠들지 않는 항구'다. '똥개 이야기'는 배에서 키우던 강아지와의 이별을, '해적에 관한 두 가지 기억'은 대양항해 중 해적으로 의심되는 선박을 만나 기상천외한 방법으로 따돌렸던 기억을 글로 풀어썼다. 그때 모셨던 '고기잡이 신'이라 불리셨던 대선배 선장님을 회고하며 썼던 글이다.

'잠들지 않는 항구'에서는 원양어업전진기지였던 스페인령 라스팔마스항구에서의 추억들을, '슬픈 적도제'는 배에서 일어난 우발적인 칼부림 사고를 돌이켜 보았다.

'아디오스 까날 데 파나마'는 운하를 통과할 때의 소회를 담았고, 'Aotearoa(희고 긴 구름의 나라에서)'는 뉴질랜드 어장 회고담이다. 무려 35년 전, 정부차원에서 잘 보존 되고 'Sustainable good fishing (지속가능한 착한 어업)'의 개념을 배운 곳이기도 하다.

제3장 '알쓸신잡'은, 육지와 다르게 마주치는 자연현상이나 해상전문용어, 독특한 해사영어 표현 등을 일반인들이 알기 쉽게 풀어 쓴 내용들이다.

시운전 선박의 작동에 대한 이야기, '불편한 진실, 빛과 그림자'는 콜럼부스, 마젤란 등 인류미래를 앞당긴 탐험가들의 쓸쓸한 뒤안길을 조명했다. 바이킹과 명나라 정화함대가 앞섰다는 사실을 전제로 최초가 아닐 수 있으며, 식민지 개척과 약탈경제에 몰입함으로써 역사상 '반짝 해양강국'으로 그치고만 국가차원의 전략도 재고해 본 글이다.

'물고기 전쟁을 아시는가'는 한일어업협정과 연계해 영국과 아이슬란드 간의 '대구전쟁', 캐나다와 스페인 간의 '가자미 전쟁'을 조명했다.

'한일관계, 장보고를 떠올린다'에서는, 경직된 한일관계를 화두로 무려 13세기 전에 동북아 해양질서를 확립하고, 통 큰 리더십으로 무역의 신, 해상왕으로 중국, 일본에서도 추앙받는 그의 일대기를 정리해 본 글이다.

제4장은 '바다, 그리고 낭만에 대하여'이다. 고립되고 폐쇄된 공간인 바다에서 누렸던 아련하고 지질한 낭만들.

'음식의 추억 1, 2'에서 탐식이나 미식이 아니라 살기 위해, 노동을 위해 삼켰던 음식들에 대한 추억을 나열해보았다. '슬기로운 감빵생활'은 무인도에 표류한 로빈슨 크루소처럼 자체조달, 자체해결, 긴급 상황을 극복한 배에서의 생존기에 가까운 우스갯거리를 모은 글이다.

'누드비치 탐방기'는 힘든 해상생활에서 드물게 마주쳤던, 일반인들이 경험하기 힘든 마도로스들만의 호사 같았던 생경하고 신기했던 추억을 담았다.

'노인과 바다, 백경을 다시 읽는다'는 비틀어 읽기다. 노인이 잡아 올린 청새치는 수면에 뛰어오를 때 낚시가 쉬 벗겨진다는 어법상의 에러, 노예제도 시절에 주인공과 유색인종 간의 친밀도로 '백경'은 대단히 진보적인 작품임을 말했고, 해양문학의 전범으로 일컬어지는 두 작품에 대한 독후감을 현재의 시각으로 서술했다.

그물 끝자루 양망작업, 50톤 물량   노인과 바다 - 청새치
출처: 필자 촬영

제5장은, 돌이켜보니 내 인생에서 가장 빛나던 시절은, 정열과 혼을 다 바쳐 청춘을 불살랐던 바다에서의 시간이었다라는 생각으로, 후배들에게 들려준 강의 회고담을 정리했다.

'바다위의 무법자들'은 그릇된 법과 규제로 인해, 상시 잠재적 예비 범법자 취급밖에 받지 못하는 연안 어민들의 실태를 취재한 글이다.

'와누아투, 바누아투'에서는 선원수급난을 조망했다. 해상생활이 영광스럽지 못하다는 인식변화로, 현 젊은 세대들의 바다기피 현상을 살펴 본 글이다. 희망적이고 제도적인 기틀을 마련하지 못하는 현실을 개탄하며 같이 고민해보자는 취지였다.

마지막 '화양연화' 또한, 청춘을 바다에서 보낸 분들에게 보내는 위로와 동업자 정신 같은 것들을 들춰내고, 젊은이들에게 바다의 중요성을 부각시키자는 마무리 글이다.

정책이나 기술, 학술적인 명제를 논하지 않는 가벼운 산문들이고, 다소 거친 표현이 들어가는 시트콤적인 요소가 많아, 방송이나 강의에 적절하지 않은 부분은 생략하고, 본문에 등장하는 키워드별로 요약해 내용을 정리해 보고자 한다.

바다의 정의

'지구상에 육지를 제외하고, 짠물이 괴어 있는 큰 부분.'

국어사전 바다의 정의는 이렇다. 참으로 무미건조한 해석이 아닐 수 없다. 바다는 이러한 사전적 의미를 초월하는 공간이다. 지구표면의 70%, 지구상 물의 97%, 지구상 존재하는 생물을 80% 넘게 품고 있으며, 아마존보다 더 큰 산소공급원이기도 하다. 문필가들이 표현하는 바다의 색은 아홉 가지, 그곳의 바람을 보퍼트 풍력계급으로 13단계로 분류할 만큼, 한마디 서술로 표현이 불가능한 광활무비의 공간이다.

바다는 인류의 과거와 현재, 미래를 다 품고 있는 공간이자, 우리 생활터전이며 과학적이고 철학적이고 문학적인 공간이다. 감상과 동경의 대상으로 각박한 세상을 사는 현대인들에게 낭만을 불러일으킨다. 마지막 남은 자원 개발의 보고(寶庫)이자, 깨끗하고 아름답게 후손들에게 물려주어야 할 유산이기도 하다.

다양한 색조와 역동적인 몸부림, 주변 조형물과 해양생물들과의 조화로 바다의 움직임은 언제나 변화무쌍이다. 종교와 신화, 구원과 주술에 삶의 기원과 치열한 생의 현장, 모험과 의지의 실현, 동경과 낭만까지.

생과 멸, 긍정과 부정의 뚜렷한 양면성을 지닌 바다다. 파멸까지 야기할 수 있는 노한 바다는, 극한상황을 극복하려는 불굴의 의지로 삶에 더욱 애착을 가지게도 하고, 모성(母性)으로 인간의 정서를 순화시키며 낭만을 선사하기도 한다. '모험의 바다'와 '동경과 낭만의 바다'라는 두 얼굴을 가진다.

우리말은 찬란하고 오묘하다. 바다는 '바라보다'의 줄임말이며, 바다라는 단어에서 자음을 떼어내면 '아아'라는 감탄사가 된다는 문학적 표현이 있다. 해납백천(海納百川), 백 갈래 강과 하천을 수용하는 것이 바다다. '낮은 곳에 임하여 모든 것을 다 받아들인다'에서

'받아'가 '바다'로 굳어졌다는 견해도 있다. 성철스님께서는 '낮은 곳이 바다가 된다'라는 말씀으로 겸손과 포용을 일깨워 주는 예로도 사용하셨다.

바다산업의 시각, 원양어업 현장으로서의 바다

먼저 연안으로 국한해서라도, 바다와 접한 해안(갯벌포함)의 가치부터 알아보자. 2012년 충남 보령시에서 발표한 「연안습지 기초조사보고서」에 따르면, 단위면적당 농지의 100배, 숲의 10배가 된다는 통계가 있다. 농약살포로 인한 토질악화라는 부정적인 기능과 대비할 때, 관광, 교통, 해양레저와 해양치유산업, 탄소정화 기능 같은 생태계 서비스 등 연안바다의 가치를 종합한 시각에서 도출한 수치이다. 물류와 조선 같은 국가기간산업적인 측면에서 먼 바다, 원양의 개념까지 포함한다면, 그 가치는 실로 무궁무진하다 할 수 있겠다.

바다는 '탐험과 정복'의 대상이자 '상생과 공존'의 현장이기도 하다. 바다산업, 그 중에서 원양어업의 개념은 '도전과 개척'이자 '인간의 삶을 대자연에 기대려한 하나의 방식'으로 규정지을 수 있다. 우리 원양산업의 개척자이자 큰 기둥이신 김재철 동원그룹 명예회장님의 어록이 있다. "원양어업은 '국민 미래식량 확보를 위한 해양영토 확장'이라는 의미를 가진다."

바다 친화 접근방식

황을문 전 해양대 교수께서 강의하신 내용을 정리해 소개한다.

그는 '바다를 늘 마음에 두고 그리워하는 태도'를 '동경'으로 보고, '이상적인 바다를 정서적으로 즐기는 태도'를 '낭만'으로 분류했다. 바다 친화 접근방식으로는,

첫째, 견(見) – 먼저 바다를 애정을 가지고 관조(觀照)하라

둘째, 지(知) – 역사, 생태, 정보, 해양상식들을 학습하며 바다를 알아나가라

셋째, 행(行) – 보다 깊은 이해를 위해 직접 바다를 체험하라

넷째, 정(情) – 친밀감을 가지고 바다에 마음을 심으라

다섯째, 각(覺) – 바다를 통해 인생을 깨우치라

라는 단계로 설명하였다. 바다를 즐기고 누리기에 앞서, 사랑으로 다가서는 건전한 '자세'부터 갖추라는 의미가 기저에 깔려있다.

3. 잠들지 않는 항구

내가 경험했던 어장(漁場), 그리고 항구에서 만난 추억담들이다. 소제목 단위 글들 중 일부를 발췌한다.

취한 일행들을 일으켜 세우고 한 선배가 주머니에서 집히는 대로 팁을 내밀었다. 공손하게 두 손으로 구겨진 지폐들을 받은 그녀는 표정 없는 낯빛 그대로, 외워둔 접대용 멘트를 낭독하듯 안전한 뱃길을 기원한다는 건조한 인사치레를 남기고 천천히 일어서서 룸을 나갔다.

비린내 등청하는 어선 전용부두로 돌아오는 길, 선배가 피우던 담배를 방파제를 향해 집어던지며 쓸쓸한 농담 같은 말을 내뱉었다.

"저 친구들도 훌륭한 애국자 대접을 받아야 할 것이네. 허허, 직업에 귀천이 어디 있는가. 우리 같은 뱃놈이나 저 아이들이나 바로 외화획득의 선봉장들 아닌가…."

비슷한 시기 독일에 파견되었던 광부와 간호사들이 국내로 송금하는 액수의 스무 배 가까운 규모에, 지금의 반도체와 자동차를 합

한 비중으로 우리나라 수출액 15퍼센트를 상회하는 외화를 원양어업과 해외송출 상선에서 벌어들일 때였다.

광부든 간호사든, 외항선과 원양선원들, 월남전 파병용사들과 사막의 모래바람을 견딘 건설인력들이든, 모두 저마다의 청춘과 세월을 희생한 외화벌이로 국위선양의 견인차 역할을 담당했던 것이다.

- '잠들지 않는 항구'에서

2016년 완료된 운하확장공사 때 수위조절용 수문(Water valve), 특수칸막이벽과 작동유압장치에 한국 기술이 투입되었다. 개통식 통과선박도 한국에서 건조된 중국국적 컨테이너선이다. 오늘날 세계는 이렇게 지구촌 모두와 씨줄날줄로 연결되어 있다. 바다만 보더라도 다국적 선원들이 배를 운항하듯, 이제 '국지적인 것'과 '세계적인 것'의 경계와 분리는 의미가 없어진 세상이다.

뜬금없는 예지만, 불가(佛家)사상을 축약한 의미심장한 문장을 하나 떠올린다. 코로나바이러스로 지구촌 전체가 몸살을 앓는 지금, 우리 생명과 존재도 대자연을 포함한 무수한 것들과 연결된 상호의존관계임을 생각하면서.

Everything is interrelated, it changes, so pay attention.

모든 것은 서로 연결되어 있다. 그리고 변한다. 그러니 깨어있으라. 혹은 현재에 충실하라.

- '아디오스 까날 데 파나마'에서

4. 해양기초상식과 알쓸신잡 바다편

해양기초상식

일반인들이 알기 쉽게 바다와 관련된 용어와 현상들을, 시차(時差), 지도와 해도, 멀미, 독특한 해사영어(海事英語) 표현들, 태풍, 마일(Mile)과 노트(Knot), 비키니(Bikini)섬과 수영복이라는 소제목으로 분류해 유래와 기원 등을 설명했다. 일례로, '독특한 해사영어 표현들' 내용을 부분 인용한다.

[독특한 해사영어(海事英語) 표현들]

동음이의어. 시각기관인 눈(眼)과, 수증기가 냉기에 얼어버린 결정체 눈(雪)처럼 한 단어가 여러 뜻을 가지는 것. 그 중에 바다와 배에서 사용하는 독특한 영단어 몇 개를 살펴보자.

So long, 히딩크 감독이 한국을 떠나며 굿바이라 하지 않고 So long이라 했다던가. 다시 만나자는 인사다. 뱃놈들끼리 서로의 안전을 기원한 데서 유래되었다는 설이 있다. 한동안 못 볼 인간들에게 그저 '안녕'이나 '잘 가라'가 아니라 '살아남아서 또 보자'라는 깊은 (?) 의미가 깔려있다.

Doldrums, 경기침체를 bad economy나 economic doldrums로 표현하듯 침체, 부진이나 우울을 뜻하는 단어지만, 바다에서는 적도 무풍대를 지칭한다. 돛으로 바람을 이용한 항해를 하던 옛날, 유일한 동력원인 바람이 소멸될 것이 두려워 안전항해를 기원했던 의식이 적도제(赤道祭)다.

Embargo, 수출입 통상금지나, 정보제공자의 요구로 기사의 보도를 일정기간 유보한다는 의미지만, 해사용어로는 법률적인 몰수나 전쟁, 천재지변 때와 같이 입출항을 금지한 억류상태를 뜻한다.

Heading, 축구나 프로레슬링에서의 머리받기가 제일 먼저 떠오르고, 표제, 제목의 의미가 있지만, 방향, 침로, 코스를 의미하기도 한다. 조타명령으로 '헤딩 90도'라 외치듯이.

Port, Starboard, 배에서 좌, 우현을 Left, Right가 아니라 이렇게 칭한다. 옛날 배의 키(Steer, 방향타舵)가 약간 우현선미에 지우쳐 있어 왼쪽으로만 항구에 접안을 했던 게 유래다. 우현은 Steerboard에서 변한 단어라고도하고, 별자리를 관측하는 쪽이 우현이라 그리 칭해졌다는 설도 있다.

Launching, 발사, 개발의 의미다. 홈쇼핑 같은 데서 첫 제품 출시를 뜻하는 말로 귀에 익숙하지만, 배에서는 진수(進水)를 뜻한다. 최초로 물에 내려놓는 진수식이 launching ceremony다.

알쓸신잡 바다편

오랜 해상생활에서 귀환한 바이킹들의 공동 식사에서 뷔페가 유래되었다는 예처럼, 바다에 대한 단편지식을 잡학사전 식으로 나열해 본 장이다. 배를 여자(She)로 지칭하는 이유, 스타벅스 커피점 작명의 유래, 처녀항해(Maiden voyage)를 의미하는 글귀 등을 예로 들었다. 해상왕 장보고를 조명하면서는, 그가 활동하던 우리 바다의 과거와 연결해 '현재'를 불러내보고자 했다.

배에는 여성대명사 'She'가 따라다닌다. 배는 여자다. 배에 오르는 순간부터 '그녀'와 함께하는 게 뱃놈 팔자다. 여자가 배에 오르면 부정 탄다는 금기가 우리에게 있었지만 지금은 옛말이 되어버렸고, 서구에서는 옛날부터 배를 여자로 여겼다. 바다의 여신에게 제사를 올린 풍습에서 유래를 찾는 모호한 기원설이 있으나, '배와 결혼한 사이'가 된 뱃놈들이 '그녀'라 부르게 되었다는 영국 해군제독 말에 더 무게가 실린다. 그 속설을 열거하면 이런 것들이 회자된다.

"배는 여자처럼 아름다운 곡선형이며 언제나 소란스럽다."
"배는 언제나 여자처럼 화장을 하고 구석구석 치장을 한다."
"배는 여자처럼 부끄러운 듯 하반신을 가리고 있으며, 특별한 경우가 아니면 아랫도리를 드러내지 않는다."
"배는 일정한 간격으로 빌지(Bilge—노폐물, 배에서 발생하는 오수)를 배출해야 한다."

"배와의 관계는 만드는 것도, 유지하기도 힘들며 비용도 많이 든
다."

"배를 다루기 위해서는 능숙한, 잘 조련된 남자가 필요하다."

마지막 항목은 격세지감으로, 여성항해사가 무수히 배출되는 지
금의 현실과는 동떨어진 표현일 수 있겠다.

- '시운전을 마치고'에서

분명 뱃놈출신 시인이지 싶은 누군가가 배의 '처녀항해(Maiden
voyage)'를 이렇게 서술했다.

"바람과 파도와 싸우는 첫 항해를 끝내고, 배는 첫 기항지에서
지친 몸을 굵은 밧줄에 의지해 부두에 기댄다. 밧줄에서 눈물 같은
바닷물이 뚝뚝 떨어진다. '이제 나는 더 이상 처녀가 아니다...'"

- '시운전을 마치고'에서

엔닌은 당에서 10년 수행하는 동안 장보고의 도움을 크게 받았
다. 체류, 인물의 소개, 통역, 경호, 안내, 이동 배편까지, 동포들의
신앙과 단합을 위해 그가 산동성 석도에 창건했던 적산법화원(赤山
法華院)에서 신라인들 신세를 톡톡히 졌다는 말이다. '은혜', '우러러
보는 마음' 같은 문장으로 그에게 감사서신까지 전했다.

일본으로 귀국한 그는 임종 전 신라명신을 모실 절을 건립하라
는 유언을 남겼다. '적산대명신(赤山大明神)', 즉 신라명신은 바로 장
보고를 지칭한다. 제자들이 20여 년에 걸쳐 교토에 적산법화원 명
칭을 연계해 적산선원(赤山禪院)이라는 절을 세웠다.

일본에서는 그의 이름을 보배, 보물을 의미하는 보(寶)로 표기했
다. 정치가이자 외교관이었고, 해군제독에 더해 '해상무역과 장사의
신'에 비견되는 거상으로 인식했다는 의미다. 거기서 머리를 조아리
며 사업에 운수대통을 기원하는 발걸음들이 줄을 잇는다고 한다.

'신용과 의리'로, 무려 천 2백년 전에 그는 이미 한·중·일 3국의 무역질서를 확립했다. 통상강국의 면모를 다졌으며 도전정신과 시대를 앞선 안목으로 해신(海神)으로 추앙받은 인물이었다.

그는 과거와 현재 그리고 미래까지를 내다보고, 상황에 따라 우군이었다가 적으로도 변신을 밥 먹듯이 했던 중국과 일본까지 함께 품은 '글로벌 리더'였다.

- '한일관계, 장보고를 떠올린다'에서

5. 바다, 그리고 낭만에 대하여

힘든 선상생활을 견디게 해 준 음식들, 휴식과 오락, 빨래 같은 일상에 애로사항 해결방법을 가미하고, 병 속에 든 편지 같은 것들, 그리고 친구 해양시인의 글을 빌려, 애써 낭만이라 이름 붙일 수 있는 일상을 그려 본 장이다. 바다에서 사용했던 건배사 모음 같은 것들도 곁들였다.

바다를 사랑했고 뱃놈이 되었다. 하지만 힘들고 지칠 때는 '물빵'에 갇혔다는 자조 섞인 농담을 한 적도 있음을 고백해야 한다. 사랑만 뜯어먹고 살 수는 없고, 밥벌이가 개입되면 세상 어디나 피곤하기는 마찬가지 아니던가.

사랑이나 증오같이 감정을 측량하는 기준은 민주주의 원칙인 과반수에 근거한다. 51대49, 마음에 들지 않아 섭섭할 때 보다 끌리는 구석이 조금이라도 더 많다면 사랑이라 이름 붙여도 된다는 말이다. 사랑했던 바다지만 그곳에서의 생활은 솔직히 고단했다.

하물며 '사랑의 감옥'이란 말도 있던데, 그 고통스럽고도 황홀하던 '물빵'에서 시도해봤던 '슬기로운 생활'에 대한 이야기다.

- '슬기로운 감빵생활'에서

아프거나 다쳐도 당장 찾아갈 병원도 없을 것이니 사관들 중 한 사람이 형식적인 의무교육을 받고 배에 올랐던 시절이었다. 희망자가 있다면 젊은 선원들의 포경수술은 훌륭한 실습과정이었고, 심한 경우 치질수술까지 눈 딱 감고 과감히 해내야 했다.

그때 그곳에서는 번득이는 잔머리 아이디어들이 끝없이 샘솟아났다. 고립된 공간에서, 무인도에 표류해 피곤한 인생 알아서 살아가야 했던 '로빈슨 크루소'처럼, 궁하니까 통하더라는 뭐 '생활의 발견'쯤 되는 에피소드들이다.

딴 나라 선원들이 죽어도 못 타겠다는 똥배나 고철중고선들도, 한국 선원들이 올라갔다 하면 외판부터 내부까지 며칠도 안가 새 배로 환골탈태했다. 시절이 그러했다. '까라면 까', 돌이켜보면 인권 차원에서 아쉬운 점도 없지 않았지만, 울어봤자 젖 줄 사람도 없어 이런저런 불편은 몸으로 때워야 했던 시절의 이야기다.

부족할 것 없는(?) 좋은 환경과 설비에도 바다와 배를 꺼린다는 세태에 그냥 한 번 들어나 보라고 주절거린 기억들이다.

- '슬기로운 감빵생활'에서

대왕오징어   이빨고기(메로) 가공작업
출처: 필자 촬영

이런 말들이 있다. '지나간 모든 것들은 추억이 된다'라거나 '모두가 추억을 먹고 산다' 같은 말들. 반은 맞고 반은 틀렸다.

추억하고 싶은 것만이 추억이 되고, 고통의 기억은 평생 트라우마로 남는다. 그때 그 젊은 날의 바다에서 '낭만'은 사치였던가. '고통스럽고도 황홀하던' 바다에서의 젊은 날, 그 비린내 나고 지질했던 낭만들은 달콤했던가.

– '바다, 그리고 낭만에 대하여'에서

6. 화양연화(花樣年華)

몸서리칠 만큼 징글징글했는데도 슬그머니 세월이 개입해 고통을 환희로 탈바꿈시키며, 그것들이 추억이라는 당의정으로 둔갑되는 희한한 경험. 그 바다에 대한 향수들을 모아 정리해 본 장이다.

기억은 우리 몸속에 숨어있다. 손 안에 쥔 모래같이 서걱대며 흘려버린 기억이 있고, 눈만 감으면 떠오르는 향수(鄕愁)를 동반한 그리움들도 있다. 시소 맞은편에 젊었던 자신을 앉혀놓고 물끄러미 건네다 보는 기분. 광주의 피비린내와 민주화 학생운동, 언제나 우리를 서늘하게 짓누르던 불안과 알 수 없는 죄의식, 가난과 지질했던 첫사랑을 바다에 묻었다는 사실이 먼저였다. 파도, 침몰, 실종, 나포, 이별, 이런 아픈 기억만도 아니다. 만선의 기쁨, 술, 여자, 돈, 귀항까지 줄줄이 사탕이다.

딴 건 몰라도 이것 하나만은 알겠다. 바다, 그곳에 젊은 날을 불타오르게 하던 그 '무엇'을 두고 온 것을.

'말에서 내리지 않는 무사(武士)', 징기스칸의 파란만장한 일대기를 그린 대하 웹툰 제목이다. 우리도 '바다에서 내릴 수 없는 무사'들에 다름 아니다. 그곳에서의 고통스럽고도 황홀한 기억들, 절망과 희열이 뫼비우스 띠처럼 돌고 돌던 그 매혹적인 화양연화(花樣年華).
우리는 그 추억들을 먹고 산다.

- '화양연화'에서

그 끝이 너무도 아득하여 번번이 목적지가 바뀌었던 바다에서처
럼, 어느 곳에서든지 언제든지 떠날 준비를 하고 살았다. 살기 위해
일을 하고 사람들을 만나고 버티면서, 일과 사람들과 그 버틴 것들
을 잊으면서 나이 들어갔다.

더 블루. 푸른색에 약했으므로 어쩌다 다시 바다를 마주하게 되
면, 그곳에서 터무니없이 잔뜩 쌓인 은밀한 기억의 편린들이 떠오
르고는 했다. 처음과 끝도 분명치 않아, 그 가닥들이 뒤죽박죽으로
엉킨 기억들은 두렵고 비밀스러웠으며, 줄거리는 잊히거나 사라져
버리고 그저 선연하게 우울한 느낌만 생생하게 남은, 흑백영화 색
조의 한바탕 꿈들 같았다.

- '화양연화'에서

7. 바다를 바라보는 자세에 대한 세 가지 당부, 그리고 맺음말

'2018 귀어귀촌 박람회 강의'에서 요약한 내용이다.

먼저 세월호를 예로 들어 반드시 지켜야 할 '안전'에 관한 당부
다. 바다뿐만 아니라 어느 장소, 어느 영역에서라도 천 번, 만 번
강조해도 지나치지 않는 기본 중에 기본인 명제다.

둘째는 '환경오염' 문제다. "신은 언제나 용서하고, 인간은 때때
로 용서하지만, 대자연은 용서하지 않는다." 해안과 어촌을 찾는 관
광객들이 몰리고, 유입되는 인구증가로 넘치는 쓰레기며 오염문제
가 대두된다. 인성에만 호소하는 데 한계가 있다면, 제도적인 규제
도 필요하지 않겠냐는 의견이다.

세 번째는 젠트리피케이션(Gentrification) 개념. 말이 좋아 발전이고 결국은 거대자본에 내몰리게 되는 주객전도의 씁쓸한 부정적인 현상을 언급했다.

"우리에게 바다를 영구히 물려주신 선조와, 한시적으로 잠시 빌려준 후손들에게, 최소한 우리 연안과 어촌만이라도 안전하고 깨끗하게, 무차별적인 개발논리에 휘둘리지 않게 보존하자"는 당부였다.

강의에서는 마무리 맺음말로, 육당 최남선 선생이 남기신 "우리 민족의 비극은 삼면이 바다로 열린 반도인(半島人)으로 태어났으나 내륙인 행세를 해온 데 있다"와 연계해서, "바다는 상어들(경쟁자)에게 물어뜯기는 핏빛 레드오션(Red Ocean)이 아니라, 젊은이들이 꿈을 펼칠 수 있는 미지의, 말 그대로 블루오션(Blue Ocean)이다"라는 글귀를 강조했다.

끝으로, 책에서 썼던 마지막 장 단락을 인용했다.

석학 '엘빈 토플러'가 설파했다. 미래 4대 가치산업으로 정보통신, 생명공학과 우주산업에 더하여 해양개발 분야가 될 것이라고.

바다를 보자. 우리 수출입 물동량의 99%이상(물량기준)이 바다를 통해 이루어지고, 항만, 해운물류산업과 조선업, 그리고 원양어업은 이미 세계 수준의 능력을 가지고 있다. 피와 땀이 스민, 가치 있는 해양경험과 지혜를 전수해 줄 선배들은 이 땅에 차고 넘친다.

정책수립에 앞서 젊은 청년들의 바다에 대한 인식을 사랑과 긍정으로 전환하고, 여전히 미지의 영역으로 존재하는 바다에 희망찬 도전정신을 그려 넣어야 한다. 미래 산업은 젊은 청년들이 선호하는 산업이어야 한다. 역사상 대부분 전투에서 젊은 장수들이 승리했다. 젊은이가 선택하지 않으면 미래는 없다. 부족한 내 글이, 모쪼록 젊은 친구들이 바다에 다가서는 데 조금이나마 보탬이 되었다면 감읍(感泣)할 일이다.

범선 코리아나호 항해 이야기

궁인창(생활문화아카데미 대표)

1. 머리말

대한민국은 삼면이 바다로 열려 있다. 필자는 1970년대에 울릉도를 네 번 방문했는데 두 번은 어선을 타고 독도를 가려다 가을 태풍으로 모진 고생을 하였다.

2013년 대한요트협회가 주최한 코리아컵국제요트대회 공연진으로 초대되어 범선 코리아나호를 처음 만났다. 새벽 5시경 어둠 속에서 독도를 처음 보았는데 바다 위에 괴상한 물체가 숨어 있는 것처럼 보여 무서움을 느꼈다. 460만 년 전에 형성된 독도는 여명이 걷히고 밝은 햇살 속에 보니 놀랄 정도로 신비롭고 웅장하고 거대했다. 거대한 산이 바다 속에서 올라와 우뚝 서 있고 괭이갈매기가 반갑다고 계속 끼룩끼룩 소리를 내어 필자는 독도에 100번 오겠다고 응답했다. 어렵게 독도에 상륙하고 대한민국예술연협회 팀은 세 시간을 기다리면서 창작한 연(鳶)을 날렸다.

이후 황홀했던 광경을 보고 싶어 코리아나호로 독도를 아홉 번 방문했다.

범선 코리아나호는 여수 소호요트마리나를 모항으로 두고 있는데 길이 41m, 국제톤수 135톤, 승선인원 72명이다. 코리아나호는 여수에서 출항하여 나가사키 범선축제, 러시아 블라디보스토크 SCF

항해, 이순신컵 국제요트대회, 이사부 항해탐사 등 국내외 행사에 많이 참여했다. 범선 항해에서 어떤 때는 악천후에 24시간 수동으로 항해하고, 어장 그물에 걸려 어선의 도움을 받기도 하고, 간조 때 남해안 연안을 출항하다가 배가 모래톱에 얹혔다가 3시간 후 밀물 때 배가 똑바로 선 적이 있었다. 이때는 해경의 도움을 받았다.

필자는 바다에서 표류하는 그물과 해상에서 만나는 어선들, 안개 등 수많은 악조건 속에서도 범선 항해가 즐거워 코리아나호로부터 출항한다는 연락이 오면 망설이지 않고 여수로 내려간다. 특히 필자는 대중들에게 동해와 독도의 중요성을 더 많이 알리기 위해 서울지하철 2호선 종합운동장역에 독도 사진 60점을 전시하고 있으며, 코리아나 호에 승선하면서 바다를 배우고 있다.

2. 범선 항해 이야기

이집트 태양의 배

필자는 2003년 가을에 인천 새얼문화재단이 주최한 이집트 문화탐방에 참가하여 이집트전역을 9박 10일 동안 여행하였다. 이집트에서는 한국에서 VIP가 온다고 여행사 대표가 이집트박물관(Egyptian Museum) 관장님을 특별히 모셔왔다. 박물관 관장님은 이집트를 찾아주셔서 고맙다고 말씀하시며 이집트 역사에 대한 설명과 아랍속담을 들려주었다. "사람들은 시간을 두려워하고, 시간은 스핑크스를 두려워한다." 이는 '피라미드는 영원하다'는 뜻이라고 알려주었다.

카이로 일정에 피라미드 내부 관람이 없어 질문을 드리니 "쿠푸왕 대피라미드 내부가 좁아서 안으로 들어가는 인원이 엄격하게 제한되어 있다. 룩소르, 아부심벨 대신전을 방문하고 다시 카이로에 도착하면 입장표를 준비하겠다"고 약속하였다.

여행자들은 아침 7시에 입장하는 표를 구하기 위해 새벽부터 피라미드 앞에서 줄을 서서 당일 배정된 입장권을 구해 오후에 피라미드 속으로 들어갔다.

이집트 카이로 기자 지구에 있는 쿠푸왕(Pharaoh Khufu, 재위기간: B.C.E. 2589~B.C.E. 2566) 피라미드를 구경하고 지하에 있는 태양배 전시관을 구경했다. 1954년 5월 쿠푸왕 피라미드의 남쪽 모래를 걷어내던 고고학 발굴 팀이 땅속에서 거대한 돌과 조각난 배 조각들을 발견했다. 석회암으로 뚜껑을 덮은 길이 31m, 깊이 3.5m의 깊은 구덩이에는 큰 배가 여러 조각으로 나누어져 있었다. 과학자들은 퍼즐을 맞추듯이 10년에 걸쳐 조립 연결해 마침내 길이가 42m, 폭 5.9m, 무게가 무려 20t에 달하는 거대한 파라오 목선을 복원시켰다. 배에는 쿠푸왕의 후계자인 제데프라(Djedefra)의 이름이 새겨져 있어 제데프라왕이 아버지 쿠푸왕을 위해 매장한 것으로 배 연구자들은 추정했다.

이 배는 4,600년 전, 고왕국 제4왕조의 2대 파라오인 쿠푸왕이 생전에 타던 배를 사후세계에서도 피라미드 하늘에 있는 은하수를 보며 항해하라고 넣어준 것이다. 이집트에서는 파라오가 죽으면 태양신 라(Ré)에게 융합이 되고, 파라오의 혼은 배를 타고 하늘을 항해하는 것으로 굳게 믿었다.

필자는 동국대 인도철학과에서 은사 원의범 교수님에게 인도신화를 배웠는데 "신화는 허구가 아닌 사실이다"는 말씀이 지금도 생생하다. 이집트신화에서는 태양의 배는 주간용 배인 '마아네제트'와 야간용 배 '메세케테트'의 두 종류로 구분한다. 마아네제트는 해가 뜨는 동쪽에서 서쪽으로 항해하고 메세케테트는 서쪽에서 동쪽으로 향한다. 과학자들은 이 신화를 바탕으로 쿠푸왕 대피라미드 주변을 오랜 시간 조사하여 1954년에 배를 발견하였다. 이후 30년의 조사 끝에 1987년 2월에 일본 와세다 대학 발굴조사팀이 제2의 메세케테트 태양의 배를 찾아냈다.

1987년 10월 미국 학술조사팀은 일본팀이 조사한 곳에 내시경 카메라로 조사하였다. 1992년에 와세다 대학 조사팀이 내부 정밀촬영과 배의 파편 조각 채취에 성공하여 이 배가 레바논삼나무로 건조된 것을 확인했다. 홍해에서는 고왕국 시대의 선착장 유적이 발견되었다. 제2 태양의 배는 보존상태가 좋지 않아 발굴을 포기했지만 이후 기술과학 발전으로 10년 후인 2012년에 첨단장비로 발굴하고 보존 작업이 진행 중에 있다. 이 배도 이집트대박물관(Great Egyptian Museum)에 전시될 예정이다. 이집트는 국토 전체가 박물관이라고 말해도 틀린 말이 아니다.

이집트 정부는 국립박물관이 좁고 더워서 외국 관광객들이 불편해 하는 것을 해소하려고 노력했다. 무바라크 대통령은 오래 전부터 하루 2만 명이 입장할 수 있는 이집트대박물관을 구상하고 국제 현상설계를 공모한 적이 있었다.

2003년에 열린 이집트대박물관 국제현상설계 공모전에 82개국 1,557개 팀이 참가하여 독일 건축회사인 헤네흐한 펭 아키텍츠(Heneghan Peng Architects)가 1등으로 선정되었다. 이집트 정부는 이집트대박물관을 2006년에 착공해 총공사비 10억 달러의 건설비용을 차관과 기부금으로 조달하여 준공했다.

이집트박물관 고대유물부는 2016년부터 소장 유물을 이집트대박물관으로 이전하기 시작하여 2019년까지 46,000여 점을 이관하였고 추가로 5만 점을 더 옮겨 전시한다. 20만 점의 문화재를 보유한 이집트대박물관은 코로나19가 완전히 종식되는 2023년에 개관을 준비하고 있다.

이집트대박물관은 기자 피라미드에서 2km 떨어진 지역에 면적이 50만㎡, 축구장 60개 규모로 건축되었다. 피라미드 쿠푸왕 태양의 배는 2년 작업 끝에 지상에 올려져 2021년 8월 벨기에에서 공수해온 특수진동차량을 타고 2km를 48시간 걸려 이동하여 새로 신

쿠푸왕의 배   이집트 대피라미드
출처: 필자 촬영. 이하 같음

축한 이집트대박물관에 전시되었다. 이 놀라운 장면은 전 세계에 실시간으로 중계되었다.

불교에서는 대웅전을 반야용선(般若龍船)이라고 한다. 대웅전이 사람들을 극락세계로 인도하는 거대한 배라는 뜻이다. 중생이 생사의 윤회를 벗어나 정각(正覺)에 이를 수 있게 하는 반야 배를 타고 생사고해를 건너 피안(彼岸)의 정토에 이르기 위해 타고 가는 배에 비유한 것이다.

필자는 이집트 대피라미드에서 쿠푸왕의 석관을 만져보았고 파라오의 태양의 배를 만난 이후 생각을 바꾸어 1,121여 개의 유네스코 세계유산을 하나씩 공부하기 시작하면서 세계유산을 보러 직접 찾아가고 책과 지도를 통하여 매일같이 만난다.

덕수궁과 밍크고래

초등학교 시절에 덕수궁 석조전은 아이들의 놀이터로 학교가 끝나면 친구들과 매일 놀러갔다. 필자는 덕수궁에서 길이 8m의 밍크고래를 처음 보았다. 1966년 10월에 9.28서울수복기념 국제마라톤대회에 참가한 아베베 선수가 달리는 모습을 보고 골인지점인 중앙청까지 같이 달렸다. 린든 존슨 미국 대통령과 에티오피아 하일레 셀라시에 황제 국빈 방한 때는 덕수궁 앞 도로에서 손을 흔들어 환영을 했었다.

덕수궁 석조전은 대한제국 고종황제와 황후가 거처할 궁궐로 건축되었다가 1953년에 국립박물관이 되었다. 2014년에 '석조전 대한제국 역사관'으로 원형 복원돼 일반에 공개되고 있다. 학생들의 미술대회가 열렸고, 겨울에는 작은 연못에서 스케이트도 탔다. 덕수궁은 1897년부터 정궁으로 쓰였던 경운궁(慶運宮)을 1907년 고종의 궁호가 덕수(德壽)로 정해지면서 붙여진 명칭이다. 대한제국 정부가 건립한 석조전은 탁지부 고문이었던 영국인 존 맥닐리 브라운이 발의하고 상하이에서 활약하던 영국인 건축가 존 하딩(John Reginald Harding)이 설계해 1910년 준공됐다. 하딩은 1899년 조선을 방문하여 1893년부터 총세무사였던 브라운에게 목포등대와 목포항 개발을 자문하고 등대 42개소를 선정하고 등대 29개 건설에 적극 관여하였다.

고종황제는 영국인 브라운과 광산왕 이용익(李容翊, 1854. 1. 6~1907. 2)을 신임하고 국가재정을 맡겼다. 이용익은 1905년 5월 보성학교 설립자로 황실의 금괴 주조 사업을 주관하며 황실재정을 확충하고 독립을 유지하기 위한 외교활동을 벌였다. 또한 조선 근대화 정책을 추진하였고 일본 제국의 침략에 저항했다. 그리고 고종황제의 밀령을 받아 황실 해외재산을 관리하고 활동하다가 1907년 러시아 블라디보스토크에서 생을 마감한 인물이다. 정부는 1963년 8월 국민훈장 모란장을 추서하였다. 손주 이종호(李鍾浩, 1885~1932)도 독립투쟁하다 연해주로 망명했다.

중국의 문헌에는 우리나라 동해를 고래가 많다는 의미에서 경해(鯨海)라고 표기한다. 1995년 국보로 지정된 울산 반구대의 암각화에는 신석기시대로부터 3,500년 전인 청동기시대에 그려진 46점의 고래 그림과 6척의 배, 고래를 사냥하는 모습이 있다. 반구대 암각화에 보이는 고래로는 북방긴수염고래, 귀신고래, 혹등고래, 범고래, 참돌고래, 낫돌고래 등 6종류이다. '한국계 귀신고래'는 동해 동해안과 일본의 연안 바위틈을 따라 귀신처럼 돌아다닌다고 해서 귀신고래란 이름이 붙여졌다.

한국계 귀신고래는 여름철 오오츠크해의 사할린 연안에서 먹이를 섭취하고 수면이 점차 얼기 시작하면 동해의 수심 50m 이하의 얕은 바다를 따라 천천히 이동하여 울산 연안을 통과하여 매년 2월~3월에는 남해안의 거제도, 서해의 흑산도, 어청도, 영광 칠산 앞 바다에서 새끼를 낳고 키우다가 이듬해 4~5월에는 동해를 거슬러 올라가 러시아 타타르해협으로 올라간다. 특히 흑산도 근해는 수심 100m 안팎으로 겨울철에도 평균 수온이 섭씨 7도~8도로 먹이가 풍부해 귀신고래가 새끼들을 키우기에 좋은 조건이다. 귀신고래는 다른 고래보다 유영속도가 매우 느려 포획하기가 아주 쉽다.

한국 포경사 연구에 평생 동안 많은 업적을 남겼던 박구병(朴九秉) 교수는 미국 포경선들의 항해일지를 관심을 두고 연구하여 1987년 펴낸 『한반도 연해 포경사』는 한국의 고래역사를 집대성한 최초의 고래 전문서적으로 평가를 받는다.

미국에서는 인디언들이 일찍부터 고래를 잡기 시작했고, 유럽에서는 17세기부터 뉴잉글랜드 지방을 중심으로 한 연안포경업으로 시작되어, 점차 원양 포경업으로 발전했다. 유럽의 원양포경선은 양질의 기름을 얻을 수 있는 향유고래를 주로 잡았다. 그들은 1791년 태평양에 진출하고, 1820년에는 태평양을 횡단하여 일본 근해까지 진출했다. 미국 포경선 일라이저 애덤즈호의 선원들은 1848년 4월 23일 보트를 타고 울릉도에 상륙했다. 미국 포경선은 1849년에 이르러 동해에 더 많이 찾아왔다고 당시에 그들이 기록한 항해일지를 통해 배 이름이 확인되는 것만 130척이다.

이집트 카이로 남서쪽 60km에 있는 와디 알 히탄(Wadi Al-Hitan) 고래계곡 화석은 4,000만 년 전 고래가 육상동물로부터 진화한 모습과 생활을 생생하게 보여주고 있다. 와디 알 히탄 유적은 2005년에 유네스코 세계유산으로 등재되었다.

최근 원시비경이 그대로 살아있는 울릉도와 독도 항로탐사를 다녀오면서 대형고래와 돌고래 5,000여 마리를 보았다. 국립수산과학원 고래연구센터 손호선 고래박사는 고래를 설명할 때 "90 vs 36 vs 10 vs 5"로 표시한다. 90은 전 세계의 고래종류이고, 36은 한반도 출현한 고래종 기록이며, 10은 우리나라 연안에서 2~3년에 한 번씩 보이는 고래이고, 5는 매일 보이는 고래라고 설명한다.

요코하마 닛폰마루(日本丸)와의 만남

1968년 필자는 중학교 겨울방학 때 부산의 외숙모집에 놀러갔다가 항구에 있는 많은 배들을 보고 호기심에 며칠 후 집에 연락하지 않고 무작정 큰 배를 타고 제주도 서귀포로 건너가 친척집에 머물면서 겨울방학을 보냈다. 제주 서귀포 바다는 정말 아름다웠다. 아침 눈을 뜨면 포인터와 진돗개를 데리고 오름에 올라 바다를 내려다보았다. 이후 동백꽃의 아름다움과 제주민의 4.3사건의 슬픔을 알게 되었다. 대학생 때는 후배들을 이끌고 울릉도를 찾았다. 울릉도 산길을 걸어서 3박 4일 동안 섬을 일주하면서 태하령 원시림을 힘들게 넘었다. 1978년 10월에 울릉도를 방문해서는 뱃길이 끊겨 저동항 부두에서 오징어 내장을 드럼통에 담는 일을 하며 15일간 머물기도 한 기억이 바로 어제 일 같다.

1990년 일본 도쿄를 2주간 방문하여 일을 다 마친 후 산케이엔(三溪園)을 보려고 지하철로 요코하마에 갔다. 항구에 떠있는 거대한 범선을 무심하게 바라보았다.

요코하마의 실업가 하라 산케이(1868~1939)가 전통가옥들이 사라지는 것을 안타깝게 생각하고 항구 주변의 드넓은 저습지를 매입해 교토와 가마쿠라의 문화재건물 17동을 이전했다. 산케이는 고미술 수집, 다도, 예술가 지원, 사회공헌 등 다양한 분야에서 활약하였다. 이후 산케이엔은 2007년에 일본 국가지정 명승이 되었다.

그는 기후시 야나이즈초 출신으로 와세다 대학에서 수학 후, 아토미 학교에서 교사를 맡은 것이 인연이 되어 요코하마를 대표하는 상인이었던 하라 가문에 데릴사위로 들어가 개인 상점을 회사로 조직하고 실크공장과 금융업으로 막대한 부를 축적하며 경영의 근대화와 국제화를 추진했다. 산케이는 1872년(메이지 5년)에 프랑스의 선진기술을 도입하여 관영 모범 공장으로 도미오카 제사장(製絲場)을 세웠다. 이후 제사공장은 세계 최대 규모로 일본의 기후에 맞춰 개량된 방적기계와 제사장에서 기술을 익힌 여공들이 각지로 기술을 전파하는 데 크게 공헌하였다. 도미오카 제사장은 일본의 근대화 및 실크 산업의 기술혁신 및 기술교류에 큰 공헌을 한 공장으로 평가되어 2014년 6월 21일에 유네스코 세계유산으로 등재되었다.

요코하마 중화거리는 1859년 때 형성되었으며, 중화요리로 점심 식사를 하고 천천히 걸어 요코하마 항구에 있는 닛폰마루(日本丸)를 보러갔다.

닛폰마루는 실습선으로 1930년(쇼와 5년)에 건조되어 11,500명을 선원으로 양성했다. 전장 97m, 무게 2,278t으로 항해 거리는 1,830,000km로 지구를 45.4바퀴 돌았다. 태평양전쟁 때는 해군 함정으로 이용되었다. 1984년 9월 16일에 퇴역한 후 1년에 12번 29매의 모든 돛을 펼친다. 대형 범선을 바라보면서 우리나라에도 저런 멋진 범선이 있으면 얼마나 좋을까 하고 사실 부러운 생각이 들었다. 자원봉사자들이 범선에 돛을 펼치는 날이면 요코하마는 즐거운 잔치집이 된다. '태평양의 백조'란 범선을 보러 세계 관광객이 구름같이 몰려와 호텔방이 없어 아우성이다.

韓樂坊杯(Korea Town Cup) 80시간 서해 횡단 항해

2016년 6월 한중국제요트대회중국(위해~인천 Yellow Sea 航海 280해리)에 참가하려고 아침 9시 인천세관에 들려 출국신고를 한 후 화성항으로 이동하여 요트를 점검했다. 오후 2시경 두 척의 요트가 출항할 때는 바다는 아주 잔잔했다. 오후 7시경 선갑도와 백야도의 해상을 지나면서 파도가 높아지기 시작했다. 공해상에 나오니 파고가 3m~4m로 높아졌다. 어두운 밤바다를 응시하며 파도와 싸우면서 항해했다. 다음 날 아침 졸다가 눈을 뜨니 바다가 고요하다. 파도가 너무 세어서 항해 경력 10년의 선원도 마리스텔라호의 키를 못 잡아 스키퍼인 이태주 님 혼자서 항해를 도맡았다. 정말 놀라운 정신력과 체력에 감동했다.

중국 해역에 들어와 해도를 보아도 감이 안 왔다. 양식장이 얼마나 거대한지 수로를 따라 들어가 5시간을 지나도 끝이 보이지 않는다. 구름 속으로 무언가 보였다. 해가 넘어가면서 육지가 구름 속으로 나타났다가 사라졌다. 중국 운영요원들이 보트를 몰고 나와 환영해주고 계류장까지 안내해주었다. 화성항에서 출항한 요트는 서해를 횡단하여 32시간 만에 오후 6시 30분 중국 웨이하이 경찰특별부두에 접안했다. 세 사람이 부두에 오르자 대기했던 공안이 입국과 세관 수속을 신속하게 해준다. 전신슈트가 바닷물로 인해 춥고 떨리는데 중국 웨이하이tv 아나운서는 우리가 한국에서 왔다고 인터뷰를 요청한다. 이태주 스키퍼는 공손하게 오랜 시간 질문에 답변을 해주었다. 깜깜한 밤에 동산빈관(東山賓館)에 도착하여 저녁을 굶고 그냥 잤다. 첫날은 호텔 외부로 나가지 않고 호텔에서 머물렀다. 도착 2일째 되는 날 컨디션이 돌아왔다. 아침에 산책하러 호텔을 벗어나 발길이 가는대로 계속 걸었다. 달리기하는 사람도, 새벽 청소하는 사람과 출근하는 시민도 있었다. 바닷가로 가기 위해서 골목으로 들어서니 중년부부가 건물 사진을 찍느라 열심이다.

웨이하이 시는 인구가 250만 명으로 중국에서 가장 깨끗하고 살기 좋은 곳이다. 1996년 유엔으로부터 세계적인 모범도시 중 하나로 평가받았고, 1998년에는 최우수 도시로 선정됐다. 그리고 2003년에는 유엔의 인류거주상을 수상하기도 했다.

웨이하이항은 왜구를 방어하는 중요 요새로 웨이하이웨이(威海衛)로 이름이 불렸지만 중화인민공화국에 들어와 웨이하이라고 바뀌었다. 인천에서 약 341㎞ 거리에 위치한다. 해안선 길이가 1,000㎞에 달해 새우, 해삼, 전복, 조개 및 각종 어류 등 3백여 종의 해산물이 생산되고 땅콩과 과일의 주산지다.

멀리서 사안루(四眼樓)가 정말 멋지게 한눈에 들어왔다. 건물은 1904년에 영국 해군과 상관 사람들의 여름 별장으로 지어졌다. 건물을 멀리서 바라보면 지붕에 눈이 4개 있는 것처럼 보인다. 영국은 이 도시를 1898년부터 1930년 10월 1일까지 조차하였다. 사안루는 병원으로도 사용되었고 지금도 건물 보존이 잘 되어 있다.

건물의 만년춘 현판을 쳐다보니 놀랍게도 20세기 중국의 대문학자이며 역사학자, 서예가, 사회활동가인 궈모러(곽말약, 郭沫若) 선생의 글씨였다. 이름의 모뤄(沫若)는 1914년 일본 유학 시절에 사용한 필명으로 모수이(沫水-大渡河)와 뤄수이(若水-靑衣江) 2개 하천의 이름을 따서 만든 것으로 유학 중 고향 땅을 그리워하면서 정했다. 청년시절 구국의 길을 찾아 후쿠오카 규슈제국대학 의학부를 졸업했다. 선생은 중국 민중을 일으켜 세우려는 간절함으로 의학을 포기하고 문학을 선택한다. 의학은 1명의 목숨을 살리지만 글은 많은 사람의 운명을 바꾼다고 생각했다. 귀국하여 마오쩌둥, 저우언라이와 함께 북벌전쟁, 항일전쟁에 참가한다.

호텔에서 머물다 오후에 요트를 점검했다. 우리가 타고 온 요트는 운영요원들이 세관지역으로 이동을 해주었다. 행사장 요트계류장은 임시로 만들었는데 새벽에 파도가 세게 쳐서 중국 요트 몇 척이 파손되어 참가 선수들의 항의 목소리가 높아졌다. 화성항에서 같이 출발했던 요트는 이틀이 지나도 아무런 소식이 없었다.

우리 요트 옆에는 중국 저장성 타이저우에서 600마일을 항해한 중국의 태주호가 있어 선수들과 반갑게 인사하고 선물을 교환했다. 태주호 스키퍼는 1등으로 웨이하이항에 입항했다고 자랑한다. 오후 7시가 다되어 나머지 한국 팀 선수들이 보였다. 그들이 중국에 늦게 입항한 이유는 서해를 반쯤 건너왔는데 스크루에 그물이 걸려 표류하다가 인천해경에 구조되어 소청도까지 5시간을 예인된 후 팀원 2명은 멀미가 심해 항해를 포기하고 소청도에서 하선하였다고 알려주었다. 요트는 소청도에서 그물을 걷어내고 서해를 횡단하여 웨이하이항에 도착했다.

한중국제요트대회가 개최되는 웨이하이항 앞바다에는 청일전쟁의 아픔이 있는 유공도(劉公島)가 있다. 면적은 3.15㎢이고 해발고도는 153.5m이다. 동한 말에 황제의 아들 유민(劉民)이 섬에 표류해 섬사람들이 잘 보살펴 왕자가 돌아가 섬사람들을 위해 널리 선행을 베풀어서 그때부터 섬 이름을 유공도라 부르게 되었다고 한다.

청나라는 서구의 위협에 맞서기 위해 1874년 이홍장의 주장에 따라 해군을 육성하여 서양식 군함을 도입한다. 1888년에 이르러 북양해군을 창설하고 유공도에 해군사령부와 해군사관학교를 세우고 생도를 육성했다. 북양해군은 최신식 독일 군함을 직수입했지만 1894년에 갑오전쟁(청일전쟁)이 발발하여 1895년에 일본 해군에 완패하고 배들을 모두 빼앗기고 일본에 점령된다. 1898년에 이르러 유공도를 포함한 위해시 일대는 영국의 조차지가 되었다. 웨이하이 시내를 돌아다녀보면 영국풍의 건물이 많다. 1930년에 중화민국에 반환되고 1938년에 만주사변으로 일본에 점령되어 1945년까지 일본이 지배했다.

유공도는 1988년에 중국 국무원의 고시로 '갑오전쟁 기념지 국가중점문물보호단위'가 되었다. 갑오전쟁기념관을 만들고 1992년에 애국주의 교육기지가 되었다.

　이튿날 참가 선수들은 성대한 환송식을 받고 중국 웨이하이 보세항구를 출항했다. 25척의 요트들이 영종도 왕산마리나를 향하여 바람을 타고 신나게 질주했다. 필자는 선원이 부족한 스티븐호에 승선했다. 다른 요트들은 태킹하며 바람을 타고 사라졌다. 중국에서 출발할 때는 바람도 잘 불어 평안하게 항해를 하였는데, 스티븐호는 한국 해역에 들어와 오후 2시경 물속 2m 아래에 떠다니는 대형 그물이 요트의 스크루를 휘감았다. 크루 한 명이 물속에 들어가 그물을 제거하려고 했지만 그물이 길고 무거워 1시간 작업하다 포기하고 올라왔다. 물살이 너무 세서 입수하기도 무서웠다. 스키퍼는 만약 우리 요트가 표류하게 되면 중국 대련까지 올라갔다가 충남 보령까지 해류를 따라 흘러 다닐 것이라고 설명했다.

　대회본부에 조난구조를 요청하려고 했지만 위성전화기와 통신장비가 항해 중에 모두 고장이 나 어려움에 처했다. 다행히 핸드폰만 가끔 약하게 신호가 잡혔다. 한 시간 정도 표류하면서 핸드폰을 사용해서 구조요청을 하려고 요트 위를 분주히 돌아다니는데 기적처럼 서울에 있는 지인과 카톡으로 문자 연결이 되어 인천 해경에 전달되었다. 표류하는 동안 해경과 가끔씩 통화가 되었다. 세 시간 동안이나 북한이 보이는 소청도와 연평도 해상에서 표류했다.

　특히 인천 해경은 국제요트대회에 참가 중인 요트들을 계속 주시하면서 해상 경계를 하였다. 다행히 우리 요트를 일찍 발견하고 고속단정을 보내주었다. 중국 어선들이 한국 해역에서 불법조업을 하다가 해경 경비정이 출동하면 그물을 마구 잘라버리고 도주하여 고속경비정의 스크루도 하루에 다섯 번 정도 걸릴 정도로 서해에 떠다니는 그물이 많다고 알려주었다. 경기를 포기하고 시동을 켜 영종도로 향하는데 바다 날씨가 나빠지기 시작했다. 바다에 어둠이

韓樂坊杯, Korea Town Cup: 대회 중 떠다니는 그물에 걸려 인천 해경 구조

내리고 사방에 새우잡이 그물이 많이 보였다. 세 시간을 다시 항해
했다.

대회본부에서 긴급 안개주의보 발령 문자가 왔다. 무조건 안전하
게 대피하라는 지시였다. 우리 요트와 선수들은 자정부터 이튿날
아침 7시까지 7시간을 부표에 매달려 생존했다. 바다 안개가 너무
심해 옆에 있는 사람도 전혀 보이지 않았다. 아침이 밝아오고 날씨
가 점차 좋아져 오후 4시경에 인천 왕산마리나에 입항했다.

왕산마리나는 2014년 인천아시안게임 요트대회가 개최된 경기장
으로 필자가 SNS담당관으로 21일 동안 상주하면서 선수들의 경기
를 핸드폰으로 기록했던 경기장이기도 했다.

서해에서 표류까지 당하고 무서운 그물에 걸리고 안개 속에 벌
벌 떨었지만 항해는 정말 좋았다. 항해를 권유했던 선배는 위험한
항해에서 살아 돌아와 고맙다고 호주에서 한국까지 오는 요트에 꼭
타라고 격려를 해주었다. 한중국제요트대회를 마치고 바다를 항해
한 사람들의 이야기가 궁금해 고대 문헌을 조사하기 시작했다.

나가사키범선축제 참가

범선 코리아나호는 일본 나가사키범선축제에 20년간 빠짐없이
참석하면서 친선국제교류를 다졌다. 나가사키 해운 관계자들은 한
국과 오랜 교류에도 불구하고 역사적 교류를 모른다. 호텔 환영회
에서 코리아나호의 정채호 선장은 조선의 대흥사 불상이 200년 전

부산 앞바다에서 표류하여 나가사키에 여러 달 머물다가 대마도를 거쳐 해남 대흥사로 돌아간 일을 일본어로 설명했다. 행사장에 있던 러시아, 일본 등 250여 명의 해운관계자들은 처음 듣는 이야기라고 계속하여 질문을 하였다.

1811년 2월 야간에 대둔사 사찰 창고를 방문한 완도 가리포 첨사 일행은 사찰의 창고에서 물건을 꺼내다가 불씨를 떨구어 대흥사의 지장전, 팔해당, 용화전, 적조당, 천불전, 대장전, 약사전, 가허루 등 전각이 모두 소실되었다. 초의 선사의 스승인 완호 선사는 1813년에 대흥사 사찰의 중건을 맡게 되어 천불전(千佛殿)을 함께 조성하였다. 선사는 능주 쌍봉사의 풍계 현정에게 천불전에 모실 천불을 의뢰하여 현정 스님은 경주 남산 자락에 있는 기림사에서 정성을 다해 1818년 10월 하순에 천불전 불상 조성을 마쳤다. 기림사에서 불상을 소에 실어 경주 장진포에 도착하고, 완도 상선에 불상을 싣고 출항해 울산 장생포로 가는데 배가 무거워 5일이나 걸렸다.

11월 23일 울산 장생포에서 완도 상선에 불상 232위를, 함경도 홍원 상선에 768위의 불상을 나뉘어 싣고 항해를 하였다. 11월 25일 두 배는 동래로 항해하다가 극심한 기상변화를 만나 완도 상선은 연안을 타고 동래항으로 들어가지만, 홍원호는 3일간 표류를 해 일본 오시마섬(大島)에 표착해 나가사키를 거쳐 해남 대흥사로 돌아갔다. 다산 정약용은 완호 선사에게 일본에 갔다 온 768여구의 불상에 "日" 한자를 표시했으면 좋겠다고 편지를 보내, 완호 선사는 천불전에 모시기 전에 불상 바닥에 일본 도항 기록을 남겼다.

1818년에 일본 화가 우키다 잇케이가 나가사키에서 만난 조선 승려 15명과 표류한 사람 12명을 만난 것을 회상하며 1838년 그림을 그렸다. 그림에는 옥불상을 제단위에 모셔놓고 독경하는 승려와 필담을 나누는 풍계대사와 상좌 인담(印潭), 조선의 뱃사공이 대화하는 모습이 순박하게 그려졌는데 재일사학자가 교토의 고서점에서

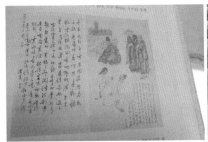

1838년 조선표객도(화가 우키다 잇케이)

대흥사 천불전 불상

우연히 찾아냈다. 동국대 김상현 교수는 풍계 현정 선사가 1821년 편찬한 『일본표해록(日本漂海録)』을 2010년에 처음 번역했다.

임진왜란이 끝나고 조선 후기에만 10,000여 명에 달하는 많은 조선 어민들이 겨울 바다에 대구와 청어를 잡으러 출어하였다가 폭풍과 해류로 일본 대마도, 나가토(長門), 이와미(石見), 고토열도 등 여러 곳에 표류해 어부들은 나가사키 조선관에서 머물다 귀환했다. 일본 표류 연구가 국내 학계에 알려지게 된 것은 1930년대이다.

나가사키범선축제에 참가하여 나가사키 시내에 있는 사찰과 유적지를 방문하고 안내판을 보았는데 대부분 중국, 네덜란드, 미국과의 교류 사실만 적혀 있었다. 이를 본 필자는 해남 대흥사 천불전 불상을 실은 홍원호의 일본 표류와 표류한 어민 송환의 내용을 담은 안내판을 '나가사키항 오하토터미널'과 조선관이 있었던 자리에 건립해서 과거의 한 · 일 선린우호(善隣友好)의 정신을 알리고 싶은 생각이 들었다.

일본 고베(KOBE) 개항 150주년 범선축제

고베 개항 150주년 범선축제(2017. 7.15~17) 해상퍼레이드는 고베항 15km 밖의 해상에서 참가 범선이 모두 돛을 모두 올리고 고베항에 입항한다. 일본 카이오마루(海王丸), 러시아 팔라다호, 대한민국 코리아나호 등 27척이 함께 해상퍼레이드를 하였다.

일본 해양대 학생들의 실습선인 카이오마루는 길이 110m, 총톤수 2,556톤, 128명이 승선한다. 러시아 팔라다호는 길이 108m, 총톤수 2,284톤, 144명의 실습생이 승선한다.

기조 히사모토 고베 시장이 주최한 환송연이 디자인 크리에티브 센터에서 열려 고베 시장은 "고베 개항 150주년 범선축제에 오신 여러분을 환영합니다. 이 자리에 참석한 세 나라가 우정을 나누고 화합하는 자리가 되기를 빕니다"라고 말했다.

코리아나호는 여수에서 고베까지 800㎞를 중간 항구에 기항하지 않은 채 50시간 연속 항해했다. 일본의 세토내해에는 섬도 많고 항해하는 배들이 매우 많아 코리아나호 선장의 친구인 가와사키 선장이 세토내해 수로를 안내하러 범선축제 시작 전에 인천공항으로 입국하여 여수에서 승선하여 세토내해 구간 항해를 담당하고 여수까지 동행한 후 일본 규슈 사세보로 돌아갔다.

가와사키 선장은 세토내해에서 하루 종일 키를 잡고 주변 바다를 바라보았다. 필자는 코리아나호 항해를 통해 한·일 두 나라 선장의 깊은 우정을 느낄 수 있었다.

고베(KOBE) 개항 150주년 범선축제 리셉션 및 해상퍼레이드

제4회 러시아 동방포럼 경축기념 범선 항해

2018년 9월 SCF극동범선대회 무동력 범선 항해 'SCF FAR EAST TALL SHIPS REGATTA 2018 대회'에 참가하여 남해 세존도에서 블라디보스토크항 입구까지 무동력으로 항해를 하고 코리아나호는 종합 준우승 컵을 수상했다. 항해 참가자로 선장 정채호, 기관장 김정득, 항해사 이효웅, 선원 궁인창, 장익희, 박창원, 정선국, 남진국, 러시아 선원 Roshchin Viacheslav, 러시아 사진가 Valery Vasilevskiy, 일본 대학생 Sakurai Natsuko, 부산대 심장전문의 이호석 선생이 승선했다.

제4회 러시아 동방포럼 경축기념 범선 항해

북한어선과 중국어선

블라디보스토크로 항해 중에 무풍상태에 빠져 2일간 표류하면서 대화퇴어장에서 조업하는 많은 북한어선과 중국어선을 만났다. 낮에 북한어선이 가까이 지나가 선상에 모여서 따뜻한 햇볕을 쬐고 있는 북한 선원들과 짧은 대화를 나누기도 했다.

청해진대사 장보고비

2018년 12월에 일본 히에이잔(比叡山) 엔랴쿠지(延曆寺)를 두 번째 방문하여 엔닌 탄생 1,200주년을 기념하여 세워진 장보고비를 참배했다. 히에이잔은 일본 100대 명산이자 일본 불교의 모태산으로 많은 고승을 배출했다. 무장 오다 노부나가는 전국을 통일할 때 엔랴쿠지 승려들과 마찰을 일으켜 사찰세력을 굴복시키려고 산에 불을 질러 2,700명의 승려를 불태워 죽였다. 세계유산에 등재된 일본 천태종 엔랴쿠지에는 제3대 천태좌주(天台坐主)인 자각대사(慈覺大師) 엔닌(円仁, 794~864)이 당나라에 유학갈 때와 돌아올 때 모두 신라 해상왕 청해진 대사인 장보고(張保皐, 張寶高, 弓福, 弓巴)와 많은 신라인의 도움으로 무사히 일본에 귀국하여 유학기간에 있었던 모든 일들을 『입당구법순례행기』에 남겼다. 1934년 김상기 교수가 국내에서 처음 논문을 발표했으며, 1961년부터 1966년까지 주일대사로 있었던 미국 외교관 라이샤워 교수가 엔닌의 일기를 영문으로 번역 소개하였다. 숭실대 김문경 교수는 40년간 장보고대사를 연구했다. 우리나라 삼성 이병철 회장, 동원그룹 김재철 회장, 삼성 이건희 회장 등 많은 기업인들은 장보고 대사를 한상(韓商) 1호로 높게 추앙(推仰)하였다.

한국무역협회는 삼성동 한국종합무역센터 아셈센터 광장에 한국예술종합학교 미술원 전수천 교수가 제작한 '해상왕 장보고 상징배 조형물'을 2000년 5월 31일 바다의 날에 제막하였다.

'엔랴쿠지 청해진대사 장보고비'는 천태종 자각대사 엔닌 탄생

일본 엔랴쿠지 청해진대사 장보고비

1,200주년 기념사업의 일환으로 1990년부터 엔랴쿠지에서 추진되어 재일교포인 장기육 선생을 통해 한국에 청해진대사 장보고비를 건립해달라는 요청을 여러 차례 전달하였다.

11년이 지나서 2000년 10월에 (사)장보고연구회가 장보고비 건립을 재추진하기로 결정해 건립위원회가 구성되었다. 전남 완도군은 특별예산 1억 원을 배정하고, 장보고연구회는 전남 영암군 도갑사에 있는 보물 제1395호 도선국사 수미왕사비를 모델로 선정하고 4.2m 높이의 비를 석공예 명장인 이재휴 선생에게 의뢰 제작하였다.

청해진대사 장보고비는 완도군이 일본 천태종 엔랴쿠지에 기증하여 2002년 1월 13일 장보고 대사와 자각대사 엔닌을 모시는 법요식(法要式)을 마치고 제막되었다.

3. 맺는 말

국가지도자가 되려는 사람은 바다(해양)와 우주를 공부해야 한다. 세계 교역량의 78%, 대한민국 수출입화물의 99.7%가 선박을 통해 세계에 운송되고 있다.

이웃나라 일본은 1876년에 메이지천황이 등대 순시선 '메이지마루'를 타고 도호쿠(東北)지방을 순시한 것을 계기로 1941년에 바다 기념일을 제정하였고, 1995년에 7월 20일 '바다의 날'을 국가공휴일로 정했다.

해양국가인 대한민국은 1994년 11월 유엔 해양법협약이 발효되어 5월 31일을 '바다의 날'로 정했지만 아직 공휴일로 제정되지는 못했다. 이날은 통일신라시대 장보고 대사가 완도 청해진을 설치한 날이다. 이에 필자는 이 글을 통해 장보고 대사가 해상무역 바다를 개척해 중국과 일본을 항해했던 남해 바다 이름을 '장보고해'라고 명명하고, 국민에게 자긍심과 함께 평생교육으로 바다를 가르쳐야 한다고 주장한다.

효정(曉亭) 이순탁(李順鐸, 1897~?)은 1914년 일본에 건너가 어렵게 공부하며 교토제국대학 경제학부를 졸업한다. 1923년 연희전문에 교수로 부임하여 서구 근대경제학을 처음으로 소개하고 도입했다. 연희전문에서는 안식년을 맞이한 이순탁 경제학 교수에게 세계여행을 제안하여 1933년 3월 24일 부산에서 출발하여 10개월 동안 배를 타고 일본, 중국, 미국, 유럽 등 전 세계를 돌아보고 부산으로 귀국하였다.

이순탁 교수는 대영제국의 참혹한 실상과 미국의 경제공황을 세밀하게 관찰하고 기록해 『최근세계일주기』를 1934년에 발간해 조선 사람들이 세계의 흐름에 빨리 눈뜨기를 원했다. 그는 세계 일주를 다녀온 직후 일제에 의해 사상범으로 몰려 2년 3개월 옥고를 치르고 교단에서 추방되었다. 1948년 대한민국 정부 초대 기획처장을 지냈다. 이순탁 탄생 100주년을 맞이하여 후배 교수들에 의해 재조명되고 있다.

세계지도에는 베링해, 마젤란해협, 링컨해, 바렌츠해, 태주먼해, 보버트해, 표토르대제만, 쿡제도, 밴쿠버 섬 등 탐험가, 항해사, 모험가, 해군제독 등의 이름을 활용하여 명명한 것이 많이 있다. 우리나라도 '장보고해'를 세계지도에 등재했으면 좋겠다는 것 또한 필자의 바람이다.

독도와 요트대회

　청소년들이 초등학교 시절부터 해양, 해운, 항만, 보트, 수중탐사, 선박, 수산업, 해양플랜트, 해양바이오, 해양관광, 섬, 탐험가, 수중로봇 등에 관심을 두고 공부할 수 있도록 해양도서관을 인구밀도가 높은 지역에 건립하고, 선진해양강국으로 발전하는 데 적극 참여할 수 있도록 '초등해양교육제도' 신설을 제안한다.

베트남, 인도와 협상하기

김형준(한국ESG학회 감사)

1. 책을 쓰게 된 배경

미·중경쟁이 심화되는 가운데 세계의 많은 유수기업들이 탈중국 러시를 이루고 있다. 경제적으로 중국 의존도가 높은 우리나라의 경우 포스트 차이나 시대에 새로운 파트너로 베트남, 인도에 진출해야 할 필요성이 커지고 있다.

특히 해양산업 분야에서는 이 두 나라의 성장잠재력이 매우 크므로 우리나라 해양산업에 몸을 담고 있는 분들에게는 좋은 기회이며 심층 연구해 볼 필요가 있다. 해양산업은 조선에서 물류에 이르기까지 연관효과가 크므로 이들 나라에 해양 관련 기업들이 진출할 경우 다양한 분야에서 비즈니스 기회를 확장해 나갈 수 있다.

이와 관련하여 우리는 이 두 나라가 지역, 종족, 언어, 종교, 신분 차이 등 다양한 문화로 구성되어 있음을 주목해야 한다. 우리 기업이 그들과 함께 일을 추진하려면 다양한 방식으로 협상을 하고 신뢰를 쌓고 협력관계를 맺어야 하는데 이들의 사고방식이 우리와 크게 다르므로 그들이 어떠한 사고방식을 갖고 있는지 파악하고 대응해야 한다.

필자가 느끼는 바로는 글로벌 비즈니스에 있어서 우리가 단일민족, 단일언어, 동일 문화권에 속해 있다는 것이 장애요인으로 작용할 수 있다는 것이다. 우리 기준으로 판단해 외국 협상 상대방이 우리와 별반 다르지 않을 것이라 생각하기 때문이다.

우리가 인도사람을 만날 경우를 가정해 보자. 인도인이라면 당연히 힌두교인이라 생각하고 힌두교에 대해 공부한 다음 그들을 만났을 때 우리가 힌두교에 대해 먼저 이야기를 꺼냈다가 상대방이 다른 종교일 경우에 낭패를 보게 된다. 따라서 그들의 역사, 종교, 언어 등 문화에 대해 상당 부분 지면을 할애하였고 우리나라와 역사적인 교류 관계와 협상사례를 중심으로 다양한 협상전략을 소개하고 있다.

2. 내용 구성 및 독자 반응

책의 내용은 다음과 같이 6장 및 부록으로 구성하였다.

- 인도와 베트남 바로 알기: 역사, 문화, 언어, 종교, 인종, 정치 제도 등
- 히스토리텔링: 우리나라와의 역사적 인연 등 좋은 관계 부각
- 비즈니스 문화 및 협상 전략: 두 나라의 비즈니스 문화 특성을 고려한 협상전략 및 우리 기업인의 실제 경험담 소개
- 스마트 협상: 효과적인 협상을 위해 필요한 내용 소개(프로토콜, 현지 언어 이해 및 활용, 시간 지키기, 커뮤니케이션, 접대방식, 음식 및 음주, 인사, 몸짓 언어, 선물, 지위, 호칭, 복장 등)
- 금기사항: 문화 차이에 따라 해서는 안 될 말과 행동 등
- 협상사례: 한국 및 해외기업의 성공 및 실패사례를 소개하고 협상이론 관점에서 분석 및 대응방안 제시
- 부록: 반드시 숙지해야 할 사안을 별도로 취급(예: 인도 2대 신화 마하바라타, 라마야나, 인도 축제, 인도식 영어 등)

3. 베트남, 인도의 성장잠재력

베트남은 동남아시아의 교두보, 인도는 서남아시아, 중동, 유럽, 아프리카의 교두보이다. 베트남은 공산주의국가라 하지만 호치민의 독립운동의 일환으로 사회주의 체제를 채택했다는 점에서 중국과 배경이 다르다. 인도는 주변국 인구 포함, 27억 명의 소비시장을 지니고 있고 젊은층 구성비가 높으며 성장잠재력이 매우 크다.

인도는 모디정부의 개혁 개방정책으로 제조업 강국인 한국을 모델로 삼고 있어 양국 교류가 더욱 증대될 것으로 예상된다. 인도는 중국을 추월할 수 있는 국가로 주목 받고 있는데 주요 요인은 인도의 민주주의와 법치주의, 영어구사력, IT기술 고급인력, 젊은 층 비중이 높은 인구 구성, 문화의 다양성 등이다.

해외만평에서 인도의 성장잠재력을 날개 단 코끼리로 묘사하고 있다.

4. 베트남, 인도와 한국의 유사점 및 차이점

닮은 점

두 나라는 우리나라와 의외로 닮은 점이 많다. 베트남은 유교문화권, 서구 열강의 식민지배, 중국과 사이가 좋지 않음 등이 우리와 닮았다. 인도는 혈연 및 지연사회(가족 중심), 남아선호사상, 높은 교육열, 신분제도(태어나면서부터 결정되는 양반제, 카스트제), 언어 구조, 외세로부터의 식민지배 경험, 방어 전쟁, 높은 반중국 정서 등이다.

특히 인도 남부 타밀지방(첸나이가 타밀나두 주 수도, 현대자동차 진출)의 언어와 풍습에는 놀라울 정도로 비슷한 것이 많다. 예를 들어 타밀어로 "엄마 잉게 와봐"는 "엄마, 이리 와봐"이다. 엄마, 아빠, 언니, 나, 니(너), 싸우다, 궁디(엉덩이), 풀(grass), 아파(painful), 도리도리, 깍꿍, 곤지곤지 등은 발음까지 같고 음식 중에 막걸리, 떡, 김치(재료만 다름) 등이 같고 윷놀이, 공기놀이도 있다.

차이점

베트남사람이 우리와 크게 다른 점은 감정이 상해도 좀처럼 내색을 하지 않다가 선을 넘으면 폭발하며 심지어 목숨까지 걸고 싸운다는 것이다. 따라서 베트남사람과 다툴 생각은 아예 하지 말아야 한다. 이성을 잃으면 극단적으로 갈 수도 있다.

한국인과 인도인의 차이점은 유교와 힌두교 간 차이점으로 보면 쉽게 이해된다. 즉 인도문화는 우리의 유교문화에서 표출되는 모습과 다르다. 유교는 정치 이념과 사회 윤리, 도덕의 배경이 되고 있지만 힌두교는 생활 속에서 발전, 정립되어 왔으며 지금도 진화 중이다.

한국인은 체면, 겉치레 등 명분에 집착하는 성향이 강한 반면, 인도인은 실리를 추구하는 경향이 강하다. 한국인은 자존심, 고집이 센 편이나 인도인은 상황이 바뀌면 방금 했던 말과 다른 말을 천연덕스럽게 구사하는 모습을 볼 수 있다.

흔히 "인도인들은 다양성 속에서 통일성을 추구하며, 대립되는 내용을 조화시킨다"라는 말은 이들이 실리를 추구한다는 것과 같은 맥락이다. 힌두교에서는 상층 브라만이라도 돈 많은 하층계급에게

친절하라고 가르친다.

산업사회 이후 전통적인 카스트제는 점차 변화하고 있다. 부유한 바이샤(상인계급)는 가난한 상층계급 하인을 고용하며, 직장에서는 상층계급의 부하직원이 하층계급 출신의 직장 상사에게 업무 보고를 하고 존칭을 쓴다. 그러나 업무 시간 외에는 서로 개인적인 긴밀한 관계를 갖지는 않는다.

5. 인도인의 특성과 관심사

인도인의 특성

인도인은 사생활을 중시하며 개인, 가족, 친지 등의 일을 우선적으로 챙긴다. 우리보다 훨씬 집단주의적인 성향이 강하다. 이기적이며 물질, 금전에 집착하며 자신의 실력을 과대 포장하고 권한을 확실하게 행사하는 편이다. 그러면서도 권력, 권위, 위계질서에 순응하므로 인도인과 협상 시 실무자와의 약속은 물론 윗선과 연계되어야 실질적으로 일이 진척될 수 있다.

인도인의 특이한 점은 No problem 문화로서 좀처럼 부정적인 표현을 하지 않는다. 상대방에게 부정적인 표현을 하는 것은 예의에 어긋난다고 여긴다. '찰타하이', '찰레가'란 말을 입에 달고 다닌다. 이는 '충분하다, 괜찮다, 문제없다'라는 의미로 "문제는 알지만 주가드(임시 방책)로 해결할 테니 걱정하지 말라"는 메시지가 깔려 있다.

자신의 잘못에 대해 인정하지 않고 끝까지 핑계를 대며, 미안해하지 않고, 좀처럼 화를 내지 않는다. 화를 내는 것은 미성숙하거나 인격이 부족하다고 느낀다. 흔히 "인도인들은 거짓말도 서슴치 않는다"라는 말을 듣는데 이는 우리와 사고방식이 다르기 때문이다. 이들은 여건이 바뀌면 입장을 바꾸는 것이 당연하다고 여긴다. 즉 자신의 다르마(현세의 의무)로 여기며, 오늘의 진실이 내일은 아닐 수 있다는 상대주의적 가치관이다. 지금의 상황이 나중에는 진실이 아닐 수 있으며 나중에 참이 될 수 있다는 것이다.

우리가 인도인과 협상할 때 인도인들이 합의 내용을 번복할 경우 우리가 항의하면 그들은 논리적인 설명 대신 생각이 바뀌었다고 답변할 것이다. 인도인들 간에도 이러한 경우 서로 문제를 일으키지 않고 재협상에 나서는 경우가 일반적이다. 인도인은 인종, 언어, 종교 등 다름에 익숙하므로 다양한 해결책과 갈등 조정에 탁월함을 보이며 현실적이고, 실리적인 면을 추구한다.

인도인의 시간에 대한 관념은 우리와 차이가 있으므로 일정 관리에 각별히 신경 써야 한다. 인도인의 시간관리는 오늘과 내일의 시간관리라 보면 된다. 이들은 시간 약속을 어기는 것이 다반사이며 실제로 교통체증 등으로 지킬 수 없는 상황이 많다. 24시간 이전에 정한 약속은 불확실하며 약속하더라도 훗날 이야기로 여기는 경향이 강하다. 하지만 급하고 중요한 일로 저명인사를 만나려면 그날이라도 만날 수 있으므로 이들이 얼마나 현실적인지 짐작할 수 있다.

힌디어로 내일도 어제도 같은 말(깔-kaal)이므로 맥락을 통해 구분한다. 즉 어제 무언가 했다는 표현은 '지난 주 언제쯤 했다'라고 해석하며, 내일 뭔가 하겠다는 표현은 신의 뜻이 있다면 '수일 내 하겠다'라고 해석되는 것이다. 이들의 시간개념에는 윤회사상이 깔려 있다. 신이 시간을 창조하고 시간을 네 개로 구분하여 인식한다. 즉 시간은 끝나고, 시작하고, 시작하고, 끝난다 라는 관점이다. 신이 세상을 유지하기 위해 깔라 차크라(Kaala Chakra: 시간의 순환)를 창조하였으며 시간은 흐름이므로 특정 시점을 정하지 않고 약속은 늦을 수도 있다고 생각한다.

인도인의 관심사 ABCD

인도인의 관심사를 ABCD로 나타낼 수 있는데 이는 영어 Astrology, Bollywood, Cricket, Devotion 첫 글자에서 따온 것으로 점성술, 영화, 크리켓, 신앙을 나타낸다. 즉 인도인들은 이 중에서 적어도 1개 이상 깊은 관심과 조예를 지니고 있으므로 이에 대해 잘 알고 있어야 그들을 이해하고 인간관계를 강화할 수 있다.

인도인들은 일과 관련하여 점성술사에게 의견을 묻는 경우가 많아 이를 이해할 필요가 있다. 인도인은 개봉영화는 거의 모두 놓치지 않을 정도로 관심이 높아 이들과 영화에 대해 이야기할 수 있어야 한다. 영화감독, 배우 등에 대해서도 관심을 가지면 이들과 친밀한 관계를 높일 수 있다.

인도의 대표적인 스포츠로 크리켓을 빼놓을 수 없다. 이들의 크리켓에 대한 열광은 우리의 한일 축구전 이상이다. 크리켓은 야구와 비슷해 보이지만 경기규칙이 다르고 야구 인구가 약 3천만 명인데 비해 크리켓 인구는 1억 5천만 명으로 추산된다.

인도인들의 종교적 신념은 남다르다. 책상 위에 숭배하는 신의 그림, 조각상을 비치하고 컴퓨터, 휴대전화, 지갑 속에 지니고 다닌다. 신에게 기도한 후 업무를 시작하고 회사도 직원들의 종교생활을 장려하는 편이다. 종교 관련 비즈니스도 발전하고 있다. 통신업자는 기도의식 알림 멜로디 서비스를 제공하고 지역별로 다양한 맞춤형 상품을 출시하고 있다.

6. 대화 시 금기사항

협상과정에서 잘 진행되고 있었으나, 금기사항을 잘못 건드리는 경우 협상에 차질을 가져올 수 있다. 문화차이를 제대로 인식하지 못하면 비즈니스에 치명적인 실수로 연결될 가능성이 높다. 상대방이 터부시하는 음식을 주문한다면 협상을 더 이상 진행할 수 없는 지경에 이를 수 있다. 특히, 종교적 신념, 정치적 이념 등 사회적인 갈등과 불행한 과거사를 지적한다면 불편한 관계가 형성되는 것은 자명하다.

베트남인과 대화 시 금기사항

첫째, 우리나라의 월남전 참전이야기이다. 베트남 젊은 세대는 60여 년 전에 벌어진 월남전에 대해 잘 모르고 관심도 없다. 나이 많은 베트남인은 한국 사람과 그 이야기 자체를 꺼린다. 그들의 아픈 상처를 건드려 득이 될 일이 전혀 없다.

둘째, 한국에 시집 온 베트남 여인 이야기이다. 베트남에 가서 협상할 때 반가운 마음에서 이 같은 국제결혼 관계로 맺어진 두 나라 사이의 인연을 강조할 필요가 없다. 상대방이 먼저 이야기를 꺼내지 않는 한, 구태여 화제에 올려선 안 된다. "우리 누이가 한국에 시집가서 잘살고 있다." 만약 상대가 이런 식으로 반색을 하며 국제결혼 이야기를 하면 그때 가서 호응해주면 된다.

셋째, 절대 상대방의 몸에 손을 대면 안 된다. 선의로 다정하게 살짝 만지는 것도 포함된다. 베트남에 진출한 우리 기업에서 노사분규가 심한 적이 있었다. 알고 보니 우리 기업인들이 문화적 차이를 모르고 한국에서 근로자를 대하던 방법대로 동남아 근로자를 다룬 것이다. "이번 달까지 생산목표를 달성하기 위해 좀 더 빨리 일하자!". 베트남에 진출한 우리 중소기업 사장이 생산라인 근로자에게 이렇게 말하면서 어깨를 툭툭 치는 것은 격려한 것이다. 그런데 베트남에서는 안 된다. "한국인한테 맞았다!"라고 항의한다. 엄청난 문화적 차이다. 우리 문화로 어깨를 툭툭 치는 것이 베트남 문화는 때리는 것이다.

이보다 더 심한 문화적 충돌은 상대방의 머리카락을 만졌을 경우이다. 수 년 전 동남아를 방문한 일본인 관광객이 주문한 음식이 늦게 나오자 종업원에게 재촉하였다. 말이 잘 통하지 않는 현지인이 빤히 일본인 관광객 얼굴을 쳐다보았다. "야, 임마! 음식 빨리 가져오지 않고 뭘 사람을 쳐다 봐!"하며 종업원 뒤통수를 툭툭 몇 번 쳤다. 얼마 후 일본인 관광객이 나온 음식을 먹고 있는데 등 뒤에서 빵빵 하는 권총 소리가 들렸다. 등 뒤에 화약 연기가 모락모락 나는 권총을 종업원이 들고 있었다. 머리카락을 만지면 사생결단할 정도의 심한 모욕감을 느낀다. 분노한 종업원이 오토바이를 타고 집에 가서 권총을 들고 온 것이다.

넷째, 화교 이야기를 꺼내는 것은 금물이다. 베트남은 통일 후 '보트-피플'이라는 쓰라린 역사가 있다. 공산화된 베트남 정부가 약 50만 명의 화교를 반강제적으로 추방하였다. 베트남에서 쏟아져 나온 보트-피플의 상당수가 화교였다. 민족성이 강한 베트남인들은 현지 경제력을 장악한 화교에 대한 반감이 특히 강했다.

세계 어디서나 한족(漢族)의 생활력은 놀랍다. 인도네시아 자카르타에는 1742년 화인공당(華人公堂)이 설립되어 1978년까지 화교 사회의 기록을 남겼다. 동남아에 약 사천 만 명의 화교가 있으며 인구의 약 10% 정도인 이들이 동남아경제의 2/3를 장악하고 있다. 인도네시아에선 4%의 화교가 현지 경제의 80% 정도를, 필리핀에는 1.3%의 화교가 60%를 차지한다. 싱가포르 리콴유 수상, 필리핀 아로요 대통령의 가계도 화교이고 말레이시아, 인도네시아, 태국 등의 부호도 거의 화교들이다. 싱가포르는 '리틀 차이나'로 불리며 인구의 77%가 화교이다. 태국의 CP그룹 같이 제조업을 하는 화교기업도 있지만 대부분 부동산, 금융, 유통 같은 서비스업에 종사한다.

이들은 국가기간산업보다는 '금방 돈 냄새 나는' 비(非)제조업에 대한 투자를 선호한다. 역으로 해석하면 화교자본이 동남아국가 산업화에 필요한 철강, 자동차, 반도체 같은 제조업에 대한 장기 투자를 꺼리는 것이다. 우리나라가 산업화를 일구어 나갈 때 '기업보국(企業報國)'이란 말에 국민들이 자부심을 가졌다. 동남아 화교에게는 기업보국 정신을 찾기 어렵다. 이런 측면에서 제조업 강국인 우리나라를 벤치마킹하고 협력을 강화하고자 하는 인도가 우리의 매력적인 투자처로 부상하고 있다.

인도인과 대화 시 금기사항

첫째, 인도인과 대화 시 중국관련 내용은 언급하지 않는 것이 좋다. 반(反)중국 정서가 높아 화제에 오르는 순간 경색되기 쉽다. 인도와 중국 간의 분쟁은 최근에도 사상자가 발생하고 중국제품 불매운동을 벌이는 등 오랜 역사를 지니고 있다. 티베트가 망명정부를 인도에 세워 티베트의 독립운동과도 연결되어 있으며 지정학적으로 쌍방에게 중요한 지역이므로 대화와 타협으로 해결되기 어렵다고 여겨진다.

둘째, 민감한 사안에 대해 이야기를 꺼내서는 안 된다. 종교적 신념, 정치적 이념에 대해서는 경청하고 이해하면 된다. 상대방의 카스트 신분에 대해 묻지 말아야 한다. 식민지배, 신분 및 여성 차별, 교통지옥 등 인도의 부정적인 측면을 화제로 삼아서는 안 된다. 인도인이 이러한 이야기를 꺼내더라도 맞장구치지 말아야 한다.

셋째, 인도인에게 화를 내거나 폭언, 신체적 폭력 행위는 삼가야 한다. 인도인이 하층민에게 가혹행위를 하더라도 절대 따라 하면 안 된다. 한국인 현지관리자가 현지 직원에게 격려 차원에서 어깨나 등을 툭툭 치는 행위라도 질책이나 폭력행사로 오인할 수 있으므로 우리 식으로 대하지 말아야 한다. 인도인에 대한 모욕적 언사, 폭력, 인권침해는 반발심은 물론 법적 문제로 비화될 수 있다. 심지어 보복을 당할 수 있으며, 노사분규의 원인이 되기도 한다. 이러한 문제로 사법적인 문제로 비화될 경우 외국인에 대한 차별적 판단이 우세하다.

넷째, 종교에 근거한 관습을 소홀히 해서는 안 되며, 인도인의 행위에 대해 그들의 종교와 관련 지어 판단해 보는 것을 습관화해야 한다. 종교는 생활관습 그 자체이다. 힌두교인에게 스테이크, 무슬림에게 돼지고기를 권하면 관계의 단절을 의미한다. 시크교인에게 담배, 라이터, 애프터 쉐이브 로션은 아무런 의미가 없다. 이들은 수염을 기르기 때문이다. 예배장소 방문 시 신발이나 양말 벗기, 정숙함, 보수적인 의복 착용 등 규칙에 어긋나는 행동을 하지 않도록 유의해야 한다.

다섯째, 인도인들은 직장 및 가정에서 종교적인 의례를 행하는 것이 일상화되어 있다. 이들은 신을 가까이 모신다는 것이 축복의 길이라 여긴다. 직장에서도 종교 생활을 장려하며, 직원들의 일체감을 조성하는 데 활용하기도 한다. 신에게 바치는 음식, '프라사다'는 오른손으로 받아 눈을 잠시 감는 등 경의를 표하는 것이 좋다. 이들은 상대방이 거절하면 무례하다고 여긴다.

여섯째, 인도인의 일상적인 관습을 관찰하고, 인도인의 관점에서 생각해 보는 습관을 길러야 한다. 인도인들이 부정적인 표현을 쓰지 않는 이유는 상대방을 불편하게 만들고 싶지 않고 상대방이 듣고 싶어 하는 말을 하고자 하는 특성에서 기인한다.

인도인들은 상대방 의견에 동의하지 않더라도 말로는 긍정적으로 표현하면서 몸짓 언어로는 동의하지 않음을 완곡하게 나타낸다. 만약 우리가 인도인에게 직접적으로 부정적인 표현을 한다면 그들은 불편해 할 것이며, 우리를 예의에 어긋난 존재로 인식할 가능성이 높다. 따라서 우리도 인도인에게 우회적으로 표현한다면 우호적인 분위기를 조성할 수 있을 것이다.

7. 스마트한 협상

베트남과 스마트한 협상

첫째, 식사 및 음주 문화를 숙지해야 한다. 베트남 파트너의 식사 초대에 반드시 응해야 한다. 같이 식사하고 술 마시는 것은 인간관계 형성의 중요한 과정이며 초대받았으면 답례해야 한다. 이들은 만찬을 선호한다. 만찬에서는 비즈니스 이야기는 안 하는 것이 좋다. 그들에게 만찬은 즐겁게 마시고 즐기는 시간이다. 그들도 2차로 가라오케 같은 데를 간다. 같은 식당에서 다른 테이블로 옮기는 것도 2차이다.

건배 제의는 베트남 파트너가 먼저 하도록 양보하는 게 좋다. 답례로 건배제의를 할 때는 일어서서 상대의 최상급자를 쳐다보며 두 손으로 술잔을 잡는다. 서양식으로 한 손으로 건배 제의하는 것은 결례이다. 분위기가 무르익으면 돌아가면서 건배 제의를 한다. 건배사를 하면 '못-하이-바'(하나, 둘, 셋)하면서 박수를 친다. 사전에 베트남 파트너가 공감할 수 있는 건배 제의를 미리 준비해 두면 좋다. 현장에서 갑자기 준비하려면 당황하게 된다.

이들은 잔을 돌리지 않고 자기 잔을 스스로 채운다. 우리는 상급자와 마실 때 존경의 표시로 고개를 돌려 술잔을 비우기도 하나 베트남은 그렇지 않다. 더운 지방인데도 독한 술을 좋아하며 스카치위스키와 보드카도 즐긴다. '하노이 보드카'라는 브랜드의 보드카까지 생산한다. 베트남은 술을 권하는 문화이므로 즐겁게 마셔야 한다. 베트남 파트너가 술을 권했는데 거절하면 당황한다. '우리와 어울리기 싫어하는구나!', '기분 나쁜 일 있나?' 등으로 오해하기 쉽다. 술을 못 마시면 양해를 구해야 한다. '배탈이 나서 오늘 못 마시겠다'라고 하면 이해한다.

만찬 장소는 고급 중국음식, 베트남 전통음식, 고급 일본음식을 선호한다. 일식은 상대방에게 물어봐야 한다. 생선회나 초밥을 꺼리는 사람들이 있다. 메뉴는 베트남 파트너가 좋아하는 것을 선택하도록 하는 것이 좋다. 하지만 유교문화의 체면 때문에 메뉴 선택을 머뭇거릴 수도 있다. 이럴 경우 지배인을 불러 "이 레스토랑에서 제일 고급요리가 무엇이냐?"고 물어보고 주문하면 된다. 제일 고급 메뉴를 선택했다는 것은 가장 성의 있는 대접을 받았다는 호의로 연결된다.

둘째, 악수는 약간 허리를 숙이고 해야 한다. 뻣뻣이 서서 하면 거만하게 보일 수 있다. 연장자나 상급자부터 악수하며, 존경을 표시하는 간단한 말을 하면 좋아한다. 베트남 여성에게 먼저 손 내밀고 악수하면 결례가 될 수 있다. 여성이 먼저 손 내밀면 악수하고 여성이 반응을 보이지 않으면 가볍게 허리 정도 숙이면 된다. 우리 측 멤버를 연장자나 상급자에게 먼저 소개하는 것이 자연스럽다.

셋째, 한자로 쓴 명함을 사용해선 안 된다. 중국의 천년 지배를 받고, 1979년 중국의 침략, 남중국해 영토 분쟁 등으로 중국 및 한자에 대한 반감이 심하다. 문화권별로 명함이 가지는 의미가 다르다. 미국인에게는 이름, 전화번호, 이메일 같은 정보가 적혀 있는 종이 쪽지이나 베트남인에게는 의미가 다르므로 두 손으로 명함을 받고 유심히 쳐다보며 경의를 표해야 한다. 힐끗 보고 바지 주머니에 쑤셔 넣으면 상대는 모멸감을 느낄 것이다. 상대의 명함들을 테이블 위에 정렬해 놓고 협상하면 편리하며 명함 위에 낙서를 해서는 안 된다.

넷째, 베트남은 권위주의 사회이므로 상대방을 치켜세우는 호칭을 붙어주면 좋아한다. 예를 들어 키엔 장관을 면담하는데, 그가 박사학위와 교수 타이틀을 다 가지고 있으면 "Professor! Doctor! Minister! 키엔" 순서로 불러 주면 된다. '교수' 칭호를 최고로 친다. 베트남대학 사람들을 보면 대부분 'Lecturer', 우리말로 '강사'란 타이틀을 가지고 있다. 교수 칭호를 가진 사람은 드물다. 교수 숫자는 의회에서 정할 정도로 제한적이다. 베트남에서는 Mr. Mrs. Ms.란 호칭을 써도 좋다.

다섯째, 사람을 손으로 부를 때 손바닥을 아래로 해야 한다. 손바닥을 위로 하여 손가락을 까닥거리며 부르면 결례다. 협상테이블에서 상대를 빤히 쳐다보는 것은 바람직하지 못하다. 상급자나 연장자에게 말할 때 얼굴을 쳐다보지 않고 아래를 보며 말하는 것은 존경을 표시한 것으로 받아들여진다. 서양문화에서는 눈맞춤을 피할 경우 무언가 속이는 것으로 오해를 줄 수 있다.

여섯째, 베트남에 협상하러 갈 때 선물을 준비해야 한다. 프로토콜에 선물교환이 있을 정도이다. 한국 인삼을 좋아하며 정관장을 선호한다. 포장지는 화려한 색이 좋다. 일반적으로 서양인은 선물을 받으면 그 자리에서 열어보고 찬사를 덧붙이지만 한국이나 일본에서는 그 자리에서 열어보지 않는다. 그런데, 베트남에선 정석이 없다. 우리가 선물을 받으면 "열어봐도 좋냐?"고 물어보는 것도 좋은 방법이다. 반대로 우리가 선물을 주면 그들은 보통 안 열어본다. 그때 "열어 보세요"라고 권해도 된다. 상급자에게 고급선물을, 실무자에게는 간단한 선물을 준비한다.

협상에서 중요한 고위 관리와 좋은 관계를 만들려면 선물을 두개 준비해야 한다. 하나는 공식 선물교환 때 다른 사람들 앞에서 주는 평범한 선물이다. 두 번째 특별한 선물은 헤어질 때 남들 모르게 전달해 주면 좋다.

일곱째, 복장 및 시간약속이다. 넥타이를 매는 정장을 하는 경우는 드물다. 우리나라 공무원 여름 복장처럼 양복에 흰 와이셔츠를 입으면 무난하다. 행정수도 하노이는 일반적으로 짙은 색 계통의 복장을 입고, 남쪽 호치민에서는 흰 색이나 화려한 색의 복장을 선호한다. 베트남은 다른 동남아 국가와 달리 놀라울 정도로 시간을 잘 지킨다. 미팅 5-10분 전에 미리 도착해야 하고 미팅 하루 전에 확인해야 한다.

인도와 스마트한 협상

첫째, 영어로 된 명함과 다양한 화제를 넉넉하게 준비한다. 친구, 가족 얘기는 도움이 되며, 사적인 질문은 우호의 표시다. 그러나 개인차가 있으므로 상황에 따라 조절하고 카스트 등 민감한 질문은 하지 않아야 한다. 인기 화제는 크리켓, 영화, 문화예술, 경제 발전 등이다. 그들은 외국인을 만나면 의례적으로 "인도에 대해 어떻게 생각하느냐?"라는 질문을 하는데 이때 긍정적이고 희망적인 답변을 하면 된다.

둘째, 그들의 언어를 이해하고 활용하는 것은 호감도를 높인다. 지역별 고유 언어 몇 백 단어 어휘와 간단한 문법을 익히면 가격을 물어 보거나 답변을 이해할 수 있다. 그들의 언어를 배우는 자세는 그들의 문화에 대한 존중의 태도로 받아들여진다.

셋째, 시간 약속이다. 인도인들은 시간 엄수를 존중하지만 엄격히 지키지는 않는다. 미팅 일정은 상황에 따라 바뀔 수 있으며 늦은 시간에 즉흥 미팅을 요청하기도 한다. 일정은 여유 있게 잡고 수시로 확인해야 한다. 직원들의 개인사유로 돌연 휴가(Casual Leave)가 발생하는데 이를 고려하여 차질이 생기지 않도록 해야 한다. 휴일은 종류가 많고 매년 바뀌며 회사별로 내규로 정한다.

넷째, 커뮤니케이션이다. 인도기업의 내부 커뮤니케이션이 톱다운 방식이고 최종 의사결정을 미루는 경향이 있으므로 협상이 지연될 수 있음을 염두에 두고 인내심을 가지고 협상 완결 시까지 소요 기간과 절차를 추산해야 한다. 인도 측 참석자와 대등한 직급자가 대응하는 편이 낫다. 협상자의 지위가 협상력에 영향을 준다. 위임형 협상문화권의 기업은 협상단이 대표권을 가지고 진행하나 비위

임형 문화권의 기업은 협상자의 지위나 계급이 중요하다. 우리 측 협상단이 의사결정권을 가지고 있음을 암시해 줄 필요가 있다. 그리고 인도에서의 협상은 개인적인 성향이 작용하므로 개인적인 이미지관리가 중요하다.

다섯째, 비즈니스 접대이다. 접대는 관계 형성을 위해 반드시 필요한 과정이며 식사가 대표적이다. 인도인은 오찬을 선호한다. 약속 시간은 정시를 표방하지만 저녁 초대를 받을 경우 공식행사가 아니면 몇 분 정도 늦게 가는 것이 보통이다. 식사 전후 반드시 손을 씻는다. 힌두교 가정에서는 입안을 물로 헹구므로 손수건을 휴대해야 한다. 식사할 때 오른손을 사용해야 한다. 왼손은 위생적인 일에 사용하므로 청결하지 않은 것으로 인식한다. 우리 측에서 초대할 경우 가급적 오찬으로 하되 초대장을 보내고 행사 전 재차 확인해야 한다. 상대방이 채식주의자인지, 술을 마시는지, 기피 음식이 있는지 살펴야 하며 요식업체를 이용할 수 있다.

인도인의 20~30% 정도가 채식주의자이나 육류를 먹는 사람도 적지 않다. 힌두교도는 소고기, 무슬림은 돼지고기를 먹지 않으므로 인도음식에 닭고기, 양고기, 채소가 많이 쓰인다. 무슬림은 금주, 자이나교도는 금주, 금연, 뿌리식품(마늘, 양파, 감자, 무, 고구마 등)을 먹지 않는다. 술에 대해 엄격한 편이다. 힌두교 지도자들이 술의 해악을 강조한 탓에 힌두교인들은 대체로 술을 꺼린다. 연방헌법은 "주 정부가 술 소비를 금지하도록 노력해야 한다"라고 규정하고, 국경일, 종교기념일, 총선 때 술을 못 파는 드라이데이(Dry day)가 선포된다.

여섯째, 인사방식이다. 종족, 언어, 종교별로 고유한 인사방식이 있으며 대부분의 인도인들은 남녀 간 공개 접촉을 피한다. 악수는 오른손을 사용한다. 대개 남자는 남자끼리, 여자는 여자끼리 악수한다. 무슬림은 남녀 간 신체접촉이 없으며 무슬림 남성이 여성과 접촉했을 때는 기도 전에 몸을 정화한다. 무슬림 남녀 간에 악수를 청할 수 없다. 시크교도 역시 양성 간 공개 접촉을 피한다. 인도인들은 공개적으로 양성 간 신체 접촉이나 애정 표현을 탐탁지 않게 여기므로 인사할 때 포옹이나 입맞춤은 안 된다. 힌두식 전통 인사는 '나마스떼'이다. 턱 밑에 기도하듯이 합장하고 가슴 가까이 가져가 부드럽게 고개를 끄덕이거나 가볍게 숙인다. 악수가 수용되지 않을 때 유용하며 서구 여성이 인도 남성에게 악수를 대체하는 좋은 방법이다.

일곱째, 몸짓 언어이다. 인도인들이 머리를 물결모양으로 상하좌우로 움직이는 것은 긍정을 의미한다. 단순하게 머리를 흔드는 것은 부정을, 앞뒤로 끄덕이는 것은 확실한 긍정이다. 부주의한 신체 접촉을 하지 말아야 한다. 머리는 영혼의 의자라 여기므로 상대방의 머리에 손을 대거나 아이들 머리를 쓰다듬으면 안 된다. 손을 사용하는 것은 호감을 준다. 인도인들은 무엇을 가리킬 때 턱을 사용한다. 양손을 허리에 짚고 서 있는 모습은 화가 났거나 공격적인 자세로 비춰진다. 신성한 부속물로 간주되는 귀를 잡아당기면 안 된다. 불결하다고 여기는 발로 사람을 가리키거나 상대방을 향하면 안 된다. 발이 다른 사람에게 닿으면 즉시 사과해야 한다. 사람 간의 편안한 거리는 대략 1미터 전후다. 대화할 때 눈맞춤을 간간이 하는 것이 예의이며 윙크는 모욕을 주거나 성적 유혹으로 해석될 수 있다. 휘파람은 예의에 어긋난다.

여덟째, 선물은 인도인과의 협상에 필수다. 우리가 선물을 받을 경우 그 자리에서 오픈하지 말고 선물 준 사람이 자리를 떠날 때까지 옆에 두면 된다. 우리가 선물을 전할 경우 서열 1위에게 공개적으로 두 손으로 전하고 담당자들에게는 비공개로 전하는 것이 좋다. 서열 1위에 합당한 선물로는 자개 보석함 등 전통 공예품이 적합하다. 문구류, 과자류, 식품, 가죽제품은 피하는 것이 좋다. 인도인 가정을 방문할 경우 좌장격 어른에게 전하고 부인에게는 금 장신구가 효과적이다.

상대방이 술을 마시면 수입 위스키가 효과적이다. 한국식품(홍삼 포함)에 대해 알지 못하는 인도인은 선물로 받아도 먹지 않는다. 식품을 선물로 주려면 상대방 식습관을 확인해야 한다. 채식주의자이면 식재료에 계란이 없다는 것을 확인해야 한다. 품질에도 신경을 써야 한다. 한국에서 중국산을 구입할 경우도 있다. 힌두교인들에게는 소 관련 품목을 피하고, 무슬림들에게는 주류, 개 형상 물품은 적당하지 않다. 현금을 선물로 할 경우(축의금 등), 금액을 홀수로 맞추고 끝자리 숫자가 1이라야 한다. 예컨대 10불 대신 11불, 300루피 대신 301루피이다. 가정에 초대받으면 초콜릿, 꽃 등 작은 선물을 준비한다. 단 것은 긍정적인 것으로 간주된다. 그러나 프랜즈패니 꽃은 장례식과 관련되므로 피해야 한다. 포장은 행운을 뜻하는 화려한 색깔(초록, 빨강, 노랑 등)이 좋고 흑백은 피해야 한다.

아홉째, 지위 및 호칭이다. 사회적 지위는 연령, 교육 수준, 직업, 카스트로 결정되며, 공직자는 훨씬 고상한 것으로 인식된다. 지위가 높은 사람에게는 상응한 대우를 해주어야 원만한 관계를 맺을 수 있다. 미팅이나 식사 시 직위 순으로 좌석을 배치하고 명함은 높은 직위의 사람에게 먼저 건네는 것이 좋다.

인도인에게 직업은 신분과도 같다. 타이틀을 중시하여 교수, 박사, 전문직 등의 직함을 붙이고 대학원, 학부, 과거 직장 및 직위 등을 명함에 상세히 밝힌다. 군 장성일 경우 퇴역 후 다른 직함을 가지더라도 퇴역 장성(Retired General)을 덧붙인다. IAS(행정고시), IPS(경찰고시) 등이 병기되어 있으면 고위 공직 출신이다. 인도인들은 사소한 만남에서조차 상대방의 직업과 직위, 배경을 알고자 한다. 우리가 인도인의 타이틀을 인정해 주고 우리도 다양한 경력과 경험을 알려주는 것이 낫다.

열째, 복장이다. 통상적인 비즈니스 복장은 서구식 정장과 넥타이를 착용한다. 더운 날씨에는 양복 상의와 넥타이를 생략하며 IT 분야는 스니커즈를 신는다. 여성은 전통의상 또는 정장을 선호하며 외국여성이라도 짧은 치마나 반바지는 피해야 한다. 가죽 옷(지갑, 벨트, 핸드백 등 포함)은 불쾌감을 줄 수 있어 착용하지 않는 것이 좋으며 캐주얼 복장은 짧은 소매의 셔츠와 긴 바지가 선호된다. 여성은 팔 윗부분, 가슴, 등, 다리가 노출되지 않아야 한다. 여성은 긴 의상 착용, 신체를 노출시키지 않는 것이 예의를 갖춘 모습이라 여긴다.

8. 히스토리텔링

베트남, 인도사람들과 대화를 나눌 때 역사적인 인연에 대해 언급하면 우호적인 분위기 속에서 이야기를 이어 나갈 수 있다.

베트남과의 역사적 관계

첫째, 880년 전 고려에 귀화한 베트남 왕족 화산 이씨이다. 12세기 리(Ly)왕조(국명: 대월) 6대 황제 영종의 7남 이용상(1174년~?, 베트남어로 리롱떵)이 정변을 피해 1226년에 일족을 이끌고 바다로 도망쳐 옹진군 화산포에 도착하였다. 그는 항몽전쟁에 공을 세워 고려 조정은 '화산 이씨' 성을 하사하고 고려에 살도록 하였다.

이용상의 후손 이장발은 어린 나이로 임진왜란에 참전, 순국한다. 경북 봉화군은 이를 기리기 위해 충효당(문화재자료 466호, 2004년 6월 28일 지정)을 건립하였고 매년 음력 3월 15일에 리 왕조 창건 기념 축제에 화산 이씨 후손들이 모인다. 화산 이씨 종친회는 양국 친선의 가교역할을 하고 있다.

둘째, 350년 전에 베트남 호이안에 간 조선인 24명 스토리이다.

호이안 거리

베트남 관광지 다낭부근에 '호이안'이란 역사적 고도가 있다. 밤거리 등불이 절경이며 우리나라 경주 같은 곳이며 당시 번창하던 국제무역항으로 중국, 일본, 유럽 상선까지 드나들었다.

조선 숙종 때 1688년 2월 제주도민 24명이 풍랑을 만나 표류하다 35일 만에 이곳에 불시착하여 살길이 막막하였다. 딱한 사정을 들은 중부 베트남 '응우옌 푹 떤' 왕은 청나라 상인에게 조선으로 데려다 줄 것을 부탁하고 배려를 했다. 중국 상인에게 선금 반 만 주고 나머지는 조선 조정의 도착확인서를 가져오면 주겠다고 한 것이다. 조선인들은 표류된 지 약 9개월 뒤인 1688년 12월 16일 무사히 귀환하였다.

인도와의 역사적인 관계

첫째, 삼국유사 가락국기 아유타국의 허황옥 설화이다. 서기 48년 7월 돛단배 한 척이 망산도(경남 창원)에 닿는다. 파사석탑과 20여 명 종자, 16세 여인과 오빠 장유화상이 타고 왔다. 그녀는 "아유타국(阿踰陀國) 공주이며 김수로왕과 혼인하기 위해 왔습니다"라고 말했다. 허황옥 때문에 김해 김씨, 김해 허씨 등 많은 사람들이 가야와 인도와의 역사적 관계를 규명한다. 아유타국의 위치를 놓고 인도 갠지스강 유역 아요디아 왕국, 태국 북부 아유타야시 등이 거론된다.

2천 년 전 한반도까지 무거운 탑을 싣고 이동이 가능했을까? 당시 해양교류가 활발하고 언어의 유사성 등을 고려할 때 허황옥 집단이 인도에서 왔을 가능성은 열려 있지만 역사적 사실로 인정하기에는 풀어야 할 과제가 많다(윤명철 교수, 한경 기고문에서 발췌). 현재 김해시를 중심으로 상호방문 및 문화행사를 개최하고 있다.

둘째, 신라 성덕왕 때 승려 혜초의 왕오천축국전이다. 왕오천축국전(往五天竺國傳)은 그의 4년간(723~727)의 인도, 중앙아시아, 아랍 여행기로 세계 4대 여행기로 손꼽힌다. 나머지는 13세기 마르코 폴로의 동방견문록, 14세기 오도록의 동유기, 이븐바투타의 여행기이며, 혜초의 것이 가장 오래되었다. 1908년 프랑스인 폴 펠리오(1878~1945)가 간쑤성 둔황의 막고굴(莫高窟) 장경동의 관리인 왕위안루에게서 구입한 7천여 유물 중에 있었으며, 프랑스 국립도서관에 보관 중이다. 당나라 승려의 것으로 여겨지다가 일본의 서본원사 승려이자 돈황학자인 오타니 고즈이가 혜초의 것임을 밝혀냈다.

세로 28.5센티미터, 가로 42센티미터 종이를 아홉 장 이은 두루마리 필사본에 6천여 글자가 씌어 있는데 책명, 저자명 등 여러 글자가 누락되었다. 그러나 불교서적에 주석을 단 '일체경음의'의 '혜초왕오천축국전' 제목 아래 설명 내용과 일치하여 혜초의 것임이 밝혀졌다. 여기에 "개원 15년 11월 상순에 안서에 이르렀다(開元十五年十一月上旬 至安西)"라고 되어 있으며 개원(당 현종 연호) 15년은 서기 727년이다. 왕오천축국전은 당시 중국-인도 교역로를 아는데 귀중한 자료이다. 이전 승려들은 대부분 해로 또는 육로만 이용한 반면 혜초는 갈 때는 해로, 올 때는 육로를 이용하였다. 8세기 인도, 중앙아시아를 기록한 세계 유일의 자료이다.

셋째, 인도의 시성 타고르(1861~1941)와의 관계이다. 인도 동부

콜카타 명문 집안 열넷째 아들로 태어난 그는 11세부터 시를 썼고 16세에 시집 '들꽃'을 내어 인도의 퍼시 비시 셸리(영국 3대 낭만파 시인의 한 사람)라 불렸다. 1877년 영국유학을 하여 유럽사상과 친숙하다. 1909년에 쓴 벵골어 시집 『기탄잘리』(신에게 바치는 송가)를 1912년 런던에서 영문으로 직접 번역, 발표하고 1913년 아시아인 최초로 노벨문학상을 수상한다. 『기탄잘리』는 가난한 농민의 참상과 아내와 두 아들이 연이어 세상을 떠나는 슬픔을 종교적으로 승화시킨 작품이다.

식민지배로 같은 입장인 조선에 영문 시를 보내왔는데 1929년 4월 2일 동아일보 주요한 편집국장(최초의 자유시 「불놀이」를 씀)의 번역으로 동아일보에 실렸다. "아시아의 황금 시기에 In the golden age of Asia, 빛나던 등불의 하나였던 코리아 Korea was one of its lamp-bearers, 그 등불 다시 켜지는 날에 And that lamp is waiting to be lighted once again, 동방의 빛이 되리라. For the illumination in the East."

2011년 5월 타고르 탄생 150주년 기념으로 인도정부가 타고르 흉상(인도 조각가 고담 팔 작품)을 한국에 기증하여 서울 지하철 혜화역 1번 출구 부근에 설치되어 있다.

타고르는 인도의 대표 시인이며 소설, 희곡, 음악, 회화, 사상, 철학, 교육, 독립운동 등 뛰어난 재능을 발휘하고 인도문학과 서양문학의 가교역할을 맡았다. 여러 나라를 방문하면서 동서 문화 결합과 벵갈 스와라지(자치)운동의 지도자 등 독립운동에도 힘을 쏟는다.

그는 "이 세상은 하나의 둥지 속에서 서로 만난다"라는 세계 시민정신과 "인간과 자연의 예지가 필요하다"는 자연주의를 주창한 이상주의자다. 그의 시는 자유와 개성, 불굴의 대결 정신 등을 담고 있으며, 소박한 표현 속에서 깊은 사유를 접하게 한다. 그림에서도 새 분야를 개척하고, 많은 곡을 작곡하여 국민의 사랑을 받았으며 샨티니케탄 대학을 설립하는 등 교육자이다. 타고르가 작사, 작곡한 인도국가 「자나 가나 마나」는 1911년 12월 27일, 국민회의 캘커타 회의에서 최초로 불렸고, 1950년 1월 24일 인도헌법 제정의회에서 인도국가로 정했다. 그는 모한다스 카람찬드 간디에게 '마하트마(위대한 영혼)'라는 존칭을 붙여 주었으며 마하트마 간디는 그를 '구루데브'(성스러운 스승)라 일컬었다.

넷째, 한국전쟁에 크게 기여하였다. 1950년 7월 31일 유엔안전보장이사회가 민간인 구호를 결의하자 인도는 의료지원부대(제60공정 야전병원) 파견을 결정, 동년 11월 20일 부산에 상륙, 미 8군에 배속되어 활동을 시작한다. 이를 통해 수 만 명이 넘는 군인과 민간인의 구호활동을 벌였다. 또한 전쟁포로의 중립국 송환위원회 의장직과 집행위원을 맡아 전쟁포로의 안전한 송환업무를 수행하였다. 당시 전쟁포로를 선뜻 받아들이겠다는 나라가 없었는데 인도가 먼저 받아들이겠다고 선언하였다. 아울러 1991년 유엔총회에서 남북한 유엔가입을 제안하였다.

9. 맺는 말

지금까지 살펴본 바와 같이 베트남과 인도인은 우리와 매우 다른 사고방식을 가지고 있다. 이들의 문화 차이에 대한 인식 없이 막연하게 낙관론으로 비즈니스에 임하면 실패할 공산이 커진다. 본서에서 다루는 내용이 다른 국가와의 협상에서도 응용할 수 있다. 더욱이 우리나라가 급속도로 다문화국가로 변모하고 있으므로 앞으로 우리나라에 진입하는 외국인을 상대할 때에도 글로벌 관점을 지녀야 할 것이다.

글로벌 협상은 상대 국가의 정치, 경제, 사회, 문화, 종교, 언어 등 다방면을 고려해야 하는 복합 과정이다. 프로젝트 추진은 예술

작업과 같고, 살아 있는 생물과 같아서 동·식물을 키우듯이 다루어야 한다. 협상 단계별로 추진전략을 수립해야 하며, 협상테이블에서가 아니라 협상 전에 모든 것이 준비되어야 한다. 도상훈련, 롤플레이 등 사전에 철저하게 준비해야 한다.

끝으로 강한 협상력을 발휘하기 위해서는 상대방의 숨은 의도를 파악하고, 객관적 기준에 대해 합의를 하며, 쌍방이 만족할 창조적 옵션을 개발하고, 협상력을 강화하며, 철저한 준비 그리고 우호적 관계를 형성해야 한다.

해운산업 깊이읽기 Ⅱ

김인현(고려대학교 법학전문대학원 교수)

1. 들어가며

이 책(법문사)은 20년간 격동의 한국해운의 중요한 사건마다 작성한 칼럼 73편을 모은 것이다. 『해운산업 깊이읽기 Ⅰ』보다 출간은 늦었지만, 순서로 보아서는 제Ⅱ권에 있는 내용이 더 앞선 칼럼들이다.

2019년 9월에서 2020년 2월말까지 일본 동경대학에서 연구를 마치고 귀국하면서 연구성과를 신속하게 업계에 알리자는 생각을 했다. 그래서 200페이지의 얇은 『해운산업 깊이읽기 Ⅰ』이 나왔다. 제1권에서는 일본에서의 연구성과를 모은 것이었다. 이미 나는 그 이전에 나왔던 칼럼들을 책으로 내자고 생각하고 있었다.

해운신문, 해양한국, 쉬핑가제트 등 해운전문지와 조선일보, 중앙일보, 매일경제 등 전문지에 기고한 글을 모았다. 1999년 교수로 임용되었지만 내가 논문 이외에 칼럼을 발표한 것도 그 무렵이었다.

집중적으로 칼럼이 나온 것은 역시 세월호 사고 이후였다. 그 사회적 이슈를 안고 세월호 사고시 필자는 학자로서 또 해운인으로서 성찰을 하게 되었다. 각종 해운업의 문제점을 지적하고 개선을 구하게 되었다. 2년이 지나 한진해운 사태때에도 마찬가지로 성찰을 하면서 많은 칼럼을 적게 되었다.

이렇게 하여 큰 제목을 뽑고 칼럼을 배치했다. 73편의 글이 모아졌다. 이렇게 하여 『해운산업 깊이읽기 Ⅱ』가 나오게 된 것이다.

2. 제1부 일반

해양수산부 폐지와 부활과 관련한 칼럼을 모았다. 2007년의 폐지 움직임에는 해수부의 존치가 필요한 이유를 설파했고, 2013년 부활 움직임에는 어떤 내부 부서가 필요한지 설명했다.

2007년 어렵게 설치한 해양수산부를 폐지한다고 하여 이에 반대하는 칼럼을 적게 되었다. 국토교통부가 해양수산부를 가져간다고 하였다. 해양수산과 국토교통은 전혀 다른 대상을 규율한다는 점을 강조했다. 2013년 다시 해양수산부가 독립된다고 하여 새롭게 부활하면 어떤 일을 해양수산부가 해야 하는지 적었다. 해양수산부가 폐지된 2008년에서 2012년 동안 금융위기가 찾아와서 해운은 큰 장기불황에 빠지게 되었다. 해양수산에만 전념하는 부서를 가지고 있었다면 그 불경기를 쉽게 넘겼을 것이 아닌가 하는 생각을 하게 된다. 국토해양부에서는 본부 과장만도 130~140명에 이른다. 장관이 효율적으로 부서를 관리할 수 있는 범위를 넘어선다. 새로운 해양수산부에는 해운, 항만, 해상안전, 해양환경보전, 수산을 포함하고 조선분야에서도 안전과 관련된 부분은 해양수산부가 관할하도록 해야 한다.

2007년 전국에 로스쿨 설치를 위한 법안이 통과되었다. 나는 부산대학교에 해상법 교수로 초빙되었다. 로스쿨 인가를 받기 위한 여러 준비가 필요했다. 나는 해운물류특성화를 위하여 한진SM, 선주협회, Korea P&I 등과 산학협정을 체결하여 학생들이 실습이 가능하게 했다. 영어강의의 실연을 담당하여 준비를 했다. 마침 도선사협회에서 수역사용료를 면제받아 장학사업을 한다고 했다. 이에 도선사협회와 상의하여 해기사출신들이 로스쿨에 입학하면 장학금을 받도록 했다. 2009년 개교된 전국 20개 로스쿨에 부산대학교를 중심으로 해기사들이 진학하여 20여 명이 변호사로 배출되었다.

나는 고려대학교 법과대학에 부임하고 나서 '해상법연구센터'를 만들어 해상법의 발전에 이바지하고자 했다. 개원세미나가 2013년 3월 19일 개최되었다. 맞춤형 해상변호사 양성이 해상법연구센터가 하는 큰일 중의 하나이다. '채이식 교수 해상법 렉쳐'를 만들었다. 2021년 12월 제3회 강연회를 가졌다. 미국 힐리 교수의 해상법 렉쳐를 벤치마킹했다. 이 렉쳐는 세계의 해상법 교수나 변호사가 누구나 강의에 초대받고 싶어 할 정도이다. 우리나라에서도 이와 같은 권위 있는 해상법 렉쳐를 만들고 싶다. 채이식 교수님은 IMO법률위원회 위원장과 고려대 법대교수 및 학장을 지냈기 때문에 충분히 자격이 있다.

1994년부터 만나서 고비 고비마다 지도해준 채이식 은사와 관련한 에피소드를 소개했다. 목포해양대 교수로 부임하자 은사님이 최고의 음식점에서 학부 교수들을 접대한 이야기를 적었다. 그 융숭한 접대를 받고 난 다음 목포해대의 교수들은 이구동성으로 우리가 초빙한 교수의 지도교수가 이렇게 목포까지 와서 최고의 음식점에서 대접을 하는 것은 처음이다. 그분의 인품이 참으로 훌륭하다는 이야기를 했다.

모 대학에서 교수채용 공고 시 이미 염두에 두고 있는 듯하여 지원을 포기했다. 그랬더니 선생님께서 장래를 위하여 나 자신을 알리라는 충고를 강하게 해주셨다. 나는 선생님의 강한 충고를 받아들였고 그 결과가 2년 뒤 모 대학교 교수로 초빙된 단초가 되었다. 그때 나를 알리게 됨으로써 그 대학의 교수들이 나라는 존재를 알게 되어 지원을 하게 되었다. 은사님의 선견지명과 가르침에 항상 감사드린다.

진해고등상선 출신으로 해운계 원로이신 배순태 선장님과 이준 수 한국해양대 학장님에 대한 회고담도 소개했다. 배순태 선장님은 한국해양대학교의 전신인 진해고등상선학교 출신이시다. 학교 졸업 후 선장으로 근무하시면서 처음으로 북태평양을 횡단했다. 인천항 의 도선사로서 크게 활약했다. 예선회사인 흥해를 창립하여 우리나 라 예선업을 중흥시켰다. 그분의 자서전 출판기념식에 다녀왔다. 후 배 선장인 필자를 배순태 선장님은 무척 좋아하셨다. 한진해운의 파산을 지켜보시다가 백서작성을 김교수에게 맡기라고 하셨다고 한 다. 나는 최선을 다해서 백서를 작성했다. 이준수 학장님은 나의 은 사이기도 하다. 한국해양대학교에 다닐 때 선생님으로부터 국제법 을 배웠다. 해운물류큰사전을 만들 때 11명의 필진이 꾸려졌는데 선생님이 여기에 합류하였다. 여름방학과 겨울방학에 집체하여 강 원도 평창 등에 가서 합숙하여 사전을 만들었다. 반주를 좋아하는 분들이 많았다. 겨울에 눈이 내리는 것도 모르고 사람들은 술기운 에 더 술을 마시자고 했다. 선생님이 정색을 하시면서 "여러분은 해운에서 모두 소중한 분들입니다. 눈이 더 쌓이면 숙소에 돌아가 기 어렵고 돌아가는 중에 사고가 날 수 있습니다. 이제는 그만 일 어납시다"하고 말하자, 술자리가 끝나고 숙소로 안전하게 돌아가게 되었다.

양만춘 장군이 안시성에서 당태종과 싸워서 이기는 영화가 만들 어져 나왔다. 얼마나 안시성이 준비가 잘 된 상태에 있었는지 알게 되었다. 마침 우리나라 정기선사는 파산에 이르렀다. 한진해운사태 를 경험한 나는 양만춘 장군처럼 전쟁을 준비했으면 한진해운도 잘 버티고 견디었을 것이라는 생각이 들었다. 구체적인 예를 들면서 설명했다. 양만춘 장군이 승리를 거둔 가장 큰 요소는 높은 성곽에 자리하고 있었다는 점이다. 우리나라는 화물이 많은 국가이다. 그렇 다면 성곽을 가지고 있는 셈이다. 그럼에도 불구하고 한진해운이 파산에 이른 것은 노력부족이라고 할 수밖에 없다.

3. 제2부 선박, 선원과 안전

2014년 인천에서 제주로 향하던 여객선 세월호가 진도 근처에서 전복되어 300여 명의 학생을 포함한 여객이 사망하는 큰 사고가 발생했다.

세월호 사고는 복합적인 원인이 있지만, 선장이 정상적이고 체계적인 교육을 받지 못한 점이 큰 원인이 되었다는 점을 나는 지적했다. 승선경험만으로 승진하여 내항선의 선장이 되는 경우가 지금도 있는데, 적어도 4개월 정도의 복원성 등에 관한 항해교육이 필요하다.

세월호 사고의 원인은 복원성 훼손에 있음을 지적했다. 선박의 아래에 실어야 할 발라스트를 싣지 않고 그 무게만큼의 화물을 윗부분에 적재하게 되니 복원성이 나빠져서 선박에 외력이 가해졌을 때 세월호는 바로 전복되고 말았다. 복원성을 갖추는 것은 기본의 기본인데, 세월호의 선장과 육상의 경영자들이 그 의미를 모르고 있었다고 본다. 이에 대한 교육이 필요하다.

홍콩대학과 교류를 했기 때문에 홍콩을 자주 방문했다. 세월호 사고와 유사한 람마IV 사고가 홍콩에서 발생한 것을 알게 되었다. 양자를 비교했다. 홍콩정부는 상설 조사규정에 따라 고등법원 부장판사를 조사위원장으로 임명하여 신속히 사고원인을 조사했다. 격벽이 없어서 충돌 3분 만에 선박이 침몰한 점을 밝혀냈고 보완작업이 6개월 내에 이루어졌다. 우리도 이를 본받아야 한다고 칼럼을 적었다. 이런 상설조사기관의 설치는 아직도 이루어지지 않았다. 그 칼럼을 적은 다음에도 세월호 사고에 대하여는 5번 조사가 있었다. 사고의 직접원인이 무언가를 파악하는 조사가 아니라 사고 후 구조와 관련된 조사였다. 홍콩과 같이 객관성을 갖춘 조사위원회가 구성되었다면 이렇게 반복되는 조사는 없었을 것이다.

세월호 사고 이후에도 어처구니없는 안전사고가 발생했다. 선박이나 건물은 설계도를 이용한 구조작업과 소화작업이 이루어져야 한다. 선박이나 건물에는 그 내부를 알기 쉽게 그림을 그려둔 것이 있다. 이를 숙지해서 화재 시 어떻게 내부에 진입하는지 준비해두자는 것이다. 세월호의 경우에도 해양경찰이 담당경찰을 두고 그가 설계도를 숙지해 선박에 진입했다면 구조에 큰 도움이 되었을 것이다.

선원은 해운산업에 있어서 중요하다. 해운산업의 수단인 선박을 운항할 사람이기 때문이다. 살신성인하는 책임감은 하루아침에 길러지는 것이 아니다. 선원들이 바다에 뼈를 묻게 하려면 선원들에 대한 보호가 선행되어야 한다. 육상직을 위한 선장, 기관장 면허제도를 도입하자. 해상에서의 승선경험을 육상에서 살려나갈 직업들이 많다. 이들이 선장이나 기관장 면허를 가진다면, 상대방의 신뢰나 자신감 등에서 플러스 요인이 될 것이다. 그래서 육상에서 필요한 선기장의 면허를 도입하자고 제안했다.

해양안전심판원의 국제조사관 회의에 참석하여 소감을 적었다. 조사관은 사고의 원인을 조사하여 심판부에 제출하여 심판이 이루어지도록 조력한다. 이런 조사관들이 국제회의를 열어서 주도하는 것을 보고 기분이 좋았다.

무인선박(자율운항선박)이 곧 도래할 예정이다. 선박은 사람이 승선하는 것을 전제로 하지만 이제는 사람이 전혀 승선하지 않는 경우가 나타난다. 무인선박은 해양사고의 숫자를 줄이는 기능을 할 것이다. 우리 조선 산업에는 유리하다. 선박건조수요가 많아질 것이기 때문이다.

한강의 안전도 중요하다. 한강은 상업용으로 사용되는 것은 거의 없지만 1년에 몇 차례는 한강에 선박이 항행한다. 퇴역군함이 항해하다가 좌초되었다. 모래가 밀려와서 항로를 만들기가 어렵다고는 하지만 준설작업을 하고 한강에 도선사 제도를 두면 한강의 안전은 나아질 것이다. 그리고 한강에는 여객선 등 여러 선박이 항행하는데 한강의 충돌예방법을 두어야 한다.

내항여객선은 영세하다. 세월호와 같은 사고를 방지하려면 신조선을 갖추기 위하여 선박에 대한 투자가 필요하다. 그리고 선원들에 대한 봉급도 인상되어야 한다. 영세한 여객선 선주에게 운영을 맡겨서는 개선될 여지가 없다. 공영제 도입을 검토하게 되었다.

연안어선의 선주들은 교육의 기회를 갖지 못하는 경우가 대부분이다. 어선이 바다로 조금만 나가도 외국상선을 만나면 국제충돌예방규칙(COLREG)이 적용되게 된다. 이를 공부해야 한다. 불행하게도 어선원들은 교육기관이 마땅치 않다. 3~4일 정도의 면허취득교육이 전부이다. 교육제도의 확충이 필요하다.

4. 제3부 해상법

해상법의 고유의 기능은 분쟁해결이다. 분쟁이 발생하면 법률에 따라 판사들이 판결을 해준다. 이를 위하여 민법이나 상법 등이 필요하다. 해상법은 이것 말고도 산업을 육성하는 기능도 한다. 동산인 선박이 부동산처럼 취급되도록 하여 저당권의 대상으로 한 것이 대표적인 예이다. 그렇지 않았다면, 선박은 담보로서의 가치가 없었을 것이다. 예방기능이다. 분명한 잣대를 두어 분쟁을 사전에 방지하는 것이 해상법의 기능 중의 하나이다. 통합하고 조절하는 기능도 한다. 해상법은 국제성을 가지고 있다. 각국마다 다른 법률의 내용을 조약으로 만들어 통일화시키는 기능을 해상법은 또 한다.

국취부 선체용선은 통상 편의치적이 된다. 선박소유자로부터 선박을 빌려오지만 대금을 갚아 나가면서 점차적으로 소유권을 취득하게 되는 것이 바로 국적취득조건부 선체용선이다. 우리나라 국적을 취하게 되기 때문에 국적취득조건부라는 단어가 앞에 붙었다. 곧 한국국적을 취득하는 선박이기 때문에 용선기간 중에도 우리나라 선원법, 선박안전법 등을 적용한다. 그러나 소유권이 넘어오는 순간까지는 형식적으로는 선박소유자의 것이기 때문에 혼란이 일어나기도 한다.

2007년 허베이 스피리트 오염사고가 발생한 지 10년이 지난 시점에서 개선책을 기고했다. 유류오염사고 시 피해자의 구제에는 두 가지 문제가 있었다. 충분한 보상과 신속한 보상의 문제이다. 충분한 보상은 책임제한제도 때문이다. 선박소유자는 책임을 일정한 액수로 제한을 해버리기 때문에 피해자의 구제에는 미달한다. 이를 극복하기 위하여 정유사들이 만든 국제기금(IOPC FUND)제도가 있다. 추가기금제도가 마련되어 1조 1천억 원까지 보상이 되기 때문에 충분한 보상은 문제가 없어졌다. 그러나 신속한 보상은 여전히 미흡하다. 책임이 제한되는 국제기금은 보상이 더디다. 손해에 대한 사정도 느리다. 캐나다와 같이 국내기금을 마련하여 먼저 국내기금이 피해자에게 보상을 한 다음 국내기금이 가해자인 선주와 국제기금에 구상청구를 하는 제도를 제안했다.

허베이 스피리트호 오염사고와 우이산호 오염사고는 다르다. 전자는 유조선에서 유류가 유출된 것이지만 후자는 정유시설에서 유류가 바다로 유출된 것이다. 전자의 경우는 유류오염손해배상보장법이 적용되지만 후자는 민법과 상법이 적용된다.

책임보험에서는 피해자가 보험자에게 직접 손해를 청구할 자격을 부여한다. 우리나라 상법이 그러하다. 세월호 사고의 경우 피해자인 유족들이 해운조합이라는 보험회사에 직접피해를 청구할 수 있을지가 문제되었다. 준거법이 한국법으로 되어 있었기 때문에 우리 상법이 적용되었다. 영국의 경우에는 직접청구권을 아주 예외적으로 허용한다. 이 제도 덕분에 세월호 사고의 경우 유족들이 쉽게 보상이 가능하였다.

2010년 대법원의 삼다수 판결은 많은 것을 생각하게 했다. 제주도에서 생산되는 삼다수를 서울로 이동시키는 종합물류계약에서 물류회사가 이행을 하지 않아서 발생한 손해를 삼다수가 종합물류회사에게 청구한 소송이었다. 대법원은 복합운송에 대한 상법 제816조를 적용했지만, 궁여지책이었다고 본다. 복합운송과는 다른 형태의 상행위이므로 "종합물류업"이라는 특별한 상행위에 대한 규율이 필요하다고 생각한다.

물류자회사를 진정한 운송인으로 간주해야 한다. 우리나라 대기업들은 자회사를 두어서 물류를 처리하도록 했다. 이 물류의 안에는 해상운송이 포함된다. 해운법은 해상운송사업자를 규율하고 보호한다. 선박을 보유함을 전제로 한다. 물류자회사는 선박을 전혀 보유하지 않기 때문에 비록 계약운송인이기는 하지만 해운법상 해상운송사업자가 아니다. 물류자회사는 자신의 모회사와 관계에서는 운송인이 되지만, 자신이 위탁받은 화물을 운송시키기 위하여 제2의 운송계약을 체결하게 된다. 이 경우 자신은 화주가 되는 것이다. 그렇지만, 화주의 입장에서 계약의 당사자는 이들 물류자회사이다. 이들은 미국의 예와 같이 NVOCC로 규정하여 해운법의 적용의 대상이 되도록 해야 한다. 이들을 보호하면서 또 의무도 부과하면 좋을 것이다.

한진해운 회생절차와 동아탱커의 회생절차가 큰 반향을 일으켰다. 특히 문제가 된 것은 국취부선체용선 선박을 회생절차에서 어떻게 처리할 것인지에 있었다. 용선자인 한진해운이 이를 자신의 소유로 인정받는다면 회생절차에서 이 선박을 마음대로 사용할 수 있어서 회생에 도움이 된다. 그렇지 않다면 SPC인 형식상 소유자의 것이므로 회생에 사용할 수 없고 또 채권자의 압류의 대상이 된다.

한진해운 사건에서는 용선자의 소유권이 인정되지 않았다. 동아탱커 사건에서는 용선자인 채무자가 형식상 선박소유자인 SPC를 상대로 회생절차를 제기한 점에서 주목받는다.

5. 제4부 한국해운의 재건과 국제경쟁력 확보방안

한진해운 사태 시 정기선의 중요성을 알리는 칼럼을 모았다. 2016년 초부터 정기선사가 없어질 위기에 처해서 대국민 홍보차원에서 중앙일간지에 알기 쉽게 정기선운항이 무엇인지 설명했다.

정기선은 부정기선과는 다르다. 출발날짜와 도착날짜를 미리 공표하여 이에 따라 선박이 운항된다. 고양에서 생산된 꽃을 미국의 시어스 백화점에 수출할 때 매주 두 번씩 정한 날짜에 항상 출발, 도착해야 사업이 될 것이다. 이러한 서비스를 제공하기 위해서는 8~12척의 컨테이너 선박과 컨테이너 박스와 터미널이 필요하다. 한진해운은 이런 영업을 오랫동안 해와서 경쟁력을 갖추었다.

정기선사를 구조 조정하더라도 알짜 자산을 매각하는 등 기초체력을 훼손하지 말아야한다. 한진해운이 파산으로 가더라도 영업망은 그대로 우리 정기선사가 이어가도록 해야 한다. 정기선은 Door to Door 운송이라서 수입자의 집에까지 상품을 배달해주어야 하는데, 그러기 위해서는 육지의 연결망이 중요하고, 이는 하루 아침에 만들어지는 것이 아니기 때문이다. 이러한 칼럼에도 불구하고 한진해운은 파산되어 산산히 흩어졌다. 다만, 미주항로의 일부는 SM상선이 인수받아서 명맥을 유지해준다는 점은 위안이 된다.

현대상선이 2M에 가입 시 얼라이언스의 의미에 대하여 설명했다. 정기선사는 얼라이언스 체제가 필요하다. 미국의 LA항구에 1/2씩 컨테이너 박스를 실은 채로 2개의 정기선사가 선박을 보낸다고 하자. 이것을 한 개의 선사에서 1척의 선박에 만선을 하고 운항하면 비용이 절감되고, 남는 1척을 다른 노선에 넣을 수 있다. 이렇게 하는 것은 우리 경쟁법에서는 허용되지 않지만, 각국의 경쟁법에서 이는 효율을 높이는 것이므로 허용한다. 운임이 내려가는 효과가 있는 것이기 때문이다. 혼자서는 이런 효율을 가져올 수 없으니까 얼라이언스에 가입해서 다른 선사들과 같이 이런 유형의 영업을 하는 것이다. 현대상선이 2M과 그런 협력체제를 가질 수 있게 되었다는 것은 좋은 점이다. 더 나아가 진정한 얼라이언스에 가입하면 더 영업력이 강해질 것이다.

2017년부터 현대상선과 SM라인이 운임경쟁관계라서 현대상선 하나로 해야 한다는 주장에 대하여 대만도 2개 외항선사가 있는데 하나로 할 필요가 없고 운항을 공동으로 하자고 제안했다. 한국의 화주에 대하여 2개의 원양정기선사가 경쟁을 하면 운임이 더 낮아지게 된다. 이를 우려하여 현대상선을 살리기 위해서는 SM라인이 없어져야 한다는 논리이다. 대만의 경우에 양밍, 에버그린, 그리고 완하이 이렇게 3개선사가 있다. 그럼에도 불구하고 이들은 영업을 잘 하고 있다. 컨테이너 영업은 자국의 화물만을 대상으로 영업을 하는 것이 아니다. 덴마크의 머스크는 제3국의 화물을 운송하면서도 최고의 지위를 누린다. 오히려 2개 선사가 존속하면서 얼라이언스와 같은 효과를 누릴 수 있도록 협업하는 방안을 제시했다.

한국해운의 매출액은 20여 년간 30조 원에서 40조 원 사이이다. 다른 산업에 비하여 늘지 않고 있다. 20년 동안 무역규모는 7배 늘었다. 그럼에도 불구하고 해운산업의 매출은 제자리걸음이다. 특단의 조치가 필요하다. 해운협회 산하의 외항해운 매출만 잡아서 발표하는 것도 너무 좁다. 내항해운, 항만산업, 예선업 등의 매출도 함께 잡아야 한다.

국산품애용이 시급하다. 한국선급, Korea P&I와 연관산업도 도와주자. 이들은 후발이었기 때문에 선진해운국과 경쟁하기가 쉽지 않다. 그렇기 때문에 경쟁의 시각에서 본다면 제대로 자리를 잡을 수가 없다. 유치산업을 살리려면 우리 업계가 도와주어야 한다. 다행히 한국선급은 국제선급연합회의 회원으로 가입되어 세계적인 수준을 갖추었다. Korea P&I는 2000년에 출범했기 때문에 너무 늦어서 이미 자리를 잡은 유럽의 P&I와 경쟁이 되지 않는다. 우리 선사들이 조금 손해를 보더라도 선박을 많이 가입시켜 Korea P&I가 경쟁력을 갖도록 해야 할 것이다.

2자물류회사는 대량화주와 종합물류계약을 체결하지만, 그는 계약운송인이다. 해상운송인과는 화주의 입장이지만, 계약운송이므로 미국의 해운법과 같이 무선박화물운송업자(NVOCC)로 인정하여 우리 해운법에 주체로 수용하자. 그래서 그들에게 혜택도 주고 의무도 부과하자. 해운법상 해상운송사업자가 되면 경쟁법상의 적용 제외, 톤세제도의 혜택 등을 볼 수 있을 것이다. 그리고 그들이 모회사로부터 받는 물량을 하청업체에 줄 때 우리 국적정기선사에 일정 비율만큼 반드시 주도록 의무화시키면 될 것이다. 그들의 해운매출이 5조 원은 되므로 그만큼 해운매출이 증대되는 효과를 낳게 될 것이다.

화주를 보호해주는 제도의 마련도 시급하다. 정기선사가 회생절차에 들어간 경우에 마지막 항차에서 하역작업이 이루어지도록 하는 기금을 마련해야 한다. 하역회사는 우리나라 기금에게 하역비를 청구할 수 있는 권리를 부여받는다. 국내 15개 정기선사는 기금제도마련을 위한 협약을 체결한다. 사고가 발생하여 실제로 비용이 지출된 경우에 기금을 갹출하게 된다. 무엇보다 한국정기선사에 대한 신뢰도가 올라가는 장점이 있다.

법률분야도 개정작업이 필요한데, 해운법 제29조에서 화주를 포함하여 9인의 협의체를 통하여 운임인상을 협의하면 공정거래법 제58조의 정당한 행위가 될 것이다. 운임에 대한 공동행위는 공정거래법상으로는 경성 카르텔로 엄격하게 처벌되는 사항이다. 해운은 국제경쟁이 심하여 정기선사를 보호해야 할 필요가 있고 이것이 경제적인 효율을 가져다주는 것이므로 예외적으로 운임에 대한 공동행위가 허용되어 왔다. 그런데 우리 공정거래법은 그 예외규정도 정당한 행위인 경우에만 적용의 면제가 된다고 하여 처벌의 가능성을 열어두고 있다. 이를 보완하는 조치가 취해져야 한다. 도선법의 경우를 벤치마킹하여 9인 협의체를 두게 되면 3인의 화주 측 대표가 부결을 해도 6인의 합의로 화주와의 협의는 존재하는 것으로 될 것이다.

선주업을 육성해서 운항업과 분리하자. 선주사는 운송계약을 체결하지 못하는 것으로 법률로 의무화하고, 선주사에게는 세제상의 혜택을 주어 발전시키자. 선주사는 자체 비스니스 모델로도 충분히 기능하고, 난립한 운항사를 줄이는 도구로도 사용이 가능할 것이다.

해양진흥공사가 설립되어 자본금 5조 원을 가지고 HMM의 회복에 큰 도움이 되었다. 해양진흥공사는 여수신기능은 없다. 다만, 투자와 보증의 기능을 통하여 해운항만산업의 발전에 기여할 수 있다.

조선과 해운은 반대방향이라고 한다. 선박이 많이 건조되면 운임은 떨어질 것이다. 이런 점에서 조선과 해운은 반대방향이다. 그러나 이제는 같은 방향으로 가야한다. 다른 방향에서 해운과 조선은 같은 방향으로 갈 수 있다. 선박을 소유할 때 지분을 나누어 조선소가 참여하는 방안도 있다. 일본에서는 조선소가 선주사가 되어 불경기 시 자체적으로 선박건조주문을 하여 불경기를 쉽게 넘어간다.

우리나라 조선은 수출지향적이다. 현재 내수는 15%이다. 이것을 일본과 같이 50%로 올리려면 우리 선주들의 선박이 장차 현재 1,100척에서 2,500척은 되어야 한다. 선사들의 보유선박을 늘려서 해운과 조선이 같이 가도록 하자.

해운협회, 조선해양플랜트협회, 무역협회 등이 같은 건물에 협회사무실을 두어서 원팀으로 가는 정신을 배양해야 한다. 기념식 등도 같이 하면서 동질성을 같이 나누는 것도 중요하다.

6. 나가며

2000년경부터 2018년까지 20여 년에 걸쳐서 작성한 칼럼 73편을 다시 읽어보았다. 그 당시의 시대적인 배경을 담고 있다. 2008년 해수부 폐지, 2014년 세월호 사고, 2016년 한진해운사태 등 해운계에 닥친 큰 어려움에 해운인들과 함께 고민하고 개선책을 제시한 그날들의 치열함이 생각났다. 이런 칼럼들이 후대들에게 조금이나마 도움이 되길 바란다.

집필자 약력과 후기

(가나다순)

Ⅰ. 필자 약력

- **공강귀**
  - (현) LX 판토스 본사 사업지원팀
  - (전) LX 판토스 일본법인장
  - (전) 동부익스프레스(現 동원 로엑스)

- **궁인창**
  - (현) 생활문화아카데미 대표
  - (현) 한국범선협회 이사
  - (현) 해상왕장보고연구회 연구회원

- **김상환**
  - (현) 인천해사고등학교 교장
  - (전) 인천해사고등학교 교사·교감
  - (전) 부산해양고등학교 교사

- **김영승**
  - (현) 서산시청 항공철도항만팀장
  - (전) 범양상선, STX 팬오션 근무
  - 목포해양대학교 해양경찰학 전공/고려대학교 법학석사

- **김인현**
  - (현) 고려대학교 법학전문대학원 교수 및 해상법연구센터 소장
  - (현) 해양수산부 및 KMI 정책자문위원장
  - (현) 바다 저자전문가와의 대화 운영대표

- **김종길(1937~2021)**
  - (전) 해운항만청 선원선박국장·운영국장·해운국장
  - (전) 부산·인천지방해운항만청장

  [저서] 『되돌아본 海運界의 史實들』, 『영예로운 海運人들』, 『저녁노을 바라
    보며』, 『인생은 지구별 航行이다』 등 다수

- **김형준(교수)**
  - (현) 한국ESG학회 감사
  - (전) SK그룹 임원
  - (전) 광운대학교 국제통상학부 겸임교수

- **김형준(부행장)**
  - (현) 한국수출입은행 부행장(프로젝트금융본부장)
  - (전) 해양금융종합센터 센터장
  - (전) 한국수출입은행 해양금융단장, 기업구조혁신실장

- **나송진**
  - (현) 해양수산부 해양안전심판원 심판관, 해양 칼럼니스트
  - (전) 싱가포르 소재 해적정보센터(ReCAAP ISC) 파견관
  - (전) 범양상선(現 팬오션) 1등항해사, 해사본부 및 선원 연수실
  - [저서] 『해상교통정책론』, 『海難審判理事所の實務指針』 등 저서 · 번역서 다수
- **남영수**
  - (현) 밸류링크유 대표
- **박기태**
  - (현) 한국해양수산연수원 교수
  - (전) 지마린서비스 운항훈련원 기관교육 담당
  - (전) 한진해운 선박엔지니어(기관장)
- **오창봉**
  - (현) 글로벌에코 부사장
  - (전) 대선조선 상무(영업본부장)
- **유창근**
  - (전) 현대상선(주) 대표이사 사장
  - (전) 인천항만공사(IPA) 사장
  - (전) World Shipping Council 이사
- **이동건**
  - (현) 국립목포해양대학교 기획처장(2021~)
  - (현) 국립목포해양대학교 교수(2013~)
  - (현) 대한조선학회 편집이사(2020~)
- **이부경**
  - (현) (사)이순신포럼 이사장
  - (전) 한국 네트워크 POS시스템 DB센터 설립, 대표이사
    명지대학교 대학원 산업공학과(물류정보) 박사(2006)
- **이상근**
  - (현) 삼영물류(주) 대표이사
  - (현) 국가물류정책위원회 정책분과위원
  - (현) 대한상공회의소 물류위원회 부위원장(겸 실무위원장)
- **이성철**
  - (현) 법무법인 평산 대표변호사
  - (전) 서울중앙지방법원 부장판사(항소, 지적재산, 국제거래, 기업전담)
  - (전) 서울고등법원(국제거래 해상), 서울동부지방법원 수석부장판사(법원장 직무대리)
- **이신형**
  - (현) 대한조선학회 학회장(2022~)

(현) 서울대학교 조선해양공학과 학과장(2022~　)
(현) 미국 조선학회, 영국 왕립조선학회 석학회원(2019~　)

- **임현택**
  (현) (사)한국스마트해양학회 회장
  (현) 국민대학교 특임교수
  (전) 해양수산부 일반직고위공무원

- **장재환**
  (현) 아이앤케이신항만(부산신항 5부두) 차장
  (전) NYK Line, 양해해운

- **하동현**
  (현) 해양문학가
  (전) 원양어선 선장

- **한종길**
  (현) 한국해운항만학술단체협의회 회장
  (현) 성결대학교 글로벌물류학부 교수

- **홍선욱**
  (현) 동아시아바다공동체 오션 대표
  (전) 한국해양구조단 환경실장
  (전) 한국해양수산개발원 위촉 연구원

Ⅱ. 필자 후기

- **공강귀**
  일본은 전통과 질서를 중요시하고 제품과 서비스 품질에 대한 프라이드가 강한 국가다. 이러한 일본의 장점은 한국의 롤모델이었다. 팬데믹시대 위기관리와 극복을 하는 과정에서 많은 어려움이 있었지만, 일본이 보유한 저력과 경제력으로 잘 극복하고 있다. 우리는 일본의 저력의 근원이 무엇이고 우리가 어떻게 배우고, 활용할 수 있는지 연구하고 일본과의 상호협력을 위한 방법론을 고민해야 한다. 현재 여러 가지 정치적·경제적·역사적 문제로 양국 간의 협력이 원활하지 못한 상황이지만, 앞으로 한국과 일본의 강한 연대와 협력을 기대하며 이 글을 읽는 물류인들의 일본에 대한 이해에 도움이 되길 바란다.

- **궁인창**
  아침이면 '시간'이란 소중한 선물이 다가온다. 인생의 남은 시간을 아껴 평생교육을 실천하며 범선 코리아나호를 통해 좋은 인연을 맺은 친구들과 교학상장(教學相長)하며 함께 바다로 나아간다.

- **김상환**
  인천해사고는 부산해사고, 한국해양대, 목포해양대와 함께 국내에서 해기사를 양성하는 지정교육기관이다. 이번 발표를 계기로 미래해양교육을 위한 교육과정을 좀 더 준비하고 외항해운뿐만 아니라 국내연안 해운에도 정규 해기사교육을 받은 우리 졸업생들이 좀 더 많이 진출하는 계기를 마련해야겠다. 또한 수도권에 있는 유일한 해기교육기관으로서 수도권 시민들의 해양교육을 위해 실습선 활용 등 관련기관들과 다양한 협의를 통하여 해사고의 위상을 더욱 높이고자 한다.

- **김영승**

아직 국내 크루즈산업이 일정 궤도에 올랐다고 말하기는 어렵다. 하지만 우리나라에는 크루즈에 대해 열정을 갖고 각계각층에서 열심히 하시는 분들이 많이 있다. 더디더라도 꾸준히 나아간다면 국내 크루즈산업은 더욱 성장할 것이다. 앞으로 서산시를 중심으로 한 충청권의 크루즈선 운항이 국내 크루즈산업의 발전에 조금이나마 보탬이 되기를 바란다.

- **김인현**

2019년과 2020년 일본에서 연구한 결과를 『해운산업 깊이읽기 I』로 발간했다. 반응이 좋았다. 1999년 교수가 되어 발표하기 시작한 칼럼을 모아서 『해운산업 깊이읽기 II』를 편찬했다. 2014년 세월호사고와 2016년 한진해운 파산의 내용이 주를 이룬다. 선장출신이지만 법학도라서 법학적 내용이 많이 가미된 것이 특징이다. 애독되길 바란다.

- **김종길(1937~2021)**

광복 80년이 다가온다. 80년간 우리 해운은 엄청난 변화를 거듭했다. 『대한민국 해운 80년사』가 발간되길 기대한다. 그동안 해운사가 몇 번 발간되었으나 정부의 통계나 자료를 베껴 쓴 관변역사였다. 역사기록은 그렇게 쓰면 안 된다. 전문가들을 선발하여 방대한 자료를 수집 정리해야 한다. 4년밖에 남지 않았다. 준비 기간만 2~3년 소요된다. 집필은 1~2년이면 족하다. 대한민국 해운의 대부인 신성모 평전도 함께 발간되어 『대한민국 해운 80년사』에 실제적 사실(史實)이 담겨지기를 기대한다(본문에서 발췌).

- **김형준(교수)**

베트남, 인도는 탈 중국시대에 우리가 공략해야 할 주요국이며 해양산업에도 협력분야가 많다. 이들과 협력을 강화하고 비즈니스를 성공적으로 이루기 위해서는 그들의 비즈니스 문화 차이점을 이해해야 한다. 글로벌협상전략을 강의하면서 느낀 점이 우리가 단일 민족이며 단일 언어 사용, 단일 문화권에 있다는 것이 장애요인으로 작용할 수 있다는 것이다. 우리 기준으로 상대방을 판단하면 그들의 진면목을 알 수 없고 협상을 그르치기 쉽다. 본서를 통해 글로벌협상에 대한 안목을 넓히고 공감대가 널리 확산되기를 기대한다.

- **김형준(부행장)**

수출입은행에서 수년간 해양금융을 담당하며, 해양금융종합센터 설립에 참여하고 또 센터장을 역임하면서 나름 해양산업을 잘 이해하고 있다고 생각했지만, 마음 한구석에 늘 허전함이 없지 않았다. "바다 저자전문가와의 대화"는 그 허전함이 사실은 부족함에 기인한 것임을 일깨워 주고 매회 새로운 지식으로 차곡차곡 허전함을 메워 주었다. 해운, 조선, 금융, 해상법, 환경이슈 등 광범위한 분야에서 최고의 지식과 경험, 그리고 열정을 나눠주신 발표자, 토론자, 참여자 분들께 진심으로 감사드린다.

■ 나송진

해양의 중요성은 아무리 강조해도 지나치지 않다. 대한민국의 육당(六堂), 영국의 월터 롤리 경과 미국 케네디 대통령 등 많은 분들이 바다의 가치와 역할을 역설했다. 이제 우리도 바다에 대한 낡고 부정적인 인식을 버리고 진취적인 시각을 가져야 한다. 이 책이 바다에 대한 국민 의식 제고에 도움이 되기를 기대한다.

■ 남영수

대표적인 전통 산업이라고 할 수 있는 해운산업 내에서도 디지털 전환 기술의 접목이 가속화되어 가고 있다. 스마트화를 통한 운영 효율성 개선과 고객 만족을 통한 충성도 높은 고객 확보를 확대하여 나간다는 차원에서 큰 진화를 하고 있는 것이다. 이에 글로벌 대표 기업들의 변화와 전략을 리뷰하여 봄으로써 같이 인사이트를 얻어 보고자 한다.

■ 박기태

해기사를 양성한다는 것은 단순히 교육과정 하나에 참가하는 것 이상의 의미를 가진다. 해기사를 해운산업의 씨앗과 같은 존재라고 말하지만, 2021년도 양성과정에 참가하신 분들과 보낸 시간은 씨앗을 기른다는 것 이상의 의미가 있었다. 앞으로의 해운산업과 인력구조의 모습이 당연히 선진국을 답습하는 것으로 정의되지 않았으면 하며, 해기사가 후진국형 직업이 아닌 선진국형 직업도 될 수 있다고 믿는다.

■ 오창봉

한국이 세계 조선업에서 기술, 건조, 품질 모든 면에서 최대강국이라는 사실은 그 누구도 부인할 수 없는 사실이다. 다만 선박 건조 시장은 대형선만이 아닌 중형선도 상당한 시장이 형성되어 있고 소형선이 척수 측면에서는 더욱 많다는 사실을 우리는 주시해야 한다. 소형선은 대형선에 비하여 친환경 기술 적용이 상대적으로 용이하므로 이미 검증된 대형선의 친환경 기술을 비롯한 다른 기술적 사항을 적용해 보고 보완 사항을 찾아 다시 대형선으로 확대하는 기회가 될 것이기에 많은 관심을 가져야 될 것이라 생각한다.

■ 유창근

1980년 초반부터 컨테이너를 접한 저자는 이 후 Sea-Land, US Lines, APL 등의 몰락과 2000년대에 불어닥친 Anti-Trust 열풍으로 당시 참여하고 있던 Conference(동맹)와 Agreement(협의체)가 와해되는 것을 직접 목격했다. 또한 2010년대에는 고유가시기에 초대형 경제선으로 무장한 Maersk, MSC 등의 운임 경쟁에서 한진해운을 포함한 많은 경쟁사가 희생되는 것을 목격했다. 이 경험을 바탕으로 2016년 현대상선 사장으로 부임한 이후 한편으로 한진 사태로 실추한 한국 선사에 대한 화주들의 신뢰회복을 위해 노력하는 한편, 초대형 경제선 20척 신조에 매진하여 2018년 우리 조선 3사와 건조 계약을 마무리하였다. 이제 선박이라는 하드웨어상의 경쟁력 격차가 완화된 만큼 새로운 이슈, 즉 환경규제 또는 포스트 코로나 시기에 누가 발빠르게 대응하느냐에 미래가 달려 있다 하겠다. 저자의 작은 제안이 도움이 되었으면 하는 바람이다.

■ 이동건

대한조선학회 교육위원회 위원으로서 학계 구성원을 대표해 조선해양공학을 소개하는 기회를 갖게 되어 매우 기쁘다. 조선해양공학은 해운산업과 밀접한 연계성을 갖고 있으나, 사실 많은 관계를 갖지는 못하였다. 이번 기회를 통해 해양산업 전반에 조선해양공학의 매력과 중요성을 널리 알리고, 더 교류하며 새로운 지식과 경험을 얻을 수 있는 기회가 되길 기대한다.

■ 이부경

바다를 사랑하는 사람들, 해운업계에 종사하는 사람들의 제일의 멘토는 누가 뭐래도 이순신 장군일 것이다. 발표가 끝나고 질문하시는 분들의 진정한 눈빛을 보며 앞으로는 더욱더 제대로 이순신 장군을 전해야 하는 사명감을 느꼈다. 원칙이 있으되 없으며 기본이 있기는 하나 없는 이 불확실한 글로벌 시대에 이순신 장군을 그리는 마음을 읽을 수 있었기 때문이다. 21세기에도 유용한 이순신 장군의 리더십과 정신을 계승, 발전시키고 더 많이 알리기 위한 공부를 게을리하지 말아야겠다고 다짐해 본다.

■ 이상근

이제 기업들은 물류를 물류관점이 아닌 '라이프스타일 플랫폼(lifestyle platform)'의 한 부분으로 보고 물류에 접근하고 있다. 우리 생활의 '슈퍼앱'으로 성장한 플랫폼 기업들은 배달 등 물류 행위를 물류(택배)라는 생각을 아예 하지 않고, 고객 접점의 서비스로 보고 있다. 이런 측면에서 보면 물류 산업은 사라질 수 있지만, 물류가 없는 제조, 유통산업과 생활은 상상할 수 없다. 물류는 별도의 산업이 아니라 제조, 유통, 서비스 등 모든 산업의 근간이자 각 산업을 관통하는 핵심요소가 될 것이다.

■ 이성철

존경하는 김인현 교수님, 당일 축사를 해주신 김현 회장님, 토론에 참여해주신 이석행 대표님, 김의석 법무관님, 함께 발표해주신 홍선욱 박사님. 또한 부족한 발표에 격려와 덕담을 해주신 안광헌 사장님, 권오인 회장님 그리고 끝까지 참석하시고 경청을 해주신 여러분들께 깊이 감사드린다. 혹여 발표한 부분에 의문이나 고견이 있으시면, 저에게 연락주시길 바란다. 흔쾌히 답신이나 의견 드리겠다.

■ 이신형

조선산업의 인력문제 중 설계와 연구를 위한 고급인력은 공급의 탄력성이 떨어진다. 한 명의 인재를 육성하는 데 10년 정도의 시간이 걸리며 보안 등의 문제로 해외인력을 함부로 도입할 수도 없다. 조선해양공학분야의 대학원 교육은 앞으로 압도적인 경쟁력을 확보해야 하는 우리 조선산업을 위해 반드시 선진화해야 하는 중차대한 문제이다. 조선과 해운 분야의 여러분들께 이런 문제에 관한 조선학회와 서울대학교의 방향성을 말씀드릴 수 있어서 영광이다.

■ 임현택

"바다 저자전문가와의 대화" 시간에 '인천해저도시로 가자'라는 주제로 많은 분들과 공감하는 귀한 시간을 가졌다. 인천 내항 바다에 38개의 12층짜리 반해저 반해상 건물을 지어 6만 명이 바다와 더불어 살아가는 해양도시는 생각만 해도 짜릿하다. 어찌 보면 우리는 모두 자기만의 제한된 세계에서 살기 때문에, 한 사람이 생각한 내용은 종종 다른 사람에게는 회의적이고 모호할 수 있다. 아이러니하게도 그 점이 인천해저도시에 열정을 쏟아붓게 만든다. 명심하자. 친근한 해양문화는 일상생활에서 만들어지지 않으면 그저 치장하는 구호로 그칠 수밖에 없다.

- **장재환**

컨테이너의 등장은 물류비용을 획기적으로 낮추었고 그로 인해 전 세계는 하나로 연결되었다. 컨테이너 하역이라는 혁신을 받아들인 항만은 컨테이너 물류 시대에 중심항만으로 성장했고 그렇지 못한 항만은 우리의 기억에서 사라졌다. 완전 자동화 터미널이라는 새로운 기술, 그로 인한 일자리 문제는 두렵기도 하지만, 피할 수 없는 큰 물결임은 분명하다.

- **하동현**

"바다는 커다란 책처럼 날마다 새롭고 신비한 것들을 펼쳐보였다." – 안데르센, 「모래언덕에서 전해온 이야기」. 그저 사라져버릴까 안타까워 모자라는 능력에 기억을 더듬어 엮어본, 뱃사람들의 '그들만의 리그'에 대한 이야기다. 강의 때 바다산업을 함께 고민해주신 선배님들께 감사드린다.

- **한종길**

한 국가의 해운조선산업의 경쟁력은 클러스터의 관점에서 상호 시너지 효과를 극대화하는 방향으로 이루어져야만 한다. 해운과 조선산업이 전후방 연계산업임에도 어떠한 시너지 효과도 이루지 못하고 있는 우리나라와 달리 일본은 해운업의 경쟁력 강화가 자국 조선업의 경쟁력 유지로 이루어진 대표적 사례이다.

- **홍선욱**

바다 공부모임. 바다를 무대로 다방면에서 활동하는 이들은 누구라도 강사가 되고 토론자가 되고 학생이 되고 역사의 기록자가 된다. 청년에서 원로에 이르기까지 배움의 즐거움을 누리고 서로에게 감사하고 찬미한다. 이렇게 많은 사람들을 매주 모이게 하는 힘은 어디서 나올까? 모임을 이끄는 선장 김인현 교수의 리더십이다. 이런 자리에 끼게 되어 감사하고 영광이다.

〈편집자 후기〉

『바다, 저자와의 대화』 발간이 벌써 3집째이다. 전에는 편집과 교정을 우편이나 메일을 이용해서 개별 집필자에게 일일이 보내고 받는 전통적 방식으로 하다 보니 아무래도 시간이 많이 소요되었다. 이번 3집은 IT시대에 맞게 구글 드라이브를 이용해서 공유하는 방식으로 절차를 대폭 간소화했다. 아직 약간의 애로가 있지만 이전보다는 훨씬 빠른 기간 내에 발간이 가능하게 되었다. 얼마 전에 챗GPT가 공개되어 세상을 깜짝 놀라게 하고 있다. 다음 4집부터는 챗GPT의 기능을 활용해서 원고를 분류하고 수록 순서를 정할 수도 있지 않을까 생각해본다.

김연빈 (도서출판 귀거래사 대표, 전 주일한국대사관 해양수산관·국토교통관)

바다, 저자와의 대화 Ⅲ

– 23인의 저자가 들려주는 바다이야기 –

2023년 5월 15일 초판 인쇄
2023년 5월 30일 초판 2쇄 발행

저 자 김 인 현 외 2 2 인
발행인 배 효 선

발행처 　도서
　　　　출판 　法 文 社

주 소 10881 경기도 파주시 회동길 37-29
등 록 1957년 12월 12일/제2-76호(윤)
전 화 (031)955-6500~6 FAX (031)955-6525
E-mail (영업) bms@bobmunsa.co.kr
　　　　(편집) edit66@bobmunsa.co.kr
홈페이지 http://www.bobmunsa.co.kr
조 판 법 문 사 전 산 실

정가 23,000원　　　　ISBN 978-89-18-91405-3

불법복사는 지적재산을 훔치는 범죄행위입니다.
이 책의 무단전재 또는 복제행위는 저작권법 제136조 제1항에 의거, 5년
이하의 징역 또는 5,000만원 이하의 벌금에 처하게 됩니다.